中国监狱工作协会监狱理论研究课题成果

监狱管理新视野文丛

JIANYU GUANLI XINSHIYE WENCONG

狱内冲突澄明与管控

郑杰 著

厦门大学出版社 国家一级出版社

XIAMEN UNIVERSITY PRESS 全国百佳图书出版单位

图书在版编目(CIP)数据

狱内冲突澄明与管控/郑杰著.—厦门:厦门大学出版社,2017.8
(监狱管理新视野文丛)
ISBN 978-7-5615-6477-6

Ⅰ.①狱…　Ⅱ.①郑…　Ⅲ.①监狱-管理-中国　Ⅳ.①D926.7

中国版本图书馆 CIP 数据核字(2017)第 088500 号

出 版 人	蒋东明
责任编辑	邓　臻
封面设计	李嘉彬
技术编辑	许克华

出版发行 厦门大学出版社

社　　址	厦门市软件园二期望海路 39 号
邮政编码	361008
总 编 办	0592-2182177　0592-2181406(传真)
营销中心	0592-2184458　0592-2181365
网　　址	http://www.xmupress.com
邮　　箱	xmupress@126.com
印　　刷	厦门集大印刷厂

开本	787mm×1092mm　1/16
印张	27.25
插页	2
字数	566 千字
版次	2017 年 8 月第 1 版
印次	2017 年 8 月第 1 次印刷
定价	78.00 元

本书如有印装质量问题请直接寄承印厂调换

厦门大学出版社
微信二维码

厦门大学出版社
微博二维码

鉴定意见

　　《狱内冲突澄明与管控》一书以"狱内冲突"这一监狱社会的重要现象为研究对象，作者利用大量一手的事实材料，参酌中外有关暴力问题的相关研究成果，对狱内冲突的现象、成因、机理以及治理对策等问题，给予了系统的分析和深入的阐释。据我所知，在迄今国内同类主题研究中，这是在基本材料的占有、相关成果的借鉴、理念思维的拓展、论述体系的架构以及研究方法的自觉等方面表现最为出色的成果。

郭明

郭明，法学教授、法律史学博士、兼任浙江警官职业学院图书馆馆长、刑事学术文化交流中心主任。

鉴定意见

通读郑杰先生的《狱内冲突澄明与管控》一书书稿有以下看法：

首先，作者选题紧贴监狱现实问题，围绕监狱罪犯与罪犯冲突、罪犯与警察冲突等问题展开，具有很大的理论价值与实践意义。

其次，作者写作中能够理论联系实践，引入很多鲜活的个案，表述生动，不仅增加文章的可读性，而且引人思考。

再次，作者重视全书框架构建，运用了法学、社会学、心理学等方法，关注"技术方法"，显现出作者对成果"方法性"的追求。作者研究方法的示范作用不容小觑，于引导监狱学研究并有所创新和超越十分有益。

复次，全书条理分明、逻辑严密，作者对狱内冲突表征和成因的解析系统、清晰、透彻，管控策略和处置的设计科学、准确、可操作性强。

最后，本书在写作中大面积使用国外资料，使得本书具有了国际视域。这是我阅读本书之前没有想到的。站在中国的立场从国际视域观察与分析中国监狱的宏观问题与微观问题，是我长期以来欣赏的研究路径。

总之，《狱内冲突澄明与管控》是部值得关注的新著，是监狱学理论研究一项填补空白的努力。

翟中东，中央司法警官学院教授、法学博士，《中国监狱学刊》执行主编。

鉴定意见

　　《狱内冲突澄明与管控》研究视角新颖、数据说明翔实、文字描述生动、逻辑演绎严密、结论清晰明确，成果具有很强的创新性和挑战性。现实意义之外，尤其值得称道的是，《狱内冲突澄明与管控》理论模型框架建构科学，学理可拓展性充分，作者倡行的独特研究范式在监狱学领域首次实现了研究者与实践者的有效合作。完全可以毫不夸张地说，《狱内冲突澄明与管控》是对监狱学理论研究的一大贡献。

　　从背景梳理、调研分析、理论建构直至具体策略措施，《狱内冲突澄明与管控》无处不在向我们展示作者宽阔的观察视阈、可贵的反思精神、扎实的理论基础和独到的实践感悟。

　　因为难能，所以可贵！

韩玉胜，中国人民大学法学院教授、博士研究生导师，中国监狱工作协会副会长。

序
PREFACE

很高兴看到郑杰的著作《狱内冲突澄明与管控》同读者见面。

狱内冲突问题是监狱管理和矫正教育面临的重大课题。监狱秩序,很大程度是通过警囚、囚囚间在人际关系方面的微妙互动实现的,如果不理解这种日常交往互动发展而来的复杂关系,就不可能真正理解监狱日常秩序,也就不可能成功地维系监管秩序的安全稳定。郑杰旁征博引、逻辑严谨、见解深刻,以敏锐的眼光和批判性思维提出新见解,于我们理解和把握狱内冲突,具有理论价值和启发意义。

文章兴衰事,贵在创新篇。习近平总书记在《努力克服不良学风 积极倡导优良文风》一文中指出:好的文章须讲求一个"新"字,即思想深刻、富有新意,正所谓"领异标新二月花"。今读郑杰同志送来的《狱内冲突澄明与消解》清样,眼前为之一亮,觉得书稿有以下特点:

第一,研究系统。内容涉及狱内冲突理论与实践的多个层面,既有观点引领,又有实务说明;既有体制剖析,又有措施描述;既有事例、访谈,又有图表、数据。

第二,论证严谨。书稿体现作者严谨的治学态度,对理论介绍和观点阐述,旁征博引,确切公允;对制度设计和管理措施描述,客观具体;对调查材料、统计数据的背景交待一清二楚。

第三,资料丰富。全书有大量的资料引用,翔实繁多,言之有物。作者长期在监狱基层工作,还给我们展现了大量鲜活的事例和体验。

第四,风格别致。全书描述和论证风格不拘于形式,清新别致、洒脱自然,读来耳目一新。

"秋水才深四五尺,野航恰受二三人"。郑杰作为一线民警,要完成这样的一部书稿,颇为不易。说"不易",不仅仅是因为著作本身具有相当的学术难度,更是因为郑杰肯下一些苦功夫、笨功夫去做一件持久的事,难能可贵。基于此,我愿意为郑杰喝彩、点赞,并欣然为序。

李杰鹏

自序

CONTENTS

监狱是一个相对封闭的场所，警囚、囚囚间的日常交往互动构成狱内最基本的社会存在。作为警囚、囚囚交往互动的一种必然和重要表现形式，冲突是狱内相对稳定又脆弱的警囚、囚囚关系的直接反映，是不以人的意志为转移的普遍存在的客观现象。直面警囚冲突、囚囚矛盾，伴随每一个监狱民警刑罚执行和矫正教育工作的始终。

狱内冲突具有典型的时代性特征，它是服刑人员"惩罚与改造"发展到特定历史阶段而表现出的现实性问题。按照笔者的理解，狱内冲突既是警囚矛盾、囚囚矛盾的体现，也是解决矛盾的一种策略；狱内冲突的存在，既标志着刑罚执行与矫正教育出现了不得不解决的问题与障碍，也标志着刑罚执行与矫正教育发展新契机的到来。

日复一日、年复一年置身刑罚执行和矫正教育工作中，我们似乎总是被日常工作的表象迷惑：惯常的、本然的工作形态以其特有的影响，将我们纳入不证自明、理所当然的逻辑中，好像事实就是这样。于是，怀疑、诘问、反思都不再需要，我们要做的只是如复印机般简单、机械地拷贝别人告诉我们的"真理"。正是在这样一种逻辑中，我们愈来愈迷失刑罚执行和矫正教育的终极目的和意义，失去了改造自我和改造世界原来应有的向前看的德性品质，失去了洞察实践的精神动力，也不再需要追根究底地进行"这是什么""为何如此""如何可能"之类的追问。

狱内冲突研究完全是一个"摸着石头过河"的探索性工作，并没有严格意义上的假设。我试图借用一种"描述"的途径来表现狱内冲突，借由"澄明"来帮助大家理解发生在警囚身上（边）的冲突事件，企盼激发大家的反思：

矫正教育遗忘也失落了什么？

通向本真的矫正教育究竟是怎样的一条"路"？是哪些东西在遮蔽着这条"路"？

如何激活和达成矫正教育的本真目的？

监狱民警的应然角色是什么？如何在矫正教育的舞台中央扮演自己？

这些问题很难回答。它们需要一种责任感和使命感，或许还需要一种刑法执行和矫正教育的切身经历。

"我认为，人并没有被锁定在历史的框架中；我所做的全部努力主要想告诉人们，历史是塑造出来的，它充满了人为的技巧和动机的关系，因而是可动摇的和可改变的。但前提是，担负这一使命的人须具备改变事物的勇气。"①狱内冲突，并非什么深奥的理论探究或单纯的苦思冥想，它就在每一位监狱民警的面前，若隐若现。现在，我们需要拿出福柯所说的这种勇气，放慢脚步，与它娓娓而谈；反思与批判即是一条通向敞亮的"路"，我们要做的是"上路"——思考、言说，探究自身的历史处境，追究问题的根源，呼喊解放的可能。

视野的扩大往往容易流于空洞。如何把握好研究的分寸，是我在阐述中时时提醒自己关注的一个问题。我的研究追求研究对象的"微观化"，力求真实再现狱内冲突千姿百态的外在情形，深入分析狱内冲突发生、发展和变化的内在机制。因此，与狱内冲突相关的人物、事件、场景及至个人经验常常是我们一起讨论的对象。当然，研究视角的"微观化"并不意味研究结论的"边缘化"。大处着眼、小处着笔，向来是我的研究习惯。

我特别注意在思辨研究与实证研究间寻求一个适当的平衡，通过立足理论阐释与建构于刑罚执行与矫正教育实践基础之上，力图让理论与现实相互融合并最终回归学理层面。这样，应该能够克服当前大多质性研究"只重文本描述，忽视理论构建"的研究取向，更好地弥合理论与实践间的差距。

"一种话语或理论是不是有用，当取决于它是否阐明了特定的对象，是有助于抑或有碍于特定的工作"②。我的初衷并不是撰写一部严谨的学术著作，也并不承诺一种宏大的综合（狱内冲突问题涉及学科领域之宽泛，完全超出我的知识储备），但希望借助发现和阐述一些观点来激发、挑战和传递某些理念。毫无疑问，我的有些观点是暂时性、模糊的或是简化的。不过，我一直都是在提请大家注意那些解释或者管控狱内冲突的尝试中可能会产生的问题，而不是提供标准答案。我的本来目的是描述，不是解释。当然，如果一种描述是有效的话，就必须更进一步对其作出解释。如此，下气力描述的事物才能具有意义。希望读者能够接受这种从正统论述到兼收并蓄的转变，也就是严谨但呆板的论述到实证和思辨相结合的转变。如果在阅读本书时，读者能够像我在写这本书时那样感受到无处不在的挑战，那将是我乐意看到的，也是对我极大的褒奖。

狱内冲突研究是根难啃的"硬骨头"。选择这样的课题进行研究，既需要"明知山有虎，偏向虎山行"的勇气和胆识，也需要谨慎科学的态度。开放的、动态的、辩证的研究取

---

① 马文·克拉达，格尔德·登博夫斯基.福柯的迷宫[M].朱毅，译.北京：商务印书馆，2005：15.
② 道格拉斯·凯尔纳.媒体文化：介于现代与后现代之间的文化研究、认同性与政治[M].丁宁，译.北京：商务印书馆，2004：83.

向,是我努力争取的一个方向。实证性、创新性和系统性,是本书的特点。当然,作为第一本专门研究狱内冲突的书,无论理论功底还是实践指导,无疑都显稚嫩;受制这样或者那样的原因,一些原本计划中的调研也没能如期开展。这都没什么要紧。如若我尽管稚嫩但认真的研究能够对监狱民警的日常困惑有所启迪,或是唤起更多学者于狱内冲突的关注,幸甚。

本来,书稿的扉页有一个献词:"理所当然地送给文漪小朋友及长期坚守一线的我可敬可亲的同事们。"本书付印前,邓臻编辑建议我删除。我虽不舍,但理解编辑自有他的道理。文漪,是我挚爱的女儿。本书出版时,她已近五周岁。是她,大大的眼睛热切地注视我,让我平添些许勇气和力量,克服研究中一个又一个的困难。对于任何一个人来讲,献词中的"理所当然"都是多余的。《福建监狱》编辑兰红也曾含蓄地批评我,说我行文历来"拖沓冗长"。找个借口说,"拖沓冗长"是我长期从事矫正教育工作养成的一种职业病。尽管努力避免(现稿在初稿基础上已删减十余万字),我还是不得不带着歉意承认:"拖沓冗长"在论述中肯定还有出现。

从我所在城市的师大图书馆出来,步行几分钟便是九龙江。为了咀嚼从书本上得来的信息,为了排遣研究中的烦恼,我多次沿着江畔漫步,走很长很长的路——周遭平和的景致有助于我的思考。有时,我也不做思考,只是独坐一处,托腮远眺任凭思绪飘扬——我称之为发呆。

思考和发呆,可以把你经历的一切转化为财富:艰难/顺遂、悲伤/喜悦、痛苦/欢欣……

苏东坡《司命官杨道士息轩》诗曰:"无事此静坐,一日似两日。"回头想来,我对生活和工作能够一直充满激情兴致勃勃,全仰仗思考和发呆。

思考和发呆于我是一种享受,莫大的享受。

谨序。

CONTENTS
目录

上篇

第一章

Chapter 1

研究缘起和概念界定

至于说是什么激发着我,这个问题很简单。我希望在某些人看来这一简单答案本身就足够了。这个答案就是好奇心,这是指任何情况下都值得我们带一点固执地听从其驱使的好奇心:它不是那种竭力吸收供人认识的东西的好奇心,而是那种能使我们超越自我的好奇心。说穿了,对知识的热情,如果仅仅导致某种程度的学识的增长,而不是以这样或那样的方式尽可能使求知者偏离自我的话,那这种热情还有什么价值可言? 在人生中,如果人们进一步观察和思考,有些时候就绝对需要提出这样的问题:了解人能否采取与自己原有的思维方式不同的方式思考,能否采取与自己原有的观察方式不同的方式感知。……今天的哲学——我是指哲学活动——如果不是思想对自己的批判工作,那又是什么呢? 如果它不是致力于认识如何及在多大程度上能够以不同的方式思维,而是证明已经知道的东西,那么它有什么意义呢?

——福柯(Michel Foucault)·《快感的享用》(*L'Usage des Plaisirs*)

第一节

狱内冲突研究缘起

　　一个时代的迫切问题,有着和任何在内容上有根据的因而也是合理的问题共同的命运:主要的困难不是答案,而是问题。因此,真正的批判要分析的不是答案,而是问题。正如一道代数方程式只是题目出得精确周密就能解出来一样,每个问题只要已成为现实的问题,就能得到答案。

　　——马克思·《集权问题:从问题本身和1842年5月17日(星期二)〈莱茵报〉第137号附刊谈起》

　　关注狱内冲突现实情形,澄清狱内冲突发生机制,探寻狱内冲突管控途径,就理论研究而言,是一个颇具挑战性的课题;于实践层面而论,又是一个必须作出明确回答的重大主题。

　　狱内冲突研究方向的确定,除了源自对刑罚执行和矫正教育现实问题的关怀和把握,在很大程度上也与笔者的自我经历、自我体验和自我感悟紧密联系。福柯(Michel Foucault)的一段话让笔者产生强烈共鸣:"每当我试图去进行一项理论工作时,这项工作的基础总是来自我个人的经验,它总是和我在我周围看到的那些事情有关。事实上,正是因为我觉得在我关注的事物中,在我去打交道的制度中,在我与他人的关系中,我发现了某种破裂的东西,某种单调灰暗的不和谐之处或运转失调的地方,我就会着手撰写一部著作,它实际上是一部自传的几个片断。"①在对狱内冲突的探究中,笔者走进了问题,问题也走进了笔者。此时,狱内冲突问题已然成为笔者的问题,狱内冲突研究本身成为笔者的存在方式。

　　狱内冲突的研究源起,有着明确的时间、地点和人物:2005 年 10 月,FJ 省 ZZ 监狱,一个服刑人员给了刚刚置身刑罚执行和矫正教育工作没多久的笔者一个"下马威",以至当时之情景至今烙印在心中,挥之不去。

✳ 案例一

　　刘某某,1974 年 7 月出生,福建福清人,小学文化,捕前务农,因绑架被判刑 11 年,系累惯犯,2012 年 3 月刑释。

　　自入监始,刘某某就一直变着花样对抗改造,是个典型的"刺头"。出于安抚考

---

　　① 　杨善华.当代西方社会学理论[M].北京:北京大学出版社,1999:368.

虑,监区对刘某某持"只要不搞出太出格的事来,就睁一只眼闭一只眼"的无可奈何态度。为让刘某某月度考核拿到较高等级,监区特意安排他从事服装加工生产线的"打枣"工序。这一工序容易得到较高劳动产值,劳动定额压力也不大。

刘某某做完手里的活,无所事事,离开劳动岗位到另一服刑人员处聊天。

笔者:刘某某,你在做什么?回到你自己的岗位去。

刘某某转头看看笔者,没理睬。

笔者:刘某某,你知不知道,离开自己的位置要先报告?!

刘某某:我来找工具!

笔者:我不管你是不是找工具,我现在命令你,马上回到你的岗位!

刘某某甩身走向自己的机台,低声骂骂咧咧。

笔者:刘某某,不服气是不是?!

刘某某并不回头,高喊:还叫不叫人活了!我是不服气,你怎么着吧!

早就摩拳擦掌的两个"骨干犯"一步上前,一边一个抓住刘某某手臂将其捺倒在地板上。听到动静,在现场巡查的其他民警也赶了过来。

刘某某在地板上叫嚣:有本事你们就让老子一直趴地上!

值班长宋了解事情原委后,安排给刘某某戴上手铐脚镣。上戒具后,刘某某依旧一脸的无所谓、不服气。当天晚上,值班长宋找刘某某谈话,刘某某态度有所松动。

第二天一早出工,刘某某向当日值班长曾表示,"自己错了"。值班长曾批评了刘某某几句,除下刘某某的手铐脚镣。手铐脚镣刚解下,刘某某突然冲向车间一角,猛击放置消防水枪的橱窗玻璃(事后,全监的消防水枪橱窗玻璃都换作了硬纸板),抓起一片玻璃碎片压在了自己的喉咙上,叫嚣:你们不让老子活,老子就死给你们看!

现场一片嘈杂、混乱。有服刑人员离开劳动岗位凑上前来看,也有服刑人员偷偷吹口哨起哄。

监区民警让刘某某保持冷静;刘某某以"不活了"威胁民警,要求见监狱长。

约十几分钟后,狱政科科长蔡赶到现场,先行稳定刘某某情绪。

谈判未果,科长蔡一边吸引刘某某注意,一边安排警力寻机突袭。突袭人员迂回靠近刘某某,猛然上前抓住服刑人员刘持玻璃的右手。其他民警一哄而上,将刘某某捺倒在地板上。在搏斗中,有两位民警的手被玻璃划伤。

事后,笔者好生困惑和担心:

我也没把刘某某怎么着,他为何竟然作出如此歇斯底里的反应?

事是由己而起,闹出这么大的动静,监狱会给我个什么处分?

又过了半个多月,不见有人再提起此事。

一切又理所当然地恢复了貌似的平静。

在《人类未来》（*The Next Development in Man*）一书中，怀特（Whyte L.L.）感慨："思考是失败的一种形式。只有当行动不能满足人类对问题的需求时，才会有思考的空间。关注任何问题就等于承认缺乏对问题的适应，而这样的问题正是我们必须停下来思考的。"①问题既然出现了，且让笔者困惑和担心了许久，就必须要对它进行反省和思考。

正是自此，狱内冲突问题引起笔者的持续关注和深刻反思。

随着工作时间越来越久，笔者经历的类似狱内冲突事件也愈来愈多。

✳案例二

张某，1977年12月出生，福建平潭人，初中文化，捕前务农，因故意伤害被判刑2年零6个月，系累犯，2008年4月刑释。

张某被判刑拘禁前属"黑帮老大"，入监后能够改造态度端正，常利用自己在犯群中的影响支持监区民警工作。这一天，张某随同民警王到监狱仓库送货。民警李来自非张某所在的另一监区，当时恰好也在监狱仓库。

民警李对站在仓库门口的张某说：你，过来！把这个推车推到那边。

张某看看民警李，没应声，向仓库外走去。

民警李大喊：你！站住！

张某回应：你谁啊?！我们监区干部在这里。

民警李怒由心头起，恶由胆边生：你他×的还反了不成？

民警王赶紧过来，和民警李说：算了算了，他这几天就要刑释出去了。

民警李冲民警王嚷嚷：他在这里一天也是犯人！他一犯人搞不清楚自己是谁也就罢了！你怎么也搞不清楚自己的身份，帮他说话！我今天非好好收拾收拾他不行！

说罢，民警李就要动手；张某摩拳擦掌也不甘示弱。民警王赶忙抱住民警李。民警李猛得推开民警王；民警王一个趔趄坐在地上。

张某不乐意了：你他×的欺负我也就算了，还打我们干部！

张某几步上前；民警王赶紧起身将张某拦住。

张某指着民警李：你等着，三天后我在监狱门口等你，有你好看！

民警李向张某猛踹一脚。现场其他民警赶过来，隔开双方，局面得以控制。

---

① WHYTE L.L. The Next Development in Man[M]. New York：New American Library，1950：7.

✳ 案例三

简某某,福建永定人,1969 年 6 月 6 日出生,初中文化,捕前务农,因非法持有枪支被判刑 1 年零 3 个月,2013 年 6 月 24 日刑释。

江某,贵州遵义人,1970 年 2 月 4 日出生,小学文化,捕前无业,因抢劫、盗窃被判刑 16 年零 6 个月,2009 年 12 月 30 日入监。

江某习惯晚上十一点左右去卫生间;监舍马桶冲水声音较大。

简某某:天天这样,好不容易睡着,一下子又被你弄醒了。

江某从卫生间回来后骂骂咧咧。

简某某:你在骂谁?

江某:骂你! 老子还要打你呢!

江某将简某某从床上拖到地板上,踩了两脚。

两人互殴。

✳ 案例四

蔡某某,福建南安人,1983 年 11 月 7 日出生,初中文化,捕前经商,因犯故意杀人罪被判无期徒刑,2010 年 9 月 10 日入监。

张某某,福建漳平人,1989 年 6 月 16 日出生,高中文化,捕前务农,因犯故意伤害罪被判刑 6 年零 9 个月,2011 年 4 月 20 日入监。

监区整队准备带参加劳动的服刑人员返回监舍。因严重违规,一名服刑人员戴着手铐脚镣站在一旁。在收工队列中,蔡某某和张某某一前一后站着。

蔡某某:这个脑袋病得不轻,剩二十几天就回去了还找事受这份罪。

张某某:说谁呢? 留点口德好不! 我朋友呢!

蔡某某:你也有病啊! 我又没骂你!

张某某突然用拳猛击蔡某某,致其口鼻流血。

撰写本书的基本理由显而易见:狱内冲突是影响监管安全稳定和矫正教育质量的一个重大现实问题。然而,即便整天置身其中,我们却对其知之甚少——个人的直观感触和前辈的口口相传,是我们关于狱内冲突的通常认知信息来源。这两者向我们展示的是不真实、不全面的狱内冲突图景,还有最终肯定收效甚微的防控方案。因为,狱内冲突并不总是像它们表面看上去的那样;我们关于狱内冲突真相的宣称和断言往往是错误的,是想当然的结果。这么说,未免有些不客气。不过,理论研究终究要指向对现实的批判与建构,正如社会学奠基人韦伯所言:社会科学研究的最重要目标之一就是揭露"逆耳的事实(inconvenient facts)"①。

社会结构是个人麻烦(private trouble)的最后根源②,这是米尔斯(Wright C. Mills)在《社会学想象力》(The Sociological Imagination)一书中提出的一个闻名遐迩的观点。同样,狱内冲突绝对不能单纯从服刑人员的"病态人格"或"社会化失败"中获得解释,它涉及复杂的人的存在问题——人是个体的,但人更是社会的存在。这不是在为服刑人员辩护和开脱——若不通过对具体存在的理解,又怎能捕捉隐藏于监狱民警和服刑人员存在与生存策略意识支配下的暴力行为呢? 又怎能有效缓解和管控狱内冲突呢?

"离开理解(认识、具体研究等等)的过程就不能理解。要理解,就必须从经验开始理解、研究,从经验上升到一般。"③笔者也希望提升"理解"品性在狱内冲突研究中的层次。因为,人的实践行为从根本上说就是一种理解行为,是一个意义理解、意义创造的过程;人的行为意义是自由的、开放的、相对的,是在理解中创造的;人除了能对过去所造成的处境有所感受,还能展望未来的种种可能,这种展望的行动便是理解;理解不仅帮助我们如何思考,更重要的是告诉我们怎么存在。

---

① Gerth Hans & Wright C. Mills, From Max Weber: Essays in Sociology [M]. New York: Oxford University Press,1946.

② Wright C. Mills., The Sociological Imagination [M]. New York: Oxford University Press, 1959:101.

③ 列宁.黑格尔《逻辑学》一书摘要[M]. //列宁全集:第 55 卷.北京:人民出版社,1990:175.

第二节
狱内冲突基本概念和范畴

真正的思想和科学的洞见,只有通过概念所作的劳动才能获得。

——[德]黑格尔(G.W.F.Hegel)·《精神现象学》(*The Phenomenology of Mind*)

　　概念的厘定、辨析是学术研究的基础性工作,是整个研究得以顺利推进的逻辑起点。"狱内冲突"论题涉及的几个核心概念倘若不能得以清晰说明,势必影响到研究边界的确定和研究结论的适用。

一、"警"和"囚"的指向

　　警察是国家机器的重要组成部分,是维护统治阶级利益的武装力量。监狱人民警察(为行文方便,以后统一简称"监狱民警"或"民警")是我国警察的重要组成部分,在监狱依法从事刑罚执行、矫正教育和其他监狱日常事务管理。

　　"囚",是一个象形字,意指"被圈禁起来的人"。"囚"的称谓,随着时代发展也在不断变化。历史上,"囚"曾被称作"圉""徒""犯",凡此种种。在中华人民共和国成立初期政务院颁布的《中华人民共和国劳动改造条例》(1954 年 9 月 7 日)、1982 年 2 月 1 日由公安部颁行的《监狱、劳改队管教工作细则》中,皆称"囚"为"犯人"。这一颇具传统的叫法,在大众口语中更为普遍。中华人民共和国成立后相当长的一段时期,"犯人"是与人民相对立的一个敌对群体,是应该被镇压的对象。1981 年 6 月 10 日,全国人大常委会通过《关于处理逃跑或者重新犯罪的劳改犯和劳教人员的决定》,"劳改犯"第一次在国家法律文件中出现。"劳改"词语的产生,有着复杂的历史内涵,它是自 19 世纪以来西方社会科学和社会主义运动所造就的宏大社会改造革命叙事的组成部分。[①] 改革开放以来,随着我国法制逐步健全,以阶级标准划分的"敌人"概念逐步被规范的法律术语"罪犯"替代。譬如,司法部 1990 年 11 月 6 日第 11 号令《监管改造环境规范》、第 12 号令《罪犯改造行为规范》和 1994 年 12 月 29 日中华人民共和国主席令第 35 号公布施行的《监狱法》,全改称"劳改犯"为"罪犯"。在 2004 年 5 月 1 日司法部施行的《监狱服刑人员行为规范》中,"服

---

　　① 　郭明.中国监狱学史纲[M].北京:中国方正出版社,2005:223.

刑人员"又替代了"罪犯"。

考虑到"服刑人员"一词相较其他词汇客观、中性,本书多用"服刑人员"称谓行文;个别词组,譬如"警囚冲突""警囚矛盾"等,为概括表述方便,会使用"囚"字替代"服刑人员";尊重原文需要,引用文字还是使用"囚犯""罪犯""犯人"等不同称谓。

二、暴力、攻击与冲突的解读

暴力、攻击,是与"狱内冲突"之"冲突"密切相关的两个重要词汇。

(一)暴力

"暴"原意"突然而且猛烈",常有糟蹋、损害、欺凌、残忍、急躁等外涵;"力"的本义是体力、力气,常转义表示一个人的力量与能力,后逐渐引申有了"威力""权势"之意。"暴力"即强制的力量,它的存在,意味着压制,意味着对受暴者的侮辱与损害,意味着受暴者的屈从、主体丧失和身心受创。在《辞海》中,"暴力"被解释为:"①给他人危害、摧残的枪击、流血等残暴行为;②特指军队、警察、法庭等国家强制力量。"①《当代汉语词典》对暴力也有两种解释:一种是政治范畴的,指"政治上运用的强制力量或武力:暴力革命"。另一种是法律范畴的,指"侵犯他人的强暴行为:家庭暴力|暴力抢劫事件"②。可见,暴力原本是一个政治和法学概念,后来才逐渐扩展到伦理学、心理学和社会学等领域,含义也由躯体强制力扩展为一方凭借自己的优势地位,采取非道德或不合法的力量和方式,将自己的意志强加他人,限制他人行为或(思想)自由,给他人带来身体(如躯体攻击)或心理伤害(如侮辱、勒索、使他人丢脸等)的言行。如此,暴力已超出单纯的"武力"范畴,包括了所有有意无意的,对他人可能造成躯体或心理伤害甚至死亡的破坏性言行。

在人类的发展历程中,暴力可谓无处不在,所谓"一部文明史也就是人类同自己的暴力倾向作斗争的历史"③。日常生活中,我们也随时可能与暴力不期而遇。正因为如此,有关暴力的研究向来是学术界的热门话题。这也决定了"暴力"的概念界定众说纷纭,莫衷一是。暴力是"蓄意运用躯体的力量或权力,对自身、他人、群体或社会进行威胁或者伤害,造成或极有可能造成损伤、死亡、精神伤害、发育障碍或权益的剥夺"④。世界卫生组织(World Health Organization,WHO)在《暴力:一个亟待解决的公共健康问题》(Violence:A Public Health Problem)中的这一阐述,得到了学术界普遍认可。因为,WHO对"暴力"的界定相对宽泛,也更有理论价值和实践意义,它不仅明确指出暴力的客体、情境及结果,而且在强调"运用躯体的力量"之外,兼顾了"权力"的作用或影响。

---

① 《现代汉语辞海》编委会.现代汉语辞海[Z].北京:印刷工业出版社,2002:61.
② 《当代汉语词典》编委会.当代汉语词典[Z].上海:中华书局,2011:60.
③ 陈嘉放,邓鹏.文明与暴力[M].成都:四川人民出版社,2003:9.
④ WHO Global Consultation on Violence and Health. Violence:A Public Health Problem[R]. Geneva:World Health Organization,1996.

(二)攻击

有学者初步统计,目前文献中有关对"攻击"的定义有 200 多种。总的说来,这些定义都或多或少与巴隆(Robert A. Baron)和理查森(Deborah R. Richardson)所提出的观点保持一致:攻击是在违背他人意愿的情况下,以伤害他人肉体或心灵为直接目的的行为方式总和。[①] 这一定义包括了以下三个关键成分:

1. 攻击是一种行为,而非情绪或态度

敌意、愤怒等负性情绪和种族偏见等不能算作攻击,尽管它们可能是诱发攻击行为产生的重要因素。日常生活中,几乎每个人都会愤怒,但并不是每个人在愤怒时都会实施攻击行为;攻击行为也可能在没有任何征兆的情况下发生。

2. 这种行为是故意的

个人有可能在无意中对另外一个人造成伤害,甚至是将其杀害。这种情况还不足以构成攻击性行为。人们会以不同的方式来应对自己所受到的伤害,这取决于他们对别人伤害行为故意与否的判断。例如,一个带有嘲笑性质的评论,一般会让被评论者感到心理受到伤害;而戏弄者原本只是想开一个玩笑而已。如果伤害确实是在无意中造成的,那么就不能算是攻击。

3. 这种行为以伤害另外一个人为目的

社会心理学家将"攻击性"和"果敢"这两个概念进行了区分。后者指的是那些以表现支配性或自信心为目的的行为。同时,他们还将真正的攻击与玩闹性质的攻击进行了区分,因为只有前者才有恶意企图。玩闹形式的打斗可以通过经常性的微笑和笑声来与那些通常伴以瞪眼、皱眉和露出牙齿的恶意攻击来相区分。

在心理学或者说社会学领域,暴力与攻击行为有高度的近似性;廖凤池先生则将两者完全等同,说"暴力或攻击行为是一种以恶意的言语或行为对他人或物品加以伤害或毁损的人际行为"[②]。在本书中,笔者同样并未将"暴力"与"攻击"明确区分开来,而是将其作为狱内冲突研究中的两个统摄性概念。

(三)冲突

"冲突"算不上是一个冷僻的词语,一般指的是人与人之间的矛盾与对抗行为。《现代汉语词典》关于"冲突"有两个解释:(1)发生激烈争斗或争执;(2)互相矛盾或不协调,发生抵触。[③]《辞海》关于"冲突"的解释有三项:(1)互不相容的双方发生公开对抗;(2)相互矛盾,不一致;(3)文艺作品中情节的构成因素之一,人物之间由于人生态度、思想感情、生活经历的差异而形成的矛盾和对立。[④] 可见,词典中"冲突"的含义是基于公开化的

---

① Robert A. Baron & Deborah R. Richardson. Human Aggression [M]. New York: Plenum Publishing,1994:580-588.

② 廖凤池.攻击行为的衡量方法与辅导策略:认知行为人倾向[J].测验与辅导,1996(136).

③ 《当代汉语词典》编委会.当代汉语词典[Z].上海:中华书局,2011:206.

④ 《现代汉语辞海》编委会.现代汉语辞海[Z].北京:印刷工业出版社,2002:232-233.

矛盾,是一种可能会产生斗争的矛盾形式。

在社会学研究中,"冲突"是一个非常重要的分支。科塞(Lewis A. Coser)对冲突的定义得到早期社会学家的普遍认同,即"冲突是针对价值以及关于稀有"①"不一致的目标、各自专有的利益、感情上的敌意、观点上的异议,以及有节制的相互干涉"②。注意,该定义产生自冷战时期,当时美国和苏联间的对峙支配着西方世界应对冲突的方式;冲突被视作"非赢即输"的情景。科塞将社会冲突的根源分成了两个方面的原因:一方面是物质性的原因,指制度性歧视、经济地位的不平等和资源的分配不均;另一方面是非物质性的原因,指价值观和意识形态的不一致。科塞还提及两种不同类型的冲突:现实性冲突和非现实性冲突。他认为:"现实性冲突为了追求没有得到的目标,而非现实性目标不是由于竞争性目标引起,而是为了释放紧张状态。"③

"社会冲突"学说多注重权力问题,在集中研究权力的产生、分配和作用等问题之外,也研究社会生活中的冲突现象,如人与人、群体与群体、阶层与阶层、阶级与阶级的冲突。例如:较早开始冲突理论研究的特纳(Jonathan H. Turner)指出:"冲突是任何两个或两个以上的统一体由至少一种对抗心理关系形式或至少一种对抗性互动关系形式连接起来的社会情况或社会过程"④,"一方企图剥夺、控制、伤害或者消灭另一方并与另一方相对抗的互动"⑤。

近些年来,冲突理论研究引起了国内学者的普遍关注并作出了相应解释。金盛华把冲突定义为:"个体或群体感受到另一方的不利于自身利益的行为并进行反击的现象。"⑥郑杭生认为:"冲突是人与人或群体与群体之间为了某种目标或价值观念而把冲突看作是一种过程:'当一方感觉到另一方对自己关心的事情产生不利影响或将互相斗争、压制、破坏以至消灭对方的方式与过程'。"⑦方振邦等从管理学的角度把冲突定义为一种过程:"当一方感觉到另一方对自己关心的事情产生不利影响或将要产生不利影响时,这种过程就开始了。"⑧

很难说以上的一些见解对冲突作出了清晰、准确的解释说明,但这些说法至少从多个角度、层面描绘了日常语言和专业研究者的分析。通过以上罗列,我们可以归纳出冲突的(特别是社会学意义上)某些基本含义:

1. 冲突是不同主体或主体的不同取向,因对冲突中另一方的分歧而产生的行为、心理的对立或矛盾。在这种相互作用中,前者冲突的不同主体,常表现为主体间的行为对

① 科塞.社会冲突的功能[M].孙立平,译.北京:华夏出版社,1989:前言.
② 科塞.社会冲突的功能[M].孙立平,译.北京:华夏出版社,1989:71,34.
③ 科塞.社会冲突的功能[M].孙立平,译.北京:华夏出版社,1989:71,34.
④ 乔纳森.H.特纳.现代西方社会学理论[M].范达伟,译.天津:天津人民出版社,1988:245.
⑤ 乔纳森.H.特纳.社会学的理论结构[M].吴曲辉等,译.杭州:浙江人民出版社,1987:216.
⑥ 金盛华.社会心理学[M].北京:高等教育出版社,2005:406.
⑦ 郑杭生.社会学概论新修[M].北京:中国人民大学出版社,2005:179-180.
⑧ 方振邦.管理学基础[M].北京:中国人民大学出版社,2011:335.

立状态;后者主体的不同取向,表现为个体内部的心理矛盾状态。

2. 冲突虽然是客观存在的,但必须经过人们去感知和体现。当人们真正意识到对不同主体行为比较中存在内在冲突和内心矛盾后,才能知觉到冲突。冲突的存在不仅是一个客观问题,也是一个主观的知觉问题。

3. 冲突的主体可以是组织、群体或个人,冲突的客体可以是事实、利益、权力、资源、目标、方法、意见、价值观、情感、程序、信息、关系等。

4. 冲突是一个过程,它是从人与人、人与群体、人与组织、群体与群体、组织与组织之间的相互关系和相互作用过程中发展而来的,它反映了冲突主体间交往的状况、背景和历史。

5. 冲突的结果带有一定的破坏性。

三、"狱内冲突"的操作性界定

在很大程度上,"狱内冲突"并不是一个严格意义上的学术概念,尽管此类事件或现象从来就是与监狱相伴而生的。同样,在监狱系统的内部文件或是日常管理中,也不用"冲突"一说,而代之以"警囚矛盾"和"囚囚矛盾",当然更谈不上概念上的分析和语义上的界定。选择"冲突"作为本书的核心概念,在于其似乎是构建理论的最佳起点:"冲突"一词不但指警囚、囚囚间的矛盾本身,而且还涉及矛盾产生的社会及心理根源。

基于本书的研究指向和行文需要,笔者将监狱民警和服刑人员间发生的冲突事件,称为"警囚冲突";将服刑人员间发生的冲突事件,称为"囚囚冲突"。刚开始,笔者也曾尝试"囊括"狱内冲突和警囚冲突这两个方向给狱内冲突直接作出界定,其结果是在文字阐述上含混不清,词不达意。看来,比较好的办法还是对它们分别作出相应界定:

警囚冲突是刑罚执行和矫正教育活动情境中监狱民警和服刑人员相互作用的产物,是由于双方在目标、价值观、认知视角、社会角色等诸多方面差异而引发的旨在遏止对方并实现自己目的的互动,具体表现为警囚间的思想隔阂、情绪对立和行为对抗。

囚囚冲突是服刑改造过程中服刑人员间矛盾的外显,具体表现为施暴服刑人员通过羞辱等方式对受暴服刑人员造成心理上的痛苦感受或是对受暴服刑人员直接施加躯体上的物理损害。

第二章

研究方法与技术路线

对我们来说，如果对自己的思维方式以及思考问题的角度了解得不够清楚，我们就无法明白和处理生活中存在的极其复杂的问题。

——（印度）克里希那穆提（J.Krshnamurti）·《你就是世界》（*What Are You Doing with Your Life*）

评论者经常发现,妨碍人们得出确切结论的理论研究缺陷基本可归结为两类:研究方法与观察视角。如果这两者存在问题或不足,研究结论的可靠性和可行性必然会受到质疑。

本章阐述的研究方法和技术路线,并不全是方法,而是笔者研究理念的图解。与其说它们是具体的方法,还不如说是方法论(methodology),因为"方法也就是工具,是主体方面的某个手段,主体方面通过这个手段和客体相联系"①。

一、研究方法

监狱学研究对象和学科构成相当复杂,因为"监狱之学问极为精密",是复杂的人学(清·《法部奏报派赴美万国监狱改良会徐谦等回京报告折》);"监狱学是集合学"(民国·孙雄,《监狱学》)。由于学术视野狭窄和"支援意识"②欠缺,监狱学理论研究方法的应用向来乏善可陈。就狱内冲突,笔者试图作出一些尝试:以辩证唯物主义和历史唯物主义为指导,遵循历史与逻辑相统一、理论与实践相结合原则,综合运用实证研究、质性研究、批判研究、行动研究和文献研究等多种研究方法。

(一)实证研究(Empirical Research)

实证研究始于自然科学。十八世纪以来,自然科学翻天覆地的发展不仅推动了工业革

---

① 列宁.哲学笔记(1895—1916)[M].//列宁全集:第55卷.北京:人民出版社,1990:189.

② 当代科学哲学家博兰霓(Michael Polanyi)在其知识论巨著《个人知识》(*Personal Knowledge*:*Towards a Post-Critical Philosophy*)中反对以主客观相分离为基础的传统知识观,主张知识的获得是对事物的能动领会。他将知识分为"集中意识"(focal awareness)和"支援意识"(subsidiary awareness)两个不同层次。"集中意识"是可言明的、客观的非操作性知识,可以相互转达、分享;它只是知识的表层,是非个人、非本质的。"支援意识"是不可言明的,亦不可以通过记忆过程直接习得;它潜藏于知识深层,与研究者本人的"无所不在的参与"以及对过程细节的亲身体验直接联系,具有明显的个人化特征;尽管有时连本人也没有明确地意识到其存在,但它确已成为个人素质的一部分,总能在恰当时机恰如其分地迸发生成,成为灵感的来源。(详见 Michael Polanyi. Knowledge:Towards a Post-Critical Philosophy[M]. Chicago:University of Chicago Press,1958:57-59.)

命的巨大成功,也为社会科学研究开创了一种全新的范式。孔多塞(Marquis Condorcet)、圣西门(Saint Simon)和孔德(Auguste Comte)等人,皆倡导将自然科学的实证精神贯彻于社会现象研究之中。他们主张从经验入手,采用程序化、操作化和定量分析的手段,使社会现象的研究达到精细化和标准化的水平。1830年至1842年,孔德之《实证哲学教程》(*Cours de Philosophie Positive*)六卷本在巴黎的陆续出版,被认为是西方哲学由近代转入现代的重要标志之一。孔德认为,知识必须建立在观察和实验的经验事实上,通过经验观察的数据和实验研究的手段来揭示一般结论,并且要求这种结论在同一条件下具有可证性。后来,孔德的这一思想被转换为社会科学的研究方法——通过对研究对象大量的观察、实验和调查,获取客观材料,从个别到一般,归纳出事物的本质属性和发展规律。

总的来说,我国监狱学理论研究向来缺乏实证的支持。我们习惯把"逻辑的事物"当成"事物的逻辑",认为只要理论对了,事情就解决了。于是乎,从概念到概念、从理论到理论的"闭门造车"在监狱学理论研究中大行其道。如此,理论的逻辑置于实践的逻辑之上,既造成了理论上的无谓难题,又造成了实践中的诸多误解。监狱学理论研究必须秉承社会学研究的传统,"从普遍性中走出来,进入到现象的实际中去,以发现这些特殊的社会性质"①;需要在对各种理念价值进行反思批判、整合优化的基础上,通过实证的方法能动、敏锐地揭示、评价和预测伴随社会政治环境、经济形态等不断发展变迁而出现在刑罚执行和矫正教育中的各种挑战和机遇。

在狱内冲突研究中,笔者主要采取问卷调查、焦点访谈及观察相结合的方法,搜集狱内冲突表现形式、发生频度、影响因素、危害后果以及行为人心理认知和应对方式等方面的第一手资料。

1.问卷调查

问卷调查是指研究者用事先根据调查目的设计的统一问卷来收集研究资料的一种调查方法。与其他调查方法相比,问卷调查有两大突出优势:一是科学、客观、准确。问卷调查严格按照统一设计和固定结构的问卷来进行研究,就整个研究过程来说,其问卷设计、问题选择、调查实施及数据处理分析等都有一整套成熟的原则和要求保证,可有效避免研究的盲目性和主观性。二是能够节约时间和经费。问卷调查可以达成在较短的时间内收集大量调查对象数据资料的目标,同时,由于问卷中的问题和答案都预先进行了操作化和标准化设计,所得到的数据非常适合使用现代信息技术进行定量处理和分析,能够显著提高研究效率。

2. 深度访谈

访谈,是非常基本的具有指向性的谈话。深度访谈的深刻本质会引发每个研究对象对他(她)的经验进行解释。在访谈中,主要是研究对象在说;研究者要做的,是在鼓励研究对象作出回应的同时,敏锐地聆听和观察。

---

① 涂尔干.社会学研究方法论[M].胡伟,译.北京:华夏出版社,1988:116.

3.焦点访谈

由于本研究领域可能涉及隐私或秘密,事件的发生与否不容易掌握,事件的始末历时甚长,涉及的当事人繁多,因而不容易进行大范围的田野观察。考虑到种种条件限制,如时间、经费、方便性及理论适宜性后,本研究将问题焦点访谈 PCI(problem-centered in-depth interview)作为基础资料收集的重要途径之一。

PCI 是根据扎根理论发展而来的一种数据收集方法,属于定性的深度访谈,是半结构访谈法的一种具体应用。它试图调和理论引导型访谈和开放型访谈之间的冲突,交互使用归纳和演绎的思维方法,以使研究者获得更多关于研究对象的知识。

(二)质性研究(Qualitative Research)

质性研究是相对于"量的研究"(Quantitative Research)而言的,指"以研究者本人作为研究工具,在自然情境下采用多种资料收集方法对社会现象进行整体性探究,使用归纳法分析资料和形成理论,通过与研究对象互动对其行为和意义建构获得解释性理解的一种活动"①。

质的研究植根于后实证主义、批判理论和建构主义三种理论范式,是受到现象学、阐释学以及其他如民族志的方法的影响而逐渐发展起来的。民族志研究者主要应用参与性观察和深入的工作进行研究,关注日常生活和习惯的现象。"在现代主义时期,质的研究在很大程度上受到现象学的影响,开始注意研究者和被研究者之间的理解何以可能以及这种理解是如何发生的问题。"②阐释学对质的研究有着重要的指引作用,主要是关于阐释理解或意义的研究,特别注意脉络关系和原始目的。阐释学在以下方面③对质的研究产生了重要影响。

首先,确认"理解"是质的研究的一个主要目的和功能。质的研究强调在研究中获得对被研究者的理解。"理解"不是对某一"客观实在"的事物的直接观察或即时辨认,而是通过研究者的"阐释"把该物"作为某物"的结果,是研究者在阐释与解释对象之间的一个循环互动,永远没有完结。其次,对研究者本人"倾见"的认可和利用。再验证一个预先设定的学说或假设,而是在尽可能自然的生活环境中,了解实际发生的事件,用研究对象自己的概念、语言和习俗,支持、探寻和体验他们所诠释的思想、情感和行动的架构,以此了解他们在日常生活事件中所建构的价值观念和行为准则,进而深入地认识一个个体或一个群体对某个确定的事物的态度与行为结构。在此基础上对研究的问题作出描述和解释,进而完成对某种理论的建构。

(三)批判研究(Criticism Research)

批判理论是随着二十世纪人类科技文明而崛起的一种社会思潮,它指的是任何解释性、规范性、实践性和自我反思性的社会理论。批判理论首先由霍克海默(M. Max Horkheimer)用于法兰克福学派(Frankfurt School)及其改造过的马克思主义的自我描

---

① 陈向明.质的研究方法与社会科学研究[M].北京:教育科学出版社,2000:12.
② 陈向明.质的研究方法与社会科学研究[M].北京:教育科学出版社,2000:34.
③ 陈向明.质的研究方法与社会科学研究[M].北京:教育科学出版社,2000:36.

述。霍克海默说:"在目前这样的历史时期,真正的理论更多的是批判性的,而不是肯定性的……人类的未来依赖于现存的批判态度;这种态度当然包括传统理念要素和普遍衰退的文化要素",批判理论的目的"绝非仅仅是增长知识本身。它的目标在于把人从奴役中解放出来"。① 福柯在其专著《什么是启蒙》(*What Is Enlightenment*)中也表示了与霍克海默类似的态度:

> "如果对统治进行强化的目的是要使个体在社会实践中屈服——且发挥这一作用是以真理为依托的权力机制,那么我要说,批判是一种颠覆,在这种颠覆中主体大胆地去追问真理要抵达的权力效应,追问权力关于真理的话语。因此批判是自行决定的让自己不受奴役的艺术,是经过沉思后采取的不屈从的态度。"②

主体理性的批判是先决条件。只有通过理性的反省,才能理清真假意识的纠结,诘问我们现实存在的境况,继而使监狱理论研究助力刑罚执行和矫正教育活动摆脱虚假意识的支配,最终达成实质理性的启蒙。因此,批判研究为我们提供了对于现行刑罚执行和矫正教育环境另类的思考模式,它从事情并未如表面呈现的那样自然着眼,试图借助反省、批判、理解、论辩、比较与沟通等方式,深究事物的本源。

在查阅与狱内冲突相关的理论文献时,笔者希望反省自己这些年的刑罚执行和矫正教育实践:

> 哪一些实践活动是带有主流文化色彩的价值观?
>
> 这些价值观中蕴含着怎样的特定观点或掩饰怎样的特定利益甚至是掩盖了服刑人员怎样的微弱呼喊?

当批判的观点将这些声音都浮现出来并日渐清晰,深入思考会帮助我们在面对特定狱内冲突情形时,能够有所指向地深究种种现象背后隐藏着的价值观和意识形态。此种方式,还为我们提供了在狱内冲突场域下更加丰富的信息选择。

(四)行动研究(Action Research)

许多专家、学者曾从不同角度对行动研究的内容进行了不同的说明,至今有关行动研究的名称也未取得一致——有学者称行动研究为行动探究(action inquiry)、反省性实践(reflective practice)、操作研究(operational research)、工作现场研究(on the job research)、现场实验与操作研究(field experimentation research)、协同行动研究(collaborative action research)及发展研究(development research)等等。不同的学者对行动研究的不同称呼,一方面表明行动研究

---

① 霍克海默.批判理论[M].李小兵,译.重庆:重庆出版社,1990:229-232.
② 马文·克拉达,格尔德·登博夫斯基.福柯的迷宫[M].朱毅,译.北京:商务印书馆,2005:129.

尚处在发展完善中,另一方面也说明行动研究本身并不拘泥于形式而灵活多样。

尽管学者对行动研究阐述的视角各不相同,其中也不乏一致的观点——行动研究旨在解决实际问题;实践者是行动研究的主体,同时也应与专家学者以及与问题有关的其他人员合作;实践者在活动干预过程中需不断反思等等。就行动的本质而言,它并非一种单纯的研究方法,同时也是一种研究思路。如此说来,行动研究为狱内冲突研究提供了一个全新的框架和视角。

首先,作为一种研究思路,行动研究为狱内冲突理论研究与监狱管理困境破解的结合提供了一个科学的框架模式,实现了研究者与实践者的有效合作。面对狱内冲突事件,抱怨没有丝毫用处,指责也于事无补,任其发生甚至升级更是极其有害。监狱民警必须在实践中反思,在行动中探究,边行动边学习边提高,以学习指导行动,以行动推动学习。

其次,行动研究的根本旨趣不是为了理论上的产出,而是为了实践本身的改进。行动研究的精义在于它是这样一种革新的过程,这个过程的目的在于某个人或某个团体自己的,而不是他人的实践之改善。狱内暴力干预的最终目标可简单描述为可(预)防、可控(制)、可(缓)解。显然,行动研究的思路与狱内暴力干预的目的一致,运用行动研究模式能够达成预防和减少狱内暴力事件之目的。

再次,科学概括出来的研究知识并不能直接驱使社会实践,还必须有一个"启蒙过程",以使某一情境中的参与者能够对自己的情境有一个真正的理解,并作出明智而谨慎的决定。行动研究本身包含了这个"启蒙过程",监狱民警不但直接参与了研究过程,而且在这个过程中,他们是"科学共同体"中平等的一员,而不是某种权威教诲的聆听者。监狱民警是行动研究的主要参与者和实施者,他们在作为研究客体的同时,也是研究的主体,集行动者与研究者的身份于一体。行动研究不是传统意义上的"研究",而是一个自我反思、自我教育,促进个人专业成长的过程。在服刑人员暴力行为团体干预实施过程中,监狱民警不再被动地接受专业培训,不是研究他人实践中存在的问题,而是亲自参与确定服刑人员暴力行为干预的具体问题,制订暴力干预计划,实施行动,收集并分析反馈信息,调整计划,对自己的行动结果进行评价并应用获得的研究成果等。通过研究与行动的密切配合,监狱民警在批判性的反思和探究中有效解决工作中的实际问题,在改善工作成效、增长专业知识、提高实践技能的同时,还获得一种内在的启蒙和解放,为其开辟新的思考视角和探询方向,最终实现自我超越。

最后,传统的研究结果,总是无法直接应用于解决实务工作情境所产生的问题,因为理论与实务之间,往往存在着不可避免的差距。行动研究是一种在实际社会生活环境中、在自然状态下进行的研究。狱内暴力总是在千变万化的实际情境中发生,问题的破解也是在实际情境中问题的破解。在生活、学习和劳动三个现场,监狱民警时时出现在服刑人员左右,与服刑人员可谓"形影不离"。也正是因为如此,监狱民警对狱内暴力这一难题及其所处的实际情境有深入的了解和认识,为问题的有效破解提供了可能。

(五)文献研究(Literature Research)

文献研究也是笔者比较侧重的研究手段。采用文献法能够了解有关问题的历史和现状,保证研究者的研究能够站在一个较高的起点上进行,让研究者清楚地知晓对于这个问题的研究已经达到了什么水平,如此,既可以提出一些新的材料或者观点,也可以最大限度地避免重复劳动。在使用访谈法和观察法时,文献法还能帮助研究者形成关于研究对象的一般印象,大致把握事物的全貌。在我们的研究中,基本概念的梳理、相关范畴的使用和理论依据的筛选,都是借由文献研究的方法达成。

二、研究技术路线

(一)调查问卷

1.问卷编制

进行文献检索,主要查阅了大量的有关冲突理论的专著和调研材料。结合狱内冲突课题调研的目标,笔者先行编制出"狱内冲突调查(民警)问卷"和"狱内冲突调查(服刑人员)问卷"(为避免不必要的干扰,实际问卷卷头仅印制"调查问卷"四个字)各一份,在征求了部分民警和服刑人员的意见后,还邀请多位专家对问卷项目的表述可读性、内容关联性和建构适当性进行了评定。最终,删除了"狱内冲突调查(服刑人员)问卷"原本设计的三个开放性问题,笔者将其中五个层面涵盖复杂的题目重新分解成八个,并修改了若干表达晦涩、理解困难的语句。

2. 被试选取

被试样本主要集中在 FJ 省的 ZZ 监狱、PT 监狱、LY 监狱。做问卷调查时,排除精神障碍患者,有癫痫病史、脑外伤史或有过毒品滥用史者,采用分层整群随机抽样方式调查 FJ 省的 ZZ 监狱服刑人员样本计 300 人次;其他监狱则由监狱指定一个监区服刑人员作为被试,被试数在 50 到 100 人次不等。

FJ 省地处我国东南沿海,近些年经济发展迅速,由于人口流量大、外来人员多,狱内在押服刑人员成分复杂。调研之初,曾计划在东北、西南及中原腹地各选取一两所监狱开展调查,受制于方方面面条件,未果。

(二)个人访谈

笔者通过两种方式确定访谈对象:一是在调查问卷的末尾处设计了一个问题:"您有兴趣就本次调查研究内容和我们再次进行面对面的讨论吗? 如有,就在下面的方框内打钩,我们会在合适时间和您再次联系";二是根据对问卷的回答情况,从被试中有目标性地确定访谈对象。

作为一种支持性的工具,访谈提纲的设计是访谈中非常重要的一环,它利于增强访问者对研究问题的记忆和引导访谈的方向。狱内冲突研究访谈提纲设计逻辑如下表 2-1 所示。

表 2-1 访谈提纲设计

访谈主题	问题举例	访谈目的
个人简要经历	请简单介绍一下您自己的基本情况,好吗?	了解民警(服刑人员)家庭环境、生活经历、专业背景(犯罪过程)等及可能与本研究有关的其他信息
认识或态度	"如果让您列出一提到你与服刑人员(民警/同改)间发生冲突您就会想到的一些词,您会列出哪些?" "警囚、囚囚冲突发生后,您感觉发生了哪些变化?" "您认为最明显的变化是什么?" "您能不能对此作出一些解释?"	了解民警(服刑人员)对警囚、囚囚冲突的认识或态度
冲突事件或情境	"您有没有与服刑人员(民警/同改)发生过冲突?" "您能不能和我谈谈让你印象深刻的与服刑人员(民警/同改)间发生的一件不愉快的事情?" "您为什么会对这件事印象深刻?" "当时服刑人员(同事/同改)作何反应?"	引入本次访谈的主题,了解民警与服刑人员及服刑人员与民警(同改)交往的行为和心理特点
冲突原因	"您觉得是哪些原因导致了你与服刑人员(民警/同改)间冲突的发生?" "您现在如何看待这次冲突事件?"	了解民警(服刑人员)对于冲突发生原因及其特点的认识和了解
解决方式	"当警囚、囚囚冲突发生时,一般您会怎么解决?" "您能举个例子作出说明吗?" "您对自己的哪些做法比较认可?" "您对同事(同改)的哪些做法比较认可?"	了解民警(服刑人员)对于冲突的处置方式
干预策略	"您觉得如何做才能比较好地化解与同改(或民警)间的冲突与矛盾呢?" "您认为最关键的是什么?" "现在问题出在哪里?" "为什么会这样?"	了解民警(服刑人员)对于冲突化解、控制的认识
开放性问题	"对于刚才我们的讨论,您还有什么需要补充的吗?"	民警(服刑人员)补充观点或例证;研究者追问某个问题

为收集尽可能丰富多样的信息,笔者尽量使受访民警的年龄、警龄、专业背景、担任职务以及服刑人员的年龄、罪名、文化程度、已服刑期、从事岗位呈分散性分配,以扩大变异量。同时,样本人数也不作设定,完全根据扎根理论的建议,采取理论取样方式直到理论饱和为止(意指对于想要研究的核心概念,新的受访者不再提供新的发现,此时也就是访谈应暂停的时候)。

问卷调查的开展比较顺利,寻找并说服受访者坦诚、深入地进行访谈的过程则一波三折。首先,笔者很难进入研究现场,因为大多数服刑人员都不愿与笔者谈论他们"圈子"内的事情和观点;许多监狱民警也对自己与服刑人员的冲突讳莫如深,因为这毕竟是一个敏感的问题。其次,筛选出警囚或囚囚冲突中成对的受访,以便比较冲突双方对同一冲突事件的解释和看法,进一步增加了寻找受访者的难度。北方人天生的爽直和一线的长期工作经历又一次帮助了笔者:曾与笔者一起工作过的同事和曾在笔者所在监区服刑的服刑人员,都给予笔者莫大的信任。特别是曾在笔者所在监区服刑的服刑人员,他们为笔者与其他陌生的服刑人员受谈者搭起了一座桥梁——为笔者介绍适合的受访者。而对这些"陌生"的服刑人员而言,笔者同样是一个"陌生者",他们往往更愿意吐露自己更多的、更加隐秘的信息。因为,同改介绍的"可信任"的"陌生者"来了,又走了,不会对自己的改造生活造成太大的影响。

(三)数据分析

在对问卷调查获取的数据进行统一编码的基础上,笔者选用了 SPSS(Statistical Product and Service Solutions,统计产品与服务解决方案)软件进行处理。分析类型为单变量的描述统计和典型相关分析,多变量的主成分分析、通径分析和多元线性回归分析。

三、笔者的立场和自省

研究者的个人特质、生活经历和理论敏感度等,于研究过程及研究结论影响甚大。在做这项研究的时候,笔者并不试图抛开个人成分。事实上,笔者相信,假如能够对狱内冲突的有些方面作出任何清楚的阐释,那恰恰是因为笔者曾经亲身经历过诸多狱内冲突情境。当然,作为研究者,笔者必须始终保持对这种参与经历的觉察意识——在狱内冲突的讨论与解释过程中,对这种明显的主观性的作用保持警觉极为重要。

> 作为"研究工具"的研究者想去哪儿?
>
> 所进行的分析可能会把研究者带到哪儿?
>
> 如何处理主观性和客观性的关系?
>
> 研究者对研究对象的"解释性理解"何以可能?

这些问题都需要在研究之初就确立。

唯有从自身经验开始,我们才能理解他人。在某一具体的研究中,研究者本人就是研究的"工具",研究者和被研究者互为主体性,他们之间的相互作用对意义建构的"解释性理解(interpretive understanding)"非常重要。笔者的研究过程,也是笔者与被研究者一起建构意义的过程。通过这个过程,达成德国当代解释学派哲学家伽达默尔(Hans-

Georg Gadamer)所说的"视域融合(horizontaler-schmelzung)"①。

　　在个别访谈中,一个已刑释人员的一番话引起了笔者的反思。他说:我们的很多体会、感觉,有时无法用语言表达;即便用语言表达了,你们也不可能真正理解。由于研究对象涉及立场可能不同的两部分人——监狱民警和服刑人员,笔者为自己在研究中应处的立场问题困惑了许久。笔者可以假装是立场中立的,但实际上不可能做到,因为笔者确实是有立场的。如果是这样,

　　　　还能否悬置自己的优势地位客观再现服刑人员提供的第一手资料?

　　　　还能否从中寻找和捕捉那些曾经视而不见、听而不闻的意义和解释以便扩展为新的理解?

　　"没有事实,只有诠释"②(尼采语)。我们任何人对客观对象的理解,肯定都存在着"主观诠释"的问题。无论作为前期资料收集阶段的倾听者,还是作为后期资料分析阶段的研究者,研究者的大脑都不是一张白纸或一个空的容器,肯定有一些"前见"(预先已有的概念系统)和"前悟"(预先已有的假定)。这些"前见"和"前悟"相当顽固,很容易将问题还原到常识的范畴。这就需要研究者不为"前见"和"前悟"所左右,时刻保持对自己原本思维定式和已有专业经验的警醒,以避免研究失去本来的意义。当然,这些"先见"也并非一无是处,它们可以帮助研究者在研究过程中有明确的目的、实际的期望、必需的储备和判断的能力,可以帮助研究者理解相关资料并从中审查抽象出一些全新的范畴来。这又如我国传统文化主张的"和而不同"(《论语·子路》)、"同则不继"(《国语·郑语》)。对此,伽达默尔也有论断:"这种'前理解'或'先人之见'不仅不能清除,而且还是理解的前提条件,对意义的流动和创生,具有积极意义。"③

---

　　①　伽达默尔认为,任何理解都不可能由理解者的单一角度构成,而是一个互为主体的活动过程。在此过程中,理解者和被理解者的视角调和起来得以改变或扩展,形成"视域融合"现象。所谓视域,就是视的区域,这个区域囊括和包容从某个立足点出发所能看到的一切;视域融合是理解者和被理解者双方角度的调和,并由此促成"理解"。(详见伽达默尔.真理与方法[M].洪汉鼎,译.上海:上海译文出版社,1994:246-247.)

　　②　尼采原话为:"There are only facts, I would say, no, facts is precisely what there is not, only interpertaions."(文见 James P.Wallace. A Summer in England and Scotland,1886(1887)[M]. Montana: Kessinger Publishing, 2009: 60.)

　　③　伽达默尔.诠释学[M].洪汉鼎,译.北京:商务印书馆,2010:468.

第三章

Chapter 3

国内外研究综述

研究必须充分地占有材料,分析它的各种发展形式,探寻这些形式的内在联系。只有这项工作完成以后,现实的运动才能适当地叙述出来。

——马克思·《资本论》

格拉泽(Glaser B. G.)和施特劳斯(Strauss A. L.)告诫我们:"为了确保产生的范畴不被更适用于相异领域的概念污染,首要的有效策略真正忽略研究范围中的理论和事实文献。同这种文献的相似点与会合点可以在范畴的核心经过分析显现之后再确立下来。"①

基于上述观点,对国内外与狱内冲突相关理论的借鉴,笔者采取积极而又审慎的态度:先行对狱内冲突现象进行深入、细致的"扫描",从中提炼出独立的、本土化的理论线索,待研究结论"雏形"已成,再行与前人的理论展开对话。实践证明,这一策略既可以把已有理论整合到笔者的研究中,又能保证笔者的研究产生出新的范畴和概念,不会因为浸泡在文献中而被溺死。

---

① Glaser B.G. & Strauss A.L., The Discovery of Grounded Theory [M]. Chicago: Aldine, 1967: 57.

第一节
暴力攻击的代表性理论

要作出学术贡献，需要认真研究相关文献，包括那些跨越学科界线的文献。

——（英）卡麦兹（Kathy Charmaz）·《建构扎根理论：质性研究实践指南》

(Construction Grounded Theory：A Practical Guide Through Qualitative Analysis)

　　狱内冲突研究的深入既要立足于现实存在的具体问题，又要借助一定的理论工具来分析这些问题的产生原因、发展规律和解决思路。显然，国内外关于暴力攻击动力机制的若干主流理论模式，是狱内冲突能够得以深入研究的重要理论资源和分析工具。

一、本能论(Instinct Theory)

　　作为暴力攻击本能论当仁不让的代表人物，弗洛伊德(Sigmund Freud)的观点以第一次世界大战为节点发生了一定的变化。他最初认为人类的所有行为都直接或间接地源于性本能，而暴力行为就被看成是个体的本能冲动受到阻抑后作出的一种反应。根据这种观点，攻击行为被视为既不是生活中自动出现的，也不是不可避免的部分。随后，弗洛伊德根据自我和自我的客体，以及这些客体所引起的快乐和痛苦来描述攻击，即：如果某一客体能够引起痛苦情感，我们会因为这一客体的存在而产生厌恶和憎恨，这种憎恨可以强化攻击行为，使自我把破坏的目标指向该客体。[①] 1920 年，弗洛伊德又一次修订了其暴力学说：人有两种本能——生的本能(Eros, life instinct)和死的本能(Thanatos, death instinct)。前者指个体生存、种族繁衍以及人们追求快乐的欲望(包括性本能)；后者是一种自我破坏倾向，自杀就是其中之一。生的本能与死的本能是对立的，人只要活着，死的本能就会受到生的本能的抑制或者说妨碍。不得已，死的本能的对内破坏力量转向外部，这间接导致指向他人的攻击行为。实证研究似乎证实了这种假说的正确性：一个地区如果自杀率高，则他杀案件的百分率就低。[②]

　　关于暴力的第二个本能论观点源自习性学(Ethology)创始人洛伦兹(Konrad Lorenz)，他借助动物行为学来解释人类的攻击行为。在《论侵犯》(*On Aggression*)(国内

---

　　① Berkowitz, L. The frustration-aggression hypothesis: An examination and reformulation [J]. Psychological Bulletin. Vol.106, 1989:59-73.

　　② 章志光. 社会心理学[M]. 北京:人民教育出版社,2008:322.

也有译作《攻击与人性》)一书中,洛伦兹提出与弗洛伊德类似的本能论攻击假设:攻击是一种本能,它同吃食、逃跑、生殖一起构成了人类和动物的四大本能系统。另一类似观点是阿德里(Robert Ardrey)的捕猎假设(The Hunting Hypothesis):"要么我们攻击,要么我们就挨饿;要么我们勇往直前,要么我们被淘汰掉。我们从解剖学和生理学的方面适应成为猎手。"①阿德里还不客气地断定:"人是一种以暴力方式存在的另类动物"②,其"天然本性就是用武器来进行杀伤"③。像通常的精神分析理论学家一样,洛伦兹也把暴力攻击看成是一个能产生自身能量的水压式系统——倘若积蓄的能量越来越多且长时间得不到排泄,整个机体就会陷入不安定状态;如果情境中存在某种特定的、导致这种攻击本能释放的刺激时,就会转化为攻击冲动释放出来,表现为攻击行为。

与弗洛伊德有所区别,洛伦兹并不认为攻击指向毁灭,而是具有生物保护意义的生的本能的体现,这类似于达尔文(Charles Robert Darwin)的生存竞争——动物通过暴力攻击保护获得的食物、占有的领地,使幼小的后代得以存活,让整个物种代代相传、生生不息。进化论流派的理论家还曾提出这样一个假设:动物中普遍存在的攻击现象之所以在进化过程中被保留下来,是因为其具有使物种延续的价值——比起仅仅是掉头逃跑,那些愿意为了自己的领地、配偶等资源而进行暴力抗争的动物,可以获得更好的生存机会。在人类社会长期演化过程中,骁勇善战的英雄向来会得到更高的社会地位和更多的繁衍机会。

二、挫折—攻击假说(Frustration-aggression Hypothesis)

作为实验社会心理学历史上第一个系统地阐述人类攻击行为的理论,挫折—攻击假说的出现决定了随后二十余年暴力行为实验研究和理论研究的基本方向。与"本能论"不同,挫折—攻击假说首次将目光投向导致个体作出暴力行为的外部条件。

(一)罗森茨韦克的观点

美国心理学家罗森茨韦克(Saul Rosenzweig)是提出挫折—攻击假设的第一人,他全面分析了挫折可能引起的行为反应,奠定了挫折—攻击假说的基础。罗森茨韦克认为,由于引起挫折的障碍因素的不同,个体会作出三种不同反应:

1. 外罚型反应(Extra Punitive Reaction)

外罚型反应是把挫折引起的愤怒情绪向外发泄,对外界的人或物实施暴力攻击。在这种情况下,个体从外界寻求引起挫折的原因,即使不存在客观的外部原因,也会归咎于外部。

---

① Ardrey R., The Social Contract [M]. New York:Atheneum,1970:337.

② Munger N., Aggression and Violence in Man [M]. Pasadena CA:Munger Africana Library,1971:12.

③ Ardrey R., African Genesis[M]. New York:Atheneum,1961:24.

2. 内罚型反应(Intra Punitive Reaction)

内罚型反应是把挫折引起的愤怒情绪向内发泄,对自己进行谴责、虐待。在这种情况下,个体从自身寻求引起挫折的原因,会产生程度不同的内疚感。在极端的情况下,个体会出现抑郁状态,更严重者会产生自杀念头。

3. 无罚反应(Impunitive Reaction)

无罚反应是在挫折产生后个体没有相应的惩罚性反应,而是将挫折局限于最小限度或者将其完全忽视。

(二)多拉德等人的研究

美国耶鲁大学人类关系研究所心理学家多拉德(John Dollard)等进一步发展了挫折—攻击假说。在《挫折与攻击》(*Frustration and Aggression*)一书中,多拉德等人对挫折—攻击假说进行了系统论述,提出两条最基本的假设:(1)攻击发生时常预想挫折的存在;(2)挫折的存在时常导致某种方式的攻击。

后来的研究表明,第二条假设并没有充分的运行证据,对许多与挫折和攻击有关的现象不能提供满意的解释。于是,米勒(Neal E. Miller)调整了多拉德等人的立场,将原来的第二条假设改为:"挫折产生一些不同模式的行为反应,其中的一种是某种方式的攻击。"

经过多次修正的挫折—攻击理论认为:挫折可能产生多种后果,攻击是其中之一,而攻击行为的产生必然以挫折的存在作为前提。将有关的理论修正与原有理论一起考虑,可以得到如图 3-1 所示的挫折—攻击理论模型。

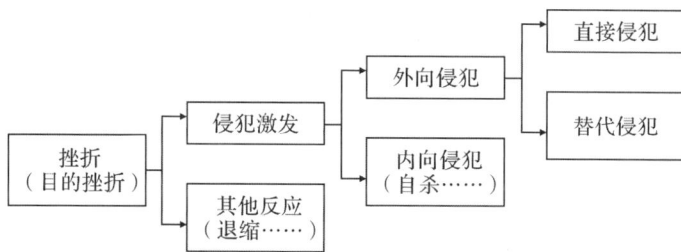

图 3-1　"挫折—攻击"理论模型

(三)贝尔科威茨的线索唤起理论(Cue-Arousal Theory)

因为挫折—攻击假说不能完全令人信服地解释为什么挫折会引发暴力攻击行为,19世纪 60 年代,贝尔科威茨(L. Berkowitz)在原有挫折—攻击假说基础上提出新的修正模型(如图 3-2 所示)。贝尔科威茨指出,挫折不过是众多能够引起攻击反应的不良刺激中的一种而已,如他人的攻击和个体以往习得的侵犯习惯也可能引起暴力攻击。但是,这些不良刺激并非直接就导致暴力攻击,它仅仅是形成一种攻击反应的唤醒状态或准备状态。因此,挫折并不是导致攻击的唯一原因。因为贝尔科威茨强调刺激线索对于暴力行为产生的重要作用,因此,他的理论被称为线索唤起理论。

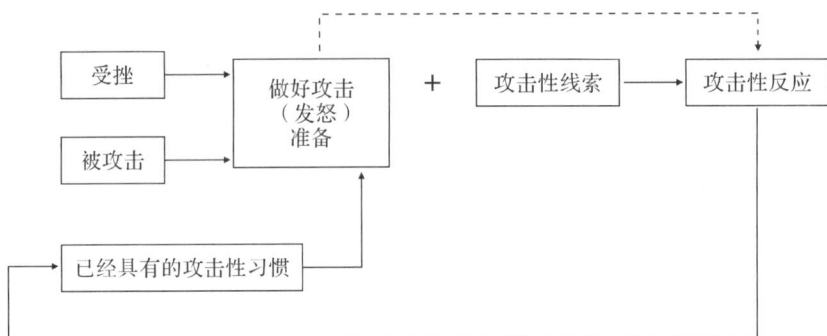

图 3-2 贝尔科威茨修正后的"挫折—攻击"假说模型

贝尔科威茨后来还对其理论进行了进一步的修正,更多地关注挫折—攻击联系之间情绪和认知过程——挫折会产生不断积累的消极情感,这种消极情感作为一种认知调节过程,最终会引起攻击行为。

三、社会学习理论(Social Learning Theory)

班杜拉(Albert Bandura)既不同意暴力行为源自个体先天本能,也不赞成挫折—攻击假说所说的由环境诱发,他强调,"一种完整的攻击理论必须解释攻击模式是怎样发展起来的,刺激人们进行攻击行为的因素,在最初实施攻击行为之后继续维持这种行为的因素"[①];暴力行为既可以通过强化来培养,即在"做中学",也可以在实际生活中通过"观察学习"即模仿他人暴力行为而获得。[②] 班杜拉明显受到信息加工认知心理学的影响,他认为,个体(包括暴力攻击在内)的行为学习由四个相关联的子过程组成:

(1)注意过程:对榜样的知觉注意过程决定了学习者在大量示范事件面前观察什么、知觉什么、选取什么。它调节着观察者对示范活动的探索和知觉。班杜拉说:"注意过程决定着在大量的示范影响中选择什么作为观察的对象,并决定着从正在进行的示范事件中抽取哪些信息,因此,选择性注意在观察学习中起着关键作用。"

(2)保持过程:示范信息的储存

保持过程使示范者把攻击示范经验转换成表象或言语符号保持在记忆中,形成示范活动的内部形象,这些记忆代码在日后便能指导攻击操作。

(3)动作复现过程:记忆向行为的转变

这一过程是把以符号形成编码的攻击示范信息转化成适当行为的过程。这是一个由内到外,由概念到行为的过程:以内部形象为指导,把原有的攻击行为成分组合成新的反应模式。

---

① Hans Toch.,Psychology of Crime and Criminal Justice[M]. IL:Waveland Press,1986:200.

② A. Bandura.,Aggression:A social learning Analysis[M]. New York:Prentice Hall,1973:5.

(4)动机过程:从观察到行为经过上面一个子过程后,攻击示范行为基本上为观察者所习得,但观察者可以在自己的行动中表现出来,也可以不表现出来,所以攻击示范行为的习得与操作是有距离的。班杜拉认为当获得的攻击行为没有实用价值或者冒遭受惩罚的危险时,学习与操作之间更易不相一致。只有出现了积极的诱因时,处于压制状态下的观察学习才快速地转化为攻击行动。也就是说,操作是在足够的动机和激励作用下才出现的。

社会学习理论(Social Learning Theory)得到了许多实证材料的支持。在经典的实验中,让被试验者看暴力节目片段,然后给他们攻击别人的机会。几乎在所有实验中,研究者都发现,观看暴力节目的人比看非暴力节目的人表现出更多的攻击行为。

四、信息加工理论(Information Processing Theory)

自 20 世纪 80 年代开始,研究暴力行为的学者试图从人类认知活动内部过程揭示暴力攻击发生的规律与机制,由此形成暴力攻击行为的信息加工理论。

1986 年,道奇(Kenneth A. Dodge)及其同事构建了第一个社会信息加工模型(Social Information Processing Model)(如下页图 3-3 所示)。该模型的最新版本描述了从知觉某一社会线索开始到作出攻击行为的信息加工过程包括五个步骤:编码、心理表征、反应搜寻、反应评价和执行反应。[①] 在编码过程中,个体通过感知精确地接受来自环境的线索并把注意力集中到适宜的线索上。在心理表征过程中,个体通过将感知到的环境线索与对过去经历事件的记忆及目标任务整合,为这些环境线索寻找可能的解释。在心理表征过程基础上,个体会产生或引发一种或多种行为与情绪反应。个体的搜寻和寻找过程与其对规则的运用有着密切的联系。有的个体会运用这样的规则——如果同伴帮助我,我表示感谢;有的个体则运用相反的规则——如果同伴碰到我的东西,我要揍他。行为与情绪反应并非必然会付诸行动,它们还要经过第四步的反应评价过程。当一个反应通过"接受"标准阈限时,即被付诸行动。如果个体对搜寻得到的反应不能作出充分的评估即付诸行动,则意味着有冲动控制和延迟满足缺陷,或者是过于情绪化;如果个体对反应尽管能够进行完整的评价但偏离常规,则意味着在价值观、道德观念和行为决策等方面存在缺陷。信息加工的最后一步是执行反应,即将所选择并通过评估的反应转化为行为,包括付诸言语、动作肌肉活动、自主活动、神经激素分泌等外部与内部反应过程。

许多心理学家认为:除了道奇等所述的信息加工阶段之外,个体内部还存在一个由过去经验所形成的认知结构。这个认知结构影响信息加工的每一个阶段,使个体在译码、解释线索时选择与认知结构一致的线索。也就是说,个体在面临某一社会情境时,他在记忆中储存一些反应模式并有一个程序化的认知加工方向。个体从环境中输入信息

---

① Crick N.R. and Dodge K.A., A review and reformulation of social information processing mechanisms in children's social adjustment[J]. Psychological Bulletin. Vol.115,1994:74-101.

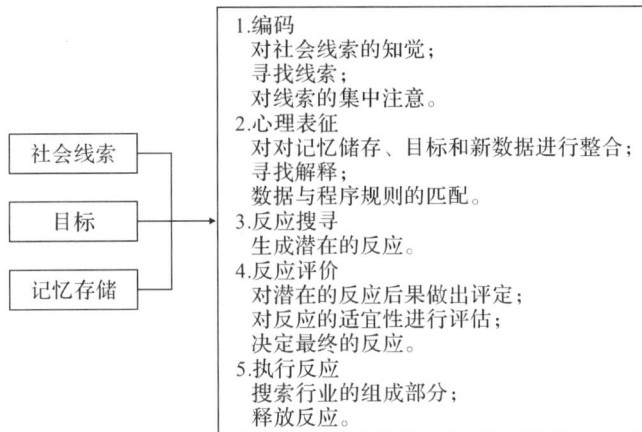

图 3-3 道奇等人的社会信息加工模型

依次通过上述认知加工阶段作出反应。如果个体没有按顺序对输入的信息进行加工或是某个加工环节出现偏差,就有可能导致包括暴力攻击在内的异常行为发生。

安德森(Adam Anderson)等人指出[①]:许多因素会影响攻击行为的发生,如人格特征、情境线索(挑衅性情境)等;所有这些都需要经过一个情绪系统的加工过程,或与情绪系统密切相联系的过程。据此,安德森提出一般情感攻击模型(general affective aggression model)(如下页图 3-4 所示):情境事件引发个体的认知、情感和唤醒三个系统活动。如果最初输入的外界信息是含糊的,个体难以作出明确的解释,或许会让个体倾向于将其理解为不友好或会带来伤害的表示,进而转化为愤怒线索;如果时间允许且没有冲突性情境要求,个体也会重新尝试理解周遭情境,考虑应对方式和行动的可能结果。

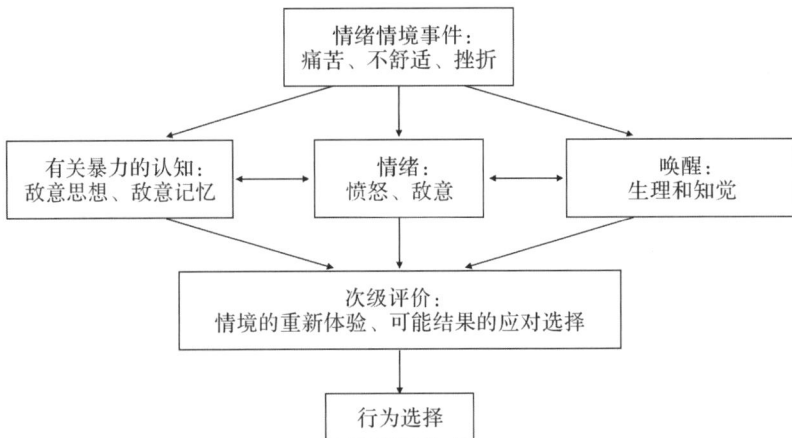

图 3-4 安德森的一般情感攻击模型

安德森的一般情感攻击理论模型与道奇等的社会信息加工理论并无多大不同:在攻击行为发生的时候,认知评价起着关键的作用;个体是理性的,只有认知评价的偏离,才

---

① 王振宏.青少年情感风格与攻击行为[D].北京:首都师范大学,2005.

是决定攻击行为发生的根本原因。

五、暴力亚文化理论(Subculture of Violence Theory)

暴力亚文化理论主要由美国犯罪学家沃尔夫冈(Marvin Eugene Wolfgang)和意大利犯罪学家费拉柯蒂(Franco Ferracuti)在 20 世纪 60 年代发展而来的,其基本观点认为:暴力是一些群体亚文化中的一个重要组成部分,它已渗透到这些群体成员的心理品质之中,并成为人们日常生活方式的组成部分。

根据暴力亚文化理论,在一些地区和群体中存在着一种崇尚暴力的亚文化。对暴力的赞赏态度和津津乐道的谈论,影响到人们的生活方式、人际关系和社会化过程。使用暴力来解释问题和摆脱困境,是他们的习惯选择。因为如果采取暴力以外的途径解决问题,他们会被同辈群体逐渐边缘化,直至被最终抛弃。在暴力亚文化环境中生活的人比在主流文化环境中生活的人更加看重荣誉,他们也更加不顾惜人的生命。处于暴力亚文化环境中的每个人都倾向选用暴力手段解决问题,因为他们也预料别人会采用类似手段作出反应;即使冲突双方都不赞同这样去做,但是文化环境的压力也会迫使他们屈服。

六、理论整合:暴力攻击一般心理应激模式

暴力的实施是一个非常复杂的过程。不同流派甚至同一流派内的不同学者对于暴力发生心理过程的解释还存有一定的差异和争论。当然,这种争论是必要的和有益的。

概括起来,与暴力实施相关的心理过程有五个:

1. 敌意认知。外部刺激所引发的消极情感增强,会激活个体逃跑或敌意的想法,导致逃避或攻击的动力倾向。

2. 应对敌意和激惹的支配性反应。社会学习理论将个体的攻击行为看作是通过观察获得、通过强化保持的行为;成功使用暴力方式解决人际冲突的人,会形成更多更复杂的行为脚本;在面临类似情景时,侵犯脚本更容易被提取并实施。

3. 个体对事物的理解。社会信息加工理论认为,个体对事物的任何偏见,都可能产生人际冲突的敌意归因。

4. 个体信仰及社会期望。个体应对冲突情形的方式受到个体背后的社会与文化因素影响。

5. 某些变量对个体行为的调和。

第二节
狱内冲突相关研究

他山之石,可以为错。

他山之石,可以攻玉。

——《诗经·小雅·鹤鸣》

　　狱内冲突现象既由来已久,又是一个不可回避的现实问题,为国内外学者普遍关注理所当然。"光凭自己的经验和教训还解决不了问题。"①邓小平的这一论断,是就中国谋求发展而言。狱内冲突研究,同样绕不开已有理论文献的学习借鉴,尽管其中不可避免存在一定的时空局限。

一、欧美文献回顾

(一)史密斯的冲突难免论

　　1990 年,马丁(Randy Martin)和齐默尔曼(Sherwood Zimmerman)致力研究抑制权威制度(restraining-authority system)在监狱使用的效果,最终得出结论②:因为资源受限或与政治议程(political agenda)间相互冲突,有些因素并非为矫正官员(correctional officer)所能控制,狱内冲突的发生不可避免;这些因素包括监狱的建筑环境,监狱内食物的质量和数量,拥挤,不适当或没有受过良好培训的工作人员(inadequate staff),公众淡漠(public indifference),不人道的管理,矫正官员的习惯性懒散(habitual indolence),缺乏治疗计划或者治疗计划不当。

　　史密斯(Emerson Smith)发展了马丁和齐默尔曼的研究结论。他相信,监狱工作人员和服刑人员间的冲突在所难免——当一方要求另一方按照特定的方式行动时,冲突就会必然发生。在一般社会群体中,这种不一致会导致被迫的一方用口头或书面形式向另一方表达意见或提出要求。在监狱环境中,服刑人员可以选择的改变恶劣境况的方式极其有限,暴力是其中之一;有时,是唯一。

---

　　①　邓小平.要吸收国际的经验[A]. //邓小平文选(第三卷)[C].北京:人民出版社,1993:266.

　　②　Randy Martin and Sherwood Zimmerman., A typology of the causes of prison riots and an analytical extension to the 1986 West Virginia riot[J]. Justice Quarterty, Vol.7, 1990:711-734.(转引自吴宗宪.西方监狱学[M].北京:法律出版社.2004:346.)

(二)定时炸弹和火药桶理论

根据福克斯(Vernon Fox)的论述①,监狱本身就是一个具有破坏性的机构,狱内冲突随时会被一些自发性事件(spontaneous event)引爆;这些自发性事件包括极具惩罚性的行政控制、人满为患、高人员流动率(high turnover rate)、服刑人员士气低落等。

有学者试图提炼和扩展福克斯的理论,他们提出的狱内冲突"火药桶理论(powder keg theory)"认为:狱内冲突是自发产生的;监狱中的普遍存在的虐待、压迫等,会促成这种冲突的发生。

(三)德罗切斯的"委屈理论"和斯麦瑟的"抱怨理论"

德罗切斯(R. Desroches)结合自己的研究,在默顿(Robert Merton)失范理论(anomie theory)②基础上提出解释服刑人员暴力行为的"委屈理论(grievance theory)"③:服刑人员在服刑中会不断积累一些委屈,尽管他们没有合法解决这些委屈的途径和手段,并不表示他们会放弃寻找解决委屈的机会;与监狱管理者的冲突是服刑人员为达到特定目的而主动发起的、有预谋的、理性的行为;高度的情绪激动状态是促成狱内冲突的导火索,而这一情绪激动状态又往往是由可能引起服刑人员道德义愤(moral indignation)的突发事件引起。

早在1963年,斯麦瑟(N.J. Smelser)等人就提出过与德罗切斯的"委屈理论"类似的"抱怨理论"。斯麦瑟等人认为,如若监狱管理人员对服刑人员的抱怨未能给予恰当的解决,当引起抱怨的问题累积到一定程度,服刑人员就会使用暴力表达诉求。斯麦瑟在其专著《集体行为理论》(*Theory of Collective Behavior*)中按照一种特别的顺序,识别出会增加狱内冲突的六种因素:

(1)结构性助长(structural conduciveness)因素,包括年龄,矫正机构的物理条件,不适当的空间等;

(2)紧张(strain or tension),包括矫正机构生活的质量,管理疏忽(administrative inattention)等;

(3)一般信念(generalized belief)的发展或扩散,诸如错误信息(misinformation)、监狱亚文化的形成等;

(4)促成因素(precipitation factor),诸如监狱工作人员与犯人间的种族隔阂等;

(5)不适当的诉怨过程等;

(6)社会控制机制的运行,诸如对行政当局的看法、权威威慑(authoritative

---

① Vernon Fox, Why Prisoners Riot[J]. Federal Probation. Vol.35,1971:9-14.

② 在对当代美国社会的分析中,默顿把失范描述为个人在传统目标与制度化手段之间产生的一种失调现象或不平衡状态,其原因是因为个人无法利用制度性手段达成社会化目标或者对传统目标不感兴趣,又或者是对传统目标与制度化手段都不感兴趣。

③ R. Desroches., Anomie, two theories of prison riots[J]. Canadian Journal of Criminology, Vol. 2,1983:(2).(转引自吴宗宪.西方监狱学[M].北京:法律出版社,2004:349.)

deterrence)的效果,监狱工作人员的能力等。

(四)服刑人员平衡理论

基于克莱梅尔(Donald Clemmer)所著的《监狱社会》(*The Prison Community*)一书的观点,一些学者尝试提出服刑人员平衡理论(Inmate Balance Theory)来解释监狱中的暴力问题:监狱是一个小型的社会,服刑人员各有自己的角色扮演、规矩和领导阶层等,这些非正式的社会控制(亦即服刑人员自行运作秩序管理)使得服刑人员间彼此相安无事,保持平静;在监狱管理者层面,他们给予这些服刑人员"领导阶层"一些特权以作回报;在一这管理系统下,监狱管理者必须有限度地容忍一些违规违纪行为(例如私下传递消息、违禁书刊等),秩序管理由服刑人员自行运作,亦即管教人员退出围墙由服刑人员自行管理。依据服刑人员平衡理论的说法,造成服刑人员间暴力事件与骚动的可能原因,是监狱管理者欲介入或剥夺服刑人员特权或是对宽松的政策实施紧缩,这种举动破坏了监狱管理者与服刑人员间的平衡状态。赞成服刑人员平衡理论的学者发现,[①]在许多监狱暴动案例中,监狱在发生暴动前整个犯群的情绪已陷入糟糕的状况之中,监狱管理者愈想控制,犯群反弹愈大,最后造成服刑人员暴动的具体事件只不过是导火索。此外,监狱管理者破坏了服刑人员与管理者间的生态平衡,给予服刑人员的特权愈多,服刑人员想要的也愈多,一旦监狱管理者发现日渐难以掌控整个局面时,势必收回本已给予服刑人员的特权,此时服刑人员即有可能发生抗争,甚至产生骚动或暴动。

许多个案研究支持服刑人员平衡理论。赛克斯(Sykes Gresham M.)在分析美国新泽西州监狱暴动的原因时发现:[②]当时的管理当局欲紧缩管理,例如限制娱乐活动的时间与空间、违禁品的搜查日益严格;此举严重破坏了当时的生态平衡,最后造成二次暴动。科尔文(Colvin Mark)同样肯定服刑人员平衡理论,他研究了1980年发生在新墨西哥州圣达菲监狱(Penitentiary of New Mexico at Santa Fe)暴动,发现[③]:暴力发生的关键原因在于严厉搜查违禁药物与减少先前的处遇计划,这破坏了监狱内部的非正式群体控制,最终引发服刑人员暴动。

(五)行政控制理论

行政控制理论(Administrative Control Theory)自狄流里欧(John J. Dilulio)著的《监狱管理》(*Governing Prison*)与尤西姆(Bert Useen)等人著的《囚禁之国:美国1971—1986年监狱动乱》《(*States of Siege*:*U.S. Prison Riote*,1971—1986)》引申而来,虽说这两本书的作者不同,但他们却一致将犯群的不稳定归咎于监狱的管理不良。管理不良(Administrative Breakdown)会产生以下后果:(1)让服刑人员觉得管理不公、资源分配

---

①　Bright Charles., The Powers that Punish:Prison and the Politics in the Era of the "Big House"[M]. AnnArbor Mich:The University of Michigan Press,1996:1920-1955.

②　Sykes Gresham M., The Society of Captive A Study of a Maximum-Security Prison[M]. Princeton NJ:Princeton University Press,1958.

③　Colvin Mark., The 1980 New Mexico Prison riot[M]. Social Problems,1982:449-463.

不均,因为有办法的服刑人员可以享受特权,即使违规也可以私下了结,而一般的服刑人员则只能听天由命;(2)一线监狱管理者不敢管事,抱着只求自保的态度每天例行公事,相对容易造成服刑人员集体势力就地坐大,公权力日行消弱;(3)服刑人员形成一股随时可以掌控监狱的宏大势力,暴力的发生不再需要什么特殊的由头,只要这些服刑人员想要掌控监狱,他们即可达成目标,这个时候公权力已经没有什么功能了。

支持行政控制理论的相关文献,除狄流里欧和尤西姆等人的研究外,还有麦科克尔(McCorkle Richard C.)等人的研究,他们依据官方资料采用比较研究的方法考察了全美317所高度与中度管理州立成人监狱暴行的情况,[①]发现不良的监狱管理是预测服刑人员殴打管教人员的最佳指标,另外,他们还发现各项处遇计划是一项有用的管理工具,如果服刑人员参与各种教育、职业训练、劳动作业,会有效降低服刑人员狱内暴行的发生。

(六)奥斯的狱内暴力调查结论

乔治·华盛顿大学(The George Washington University)詹姆斯·奥斯博士在对狱内暴力进行研究后得出如下结论:[②]

(1)每一件暴力事件中均有双方明显的冲突,使用暴力是有原因的,双方都能解释为什么会发生暴力事件。暴力事件的发生也不是偶然的,很少出现暴力一方与另一方素不相识的情况。

(2)大多数参与暴力事件的服刑人员并不想打架。据他们自己提出的理由,之所以发生暴力事件是因为除了打架,他们别无选择。

(3)服刑人员缺乏处理冲突的技巧。虽然他们并非出自本意,但却激化了冲突,降低了避免暴力的可能性。他们使用的策略在某种意义上说是暴力的催化剂,如责骂、威胁、口头挑衅、侵占地盘、侮辱、散播谣言、欺骗行为等。

(4)监狱的社会结构产生并形成了冲突。服刑人员认为他们所处的环境是充满危险的地方,因此,诉诸暴力来保护自身的利益。监狱氛围滋生了各种冲突。监狱的管理制度存在着如下问题:①导致对稀有资源的竞争;②要求犯人与他人合作,但各人的行为是不可预测的;③剥夺了个人隐私权。监狱的文化也形成了冲突:①受压迫的情况随处可见;②他人对某人的物质财富构成危险;③寻求狱警的帮助解决争端,被视为出卖团结或视为无能。

(5)打架是双方力量的较量,是场成败之争。在某次冲突中,双方关心的是如何争取胜利,同伴、利益等对他们不再重要。

(6)非物质利益,如尊重、公平、忠诚、荣誉、个人安全等价值观影响了每起暴力事件,原因在于其中一方感到另一方会胁迫、威胁,或对其不利,或自己的形象遭到破坏。

(7)物质利益,如毒品、香烟、电话卡等也与冲突相关,但比例不到二分之一,大多数打

---

① McCorkle Richard C., Miethe T.D. and Drass K.A., The Roots of Prison Violence: A Test of the Deprivation, Management and "Not-so-total" Institution models[J]. Crime and Delinquency, Vol. 41, 1995:317-331.

② 黄兴瑞.人身危险性的评估与控制[M].北京:群众出版社,2004:177-178.

架斗殴行为与物质因素无关,但自己财产遭到侵害时,往往会认为应用暴力来保护其财产。

(8)不同种族是冲突的背景因素。

(七)戈德斯坦等人的"攻击替代训练"

1994 年,戈德斯坦(Goldstein A.P.)等人在美国纽约州麦考密克青年中心(MacCormick Youth Center)以 12 位服刑人员为对象,研究其设计的"攻击替代训练(Aggression Replacement Training)"治疗方案在"改变服刑人员的习惯性攻击行为"方面的成效。

该方案包括三个主要部分的内容:

(1)技巧流动训练(skill streaming)

以示范、角色扮演、回馈与转移训练等系统的方式,教导服刑人员计 50 项良性社会行为技巧,包括初级社会技巧(开始一段会话、自我介绍、给予赞美);进阶社会技巧(寻求协助、道歉、给予指导);处理感受(应对某人的愤怒、表达自己的情感、处理内在的恐惧);攻击替代(对讥笑的回应、谈判、协助他人);消解压力(应对孤立或被指控、为一段有压力的会话做准备);制定计划(设定目标、做决定、为问题解决设定优先顺序)。

(2)愤怒控制训练(anger control training)

教导服刑人员以一连串的行动对最近的攻击唤起经验进行回应:确认愤怒触发物(triggers)(激起愤怒反应的外在事件或内在自我陈述);确认愤怒线索(cues)(泄露愤怒情绪的个人生理事件如紧张的肌肉、泛红的脸色、握紧的拳头);提示(reminders)(自我陈述如镇定、冷静,或对他人行为不做敌意的解释);减弱(reducers)(深呼吸、倒数数、想象平静的场景、想象行为的长期性后果);自我评价(self-evaluation)(对上述行动可有效回应争执事件的反省,对个人有效行为表现的自我肯定或奖赏)。

(3)道德推理训练(moral reasoning training)

以道德两难问题,激发服刑人员应用习得技巧的动机。

戈德斯坦和同事的干预对比结果表明,攻击替代训练干预组服刑人员在技巧流动训练中有四项技巧表现显著优于对比组:表达诉求、为有压力的会话做准备、对愤怒的回应及处理压力等;并且在道德推理阶段上也有明显的进步。

(八)加拿大矫正服务处的暴力治疗方案

加拿大矫正服务处地区健康中心为降低暴力犯罪服刑人员的重新犯罪率,曾为具有暴力倾向的服刑人员施行一套为期八个月的密集治疗方案,该方案综合性地聚焦于服刑人员的沟通(communication)、成瘾行为(addictions)、思考谬误(thinking)、人际性/关系(human sexuality/relationships)、愤怒管理(anger management)及同理心(empathy)等层面。①

(九)牛津大学犯罪学研究中心的系统研究

受英国经济与社会研究委员会(the Economic and Social Research Council)资助,牛

---

① Moutiuk L., Smiley & Blanchette K., Intensive programming for violent offenders: A comparative investigation[M]. Corre ctional Research Development. Service of Canada,1992.

津大学犯罪学研究中心(the University of Oxford Centre for Criminological Research)的埃德加(Kimmett Edgar)、奥唐纳(Ian O'Donnell)和马丁(Carol Martin)以英格兰(England)和威尔士(Wales)的两所监狱为蓝本,对狱内暴力问题进行了长达十年的系统研究。[1] 在探讨分析狱内暴力发生的特定环境的同时,埃德加等人更加关注服刑人员个体间的配对互动(paired interations),即服刑人员个体如何解释自己遭遇的麻烦以及服刑人员自己的应对行为如何影响、催化(catalysts)另一方的战术反应。埃德加等人的研究集中于两点:(1)受害研究(the victimization study),着眼于狱内暴力侵害的不同形式和程度,从躯体攻击到社会排斥(social exclusion);(2)冲突研究(the conflicts study),详细调查服刑人员在处理彼此间"麻烦"时采取的应对手段及暴力事件究竟如何发生。

在将暴力定义为对监狱秩序的一种干扰(interruption)的同时,埃德加等人也意识到狱内暴力存在的必然和必要,他们表示:

(1)所有的证据都说明,狱内暴力并非全然是破坏性的,例行公事(routine)般的暴力也是维护狱内特殊人际关系平衡的一种有效方式。

(2)虽然狱内暴力频发,但是在大部分时间里,服刑人员并没有感觉自己处于不安全的境地。因为,服刑人员在被拘禁前大都有过相当程度的暴力事件经历,况且,监狱在服刑人员眼中向来都是一个暴力泛滥的预期形象。

(十)奥斯陆大学附属医院海恩斯等人的医学干预实验[2]

挪威奥斯陆大学(Oslo University)附属医院海恩斯(Ingrid Amalia Havens)等人跟踪了22岁到50岁间的9个男性和3个女性暴力犯罪在押犯,他(她)们接受阿片类药物治疗干预(Opioid Maintenance Treatment,OMT)。

海恩斯等人的半结构访谈调查发现:(1)实施暴力犯罪行为并不意味着被试行事没有自己的道德底线;(2)在OMT之前,被试服用以海洛因为主的大剂量苯二氮卓类(benzodiazepines)药物来诱导(induce)反社会的自我(antisocial selves)可以逾越个人的道德底线实施暴力犯罪,药物还被被试用来缓解自己实施暴力犯罪的内疚和悔恨情绪;(3)在OMT期间,被试借助药物作用调和自己内心深处复杂的行动指向谈判,避免暴力行为的实施。

海恩斯等人提出建议:应用OMT治疗服刑人员暴力倾向,医生须先行掌握患者的暴力史,在此基础上和患者一起分析暴力行为倾向产生的原因及情绪反应,特别注意要根据不同药物与患者潜在暴力行为倾向间的作用关系确定治疗方案。

---

① Kimmett Edgar., Ian O'Donnell & Carol Martin., Prison Violene: The Dynamics of Conflict, Fear and Power[M]. New York: Routledge, 2011.

② Ingrid Amalia Havens, Thomas Clausen, Christina Brux and Anne-Lise Middelthon., The role of substance use and morality in violent crime: a qualitative study among imprisoned individuals in opioid maintenance treatment[J]. Harm Reduction Journal,2014(8).

(十一)克里斯汀的案例分析研究

在 2008 年提交的毕业论文[①]中,玛丽维尔大学(Maryville College)社会学研究生克里斯汀(Julie Kristen)先是描述、分析了美国三个监狱服刑人员暴动案例,它们分别是 1971 年阿提卡监狱(Attica Correctional Facility)暴乱、1980 年新墨西哥州州立监狱(New Mexico State Penitentiary)暴动和 2002 年的加利福尼亚州佛森监狱(Folsom Prison)暴动,而后应用诸如极大极小理论(the Minimax Theory)、紧急避险理论(the Emirgent norm Theoty)和增值理论(the Value-added Theory)等集体行为理论试图解释监狱骚乱究竟为何发生。

克里斯汀最终得出的结论:监狱暴乱是服刑人员应对监狱结构性问题(structural issues)的选项之一;对监狱的不满在犯群中广泛存在。克里斯汀认为:服刑人员过度拥挤、必要的医疗服务欠缺以及监狱看守不足等风险因素一旦明显,服刑人员暴乱将更容易发生。克里斯汀建议:防止监狱暴动的发生需要关注服刑人员康复(rehabilitation)而非惩罚(punishment)。

(十二)弗莱克关于监狱暴乱与无效危机沟通关系的解读

通过解读档案与媒体报道的方式,俄亥俄州北部大学(Ohio Northern University)教授弗莱克(Katherine R. Fleck)深入分析[②]了 1993 年 4 月发生的俄亥俄州南部监狱(The Southern Ohio Correctional Facility)暴乱[③],提出:面对服刑人员的非难,无效的危机沟通必然威胁到一个成功的结果。为预防和解决错误,弗莱克倡导:选择一个具备专业技能的发言人;平时注意维护与媒体的良好关系;为监狱看守及其他官员处理紧急情况提供系统训练。

二、我国台湾地区的研究

(一)任全钧等人的跨层次分析

高千云与台湾宜兰监狱附设少年观护所任全钧采用分层随机抽查方法调查台湾监狱服刑人员狱内暴力发生情形,共回收有效问卷 1093 份,调查发现:无徒手互殴或打殴人经验者计 1025 人(93.8%),有此经验者 68 人(6.2%);无集体斗殴、持械互殴经验者计 1072 人(98.1%),有此经验者有 21 人(2.0%);无集体闹房、骚动经验者计 1076 人

---

① Julie Kristen.，Collective behavior and the factors that cause prison riots［D］. Maryville College,2008.

② Katherine R. Fleck.，Lucasville:What a 20-year-old prison riot can teach us today about crisis communication［J］. Case Studies in Strategic Communication，2014(3).

③ 俄亥俄州南部监狱(The Southern Ohio Correctional Facility)暴动持续了 11 天,是美国历史上最长的监狱暴动。在此期间,共有 9 名服刑人员和狱警被杀害。成立于 1972 年的俄亥俄州南部监狱是一个高度戒备的监狱,当时在押服刑人员大概 1600 名。

(98.4%),有此经验者计 17 人(1.6%);无胁迫、暴行管教人员者计 1089 人(99.6%),有此经验者计 4 人(0.4%)。①

以往相关研究发现,监狱管理对监狱暴力有重大影响。任全钧为印证这一观点,采用"阶层线性模式",分析了服刑人员阶层(个人特性)与监狱阶层(环境特性)间的关系。任全钧的研究得出结论:②各监狱的平均暴行有着显著差异,监狱暴行的总变异量的41.83%是由监狱所造成的;就服刑人员阶层而言,年龄、社会经济地位、监狱化未达显著水准,服刑经验、已服刑时间、行动性、保持冷静、感受到管理压力与生活压力、机会等变量的预测达显著水准,总的解释量为 7.45%;在服刑人员阶层上,各监狱的犯情不良对监狱暴力预测达显著,监狱拥挤、管理不良与教化则未达显著,总的解释量达 75.18%;服刑人员若具危险因子,再加上监狱环境的犯情不良,监狱暴行将不可避免。

(二)林茂荣和杨士隆关于监狱暴行预防的考虑

1993 年,时任台湾"法务部"监所司司长的林茂荣和台湾警官学校警政研究所专任副教授的杨士隆合著出版《犯罪矫正原理与实务》一书,在谈到"矫正机构戒护与安全管理"时,他们参考矫正实务与学者专家的研究,提出除了厉行公正外六点有助于抑制与减少监所暴行发生的考虑:③(1)改进调查分类方法,确保具有严重暴力倾向的服刑人员得以隔离;(2)开启更多的机会使惧怕成为被害者的服刑人员能够获得监狱管教人员应有的协助;(3)增加戒护人力及强化监狱管理人员的素质;(4)重新设计监所建筑使监所的每一空间皆纳入监督,换言之,不应有"管理区位盲点"存在;(5)增设处理陈情、申诉的官员及各项申诉管道以解决潜伏的不满冲突;(6)强化酬劳,减轻监禁的痛楚,直接减少暴行。

(三)吴建昌医师的专业建议

台湾桃园疗养院精神科医师吴建昌应警察大学校长蔡德辉之邀,曾从新竹少年监狱中抽取年龄大于 16 岁、刑期大于 2 年 6 个月的服刑人员计 20 名,进行狱内暴力行为的实证研究。基于其专业背景,吴建昌研究的重点在于暴力行为与"生物与精神因素方面"的关系,但他仍然提到:"可知绝大多数之个案(90%)都感受到人际环境的缺乏、失落、拒绝与不相容的环境,另有 65%的个案觉得环境是具有危险、伤害与死亡的,55%个案感受其他环境压力,多指受限制与监禁,只有一位是有'好命的',对环境有仇恨与攻击感受的亦有近半数(45%),而感受到环境中的友善、同情、尊重、依赖或爱的只有 20%,这显示个案的环境感受多为负向的、不利的。"④吴建昌还从其专业的角度提出:"对此类个案的处遇上,宜能先予心理支持,提升其自我信心,稳定其情绪状态,并能使其求助需求有所满足;

---

① 高千云,任全钧.生活压力、社会支持、社会距离与监狱暴行关联性之研究[J].警大学报,2000(36).

② 任全钧.监狱暴行之跨层次分析[J].犯罪与刑事司法研究,2006(7).

③ 林茂荣,杨士隆.犯罪矫正原理与实务[M].台北:五南图书出版有限公司,1993:181-182.

④ 蔡德辉,杨士隆,主编.青少年暴力行为:原因、类型与对策[M].台北:五南图书出版股份有限公司,2002:32.

此外,针对个案所感受的环境压力,能予适当缓解,则可建立良好之治疗性关系;又个案因亲合需求强,配合治疗策略的可能性高,则个案能以较理性的态度面对问题,治疗师宜培养其问题思考模式,教以问题解决技巧,并善用其成就需求,以使其有建设性之问题解决方法;另个案因缺乏自省,易有冲动行为发生,治疗师亦可训练其同理心,使能设身处地为他人着想,避免暴力行为之持续。"①

(四)廖凤池先生的暴力行为管控模拟训练

廖凤池先生则撰文介绍了管控暴力行为的模拟训练。② 此项模拟训练可以通过以几种步骤进行:

(1)问题认知和情感自我监控。此一策略用来增加服刑人员对于气愤导致暴力行为的认知和情感线索正确辨认和自我管理的能力。其过程从服刑人员情绪追问找到内在自我对话的内容,辨认出哪些对话是可以降低气愤程度的认知,哪些则是会提高气愤情绪的认知,并为其提供可用的多样气愤因应管控项目,作为进一步进行气愤控制训练的材料。

(2)角色取代训练。此项训练是针对服刑人员面对的人际冲突情境,使用角色扮演的方式,让服刑人员有机会站在相关角色的立场,去体会各种角色在冲突情境中可能的想法和意图,进而提高服刑人员对于他人情感和认知洞察同理的能力。

(3)人际问题解决训练。此一策略是通过逐步向服刑人员呈现人际处理冲突的步骤,包括问题界定、形成多种解决途径、预测及评估行为后果等,协助服刑人员从模仿、练习及行为的预演过程中,增加其面对解决人际冲突问题的能力。

(4)气愤控制训练。此训练尝试找出服刑人员提高气愤情绪的负向内因,将其转化为可降低气愤情绪的正向内因,并以行为预演的方式使服刑人员熟练应用。所设计的气愤管控内因依因应阶段分为:准备应对激怒、冲突和面对、应付唤起的情绪、后续的反应四个阶段。其训练过程包括认知准备、技巧练习、应用训练三个阶段。

(5)行为管理。对于辅导实务过程中,服刑人员拒绝协助及制造事端的概率较高,所以辅导者应善于运用行为契约、代币酬赏等策略,随时增强其合作行为,并让非期待行为付出反应代价,以确保协助关系及协助过程顺利进行。

(五)黄昭正教授的服刑人员暴力行为解释

黄昭正认为暴力在狱内较诸一般社会机构盛行,"乃为当然之事",缘由有三③:

(1)由于拘禁关系的形成,并非出于被拘禁者之本意,而是国家基于法律对于已判决之服刑人员或羁押中之被告,施以强制性监禁,借以限制其自由,剥夺其权利。服刑人

---

① 蔡德辉,杨士隆,主编.青少年暴力行为:原因、类型与对策[M].台北:五南图书出版股份有限公司,2002:39.

② 廖凤池.攻击行为的衡量方法与辅导策略:认知行为人倾向.测验与辅导[J].1996(136).

③ 黄昭正.受刑人违规行为影响因素之研究[A].//杨士隆,林建阳,主编.犯罪矫治:问题与对策[C].台北:五南图书出版股份有限公司,1997:115.

员、被告被迫在人口高度密集、环境闭锁的狭小空间里生活,被压抑感自然格外强烈。(2)在拘禁生活环境当中,服刑人员不但物质的满意度低,且时时刻刻不分昼夜,均需受到监狱管理人员的监视,不自由感自是刻骨铭心。(3)由于监狱是由一群曾犯过罪者共同组成的集合体,成员间彼此生疏,相互间存在紧张情绪。

(六)蔡墩铭关于服刑人员暴行原因、特征与预防的阐述

为教学需要,台湾著名法学家和犯罪学家蔡墩铭教授于 1989 年编著《矫治心理学》一书。在谈及"监所戒护事故"时,蔡先生有一段关于服刑人员暴行原因、特征与预防的阐述,他认为,[①]一切冲突莫不由来于接触,服刑人员彼此间既有接触,则由于不同利害关系,难免有所争执或冲突。激烈的争执或冲突每每导致冲突者使用暴力侵害对方,如果双方均采用了暴力,就演变为斗殴事件。蔡墩铭教授还列举了服刑人员非正式群体对于服刑人员施以暴行的三项原因:(1)怀疑告密/服刑人员非正式群体的不法图谋一旦为监狱当局知晓并制止,他们就对所怀疑的告密者施以暴力报复。(2)逼人就范/服刑人员非正式群体想吸收成员以扩大其势力,如同有服刑人员不同意加入,他们就施以暴行逼其就范。(3)教训背叛者。依据观察所得,蔡墩铭教授认为施暴服刑人员多具有下列特征:年富力强;社会不适应;精神病质。在强化管理监督之外,蔡墩铭教授在四个方面提出了遏制服刑人员暴力的对策:(1)举办有益活动;(2)心理治疗;(3)解散服刑人员非正式群体;(4)增加管理人员数量。

(七)杨士隆等人的专题研究报告

通过对新竹少年监狱暴动与花莲监狱暴动事件的分析,[②]中正大学犯罪防治研究所杨士隆等人归纳出以下共性:(1)滋事分子皆有冲动、在监表现不佳、习惯以暴力方式解决问题的特征,因对监狱管理人员管理不满,起了反抗之意,最终以暴力来解决问题。(2)监狱管理措施失当。一则是过于严苛,缺乏适度关心少年服刑人员,只是以铁的纪律来维持工场秩序,少了爱的教育以及适度调和工场的气氛;另则是过于关心服刑人员,这的确能让服刑人员感受到监狱的良苦用心,但却忽略了应该注意的监督。(3)小团体生态失去平衡。监狱中小团体的存在,是监狱亚文化的一项,服刑人员有小团体的保护才得以免受欺辱,并获取一些特权或是违禁品。如何适度的控制服刑人员小团体,免其串联至其他场舍或是吸收党羽,是监狱管理人员的要务之一。但在这两个个案中,监狱管理人员却未尽到防止其坐大或是过度压抑,造成服刑人员小团体生态失去平衡,终以暴力解决问题。

经过专题调查,杨士隆等人将监狱暴动的原因整合分析为四项:(1)暴力受刑人本身的特质,包括暴力倾向、冲动、易怒、服刑经验多、刑期短等;(2)监狱社会因素,包括小团体倾轧、争取有限的资源;(3)行政管理失当,包括戒护管理不上轨道、遇有问题未能立即

---

① 蔡墩铭.矫治心理学[M].台北:正中书局,1989:292-295.

② 杨士隆,等.台湾地区监狱暴行之研究("行政院"国家科学委员会专题研究计划成果报告).2001年 7 月 31 日.

处理、收容人缺乏适度的娱乐或是教化活动以舒解其压力、无正当申诉之管道等;(4)机会因素,包括缺乏适当的监控力、管教人员疏于注意、建筑物死角多等。

鉴于受刑人暴力行为之潜在威胁与冲击,杨士隆等人提出七项具体建议:(1)强化矫正机构戒护安全设施;(2)强化戒护管理工作,减少受刑人依附帮派情形;(3)强化辨识衍生暴行之征候,即时疏导与处理;(4)畅通申诉管道,解决不满与冲突;(5)加强奖赏及康乐活动之安排,减轻监禁之痛楚;(6)采行认知行为疗法,致力于改变暴力受刑人偏差之思考形态;(7)加强在职训练,提高管理人员素质。

三、我国大陆地区研究现状

(一)王志亮教授的服刑人员亚文化视角解读

上海政法学院教授王志亮在阐述国外监狱服刑人员暴乱问题时指出:[①]服刑人员亚文化的性质变化适应于监狱的特点和监狱制度,服刑人员异化的后果产生的文化与监狱当局及和监狱工作人员的文化相反。监狱暴力的条件来源于服刑人员剥夺的增加与服刑人员增加的结合成相反性的服刑人员文化之间积极联系。统计数据似乎证明了这个结论的合理性,即服刑人员组织是对监狱机关环境的极大反应。告密者是违反规则并向监狱工作人员提供信息情报的服刑人员,对监狱告密者的研究,阐明了监禁服刑人员是怎样把服刑人员与外界社会隔离开的、怎样引导服刑人员调整自己适应监狱里不熟悉的价值和关系。某些"告密者"被同化了,并且违反了服刑人员规则;某些没有被同化的"告密者",仍然因为违反了服刑人员规则而受到其他服刑人员的侵害。服刑人员规则不许可服刑人员"告密",当与鼓励"告密"的监狱行政管理结合起来时,就强化了监狱工作人员与服刑人员间的隔阂,使他们与服刑人员之间两极分化并造成更大的僵化和紧张局势。

(二)于爱等人总结的服刑人员对抗民警管理的四种原因和三种方式

于爱等人认为服刑人员发生对抗行为的原因主要有四种:[②]一是服刑人员认为监狱警察处理问题的不公正,如,偏袒服刑人员中的另一方;二是服刑人员认为警察有意地刁难自己;三是服刑人员认为某事发生、发现与警察有关,激发的彼此矛盾;四是监狱警察个人方面原因。服刑人员的对抗主要有三种方式:第一种是直接对抗,即监狱警察和服刑人员以非理智的态度和行为表达自己对对方的不满和敌视,这种对抗一般比较少,而激烈的对抗行为极容易转变事件性质;第二种是软对抗,不与监狱警察发生面对面的冲突,而是背地里以消极或破坏的行为与警察对着干;第三种是功利主义对抗,刚开始以激烈状态与警察对抗,当发现势头不对时,就迅速转变态度,承认错误,将直接对抗加以软化,然后再背地里与警察对着干。

---

① 王志亮.外国监狱囚犯暴乱及对策研究[M].桂林:广西师范大学出版社,2009:344.
② 于爱荣.监狱制度论[M].南京:江苏人民出版社,2010:50.

(三)狄小华教授分析的服刑人员实施暴力动机及影响因素

南京大学法学院教授狄小华撰文[①]指出服刑人员实施暴力的动机及影响因素包括:(1)泄愤。泄愤报复是服刑人员采用暴力行为的最常见的动机,而引发这一动机的常见因素或是受其他服刑人员或非正式群体的欺负或威胁,或是受到监狱警察的处罚,尤其是不恰当的处罚,或是(怀疑)被人告密,或是在一般纠纷中感到利益、名誉、地位受损等。(2)逞强。长期受犯罪亚文化和监狱消极亚文化的影响,一些服刑人员错误地认同"人善受人欺,马好被人骑",为表现自己的强者风度,达到使其他服刑人员屈服的目的,他们不惜冒禁闭、加刑的危险,冲撞在前,拼杀在先。(3)牢头狱霸。与单个服刑人员逞强好胜不同,和狱内非正式群体密不可分的牢头狱霸,为建立自己的帮派体系,巩固或扩大自己的势力范围,并最终获得畸形的权力欲、物质欲的满足,常常对不服从的圈内服刑人员,或与其对抗的圈外服刑人员施以暴力。(4)精神病态。也有一些服刑人员的暴力侵害不存在明显的动机,纯粹是一种病态的反应。与暴力侵害相关的精神疾病,主要包括精神分裂症、情绪性精神病、癔症、癫痫等。

狄小华教授还总结了具有暴力倾向的服刑人员特征:(1)外罚。具有自杀倾向的服刑人员在遇到挫折时,习惯于以攻击自己,即内罚的方式作出反应。与此恰恰相反,具有暴力倾向的服刑人员,则习惯于以攻击别人,即外罚的方式作出反应。(2)个性方面的缺陷。具有暴力倾向罪犯的个性缺陷主要表现在三个方面:一是崇尚暴力,缺乏道德和法制观念;二是情绪冲动性强、稳定性差,激惹性强,行为易受情绪左右;三是判断是非和自我控制能力弱,社会适应性差。(3)行为习惯。相对于其他类型的服刑人员,暴力型服刑人员由于更容易形成暴力行为的动力定型,因此,他们在狱内也更容易在这种行为习惯影响下,重复实施暴力行为。当然,有些服刑人员虽非暴力犯罪入狱,但也有可能存在以暴力处理问题的习惯。同样,有的暴力型服刑人员也不一定就形成暴力行为的动力定型。

(四)孙平教授在著作《监狱亚文化》中的相关阐述

广东开发大学孙平教授在著作《监狱亚文化》中,谈及狱内暴力时说:[②]监狱是一个有着自身生存准则和危险的充斥暴力的世界,这里没小鱼,个个都是鲨鱼;这个世界中存在两种暴力,一种是狱方对服刑人员所施加的,另一种是服刑人员对服刑人员所施加的;狱方对服刑人员施加的暴力我们也称为专政,专政这个词用在官方的场合是比较合适的,场合不同使用的词语应有所不同;犯人使用暴力频率的高低与监狱管理的控制方式与控制效果有很大的关系。

(五)黄兴瑞等人得出的实施暴力服刑人员的一般特征和关键事件

在分析从浙江省监狱管理局搜集到的 1991 年 1 月 1 日至 2000 年 12 月 31 日间发生的

① 狄小华.罪犯心理的危险性评估[J].河南司法警官职业学院学报,2004(2).
② 孙平.监狱亚文化[M].北京:社会科学文献出版社,2013:183-185.

264 起服刑人员自杀、脱逃和暴力攻击案件后,浙江警官职业学院黄兴瑞等人得出实施暴力服刑人员的一般特征:①(1)性情粗暴;(2)懦弱无能;(3)心胸狭隘。关键事件:(1)被告发;(2)被冒犯;(3)被欺凌。

(六)杨林等人的专门研究

浙江警官职业学院警体部副教授杨林,就服刑人员袭警问题对浙江省监狱系统参加司晋督培训的一线民警 300 余名进行了问卷调查,并与全国狱侦科长培训班中的 10 余位专家学者及职能部门领导进行了访谈。② 杨教授列举了八项服刑人员袭警主要原因:(1)袭警服刑人员文化素质低下,法制观念弱,认罪服法意识淡薄;(2)个别监狱重劳动改造,轻思想教育;(3)袭警服刑人员心理状态过激;(4)个别民警素质不高;(5)制度不完善,执法不严;(6)监狱硬件配置不够;(7)个别监狱领导重视不够及措施不力;(8)基层警力不足,战斗力不强。杨教授还提出了三项对策建议:(1)提高职业素质,加强预测能力;(2)加强袭警类服刑人员的惩治力度;(3)强化训练,提高战斗力。

广东英山监狱民警童团结在收集、掌握 2005 至 2007 年度典型狱内袭警案例基础上,结合英山监狱一线民警对袭警事件的看法,采取总结和归纳的方法,提出了自己对狱内袭警的分析。③ 童团结归纳,狱内袭警原因有以下四个方面:(1)国内外邪恶势力猖獗,是催化剂;(2)服刑人员强烈的功利欲望,是爆炸物;(3)服刑人员报复泄恨的逆反心理,是导火索;(4)监狱监管的"四不环境(制度欠完善;基层警力不足;没有落实好监管制度;狱情排查不力,信息不灵,险情隐患掌握不及时)",是隐患。童团结也提出了自己的应对之策:(1)营造和谐监狱改造环境,净化服刑人员心理;(2)营造和谐警囚关系,减少服刑人员对立心态;(3)重视警囚间沟通与交流。

江苏省南京监狱的杨建伟撰文④称自 2006 年 8 月以来,南京监狱共发生警囚危机 56 起,平均每 10 天一起(据杨建伟介绍,当时南京监狱押犯 2400 余名)。杨建伟分析了警囚危机的特点:一是针对性,警囚危机一般都是服刑人员针对某一名或某几名民警而引发的;二是易弥漫,如不及时化解,服刑人员易对整个监区民警产生不信任感,甚至形成对整个监狱管理的对立;三是易升级;四是易衍生,警囚间一旦产生矛盾引发危机,服刑人员不安全感徒生,可能衍生出各种各样的新的危机;五是难化解。

在对狱内矛盾进行"谱系梳理"时,北京市第二监狱的王春海等人发现⑤当前狱内矛盾出现如下变化:一是矛盾范围由小到大,主体呈多元化;二是矛盾形态由暗到明,形式呈对抗化;三是矛盾程度由浅到深,成因呈复杂化。在阐述狱内矛盾形态特点时,王春海

① 黄兴瑞.人危险性的评估与控制[M].北京:群众出版社,2004:186-187.
② 杨林.监狱袭警事件调查分析与对策研究[J].犯罪与改造研究,2006(9).
③ 童团结.狱内袭警的分析与应对[J].犯罪与改造研究,2008(1).
④ 杨建伟.警囚危机产生的原因分析及对策思考.中国监狱工作者协会华东六省一市的监狱学理论研讨会会议资料汇编(内部资料).上海:内部资料 2010:9.
⑤ 王春海,等.狱内矛盾化解机制建设研究[J].犯罪与改造研究,2015(12).

等人分析说:相较 20 世纪八九十年代,服刑人员维权思想逐渐增强,敢于公开自己的诉求,敢于质疑监狱民警的执法行为;狱内矛盾的尖锐性与对抗性越来越强劲;不服管理,顶撞夸口民警案件呈上升趋势,甚至出现了殴打民警的狱内刑事案件。

四、已有研究在视野、论域、方法上的局限

研究者、研究机构已经对狱内冲突的现状和起因做了一些考察工作,在进行一定的分析讨论后也得出自己的结论或是提出自己的建议。这些研究有一个比较统一的看法,即狱内冲突给监狱管理和矫正教育带来严重的负面影响,这些影响集中表现在监管安全稳定和服刑人员个性养成上。他们的研究结论和建议,不仅有助于监狱机构对狱内冲突问题有一个比较清醒的认识,也为笔者的研究提供了理论参考和实践指导。

国内外已有研究在取得进展和成果的同时,也存在着诸多的局限和不足。对这些局限和不足的清醒认识是必需的,因为这是狱内冲突进一步深入研究的起点和源头。

(一)微观研究多,宏观研究少

已有研究关于狱内冲突的解释,并没有形成普遍认可的理论,究其原因,在于明显的纠缠于单因解释、缺乏宏观把握特点,用"支离破碎"、"一叶障目、不见泰山"来形容可能较为贴切。譬如,西方学者于狱内冲突研究以生物学、心理学模式为多,他们认为虽然拘禁环境在服刑人员实施暴力行为事件中扮演了部分角色,但主要原因还是在于服刑人员个体本身因素:生理缺陷、心理因素、染色体异常、智力因素、人格因素、精神分裂、情感性心理疾病等等。以此模式介入服刑人员暴力行为的研究者将研究对象视为医疗模式中的病患角色,认为服刑人员遭受诸如精神分裂、焦虑症、潜意识冲突、人格异常等心理疾病因素侵袭后,即产生暴力行为。

梳理和优先考虑特定狱内冲突相关因素的设想,根本就是一项不可能完成的任务,因为它们揭示起来确实太困难了。狱内冲突是由这样或那样的明显关键特征所引发的观点,在已知的事件证据前根本就无立足之地。

(二)实用性、本土化的研究成果少

西方学者对狱内冲突的关注与研究比国内早得多,也深入得多。不论是社会学视角的解释还是心理学视角的剖析,无疑都给笔者现在的研究提供了丰富的资料和背景。然而,他们似乎又走上了另一个极端:按照自己的理解,从各自的微观视角去探究狱内冲突——这样的研究取向有利于对狱内冲突作出细腻、具体的描述,能够对狱内冲突的发生发展环节乃至表现作出透彻的扫描,然而这种把普遍的、群体性的狱内冲突简化或偶然的、个别的或少数人行为的思路,没能也不可能对狱内冲突产生的监狱环境和社会背景等宏观因素作出充分、合理的说明。

港台学者于狱内冲突的关注相对丰富(但数量也不多),这与他们的西方文化背景有关。翻译国外著作,用西方学者的理论、观念及术语分析本地案例,解析港台地区狱内冲

突的表现与特征,参考西方学者的技术路线提出应对和干预措施,这几乎成为港台学者研究狱内冲突所采取的通用路径。这其中虽不乏"巧妙"应对警囚冲突的办法和技术,但因为缺乏深入坚实的理论论证,缺乏长期的监管执法和矫正教育实践,未能深入挖掘狱内冲突事件产生过程、形成原因,未能深刻探讨狱内冲突背后折射出的文化、制度等诸多关联因素影响,所以最终没有也不可能归结出富有说服力和权威性的理论和观点,没有也不可能形成本土化和具有现场感、实证性的研究成果。

近些年来,国内学者也开始了对狱内冲突的起步研究,与西方学者的研究相比,国内的研究明显"粗浅"了很多——不仅表现为数量上的"寥若晨星"、"凤毛麟角",而且思辨的研究方法一直占据着主导地位。仅有的少量相关研究,不仅尚未完全解决理论与经验的关系问题,而且其学术观点停留在"泛泛而谈"的应然解释层面,进行的只是概括式、粗线条的静态描述。缺乏可靠的田野调查数据和有说服力的实证研究,难以呈现狱内冲突的鲜活场景与"真枪实弹",无法评估狱内冲突的真实状况,以致解决问题的实际效用有限。

(三)研究方向不专一、内容不深入

无论是西方学者还是国内学者的研究,狱内冲突多是作出"监狱安全"或"监狱危机"的一个具体的问题出现的。换个说法,专门的、独立成题的狱内冲突研究微乎其微,往往只是涵盖在"监狱安全"或"监狱危机"的内容中顺便提及的。广度、深度和高度的欠缺,不可避免地造成研究结论如蜻蜓点水、管中窥豹。

(四)"局外人"身份限制了研究的全面性和准确性

以往学者于狱内冲突的研究,明显存有一个不可克服的障碍——这些研究人员从来没有办法自由地观察监狱里的每一个时段,他们的观察通常受限于某些范围。如果不被系统里的人所信任,研究者就只能在外面一点点地偷窥,只能观看那些被容许观看的,鲜有机会深入监狱民警和服刑人员的真实工作生活,鲜有机会理解警囚、囚囚间关系的深层结构。

"局外人对你所研究的世界的了解是有限的、不准确的、误解的,或者是极端错误的。"[①]"局外人"的研究,只能产生一种"局外人的报告",只能是一种走马观花、隔靴搔痒式的研究。这种研究不可能深入地进行,硬要说它与常见的猜测性的研究有所区别,那么也是"五十步笑百步"。

(五)研究对象偏颇

无论是冲突原因分析还是管控策略,多将目光投向了服刑人员,而对民警行为的关注较少。这种研究模式和思路,从一开始就将原本警囚双方两个行为主体互动,一厢情愿地集中于服刑人员单方,没有也不可能把握狱内冲突特别是警囚冲突的本质。在这种研究对象选取背景下得出的研究结论,其代表性令人怀疑。

---

① 凯西·卡麦兹.建构扎根理论:质性研究实践指南[M].边国英,译.重庆:重庆大学出版社,2011:19.

中篇

第四章
Chapter 4

狱内冲突调查

如果我们的兴趣只停留在思辨的层次上,那么这种研究就会不值一文。

——[法]涂尔干(Emile Durkheim)·《社会分工论》(*De la Division du Travail Social*)

　　显而易见,警囚冲突是影响监管安全稳定和矫正教育质量的一个重大现实问题。然而,即便我们整天置身其中,却又对其知之甚少。自己的直观感触和前辈的口口相传,是我们关于狱内冲突的通常认知信息来源。这两者向我们展示的是不全面、不真实的狱内冲突图景,还有最终收效甚微的狱内冲突防控方案。因为,狱内冲突并不总是像它们表面看上去的那样;我们通常关于狱内冲突真相的宣称和断言往往是错误的,是想当然的结果。

　　现状调查与行为解释一样,均属狱内冲突的研究对象。通过调查的方式全面、真实地了解狱内冲突基本现状,科学评估狱内冲突促成及抑止因素,是实现对狱内冲突正确认识、有效防范、及时介入和正确引导的重要前提。

　　警囚冲突、囚囚冲突一方面,因涉及主体不同而存有一些差异;另一方面,两者间又存有许多共性。为表述方便,本章笔者分成两个小节对警囚、囚囚冲突进行描述和分析;对其差异或共性,并未刻意区别表述。同样,本书的第六章、第七章分作两个章节对警囚、囚囚冲突预防管控分别进行探讨,这并不是说其中的策略或措施仅对其中的一种冲突处置有效。

第一节
警囚冲突调查

可以肯定的是,犯人和监狱工作人员之间的对抗是不可能消除的。然而,这种对抗并非源于监狱里糟糕的食物和不卫生的生活环境,而是来自监狱制度本身。

——[美]萨瑟兰(Edwin Hardin Sutherlan)·《犯罪学原理》(*Principles of Criminology*)

✳ 资料

(1)×年×月×日9点许,辽宁省×监狱服刑人员葛某某(男,43岁,犯盗窃爆炸物品罪被判处有期徒刑16年,×年9月7日因颅脑外伤术后入院治疗)在监狱民警值班室向监区长牟某索要大剂量安定及哌替啶药物。在未得到肯定答复后,葛某某对民警牟某说:"你去死吧",抓起值班室办公桌上的钢质水杯猛击牟某的前额,造成牟某晕厥倒地,紧接着,葛某某又冲到值班室窗台双手抱起一盆花砸向牟某,花盆砸在夏牟的胸前。葛某某被随即闻讯赶来的民警制服。经诊查,监区长牟某脑震荡,前额外伤。

(2)×年×月×日晚上6点10分左右,江西省×监狱服刑人员廖某某(男,38岁,×年3月30日因犯故意伤害罪被判处死刑缓期两年执行)向值班民警程某谎称有重要情况汇报。程某将廖某某带往谈话室,在程某开门时,廖某某从背后拿出事先藏在腰间的铁块朝程某后脑猛砸,程某倒地。在程某欲从地上爬起时,廖某某又拿起铁块朝其头上连击落五、六下,直到程某不能动弹。廖某某穿上程某的警服和皮鞋,发现自己是个光头,很容易被人识破身份,又跑回民警值班室寻找帽子,未果,就拿了一把伞遮挡其光头。当廖某某跑到一楼民警楼梯通道门时,被其他民警抓获。经法医鉴定,民警程某损伤程度为重伤甲级。

(3)湖南省×监狱服刑人员刘某某(男,42岁,犯抢劫罪被判处死刑缓刑2年执行,×年4月21日减为有期徒刑20年,×年12月25日因病保外就医1年,因保外就医期满后未按期归监,×年12月8日被抓获收监)在保外期间娶妻成家生子,收监服刑后迫切希望早日减刑出狱,并制定自己的减刑计划。因考虑刘某某身患疾病,监区未安排其从事生产劳动,×年×月安排刘某某参加监狱医务卫生培训,拟作为监区的医务卫生人员使用。后因刘某某不服从监区管理,未能尽到卫生人员职责,×月×日,监区撤销其医务卫生人员资格,编入生产组劳动。刘某某认为生产任务难以完成,奖励分低,影响了他的减刑计划,而一切皆是因为副监区长贾某故意习难他,因而对贾某怀恨在心。×月×日上午 9 时许,刘某某见贾某一人在车间值班,便从自己所坐的工作台上拿起一把大剪刀(临时发放,未链式固定)藏于衣服内,窜至贾某右后侧,突然用左臂搂着贾某颈部,右手举起剪刀朝贾某的头部连刺两下。贾某起身躲避,刘某某紧追贾某又连刺几下,后被赶来的民警及其他服刑人员制服。服刑人员刘某某的行为造成贾某重伤。

(4)×年×月×日 17 时 28 分左右,浙江省×监狱×监区民警方某在劳动现场对服刑人员黄某某(男,54 岁,犯故意杀人罪被判处死刑缓期两年执行)谈话教育时,黄某某情绪激动继而挑衅、指责、谩骂民警。在方某对黄某某行为进行教育纠正过程中,黄某某毫无重点征兆地突然用右手猛击方某背部,同时用左手掐住方某颈部,被方某当场制服。

(5)×年×月×日 8 时许,四川×监狱服刑人员张某某(男,48 岁,犯盗窃罪判刑 3 年零 6 个月,刑至×年 12 月 10 日)因违规取劳动工具与互监服刑人员发生口角。值班民警喻某某发现后对张某某进行批评教育。张某某不听劝告,出手击打喻某某左脸,并抓住喻某某肩章和工作证吊带推搡、顶撞。(6)×年×月×日,海南×监狱服刑人员王某某(男,36 岁,犯故意伤害罪、抢劫罪判处无期徒刑)在生产劳动时与服刑人员云某打架,被及时制止后带离工作岗位。在值班民警调查了解情况时,王某某不依不饶寻机继续殴打云某。次日 8 时许,包教民警在与王某某进行谈话教育时,王某某拒绝承认错误,态度恶劣,还对民警指手画脚,辱骂民警。在民警令其按规定蹲下时,王某某突然,挥拳打向民警。

(7)×年×月×日,内蒙古×监狱服刑人员李某某(男,36 岁,犯猥亵儿童罪、故意伤害罪判处有期徒刑 4 年零 6 个月)未经民警允许离开劳动岗位。民警找其到值班室谈话教育时,李某某情绪突然失控,顶撞辱骂民警。民警对其采取措施时,李某某向民警康某踢了几脚并抢走民警佩带的警械具。民警及时将警械具夺回。随后,李某某打碎值班室档案柜玻璃,企图抓起玻璃袭击康某。

(8)×年×月×日,吉林省×监狱服刑人员王某(男,27 岁,犯故意伤害罪被判处有期徒刑 12 年,余刑 7 年零 3 个月)因未完成生产劳动任务月度考核被降档。在民警要求其在"月评卡"上签字确认时,王某拒绝并在没有得到民警同意情况下,擅自离开。在民警带其到谈话室后,王某辱骂民警并扬言:楚某,你等我出去,我弄死你。王某还出拳殴打民警楚某,致楚某嘴唇被打裂出血。

(9)×年×月×日 13 时左右,云南省×监狱民警杨某组织生产车间完成劳动任务的服刑人员回监舍。服刑人员陈某某(男,27 岁,犯盗窃枪支罪、非法买卖枪支弹药罪、盗窃罪判处有期徒刑 18 年,余刑 14 年零 3 个月)向杨某报告自己已完成劳动任务。经核对,陈某某实际并未完成生产任务。在现场执勤的另一民警母某随即对陈某进行教育,陈某某无认错悔过之意并与母某发生争执。陈某某不听其他民警劝阻并企图用脚袭击母某,被其他服刑人员制止后,陈某某自称已冷静,趁民警放松警惕,再次靠近母某,用拳脚袭击母某。

(10)×年×月×日9时许,新疆兵团××监狱服刑人员龚某某(男,36岁,犯抢夺罪判处有期徒刑3年,×年刑释;×年11月犯故意伤害罪判处有期徒刑8年,服刑期间犯破坏监管秩序罪被加刑7个月;发案时余刑29天)就餐后未按规定返回分监区而是擅自窜至六分监区与另一服刑人员喝茶聊天。10时许,龚某某欲通过六分监区民警值班室返回五分监区。值班民警胡某口头制止其行为,龚某某高喊:干部打人了。在胡某令其蹲下时,龚某某抓住胡某衣领并谩骂。正在值班的民警李某见状上前制止。龚某某不听劝阻,拿起装满水的塑料水杯砸向李某。龚某某抱住胡某的腿将胡某摔倒后骑在其身上用拳殴打。就在龚某某殴打并企图抢夺胡某佩戴的伸缩警棍时,被李某及其他闻讯赶到的民警制服。

一、警囚冲突的表现形式

"暴力不必总意味着身体暴力,它可以有各种各样的表现形式,可以表现为用语言伤害一个人的情感和尊严。"[①]巴斯(A.H. Buss)根据三个维度对暴力攻击行为进行了分类,每一维度又分为对立的两个要素。

1. 身体的/言语的——手段;
2. 主动的/被动的——方式;
3. 直接的/间接的——形态。

警囚冲突基础资料调查以巴斯的分类为蓝本展开。

表 4-1　警囚冲突简要分类

暴力攻击类型	实例
身体—主动—直接	刺杀、殴打他人或向他人开枪
身体—主动—间接	设置陷阱伤害他人;雇杀手暗杀敌人
身体—被动—直接	用身体阻止他人达到期望目标或完成预想行动(譬如,静坐示威)
身体—被动—间接	拒绝完成必要任务(譬如,静坐时拒绝离开)

---

① 弗朗茨·M.乌克提茨.恶为什么这么吸引我们[M].万怡王莺,译.北京:社会科学文献出版社,2001:207.

续表

暴力攻击类型	实例
言语—主动—直接	侮辱或贬损他人
言语—主动—间接	散布恶毒谣言或流言蜚语中伤他人
言语—被动—直接	不和别人说话、拒绝回答问题等
言语—被动—间接	不发表具体的评论 （譬如，民警不对服刑人员的辩解说明自己的真实想法）

对于以"身体"为手段的暴力行为，大家都有所认识；对于以"言语"为手段的暴力行为，大家可能不是那么的清楚——较之打一拳踢一脚，威胁恐吓、讽刺羞辱更隐蔽，有时候对人的伤害更大、影响更持久。骂死王朗、气死周瑜、羞死曹真，全靠诸葛亮那张嘴，愣是把三个人给搞得"翘了辫子"。诸葛亮单凭一副伶牙俐齿"搞翘"这三个人，当然有"演义"的成分，但确也说明语言暴力也是一种暴力，而且有时候是很厉害的暴力。

既然暴力是个体对内在需求或外部刺激所作出的必要反应，那么，把不同的暴力类型定义为"暴力策略"似乎也不无道理。之所以运用"策略"一词，在于强调暴力有多种形式存在，非能一一穷尽。

区别于巴斯表述的暴力策略，巴伦（Robert A. Baron）的方法是把不以伤害他人为目的的行为排除在暴力之外——那种类似于贮备大量核武器以形成威慑的做法，在巴伦看来不属暴力行为。齐尔曼（Zillman）提出另一种见解：一种行为是否具有暴力性，取决于该行为背后的意图，而不是所采用的策略。他把攻击分成两种不同的类型：烦恼驱动性攻击，其目的是减少或消除内在的有害条件（如愤怒、恐惧）或外在的有害条件（如威胁、压力）；诱因驱动攻击，其目的是实现某种目标，包括内在价值（如权力欲、优越感）和外在价值（如获得领土、金钱）。以获取为目的的诱因驱动性暴力行为如果在获取过程中并没有给对方造成伤害，那么就不包括在巴伦的暴力模式中；但它确实也是一种暴力模式。

到此为止，我们已讨论了暴力的两个主要方面，即手段和目的（无论是有意识的还是无意识的）。不难发现：对有些学者来说，暴力行为的结果或目的总是无意识的，而对另外一些学者来说，它们又总是有意识的。无论选择何种方式，我们都能发现，暴力行为是对有机体某种需要的满足。因此，在后面的论述中，笔者都采用"结果"而非"目的"或"目标"来描述暴力攻击的预期结果。

根据警囚间对立、对抗程度和具体外化表现形式，可以将其简单地划分为两种情况：轻微冲突和激烈对抗。前者是指警囚间思想上的隔阂和情绪上的对立尚不严重，服刑人员表现不满和怨愤的方式间接、微妙，通常以非正式的秘密形式进行，对监管改造秩序的干扰有限。诸如：沉默、消极怠工，私下诋毁中伤民警等等。后者是指警囚间矛盾激化，对立、对抗行为的频度和强度较高，参与冲突的单方或双方失去对自身行为的应有控制，转而以一种非理智的态度敌视对方。诸如:服刑人员拒绝服从民警命令、自残自杀①,民警殴打辱骂服刑人员等等。

二、基本现状

(一)警囚冲突发生频度

警囚冲突是刑罚执行和矫正教育实践中一种较为普遍现象。被试对"是否曾和监狱民警有过冲突"一题的回答表明:15.36%的服刑人员曾和民警发生过一到两次冲突,另有 3.72%的服刑人员曾和民警发生过多次冲突,两者相加,近被试总数的1/5。就民警问卷来看,曾与服刑人员发生冲突的民警占样本总数的 27.28%,过民警总数的1/4略强。

(二)警囚冲突现象样本分布

1. 警龄在 1～3 年的监狱民警与服刑人员发生轻微冲突的频度明显高于其他。可能的解释是:民警在刚从警的实习阶段,处于刑罚执行和矫正教育工作的学习适应期,与服刑人员的接触、交往尚不深入;从事具体工作 3 年左右后,民警工作经验得以积累,业务能力得以提升,能够及时发现并以恰当方式疏导服刑人员的不良情绪。激烈警囚冲突的频度分布,与民警警龄相关性表现不显著。

2. 服刑人员原判刑期 3 年或余刑 2 年以下,冲突分布频度虽相对集中,但强度又明显较弱。究其原因,在于这部分服刑人员服刑压力较小,改造动力缺乏,大多以消极态度应付改造,违规违纪率较高;另一方面,他们又希望平安、顺利地度过刑期,一般不会采用过激行为对抗管理。

3. 与监狱民警发生激烈冲突的服刑人员多分布在原判刑期 15 年以上。他们之所以肆无忌惮地对抗管理,或是因为不能认罪服法,对司法机关和整个社会心存怨恨;或是因为巨大的刑期压力和严重的悲观情绪而自暴自弃;或是固有的偏执思维、冷酷情感作祟。

(三)对冲突的消极认识

被试大多(笔者一度考虑用"普遍"来描述,因为只有极个别例外)认为警囚间发生冲突完全是负面的,一无是处。为了解监狱民警(服刑人员)对警囚冲突的认识或态度,笔者设计了"如果让您选出一提到您与民警(服刑人员)间发生冲突您就会想到的一些词,下面列出的词语中你会选哪些? 请在您选择的备选词语下打钩。备选词语:悲伤、愤怒、

---

① 服刑人员自杀指的是服刑人员故意结束自己生命的行为。广义的自杀包括自杀意念、自杀未遂、自杀行为和边缘性自杀(自残行为即属于边缘性自杀)。简单地看,服刑人员自残自杀行为是"服刑人员故意结束自己的生命",似乎仅仅是在"和自己过不去",并非在与民警"对抗"。实际上,服刑人员自杀的原因有很多:一是目的型自杀,少数服刑人员丧失生活信心,"感觉活在世上没意思";二是手段型自杀,这类服刑人员有一定的反改造经验,希望通过自杀这种极端的、敏感的方式引起监狱民警注意,达成某一特定目的,如逃避劳动、调换岗位、要挟或报复民警。简言之,目的型自杀是服刑人员解脱、反抗和表达他们存在的极端方式;手段型自杀则日益成为有较长改造生涯或复杂社会经历服刑人员对抗改造的一种方法。如此看来,服刑人员自残自杀行为当属警囚冲突的表现形式之一。

诧异、低落、紧张、困惑、迷茫、怀疑、不安、失落、苦恼、惊骇、焦虑、烦闷、忧愁、惭愧、悔恨、耻辱、懊恼、恐惧、轻蔑、反感、不耐烦、厌恶、憎恨、讥讽、痛苦、无助、压力、孤独、失望"一题。下面分别是在民警和服刑人员回答中以较高频度出现并按频度由高到低排列的五个词。

　　民警：破坏、敌对、威胁、气愤、鄙视。

　　服刑人员：焦虑、愤懑、孤独、紧张、无助。

　　不难看出，伴随冲突的发生，服刑人员产生的负性情感明显高于民警。

　　参与访谈的一些服刑人员提出：警囚间需要和缺乏尽可能平等的良好沟通；如果监狱民警能够真正了解他们的想法和做法，就会大大降低警囚冲突发生的概率。提及这一问题的服刑人员具有较高的文化，他们特别强调并不指望"在完全平等"的基础上和民警沟通交流，只希望"干部能稍稍放低姿态"。

　　监狱民警形容常与之发生冲突的服刑人员为"病态"、"神经质"、"偏执"、"极度以自我为中心"、"反社会"或"无可救药"等等。实际上，这些描述恰恰表明他们未能把握警囚冲突的实质要素——服刑人员在冲突中的反常表现，并非完全源于性格上的"偏执"或"病态"，而往往是由于他们处于警囚互动中弱势一端，没有自信或是没有其他可选方式。在分析警囚冲突的时候，民警需要考虑的是服刑人员行为表现以及行为背后的原因，而不是性格。当然，长期待在狭小的空间、处于紧张的氛围中，服刑人员很容易会出现心理上情感上失调，也就经常会表现出"病态"的一面。不管怎样说，单就和民警发生冲突这一事件本身而言，不应简单将其视为"病态"的表现。

✸ 链接 4-1

暴力本身就是一种沟通

　　暴力本身就是一种沟通。对于像比利·巴德这样的无产阶级者，这更是真理，因为他们无法用语言来沟通，所以诉诸暴力。不管暴力多么粗浅、原始，它都仍然是一种语言，在某些状况下使用非常恰当，在其他一些状况下也很有必要。非洲黑人很暴力，是因为他们没有与人沟通所必需的自尊。他们无法站出来把自己的感受告诉殖民者；事实上，他们无法系统地陈述自己的感受，他们不确定自己真正的感受是什么。只要白人殖民者回心转意，不再剥削他们以获利，并且关心黑人作为人的权利，暴力就会减少。

　　（资料来源：罗洛·梅.权力与无知：寻求暴力的根源[M].郭本禹，方红，译.北京：中国人民大学出版社，2013：222.）

(四)处理冲突的态度和方式

狄小华教授在 4 个监狱和 1 个少管所的研究①表明:在服刑人员在服刑期间最关心的改造问题("监狱民警误解"、"受他人欺负"、"生活太枯燥"、"劳动过不了关"、"身体有毛病"和"其他"5 个选项)中,25.7%的服刑人员选择了"监狱民警误解";邵名正等对某监狱在押的 350 名服刑人员进行了问卷调查②,72.3%的服刑人员表示需要监狱民警的理解。

笔者的调查问卷设计了题目"当民警对你作出你认为不应当的惩罚(诸如冤枉、滥用处罚等),你会:A　先忍耐一下,然后在合适机会解释清楚;B　不知道该怎么做,只能认倒霉;C　会很气愤,当场向民警说个明白;D　抗拒民警的处罚"。服刑人员应答占样本总数的比例依次为 14.67%、56.32%、15.53%和 5.92%。这表明,服刑人员能够在"被误解"情形下采取相对理智做法的为数不多。

访谈中,有服刑人员向笔者表示:对监狱民警作出的不当处罚"反正都习惯了,爱咋地咋地"。这是一种典型的"麻木"状态。服刑人员的"麻木",也是一种消极的对抗——表面上看,服刑人员"麻木"是被动接受的受控状态,很难与"对抗"联系起来;实际上,"麻木"是一种"聪明"的对抗策略。因为,无论是精神的还是肉体的麻木,都可以对个体构成一种保护,否则就不会有医学临床麻醉术的发明和应用。民警对服刑人员违规违纪的处罚,制造的首先不是对处罚的恐惧而是疼痛。个体畏惧精神上的疼痛,而"麻木"可以消除疼痛的感觉。所以,服刑人员在受到处罚而遭受痛苦时,"麻木"就成为一种有效的保护措施。在此意义上,"麻木"也意味着民警处罚的失效。倘若分析得再深入些,我们就会隐隐发现涂尔干(Emile Durkheim)描绘的情形:(监狱民警)强势权力"在与弱者的对抗中独占上风,使后者屈从于它的意志,但是这些征服者虽然暂时屈从了强力统治,却没有认同统治,因此,这种状态肯定不会带来一种安宁祥和的气氛"③。

笔者的调查问卷还设计了题目"当你发现服刑人员和你有对立情绪时,你一般会:A　找出原因,耐心教育;B　严厉训斥;C　不予理睬;D　采取更加强硬的措施,让他知道厉害"。监狱民警应答占样本总数的比例依次为 22.54%、39.46%、19.28%和 14.29%。面对面的访谈得知,相当数量民警认为:服刑人员的对立情绪,是服刑人员对民警权威的挑战,只是"严厉训斥"或"扣分严管"当然"不能解气"、"不能让他知道厉害",必须还得采取些"让他能长记性的"措施。这表明,当警囚冲突发生时,很多民警的表现缺乏理智,不能容忍服刑人员与自己的分歧,对各种形式的对峙都表现出强烈的气愤,理所当然地倾向使用强硬、武断、专制的手段如"秋风扫落叶"般从严惩处、杀一儆百。这是一个危险的倾向——如若对服刑人员的不良情绪简单地依靠强制力量打压而说服教育不能及时跟进,不仅可能于事无补,而且极易激化矛盾最终小矛盾演化为大事故。

这并非想当然。

---

① 狄小华.冲突、协调和秩序:罪犯非正式群体与监狱行刑研究[M].北京:群众出版社,2001:31-32.
② 邵名正,等.罪犯论[M].北京:中国政法大学出版社,1989:131.
③ 涂尔干.社会分工期论[M].渠敬东,译.北京:生活·读书·新知三联书店,2000:15.

罗霄骁等人曾以 62 名男性大学生为被试,采用竞争反应时任务范式(competitive reaction time task)实验方法考察惩罚强度对攻击行为的影响,实验结果表明"高强度惩罚导致更强的攻击行为,低强度惩罚对攻击行为影响不显著;受到高强度惩罚被试的攻击行为显著高于受到低强度惩罚的被试,表现为前者在竞争反应时胜利后,明显更倾向于选择高强度的刺激惩罚对手"①。

对不同监狱民警的管理,服刑人员也有他们自己的解读。譬如,在服刑人员蔡某某眼里,民警甲的说服教育,对几个"顽危犯"的管教效果显然不佳,但自己还是认同民警甲的良苦用心(很多服刑人员就是被这种细小的力量所感化,进而对民警的意志产生认同);在民警乙值班期间,服刑人员不敢随便造次,是因为民警乙一贯的强硬管理作风,但自己却对民警乙向来敬而远之。服刑人员蔡某某平时的改造表现较好,入监服刑以来还没有违规违纪行为。与笔者的交谈,反映出蔡某某于监狱民警维持监规纪律的手段的合理性与正当性有其不同的见解——服刑人员对民警强硬处罚的服从并非出自内心,虽然这种方式貌似"有效"。

(五)服刑人员与民警的主动沟通状况

问卷题目"当你心中有郁闷或痛苦的事情时,你会找民警倾诉或寻求其他帮助吗?"的统计数据(见下表 4-2)显示:相当数量服刑人员对民警抱有不信任态度,认为民警和服刑人员之间根本无法沟通。

"得弄出点动静,才会引起民警的注意"这一选项,得到服刑人员的高度认同。阿伦森(Elliot Aronson)在论述有人使用暴力攻击去吸引注意力时,说:"1992 年洛杉矶中南部的骚乱发生后,美国总统表示,他对事态保持深切的关注,他将会提供联邦政府的援助并且为那些失业者提供工作机会。假如没有发生骚乱,你认为他会优先考虑该地区的失业者吗?"②同样的道理,监狱民警根本不可能做到时时刻刻对每个服刑人员都保持关注。如此,通过"弄出点动静"来"引起民警的注意",有时确实是服刑人员无奈但十分有效的策略。

表 4-2 服刑人员与民警的主动沟通状况统计数据表

选项	人数	所占比率(%)	有效比率(%)
一般会	24	8.51[注1]	8.82
偶尔会	62	21.99	22.79
告诉民警也没用,只会自讨没趣	102	36.17	37.50
得弄出点动静,才会引起民警的注意	84	29.79	30.88
总计	272	96.45	100
缺失数[注2]	10	3.55	
总计	282	100	

注 1:比值保留两个小数位,导致"总计"值与实际计算值有些许出入

注 2:缺失数是指对问卷题目没有作答或无效作答的样本数

① 罗霄骁等.惩罚强度对攻击行为的影响[J].Scientific Research,2012(5).
② 何伦森.社会性动物[M].邢占军,译.上海:华东师范大学出版社,2007:209.

题目"对服刑人员的违规违纪行为采取惩戒措施后,你认为事后和服刑人员的交流沟通有必要吗?"的应答,有38.66％的民警认为"服刑人员什么都明白,明知故犯,没有交流的必要";23.29％的民警认为"交流会使服刑人员以为民警有妥协的意图而削弱惩戒的效果"。在访谈中,一位民警毫不掩饰他的强硬态度:"刚开始你如果不给他点颜色看看,以后你就麻烦了,你就没法混了。"

上述两个题目的调查表明,警囚间的沟通交流不甚理想。这完全在意料之中。民警的问卷还设计了四个题目,用来调查警囚间沟通交流的阻碍。统计数据表明,选择"没时间"和"没必要"被试差不多各占半数。这分别代表了客观条件限制及主观认识作祟。此外,有过半数的民警选择了"难以进行有效沟通"。从辩证的角度看,这既是警囚间缺乏交流的原因,也是缺乏交流的结果——因为缺少共同语言,所以无法进行有效交流;因为缺乏有效交流,彼此关系疏远,相互抵触,沟通不畅。

(六)警囚冲突诱发因素

对冲突的归因,民警和服刑人员样本存在显著差异。服刑人员认为诱发冲突的原因主要集中在民警漠视服刑人员的尊严、执法中存有不公;民警则认为,服刑人员身份意识淡薄、对违规行为认识态度恶劣才是引发冲突的关键。在综合分析调查数据和访谈材料后,笔者发现,集中在民警方面的冲突诱发原因大致为:

1. 教育方法不当,动辄不分青红皂白训斥服刑人员;
2. 对个别服刑人员存有成见或偏袒,执法过程中显失公正;
3. 惩处服刑人员违规违纪行为时,简单地采取体罚或变相体罚;
4. 将个人工作、生活中的烦恼迁怒到服刑人员身上;
5. 因顾及颜面,未能及时纠正不当或失误决定。

和服刑人员进行深入访谈时,笔者最深刻的印象是他们的"不以为然"与讥讽。访谈中,曾有一名服刑人员一心想在言语上反制笔者。像这种服刑人员中的"老油条"、"滚刀肉",多属"二进宫"或"多进宫"者,反改造经验丰富,在服刑人员的非正式群体中占有一定的地位,他们是"工具性攻击(instrumental aggression)"[①]笔者在第一章第一节"狱内冲突研究源起"中所举的就是一个典型与民警的冲突行为更多事例。借由与民警的冲突,刘犯的本来意图是达成中提及的"刘犯"与"我"的冲突事件就一箭三雕:一是接受其"抗改先锋"的负面标签形象,向其他同样是"顽危犯"的服刑人员寻求认同与归属感;二

---

① 一般而言,心理学研究常将攻击行为区分为两类截然不同的类型:一是工具性攻击(instrumental aggression),即意图借攻击以达成特定目的。例如以攻击手段夺取他人财物,此时"夺取财物"就是攻击行为的目的。二是敌意性攻击(hostile aggression),即纯粹为了制造他人身体或心理上的伤害。攻击者甚至可能从攻击行为本身获得某种程度的愉悦感、满足感。大部分攻击行为既带有"工具性",也带有"敌意性",只不过程度有差异。

是迅速获得一些服刑人员的肯定或是畏惧，借以在服刑人员中"扬威立万"，博得"老大"或是"英雄"的地位；三是与民警"讨价还价"，即"你'睁只眼闭只眼'管得我松一些，我才不会给你添乱"。因后来的事态发展超出刘犯可控范围，民警的强势管控唤起刘犯愤怒情绪，最终引发其与民警更为激烈的对抗。

再看一个典型个案：

李某，1978 年 3 月出生，河北保定人，小学文化，捕前务农，因犯抢劫、敲诈勒索罪被判刑 15 年，×年 6 月入监，系"二进宫"。

为让监狱民警能够对他"刮目相看"，李某一到监狱就跟其他服刑人员摆谱：JY监狱是重刑犯监狱，我也曾几进几出；让你们开开眼，看我怎么对付干部。入监后第一天晚上的睡前的"晚点名"，李某背身躺在床上不下来。民警喊他下床；李某不应。民警在耐着性子推他；李某身也不翻，说：谁啊！别烦我，滚一边去！民警说：你给我马上下来！李某装作无辜的样子，说：干部，不好意思，不知道是你——我肚子疼。民警说带他去医院；他说：哪敢劳干部您的大驾，我忍忍躺一会儿就好了。

第二天队列训练，带队的民警刚喊"立正"，李某马上捏着嗓子大声喊："唉哟！"民警问："怎么回事？！"李某答："脚崴了。"

当得知民警要将其送严管队"严管"时，李某振振有词："我哪里有违规？！我刚进来，哪里懂得你们的规矩！……严管就严管，难道怕你不成？去了严管队，我没法子参加监规纪律的学习，到时候违反监狱规定你别说我是故意的！"

(七)服刑人员遭受民警暴力后应激发应

"人的肉体的权利之所以与个性的人格相关，是因为对个性的最令人厌恶的侵害首先常常是对肉体的侵害。遭饥饿、受毒打、被残杀的首先是肉体，这些折磨通过肉体传播到整个人。"[①]在遭受监狱民警体罚、愚弄、羞辱等暴力侵害后，服刑人员本就脆弱的自尊可能会无情地撕裂，导致个性失常、人格异化。

在访谈调查时，一位已经刑释的服刑人员说：就因为他是干部，他就可以为所欲为！我是顶撞了他，可也不至于当着那么多人的面让我难堪！沉默了一会儿，他又愤愤地说：在里面他说了算；在外面，我会还给他的。在查阅该服刑人员档案后，笔者得知，这位服刑人员本来改造表现还可以，就在因一次偶发事件被监狱民警惩处后，逐渐变得敏感、冷漠、孤僻、绝望。

由于自身调控、处理危机的手段不同，个人的人格特质不同，从外界所获取的援助和支持不同，监狱民警实施暴力可能引发的服刑人员心理问题也不尽相同，主要表现为三种类型：(1)"回闪"。不安、惶恐、夜不能眠或做噩梦，再次浮现与民警的冲突场景，尽管

---

① 尼古拉·别尔嘉耶夫.论人的奴役与自由[M].张百春，译.北京：中国城市出版社，2002：33.

梦中出现的并不一定是真实发生的事情。（2）退缩。害怕面对别人,回避再次谈论和回顾已经发生的冲突事件;沮丧,谋求一个人躲在一旁或裹上与世隔绝外衣的方式来"保护"自己。（3）惶恐。服刑人员生理反应发生明显的变化,整个身体特别是精神保持紧张状态,失眠,难以集中注意力或分配注意力。

✻链接 4-2

莱特通过实证调查后总结的服刑人员侵害监狱官员原因

1994 年,莱特对 649 起针对监狱官员的侵害事件进行调查,发现服刑人员对监狱官员进暴力行为的原因是多方面的(见表 4-3)。

表 4-3　莱特总结的服刑人员侵害监狱官员原因统计表

主要原因	百分比（%）	数量（N）
无法解释的原因(%)	25.8	179
服刑人员违抗监狱官员的要求	13.1	91
服刑人员进行抗议	10.8	75
监狱官员搜查服刑人员物品	70.7	74
干预服刑人员打架	10.2	71
服刑人员在不同区域间走动	9.7	67
监狱官员发现服刑人员拥有违禁品	7.2	50
监狱官员对服刑人员采取约束措施	4.2	29
监狱官员对服刑人员进行纪律惩罚	3.7	26
服刑人员情绪不稳定	2.0	14
服刑人员性问题	1.4	10
服刑人员醉酒/使用毒品以后	0.7	5
医疗	0.3	2
其他	0.1	1

（资料来源:Michael C. Braswell., Reid H. Montgomety & Lucien X. Lombardo., Prison violence in America[M]. Cincinnati, OH：Anderson Publishing Co., 1994：211.转引自吴宗宪著.西方监狱学[M].北京:法律出版社.2004:529.）

三、结论和讨论

1. 警因冲突多为隐性的、间接的轻微冲突,激烈对抗只占极少数。究其原因,警因(个体)间并不存在根本利益上的冲突和不可调和的矛盾。另外,监狱民警在狱内占有绝对的强势资源，无论在外在处遇还是在内在情感上，服刑人员都是冲突负面结果实际上的直接承担者。因此，服刑人员一般不会主动与民警发生冲突，即使有矛盾也是能忍就忍，最多在自己的小圈子里发发牢骚。

研究过程中，笔者一直有个疑惑："既然警囚（个体）间并不存在根本利益上的冲突和不可调和的矛盾"，那么，诸如在下面"链接 4-3"中服刑人员"持剪刀袭警"的恶性事件又是如何发生的呢？最终，笔者在斯坦格（Stanger R.）那里找到了答案："强烈的暴力行为与利己主义和种族优越感有关，这两种思想分别是以作为个体的自我和作为群体的自我为中心；强度较低的暴力行为与利他主义思想有关，这一思想不在自我与他人之间划分界限。在我看来，一个人只有建立了非常清晰、明确的界限之后，并对自我与他人之间的界限不予理会，才有可能采取利他主义的方式。只有有着牢固、明确界限的个体或群体才能容忍那些可能对他们构成威胁的人。那些非常关注界限，但缺乏安全感的人，为了保卫界限一定会做出更具攻击性的反应。"①暴力攻击可以用来控制或打击冲突行为中的另一方，即使采用的攻击形式相同，以控制为目的的攻击也不像以打击为目的的暴力攻击那样极端（刺耳的言辞但不是诋毁；推搡而不是动用"大剪刀"或是"电警棍"）。有着清晰知觉和一致性结构的服刑人员或是民警的暴力行为主要以控制对方或是事件的发展为目的；缺乏安全感的服刑人员或是民警发动暴力攻击的目的则并非控制而是毁灭。

✲链接 4-3

服刑人员减刑无望　持剪刀袭警

2009 年 2 月 14 日上午，河南南阳监狱召集媒体记者，通报"2009.2.7"突发监狱罪犯袭警事件。据南阳监狱三监区监区长李玉海介绍，2009 年 2 月 7 日上午，南阳监狱三监区三分监区警察赵振中、副分监区长刘建党、管教干事王国良及警察徐磊带领 105 名罪犯在三分监区服装加工车间进行劳动，其中赵振中负责生产劳动现场及外协人员（外来产品加工技术人员）和产品质量的管理。9 时 40 分，警察徐磊在车间西头清点罪犯，赵振中在车间中间正常执勤，这时罪犯曹凤林将机位前操作板上的剪刀从栓系铁链上用力掰脱，突然窜到赵振中身后，欲向赵振中行凶。同组罪犯周树林发现后大声呵斥："曹凤林，你想干啥？"说话间，罪犯曹凤林持剪刀向赵振中后颈部猛刺下去，听到喊声的赵振中在扭头的同时被刺中后颈部左侧，赵振中迅即站起后即与曹犯搏斗，他用左手挡抓曹犯所持凶器，被曹犯划伤左手掌，外协人员看到这种情景十分恐惧，慌忙起身向车间西头跑去，被堆放的衣物绊倒。而这时，赵振中用手死死地抓着曹犯，怕伤及外协人员，穷凶极恶的曹犯又举起剪刀向赵振中的左面颊部、右下巴部、头顶部猛刺。

---

① 尼古拉·别尔嘉耶夫.论人的奴役与自由[M].张百春，译.北京：中国城市出版社，2002:33.

突如其来的变故,相邻罪犯闪丛玉不及多想,迅速冲上去从后边抱住曹犯后腰,搏斗中,在车间西头值勤的警察徐磊迅速赶到,迎向罪犯起脚将曹犯踹倒在地,并在罪犯杨振伦、梁秀虎等人的协助下合力将其制服,夺下了行凶的剪刀。区内值班警察边耕田听到车间内遭杂声后迅速按下了报警器,监区立即启动应急预案,防暴队员及时到达事发现场,控制局面,稳定秩序,并及时将受伤警察赵振中送往医疗室救治。

外协人员何香梅说,事情发生的太突然了,我当时都吓蒙了,我本能反应急于脱离突发现场,结果被堆放的衣服绊倒了,要不是赵警官死死抓住罪犯,后果不堪设想。

现场目击者罪犯闪丛玉说,我看到曹凤林持剪刀上去刺赵警官,我立马冲上去从后边抱住了曹的腰,但我感到曹的力量非常大,在曹凤林要翻身用剪刀刺我的同时,赵警官趁机猛踹了曹一脚,我脱险后,随后赶来的徐警官等人将曹犯制服。

罪犯梁秀虎说,当时曹凤林太疯狂了,我反应过来时,也就是一分钟左右,这时,曹凤林已经被按倒在地,我及时冲上去,将他手中的剪刀夺下。

在成功控制了曹凤林后,三监区管教干警对他进行了突审。据曹犯交代,他入监前已经得了难以治愈的疾病,又判了六年刑,感到自己活着走不出监狱,对人生失去信心,感到绝望;又心胸狭窄、多疑,怀疑干警和罪犯要联手坑害他,要置他于死地;感觉自己减刑无望,这才持刀袭警泄愤。

(资料来源:心胸狭窄 南阳监狱一罪犯持剪刀捅干警 4 刀[EB/OL].http://www.dahe.cn/xwzx/dysj/dyxc/t20090216_1486061.htm.2009-02-16)

2. 轻微冲突和激烈对抗间显然并没有一个明显的界限区分,但两者间的发展演化又表现出明显的阶段性特征。具体到某一发生激烈对抗行为的警囚冲突事件,其发生都不是偶然的,必然要经历一个由情绪厌烦、关系紧张到直面冲突的演化转变过程。监狱民警在冲突初始发生时展现出的自控能力、应对态度和教育艺术,是影响这一演化转变过程的关键。

表现为激烈对抗的警囚冲突事件的最终爆发,通常会经历以下三个阶段:

(1)潜在的对立。警囚冲突往往有一个不易为人察觉的潜伏期。在这一阶段,源于种种原因警囚间出现对立的负向情绪。譬如,服刑人员由于嘉奖评定、遭受处罚或亲情变故等若干原因产生挫折或沮丧的感受,为了发泄自己的不满或是干脆"破罐子破摔",表现出行为散漫、应付改造等消极举动(实际上,服刑人员此刻内心深处是孤独的、脆弱的和彷徨的)。倘若监狱民警觉察到服刑人员的异常,继而采取富有针对性的个别教育措施,就会将服刑人员从偏离的轨道上拉回来。如若尽管民警及时觉察到服刑人员异常,但采取的教育措施不恰当、教育效果不明显,又或是民警觉察到服刑人员的异常,但并未及时采取帮教措施。不管原因为何,稍有点责任心的监狱民警观察到服刑人员的消极表现,都会不自觉地进入厌烦或是气愤的心理状态。

(2)认知和确认。警囚间意识到彼此的情绪变化,双方的个人情感被卷入。在这一时期,如果监狱民警和服刑人员(单方或双方)以负面的归因来解释对方的行为,则会促成冲突的发生。服刑人员认为民警总是找自己的麻烦;民警则认为这个服刑人员已无可救药。譬如,服刑人员认为:"这个条子就会专门盯着我和我过不去";民警认为:"这个人一贯逃避改造,和他好说好道根本没什么用"。

(3)抵触或对抗行为。当监狱民警和服刑人员(单方或双方)采取外在行动去阻止对方达到预定目标时,冲突最终公开化了。在冲突中,警囚双方根据各自掌控的资源选择不同的问题解决方式——服刑人员情绪激动,将积压已久的不满通过抗拒民警命令、辱骂民警等得以释放和满足;民警出于维护权威的心理,要求服刑人员无条件地服从自己的命令,必要时采取强硬手段打压。

3. 同样的言语、同样的行为,是否会诱发或被标定为暴力冲突,依监狱民警与服刑人员所持的观点不同而有所差异。

特德希(Tedeschi J.T.)、史密斯(Smith R.B.)和布朗(Brown R.C.)说:"不考虑旁观者的价值体系,任何行动都不能认定为攻击行为或暴力行为。"[1]我们所作出的任何反应并不是针对现实世界中的客观事实,而是针对我们自己内心所感知的、高度个人化的主观世界。同样的行为是否为不同个体判断、归属为暴力或攻击的范畴,依它们产生的背景以及当事人所持的观点不同而不同。因此,可能会出现这种情况:某种行为在旁观者看来是蓄意为之的、毫无道理可言的暴力行为;而行为实施者却认为这种行为完全是无意的或合情合理的,甚至被侵害者也认为这种行为根本就算不上是暴力行为。

打个比方,对于具有某种价值标准的旁观者来说,父母训斥已意识到自己错误的孩子很可能是一种暴力攻击行为,譬如在瑞典,这种训斥甚至可能被认为触犯了法律——禁止对儿童使用暴力——尽管它是一条约束力不强的法律;持其他价值标准的另一名旁观者则根本就不把它当作一回事儿。父母打了淘气的孩子一巴掌,可能在我们看来是再平常不过了,但在美国可能会使父母惹上官司并丧失监护权。

还有另外一种情况。在旁观者看来并非"挑衅"的行动,在冲突双方的当事人看来却完全是另外一个样子。特德希等人对当前许多有关暴力的研究提出了批评,因为它们都没有给出行为人实施暴力的原因。然而,他们自己在对暴力行为所作的定义中,也没有包括行为人实施暴力的原因或目的。他们关注的重点是旁观者对暴力的解释而非行为人发动暴力的原因。于是就出现了这种情况,冲突双方没有感觉到他们的行为带有攻击性,而旁观者的判断则完全相反。旁观者可能因为仅仅看到事物的表象而产生误解,就像有人恰好见到这样的场景:一个人在用刀子割另一个人的喉咙,便由此得出暴力事件正在发生的结论。事实上他不知道,这是在进行气管切开手术,目的是疏通那个人的呼吸道以拯救他的性命。有人会说这样的事例太过牵强。其实,这个例子就来自现实生

---

① Tedeschi J.T., Smith R.B. and Brown R.C., A Re-Interpretation of Research on Aggression [J]. Psychological Bulletin. Vol.89, 1974:540-563.

活:在巴以战争的战场上,一个以方医务兵因看起来正试图割开一个士兵的喉咙而被己方人员当场击毙。在战场环境中,从制服上很难区分这名医务兵是敌是友。类似的错误也可能来自旁观者看待问题的立场和偏见。在描述城管与小贩的冲突时,一些人会认为城管的行为野蛮、残暴;而对于同一场景,支持城管的人则认为城管只不过是在依法约束和制止违章行为。

4. 监狱民警殴打虐待、体罚或变相体罚服刑人员现象虽未杜绝,但相较以前已然明显减少。

5. 绝大多数监狱民警倾向警囚冲突效应的"唯负向功能论",把冲突看作是一种反常的病态,是消极有害的。

第二节
服刑人员间暴力调查

暴力就在这里,

就在常人的世界里。

暴力就是一种征兆,

在失败者猛然而用力的哭声中,我听到了暴力。

——[俄]布罗诺夫斯基(Jacob Bronowski)·《暴力的面貌》(*The Face of Violence*)

✳ **资料**

....

(1)×年9月11日晚21时10分许,某监狱二中队组织看完电影的服刑人员收监,队列行进至监房一楼入口处,服刑人员宁某某(福建宁化人,24岁,因犯抢夺罪、抢劫罪被判刑5年零6个月,刑至×年3月3日止)擅自脱离"三互"小组,插队到服刑人员高某某(江西进贤人,34岁,因犯故意伤害罪被判刑3年,刑至×年11月21日止)前面。高某某用塑料凳顶宁某某后背一下,两犯发生口角。宁某某转身用塑料凳猛击高某某,高某某头皮破裂流血,伤口长约2厘米。

(2)服刑人员杨某某(贵州印江人,38岁,因盗窃罪被判刑15年,刑至×年6月22日止)认为之前被服刑人员刘某某打伤之事正在处理,监狱民警不会对其管得太紧,想借机报复与其有矛盾的服刑人员。9月初,杨某某鼓动新近入监的服刑人员张某某偷窃他人香烟,导致张某某被扣2分。9月13日晚收工,杨某某将包有一根针、一块针板和小铁片的违禁品交予张某某,让张某某栽赃号长陈某某。

(3)9月17日上午,服刑人员陈某某(福建连江人,42岁,因非法买卖爆炸物罪被判刑11年,刑至×年7月5日止,系二进宫)以头痛为由不起床。在民警对其教育时顶撞民警,中队给予陈某某扣2分处理。当日16时30分,陈某某在号房踢打铁门,辱骂民警。在民警到达现场后,陈某某向民警脸上吐口水,并要求见监狱领导。

(4)9月1日晚22时,服刑人员黄某某(福建闽清人,45岁,因贩卖毒品罪被判刑10年零10个月,刑至×年6月9日止)与服刑人员林某某(福建平潭人,36岁,因诈骗罪被判刑4年,刑至×年7月2日止)因以下棋方式赌鸡腿引发争执,值班民警到号房制止,并将两人带往值班室教育和调查处理。在去值班室途中,黄某某有意拖延,民警在其后催促,黄某某突然拳击民警头部,另一民警上前制止,也遭黄某某袭击,造成民警脸部、肩部、手臂等多处软组织受伤。之后,黄某某冲到监房门口中,以用头撞墙方式要挟民警,并企图抢夺前来制止的民警手中的橡胶警棍。

(5)服刑人员林某某(福建云霄人,37岁,因盗窃罪被判刑11年,刑至×年11月23日,因漏罪被提审并处刑4年零6个月,前后两罪并处15年,刑至2024年3月1日止,系累犯)因对组长廖某某行为粗暴及被扣产品质量分不满,产生报复心理。9月2日2时许,林某某借夜间号房坐班时机,将监房卫生间固定水管铁片(长19.5厘米,宽1.5厘米,厚0.3厘米)拆下,企图磨利伤害廖犯,被及时发现查处。

(6)服刑人员黄某(湖北荆州人,29岁,因绑架罪被判刑7年,刑至×年5月1日止)因对本中队服刑人员方某某检举其违规行为不满,产生报复心理。9月8日上午10时23分,黄某突然离开固定位置,径直窜到方某某处,企图殴打方某某,被及时制止。

(7)服刑人员林某某(福建大田人,33岁,因故意伤害罪被判刑1年零9个月)因琐事与同改发生争执,民警询问教育时,态度极其恶劣,顶撞民警。在民警向上级汇报情况时,林某某将民警对讲机拍飞。因犯"维规组"成员上前将林某某控制。民警捡回对讲机并让"维规组"成员松开林某某准备再次对其进行教育。被松开后,林某某挥拳向"维规组"成员肖某某头部打去,未得逞,就又用脚踹向肖某某腹部。之后,林某某躺在地上不肯起来。民警上前拉林某某起来,林某某侧身朝民警胸口狠蹬一脚,继而边向民警身上吐口水边谩骂民警。

(8)8月31日晚,服刑人员郑某某(福建福清人,39岁,因故意伤害罪原判无期徒刑,刑至×年1月7日止)与服刑人员吴某某(福建寿宁人,24岁,因放火抢劫罪原判无期徒刑,刑至×年9月19日止),因开玩笑过火打架互殴。

(9)9月1日中午12时5分许,服刑人员彭某某(福建厦门人,39岁,因故意伤害罪被判死缓)不慎将洗碗水滴到服刑人员占某某(福建武夷山人,37岁,因贩卖毒品罪被判刑8年零6个月,刑至×年6月3日止)身上。占某某用脚踢了彭某某一下,彭某某遂怀恨在心。下午14时,在劳动出工带队前,彭某某用藏在身上的圆珠笔偷袭占某某,至其右眼睑下方现1厘米伤口并伴右眼结膜充血。

上述资料来自FJ省监狱管理局《监狱侦查信息上报登记表》登记的全省19个押犯单位×年9月的"重大狱情报告"。随机查阅两所监狱上报的信息原件,载明:MX监狱"本月全监发生罪犯一次性扣3分以上的严重违规行为8起9人次。其中,3起为殴打其他服刑人员,3起为不服从民警管理,1起为消极怠工,1起为私藏车针";XM监狱"本月全监发生罪犯一次性扣3分以上的严重违规行为4起5人次。其中,打人1起1人,打架1起2人,顶撞民警1起1人,其他1起1人"。

一、服刑人员间暴力基本现状

(一)服刑人员的暴力认知

认知,是指人们在与其他角色和社会生活现象的接触、交往过程中,通过对其他角色和生活现象外部特征的知觉,形成的对于各种社会生活现象的认识、印象、评价和理解。服刑人员的暴力内在认知(诸如概念、知觉、判断或想象等),是影响其是否采取暴力手段应对外在负向刺激的重要因素。

问卷调查和面对面的访谈都表明,服刑人员对"暴力"普遍存有不正确或者说不全面的认识。这集中表现在以下几个方面:

1. 相当数量服刑人员认为直接的身体攻击才称为暴力;譬如取笑、讥讽、羞辱甚至漫骂等表现为心理上的、"隐蔽的"强制行为则不属暴力范畴。

2. 有些服刑人员并不认为暴力是应当受到谴责的行为,他们把暴力看成是"生存"的基本手段之一。既然是"生存手段",也就无所谓正当与否。按照认知社会学习理论的理解,服刑人员实施暴力行为,主要是因为他们相信:通过暴力的实施能够得到一些实质性或象征性的补偿。一些服刑人员偏激地认为:"先发制人,后发制于人",要想不被别人欺负,就必须去欺负、控制别人。由于缺乏基本的移情能力,尽管他们深知受暴服刑人员的痛苦也不愿停止施暴行为——冷认知(cold cognition)①让他们不会产生危害感和罪恶感。

3. 有些服刑人员虽然认为以暴力方式解决问题是不对的,但是他们又将暴力的实施归咎于其他服刑人员,认为自己是在被迫无奈(受他人引诱甚至胁迫)的情境下进行的,自己才是无辜者或是受害者。这一结论,印证了归因研究中常见的一种稳定的自利现象。在《恨之囚》(*Prisoners of Hate:The cognitive basis of anger,hostility,and violence*)中,贝克(Aaron T. Beck)对愤怒、敌意与暴力等行为的认知基模(cognitive scheme)进行了探讨,提出施暴者常有下列扭曲的认知基模:个人化(personalizing)、选择性(selectivity)、动机误解(misinterpretation of motive)、过度类化(overgeneralization)和否认(denial)等。②如若单纯从认知行为理论的观点分析,服刑人员施暴行为与他们所抱持的"自私的认知扭曲(self-serving cognitive distortion)"有着密切的关系。此一类的认知扭曲包括"自我中心(self-centered)"、"怪罪别人(blaming others)"、"不当一回事或强词夺理(minimizing/mislabeling)"、"将事情当成最坏的(assuming the worst)"等四大类。③

---

① 有些经常欺负他人的人具有较高的认知能力,但他们不能移情。相反,他们可能对攻击或欺负行为持有积极的信念和有偏差的价值观。人的这种基本认知能力正常但不能移情现象,有学者称之为"冷认知"。

② Beck A.T.,Prisoners of Hate:The cognitive basis of anger,hostility,and violence[M]. New York:Harper Collins Publishers,1999.

③ Barriga A.Q.,Harrold J.R.,Stinson B.L.,A.K. Liau & J.C. Gibbs.,Cognitive distortion and problem behaviors in adolescents[M]. The Ohio State University,1999.

✳链接 4-4

中和技术与暴力攻击

攻击行为的产生,与对其行为的归因有很大的联系:攻击行为通过暂时的借口或合理化作用而中和。格雷沙姆·赛克斯(Gresham M. Sykes)和戴维·马茨阿(David Matza)认为,人们大多具有传统的价值观和态度,因此,当他们准备实施暴力行为时,就与这种传统的价值和态度发生矛盾;为了顺利实施暴力行为,他们学会了一些抵销或中和其行为的性质、将其合理化的技术,通过使用这种技巧消除心理上的罪恶感。赛克斯和马茨阿提出的中和技术(techniques of neutralization)包括:①否认责任(denial of responsibility)。他们认为自己是环境的受害者,他们在这种环境下是无助的,他们的暴力行为完全受外在的不良环境影响而产生,例如,家庭中缺乏温暖、父母管教方式不当、受坏朋友的感染等。他们认为自己的暴力行为是他们无法控制的力量或事物的产物。②否定损害(denial of injury)。他们认为其行为造成的损害很小甚至没有。③否认被害人(denial of victim)。他们把暴力行为看成是一种正当的或正义的行动,是一种应该进行的报复和惩罚,即认为被害人应受此伤害。例如他们对令他们憎恶的人实施攻击,认为这是由对方故意引发的。④谴责那些谴责他们的人(the condemnation of the condemners)。他们认为这个世界是一个狗咬狗的腐化社会,谴责、惩罚他们的人都是伪君子、戴假面具的恶人,因为警察、法官不能公正处事,教师、牧师也有偏见,父母也常常把自己的挫折发泄到自己孩子身上,因为,仅仅谴责他们的暴力行为是不公正的,促使人们产生暴力行为的人也应当受到谴责。通过把谴责的矛头指向他人,他们就可以减轻对自己暴力行为的罪恶感。⑤高度效忠群体(the appeal to higher loyalties)。他们的暴力攻击行为常常是效忠帮伙群体而牺牲了社会规范的结果。他们并不认为对他人实施暴力侵害是错误的,反而觉得这是效忠帮伙群体的表现,是值得荣耀的。

(资料来源:Gresham M. Sykes and David Matza., Techniques of neutralization: A theory of delinquency[J]. American Sociological Review. Vol.22, 1957:664-670.)

经由"改造生活中与同改矛盾的解决,拳头往往比其他方式更有用"这一观点的认同测试,可以帮助我们从一个侧面深入地了解服刑人员对待暴力的态度。统计数据表明,17.23%的被试对这一观点的认可报告在 3 分[①]以上,得分为 5 分的服刑人员占被试总数的 2.78%。也就是说,对以暴力之外的其他选择处理服刑改造中遇到的问题,近1/5的服

---

① 调查中,笔者大量采用了利克特量表的量化方法。利克特量表,又称"累加量表",它通过计算每个调查对象的得分多少,来判断某对象对某事物所持的态度。

刑人员持消极态度；每百名服刑人员中，就有 2 到 3 人完全倾向于通过暴力手段解决与同改的冲突（这一数据与"顽危犯"在服刑人员中所占的比例也基本一致）。

SPSS 统计分析显示，服刑人员的暴力认知与暴力实施两者间高效度正相关（r＝0.935，p＜0.01）。

（二）服刑人员间暴力频率检出

掌握服刑人员间暴力发生频率，是狱内冲突研究的主要任务之一。在问卷结果统计中，笔者发现一个有趣现象：相对于问卷题 92.38％的平均应答（尽管在问卷调查前，笔者客气地强调"请尽量不要漏答每个题目"，回收的有效问卷中还是有些题目被试没有作答），关于此项调查的 5 个相关题目平均具有 98.65％的高应答，即几乎所有的被试都对此项题目做了认真应答。这反映出服刑人员对发生在身边的暴力事件的"普遍关注"或说"深刻印象"。

下页表 4-4 统计数据显示，60.05％的被试在近一年内曾遭遇到其他服刑人员不同程度的暴力侵害。这绝对是一个值得监狱管理者高度警觉的数据。

表 4-4　近一年内（调查日期：2012 年 2 月）服刑人员暴力受害（"自我感知"）检出数据

Category label （暴力行为表现）	Cade	Count	Percentage of Responses	Cumulative Percent	Percentage of Case
直接被殴打	1	3	1.03％	1.03％	0.64％
被勒索财物或迫使做其他事情	2	4	1.37％	2.41％	0.85％
物品被故意损毁	3	11	3.79％	6.20％	2.36％
被谩骂	4	47	16.20％	22.41％	10.08％
被言语挑衅	5	112	38.62％	61.03％	24.03％
被取笑、讥讽或羞辱	6	51	17.58％	78.62％	10.94％
被歧视或孤立	7	21	7.24％	85.86％	2.36％
被其他方式侵害	8	41	14.13％	100％	8.79％
Total responses		290	100％		60.05％

与若干服刑人员进行深入的面对面访谈后，笔者发现，施暴服刑人员大致可分作两类：

一类施暴服刑人员在身体对抗上占有明显优势，他们狂妄自人，对暴力实施无丝毫的罪恶或羞愧感；他们表现欲强，喜欢投身冲突情境中，甚至有意寻求能引起其他服刑人员注意的时机、场所施暴，以获得莫名的快感或借以确立"老大"地位。通过对 132 名男性成年服刑人员的研究，[1]绍斯（South C. R.）和伍德（Wood J.）得出了类似结论。这项研究还认为，有过更多受害经历的服刑人员对自己在狱中的社会地位更不满，更倾向于获得高社会地位。在解释这一现象时，绍斯和伍德指出：欺压他人是一种社会现象，社会成员更关注在竞争中的胜出者，而暴力攻击是一个被视为将胜利者区分出来的有效途径；实施暴力攻击的一个原因，可能是服刑人员意识到他需要获得狱中的特殊地位。彼特拉埃（Paterline B.A.）和彼特森（Petersen D.M.）的研究[2]发现：在强调社会等级的监狱文化中，服刑人员更看重获得社会地位的重要性。偏离调节理论（deviance regulation theory）对此作出解释：为了区别自我和他人，个体可能要偏离规范。当然个体是否真的偏离规范取决于个体对偏离行为的看法和区别于他人的愿望——如果更看重群体规范，那么他就会遵循社会规范，以群体中成员支持和赞同的方式来行动；如果个体更看重表现自我，那么，他就可能违背规范作出越轨行为或不良行为。

　　另一类施暴服刑人员自我评价低，常受到同改的拒绝、奚落或排斥，对自身在服刑人员群体中的关系缺乏信心，对改造生活存有明显的焦虑情绪，一旦受特定情境因素刺激就会"出人意料"地搞出"大动静"。吴宗宪对此现象有自己的理解：[3]自我评价低的服刑人员存在主观的自卑感或心理的自卑感，表现为怯懦、优柔寡断、不安全感、怕羞、特别需要扶助、听话服从以及幻想、平等的意愿、自觉渺小或受虐的倾向，这些特点都相当于自卑感；在这种人格特征之上还出现自卫和补偿的意向、鲁莽无礼、胆大妄为、反抗背叛、固执不化，并带有想当英雄、战士、强盗，一句话，称霸的观念和施虐的冲动。吴宗宪提及的"补偿（compensation）"，原是一个生理学的概念，指有生理缺陷的人使有缺陷的身体器官的机能胜过完好器官的现象。阿德勒（Alfred Adler）最先把补偿的概念从生理学扩展到心理学领域：人人都会为了实际的或想象的低劣而进行补偿，使自己能够克服低劣和自卑，成为众人瞩目的中心，成为优于别人的人。有些人采取符合规范的、适度补偿行为，就克服其程度较轻的自卑感，个人也就在补偿性行为的成功中获得优越感和心理满足。对另一些人来说，受自身条件和周围环境的制约，很有可能采取包括暴力在内的不合规范的、过度的补偿行为，因为只有这样，他们才能克服严重的自卑感，获得一定的优越感，达到内心的平衡。"对于许多人来说，这可能是他一生中成为众人瞩目的中心的唯一机会，他们极其渴望用这样的行动来支撑他们的自尊。"[4]

（三）服刑人员间暴力强度分布

　　为便于调研的进行，笔者把服刑人员间诸如取笑、羞辱、言语挑衅等归类于轻度暴

　　①　Catherine R. South and Jan Wood，Bullying in prisons：the importance of perceived social statue，prisonizition and moral disengagement[J]. Aggressive Behavior. Vol.32，2006：1-12.

　　②　Paterline B. A. and Petersen D. M.，Structural and social psychological determinants of prisonization[J]. Journal of Criminal Justice. Vol.106，1999：427-441.

　　③　吴宗宪.西方犯罪学[M].北京：法律出版社，1999：331.

　　④　Hermann Mannheim.，Comparative Criminology：A Text Book [M]. London：Routlege & Paul，1965：330.

力;把诸如漫骂、威胁、恐吓、勒索财物等行为归类于中度暴力;把诸如直接的身体攻击等恶性行为归类于重度暴力。

调查结果表明,遭受中度以上暴力侵害被试占样本总数的22.41%;在60.05%的暴力侵害总应答数据中,轻度暴力侵害应答占了绝对多数的76.80%。表4-5是服刑人员间不同强度暴力行为分布分析。不难观察到,轻度暴力统计项目的偏态及峰度指数属常态分布(数值在±1之间)外,而中度和重度暴力行为均不是常态分布。

表 4-5　服刑人员间不同强度暴力行为分布分析

Category label	Count	Mean	Maximum	Minimum	Std. Deviation	Skewness
轻度暴力	6	12.63	23	0	3.46	0.64
中度暴力	10	0.87	8	0	0.22	2.33
重度暴力	9	0.31	11	0	0.07	6.12

服刑人员间轻度暴力之所以频频发生,细究其原因,大概有二:

1. 于轻度暴力的错误认知,导致服刑人员在实施轻度暴力时根本没有丝毫的类似"负罪感"的心理障碍。

2. 监狱民警对待轻度暴力表现出的"睁只眼闭只眼"不以为然甚至听之任之的态度,无意中助长了施暴者的嚣张气焰。

实际上,服刑人员间的轻度和中度及至重度暴力间,并没有一个明显的区分界限。具体到某一发生重度暴力行为的恶性监管事件,其发生必然要经历一个由轻度(暴力)冲突、中度关系紧张到重度(暴力)实施的多阶段演化转变过程。这就提醒我们,对服刑人员间暴力的排查、防控,必须谨小慎微,不能因其表面或是暂时的"恶小"而放松。

(四)服刑人员遭受暴力侵害应对方式

在遭受其他服刑人员暴力侵害后,28.85%的被试样本选择"忍忍算了,以后离他远一些";19.23%的被试表示"暂时忍耐,事后找机会也给他难堪";11.39%的会"报告民警,请求民警介入处理"[①];18.06%的表示"以牙还牙,当场予以反击";21.45%的服刑人员表示"我也说不清楚"。

这是个不容乐观的数据,起码反映出两个问题:

1. 服刑人员缺乏有效解决彼此矛盾途径

在每天都不可避免的人际互动中,服刑人员更多凭自己的感觉、直觉和情绪来处理自己与其他服刑人员的矛盾。这其中,"以暴制暴"的应对方式很容易导致暴力的不断升

---

① 这一数据与狄小华教授的调查结论有较大差距。狄小华教授曾设计了一个调查题目:"当您与其其他服刑人员人之间有矛盾和纠纷时,您一般采取什么办法":A私下解决;B通过其其他服刑人员人来解决;C通过监狱警察解决;D忍受;E其他。狄小华教授的统计结果显示,56.2%的服刑人员选择了"通过监狱警察解决"(详见狄小华.冲突、协调和秩序:罪犯非正式群体与监狱行刑研究[M].北京:群众出版社,2001:35-36.)

级,诱发恶性监管事件;表示妥协或表现软弱,对受暴者而言非但是一场无处诉说的噩梦,而且会助长施暴者的嚣张气焰,导致其变本加厉扩大暴力的程度和范围。

2. 监狱层面的作用缺失

实际上,监狱民警非但未能给服刑人员提供解决彼此矛盾的应有途径,在对服刑人员间暴力预防措施的重视上也远远不够,他们更多习惯性地事后处罚打压,力图通过各种处罚措施的负向强化期望施暴者不再使用暴力。监狱民警对服刑人员间暴力侵犯事件的处置不力,在无意中导致以下状况出现——成功使用暴力手段解决人际冲突的服刑人员,会形成更多更复杂的行为脚本,在面临类似情景时,侵犯脚本更容易被服刑人员本人及观察者提取。

问卷对被试"在遭受他人暴力侵害后,不是'报告民警,由民警介入处理'"的原因也进行了调查,具体调查结果见下页表4-6。

下面笔者与服刑人员的一段访谈记录可能会给我们一些其他的启示:

笔者:"你是如何看待在遭受他人暴力侵害后,一些'同改'不是选择'报告民警,由民警介入处理'这个问题的?"

服刑人员M7:"一些干部(笔者注:服刑人员称呼监狱民警为"干部")在教育打架的同改时常说'就知道打打杀杀,你不会报告民警吗?! 你报告给民警,民警自然会还你公道'。干部并不知道我们为什么在被人挑衅时,宁肯被扣分也要狠狠反击。要知道,不管是谁引起的打架,不管是谁对谁错,只要你动了手,干部在处理时或多或少都会扣分,这对我们的减刑影响还挺大的。在干部眼里愚蠢的事在我们看来却是件事关脸面的大事。换作任何一个人,包括你,置身于我们这种环境,都会作出相同的选择;打都被打了,报告干部还有个屁用!"

表4-6　服刑人员遭受暴力侵害后不"报告民警,由民警介入处理"原因统计

Category label	Frequency	Percent	valid percent
我自己能解决	52	12.68%	13.00%
报告民警会招来更严重的报复	32	7.80%	8.00%
报告民警会被其他同改耻笑	24	5.85%	6.00%
这种小打小闹不会引起民警的重视	12	2.92%	3.00%
民警对这种事情的处理不过是"扣分"而矣,不解恨	43	10.48%	10.75%
对方是"骨干",民警肯定会偏袒对方	117	28.53%	29.25%
我也说不清楚	120	29.26%	30.00%
缺失数	10	2.43%	
总计	410	100%	100%

　　"面子"是任何一个在中国生活过或接触过中国人的人都能感觉到的一种独特文化心理现象，甚至有西方学者将之称为中国人性格的第一特征。① 林语堂先生说："脸面这个东西无法翻译，无法为之下定义"，它"触及了中国人社会心理最微妙奇异之点。它抽象，不可捉摸，但都是中国人调节社会交往的最细腻的标准"。② 服刑人员对他们理解的所谓"脸面"极为看重。在他们中的一些人看来，"报告民警"是懦弱的表现，是会为其他服刑人员"瞧不起"的。"一旦被人瞧不起"，漫漫刑期，"还如何打发"。在基层一线工作期间，笔者不止一次遇到过这种情况：有服刑人员报告有人在监房吵（打）架，民警赶到现场，却并没有吵（打）架者，大家都是一幅无辜者的样子，好像什么事也没发生过。事后通过"耳目"③了解（当时监狱的监控摄像设备还不像现在这么普及），当时也确实有人在吵（打）架。服刑人员反映，吵（打）架惊动了民警，在民警介入前，如若冲突双方特别是"有理的一方"装作事件根本没发生过，之后"自行了断"，是一件"倍有面子"的事。

✹链接 4-6

中国人的"面子"情结

　　九月三十日的《申报》就告诉我们一条新闻：沪西有业木匠大包作头之罗立鸿，为其母出殡，邀开"赍器店之王树宝夫妇帮忙，因来宾众多，所备白衣，不敷分配。其时，适有名王道才，绰号三喜子，亦到来送殡，争穿白衣不遂，以为有失体面，心中怀恨……邀集徒党数十人，各执铁棍，据说尚有持手枪者多人，将王树宝家人乱打。一时双方有剧烈之战争，头破血流，多人受有重伤。……"白衣是亲族有服者所穿的，现在必须"争穿"而又"不遂"，足见并非亲族，但竟以为"有失体面"，演成这样的大战了。这时候，好像只要和普通有些不同便是"有面子"，而自己成了什么，却可以完全不管。这类脾气，是"绅商"也不免发露的：袁世凯将要称帝的时候，有人以列名于劝进表中为"有面子"；有一国从青岛撤兵的时候，有人以列名于万民伞上为"有面子"。

　　〈资料来源：鲁迅.说"面子"[A].鲁迅全集（第六卷）[C].北京：人民文学出版社，1981:127.〉

　　"这种小打小闹不会引起干部的重视"、"对方是'骨干'，干部肯定会偏袒对方"，类似这种服刑人员对监狱民警信任的缺失在与服刑人员的访谈中也有体现。譬如，当笔者问

---

　　① 　A.H. Smith.，Chinese Characteristics [M].New York：Fleming H. Revel Company，1894:16.
　　② 　林语堂. 中国人[M]. 郝志东，沈益红，译. 上海：学林出版社，2007:152.
　　③ 　通过"耳目"提供的信息搜集、掌握包括服刑人员间暴力冲突在内的情报，是监狱的通行做法。这种做法非常危险。如果"耳目"暴露了，其他服刑人员就会以极端暴力的形式发泄愤怒。"耳目"也可能提供虚假情报以加害或控制其他服刑人员。"耳目"制度的存在或疑心"耳目"制度的存在，都会在服刑人员间形成对峙、猜疑和暴力的氛围。切实可行的途径是建立监狱民警熟知每一位服刑人员的制度，这种制度带来的，才是监狱安全和控制方面的可靠信息。

一个服刑人员:我在监狱办的小报上看到一个犯人写的小稿子,大致内容是说"当犯人间发生冲突时民警能够被信任",对此你有什么看法? 服刑人员直言不讳地反问:"是哪个白痴写的那篇鬼东西?"

服刑人员之所以对监狱民警解决自己与同改间暴力事件抱有不信任态度,并不是说他们不相信民警解决不了问题,而是他们骨子里就认为交给民警处理他们间的矛盾根本就是一种"没出息"的行为。

麦克·纳维尔(笔者注:英文名不可考)在2006年召开的"呼和浩特·中英监狱管理研讨会"上作主旨发言时,提到"监狱工作人员"识别潜在欺凌行为,采取先发制人处理的三个步骤:"首先监狱工作人员发现罪犯有欺压举动,当即提出质疑、警告并记录;其次,如欺凌行为仍然继续,监狱工作人员即记录该罪犯所有的物品,并定期检查其监舍物品;第三,如获得更多证据,则将罪犯转移至隔离室,进行一般持续一周的教育。教育完成之后,罪犯返回至原来的监舍,但要继续接受监测。"①

(五)服刑人员间暴力发生影响因素

依据实施动机,服刑人员暴力可简单区分为以下几种类型:

1. 捉弄型,暴力实施基于服刑人员恶作剧或表现自己(与众不同)的心理;

2. 报复型,施暴者与其他服刑人员已有冲突或受到羞辱、欺凌,又或是对监狱民警处罚心存不满,通过伺机报复维护自尊、讨回公道或缓解愤怒情绪;

3. 取利型,通过暴力实施获取财物或其他好处;

4. 防卫过度型,不满其他服刑人员举报其违规行为,或认为自己可能受到其他服刑人员欺辱,伺机事先攻击对方。

在仔细梳理可能会诱发服刑人员间暴力发生"监禁情形"的影响因素后,笔者设计了34道题目进行问卷测试评估。

如下页表4-7所示,服刑人员沟通能力、偏差行为及警囚关系等可能影响服刑人员间暴力预设因素的偏态和峰态系数均呈常态分布,说明它们对服刑人员间暴力的诱发影响不大。

暴力认知、同理心、自我调控、亲情互动和拘禁适应等影响因素的偏态和峰态系数较偏向负向,起码说明五点:

1. 再次印证了服刑人员对暴力的错误认知是狱内暴力行为频发的原因之一。

2. 服刑人员暴力倾向与同理心的相关关系似乎支持米勒(Miller)等人"同理心愈低落,则其攻击性愈高"②研究结果。

---

① 邵雷.中英监狱管理交流手册[M].长春:吉林人民出版社,2014:130.

② Dykeman C., Daehlin W., Doyle S. and Flamer H.S., Psychological Predictors of school-based violence:Implications for school counselors[J]. The School Counselor,Vol.44,1996:35-47.

表 4-7　服刑人员间暴力发生的影响因素概表

Category label	Count	Mean	Maximum	Minimum	Std. Deviation	Skewness	Kurtosis
暴力认知	6	7.20	16	1	1.81	−1.04	−0.91
同理心	3	5.25	22	4	1.69	−0.98	−1.20
自我调控	4	7.56	12	3	1.95	−2.07	−1.41
沟通能力	7	28.33	56	19	7.94	0.48	0.05
拘禁适应	4	7.66	13	1	1.83	−0.83	0.02
偏差行为	5	2.90	8	0	0.59	0.81	0.43
警囚关系	5	7.36	10	4	1.78	0.40	0.17
亲情互动	3	10.07	17	0	2.66	−0.60	0.11

3. 自我调控能力低下,对服刑人员暴力实施会产生直接影响。究其原因,在于自我调控能力差的重要表现之一就是服刑人员在与其他服刑人员交往互动中不能适当地控制自己的消极情感和恰当地表达自己的积极情感,忍耐自制欠缺,容易引发人际冲突,进而实施暴力或其他危害行为。当然,也不能排除有服刑人员因为过度自控,一再忍让,最后在忍无可忍之状态下突然暴发——此一情形之服刑人员暴力,往往严重、恶劣,影响极坏。

4. 监狱是由独特环境(特殊的军事管制、严格的监规纪律、强制劳动和威慑心理的设施等)、独特的人群(服刑人员与民警)组成的独特社会。被拘禁后,服刑人员极易出现与适应困难伴之而来的紧张、怀疑、焦虑等负向情绪;又或是监狱行为模式化导致的"监狱化"使得服刑人员对事物变得越来越缺乏兴趣和冷漠,当然也有但对可能走向另一个极端——变得越来越暴躁和具有暴力倾向。

5. 人是社会的人,家庭和朋友是个人重要的社会支持系统。诸如温情、关爱、期望以及归属感、价值感等积极的情感体验都来源于健康的人际关系,于被限制人身自由的服刑人员而言,这恰恰是他们所缺乏的。如果服刑人员被拘禁后还能为家庭和朋友接纳(通过各种可能的方式与他们保持联系),那么服刑人员还能对未来产生希望;反之,亲情的断裂会折断服刑人员对前途的期望,弱化积极改造的动力,长期得不到亲情滋养的心灵会更加冷漠和无情,亲朋的疏远造成的无助、郁郁寡欢心态更易诱发情绪性暴力。

✱链接 4-6

一双拖鞋引命案

安徽合肥市中级人民法院近日宣判了一起故意杀人案,被告人何占荣在监狱服刑期间竟行凶杀人,后自缢未遂,被一审判处死刑。当天宣判后被告何占荣当庭表示不上诉。

据审理查明,被告人何占荣为安徽省界首市人,1998 年因抢劫犯罪被江苏常州市郊区法院判处 13 年有期徒刑,1999 年由江苏省常州监狱调入安徽省蜀山监狱服刑。今年 3 月下旬的一天,与何占荣同一个监区的犯人施才友丢了一双拖鞋,怀疑是何占荣所为。何得知后与施在生产车间内发生争执打斗。3 月 31 日凌晨 5 时许,何占荣在蜀山监狱二监区服刑人员浴室门外,趁施才友不备,持"直臂"(一种汽车专用产品)从施身后猛击其头部。施才友被打倒后,何占荣又将其拖到五六米外的围墙下用脚踩击其胸腹部。被值班人员发现后何逃离现场,到监区产品检验室自缢,后被送到医院抢救脱险。而施才友被送往医院经抢救无效死亡。

法院认为被告认罪态度虽然较好,但其在服刑期间故意杀死他人,后果严重,主观恶性深,以故意杀人罪判处其死刑。

(资料来源:一双拖鞋引命案:合肥一服刑犯监狱杀人被判死刑[EB/OL].http://news.sohu.com/20040828/n221776828.shtml. 2004-08-28.)

(六)不同人口学特质服刑人员暴力实施差异

于不同人口学特质与暴力实施的差异分析,笔者着重从服刑人员文化程度、年龄、近半年月度考核等级、是否属累惯犯罪、在押监区、原判刑期等几个方向分析。统计数据显示:

1. 大专以上文化程度的被试呈低暴力行为倾向,大专以下文化程度被试则不会因文化程度不同而有明显差异。

2. 30~39 岁年龄段被试实施中度和重度暴力行为的倾向和频度皆高于其他年龄段。这应当与这部分服刑人员强壮的体格和薄弱的自制力有关。

3. 在轻度暴力行为方面,被试近半年以来月度考核达标等级与暴力实施显著相关($G=0.165$,$X2=112.361$,$P=0.000$);在中度和重度暴力实施方面,两者的相关性还没有达到统计学上的显著水平(统计分析数据见表 4-8)。这一方面,说明服刑人员间暴力主要集中在取笑、羞辱等较轻程度上;另一方面,也说明服刑人员对轻度暴力抱有无所谓的态度。值得提及的是,有一项调查结果着实让笔者困惑:实施重度暴力行为的被度近半年以来的月度考核在暴力行为实施前往往获较高的达标,这与我们以往的认识存有较大差异。对此,可能解释只能是当前服刑人员考核中"重视劳动改造,轻视思想改造"现象依旧没有得到根本扭转,这部分服刑人员在改造期间容易过劳动关,在一般情况下也能遵守监规纪律。但在与其他服刑人员的交往中一旦出现"障碍",他们喜用拳头说话,认为这样可以既直接又痛快地快速解决问题。

表 4-8　近半年(调查日期:2012 年 2 月)每个月度考核不同达标服刑人员暴力行为差异

Category label	一级达标	二级达标	三级达标	四级达标	五级达标	不达标	F
轻度暴力	4.62±3.41	5.47±4.01	6.12±3.67	7.36±2.64	8.45±3.70	7.50±4.03	3.32
中度暴力	0.69±1.53	0.87±2.07	1.02±1.84	1.33±2.13	1.56±3.00	1.41±2.99	0.91
重度暴力	0.09±1.01	0.19±2.81	0.31±1.63	0.35±1.17	0.42±1.44	0.38±0.99	0.38

4. 与亲人保持稳定、密切关系的服刑人员呈明显的低暴力行为倾向。

5. 是否为累惯犯、所属监区、刑期长短几个变量对服刑人员暴力无统计学上的显著影响。通常,我们会想当然地认为"重刑犯、累犯惯是危险的、高度暴力的"。这一观念可能有点问题。1997 年,在法国斯特拉斯堡(Strasbourg)举行的欧洲委员会(Council of Europe)第 12 届监狱管理局长会议(12th Conference of Directors of Prison Administration)上,会议达成若干共识,其中就包括:重刑犯[国外称之为"长刑犯(long term prisoner)"]往往能够在监狱中提供稳定性;累犯惯可能因为会继续进行犯罪而对社会构成一种威胁,但这并不意味着他们在监狱里面也是危险的。[①]

(七)服刑人员间暴力诱发动机

社会心理学的研究表明,暴力可能是为一个存在于广泛范围内的动机所服务的。这些动机包括:对他人施加影响的愿望;支配或统治他人的愿望;在别人的心目中建立一种坚实可靠印象的愿望;获得金钱或社会认可的愿望;或者仅仅是一种为了使负向情绪得到释放的愿望。

对特定环境(监狱)中特定对象(服刑人员)而言,诱发暴力攻击的具体原因(事件)主要集中在以下六个方面:

1. 违规违纪活动受到其他服刑人员制止时与其发生冲突,采取暴力手段排除不轨活动的障碍。

2. 恃强凌弱,经由施暴其他服刑人员获得心理快感。

3. 炫耀武力,获取"特殊地位"。

最需要小心的不是那些对现状相对感到满意的服刑人员,也不是那些在犯群中"地位尊崇"的服刑人员,而是那些自视过高,并且感到他人(包括民警和服刑人员)没有给予他们足够尊敬的服刑人员——他们极为恐惧自己会被其他服刑人员看作微不足道,最有可能不是通过积极改造而是诉诸武力来表现力量、吸引注意。艾兰德(Ireland J. L.)和阿彻(Archer J.)将此归结为"向别人证明自己是一个成功者的一种手段"[②]。

服刑人员之所以敢于炫耀武力、以强凌弱,立法的缺陷不能不说是一个问题:对实施

---

① Irena Kriznik.，12th Conference of Directors of Prison Administration. Oenological Information Bulletin. No.21，December 1998:100.

② Ireland J. L. and Archer J.，Descriptive analysis of bullying in male and female adult prisoners [J]. Journal of community and Applied Social Psychology. Vol.6，1996:35-47.

的暴力,服刑人员是有所"算计"、"拿捏"的——他们表现更多的是长期、多次殴打或精神压制,每次又很少能够达到"轻伤"以上的结果。无论是《刑法》界定的"破坏监管秩序罪",还是"故意伤害罪",对这种情况基本无可奈何。至于《监狱法》,最严厉的惩处,也不过是"禁闭"①而已。对那些恶习较深的服刑人员而言,相较于通过炫耀武力在犯群中获得的"特殊地位",一般意义上的、低成本的监规纪律处分根本不会产生实际上的触动。

4. 受到其他服刑人员蔑视、侮辱、恫吓、敲诈时,采取以牙还牙方式进行还击。为了获得服刑人员群体中的"显赫"地位而攻击其他服刑人员,并不会得到民警或是服刑人员的一丁点同情。但是,通过攻击性行为来保护自己免受其他服刑人员的侵害,则是一种貌似合理的借口。

5. "敌意投射"(projection of hostility)②。

6. 遭受挫折,沮丧、焦虑等消极情绪无处宣泄。社会公众在日常生活和工作中也难免遭受挫折,但与他们相比,服刑人员在监狱中遭受挫折的可能性更大,遭受挫折的频率更高,产生的挫折感强度更大。

表 4-9　服刑人员间暴力诱发具体原因(事件)调查统计

诱因(事件)	题数	Mean	Maximum	Minimum	Std. Deviation	Skewness	Kurtosis
以牙还牙进行还击	6	7.20	16	1	1.81	0.04	−0.01
排除不轨活动障碍	4	7.56	12	3	1.95	0.07	−0.11
矛盾纠葛未及时化解	9	28.33	56	19	7.94	0.48	0.05
以武力获取"特殊地位"	4	7.66	13	1	1.83	0.13	0.02
"敌意投射"	5	2.90	8	0	0.59	0.81	0.43
消极情绪无处宣泄	5	7.36	10	4	1.78	0.40	0.17
其他	3	10.07	17	0	2.66	0.10	0.11

注:服刑人员间暴力有时是多因素叠加影响的结果,上表中"诱发原因(事件)"项数据不具排它性。

(八)施暴者和受害者对暴力冲突的描述

施暴者多将对方视为冲突的起因而将自己看作无辜者,认为自己在解决与其他服刑人员间的问题而不是欺压对方。面对来自外界或内在的质疑,在实施暴力行为前(或后),服刑人员一般为自己的行为作出如下解释:

1. 否认义务,以"我当时脑袋发热,不能自持"为代表,把自己的过错行为归咎于不能自控,拒绝他人对其行为的指责。

2. 否认伤害,以"根本就没什么大不了"的为代表,这一技术不否认自己的行为,却以

①　不知是不是因为考虑到避免过度激化矛盾,对囚犯的"禁闭"惩处在实践中极少使用。以笔者所在监狱为例,从创建至今以来十余年,监狱还没有对任何一名囚犯实施过严格的"禁闭"惩处。

②　"敌意投射"(projection of hostility)是社会心理学上的一个概念,即将敌意指向自己并不敌视的人或物上,对无关的他人或物采取攻击行为,间接地发泄敌意。

暴力攻击没造成多大损害为自己开脱。

3. 否认被害人,以"我打的这个人一贯犯贱"为代表,妄称受暴者罪有应得。

4. 寻求高度忠诚,把自己的暴力行为说成是为了高尚的目的,为了团伙友谊的需要,为了兄弟的忠诚。

施暴者和受害者对暴力情况的描述也存在明显差异:施暴者认为他们的行为是自然而然的或是由外在原因导致的;他们对其他服刑人员的侵犯行为"并没有什么了不起"或不可避免,甚至根本不存在。笔者在访谈中要求受访者分别就他们是施暴者和受害者的两类场景表述事件的经过,结果,当受访者是施暴时,他们习惯于否认自己所实施的暴行,觉得整个事情平淡无奇,对自己的改造生活根本没什么影响;而当他们作为受害者出现时,他们认为痛苦依旧存在,冲突事件长时间影响着他们的改造生活。另外,施暴者更习惯于将嘁人言语和拳头攻击看作自卫手段而非暴力行为;受害者则称这种"自卫"就是武力报复行动。

(九)服刑人员间暴力事件的诱因常是"鸡毛蒜皮"的小事

轻蔑的一瞥、不经意的冲撞,这对常人而言微不足道,而在服刑人员看来却明显侵犯了其尊严或挑战了其底线。服刑人员对"鸡毛蒜皮"琐事的态度显然与常人截然不同。

类似的案例随手拈来:

1. 两个服刑人员为了一根香烟的赌注(虽然监狱明文禁止赌博,但服刑人员间还是存在诸多隐秘的、独创的赌博活动)争吵起来,随后拳脚相向。

2. 服刑人员在活动室坐在一起集中看电视。服刑人员张某让另外一个服刑人员李某某稍微挪一下位置,李某某没理张某;张某一拳打断了李某某的鼻梁骨。

3. "你瞪我干吗?!"

"我吃饱撑的,我瞪你了?"

"你就是在瞪我! 说,为什么瞪我?!"

几分钟后,两个人扭作一团。

为什么服刑人员会"小题大做",不惜诉诸武力呢? 服刑人员被拘禁的处境和承受的社会压力可以解释这个问题:

1. 服刑人员可以拥有和支配的社会资源远远少于一般的社会成员,在外边微小的可以忽略不计的资源在这里被无限放大,成为人人羡慕的东西。生活空间狭小,生存竞争残酷,导致服刑人员相互间钩心斗角,往往为了一丁点的矛盾和小纠纷就会大打出手。

2. 因为违法犯罪被拘押受挫、受辱,服刑人员剩下的人的尊严少得可怜。虽然他们不能在更多的人(亲朋好友)当中,在那些更有权势的人面前维持尊严,但却可以在监狱中,在那些同样被剥夺了自由的同改中保持尊严。对服刑人员而言,同改一个小小的侮辱,不管是有意还是无意的,也意味着对其尊严的挑战,毕竟,这些人是他保持尊严的最后一丝希望。如此,对服刑人员的"小题大做"甚至是"歇斯底里",也就不难理解了。事实上,正如笔者调查所发现的那样,服刑人员间许多暴力事件的起因,就是他们对可能遭受的屈辱十分敏感。尽管这些事情被归类为"鸡毛蒜皮",但在遭遇"鸡毛蒜皮"时,为服刑人员耿耿于怀的并不是事情的大小,而是鼓荡在胸口的"一口恶气"。也正是这"一口恶气",让当事者"怒从心上起,恶向胆边生"。

3. 拘禁状态下的不安全感,让服刑人员对事物的认知判断能力,对情境应激反应的准确性、适当性下降,容易对一般事件作出悲观性的、不利于自己的联想和推测,导致对轻微的不良刺激等作出过分反应。

(十)服刑人员间暴力常常是受害者和施暴者互动的结果

研究之初,笔者自然而然地作出"服刑人员间暴力的受害者和实施者互斥"的假设。然而,暴力受害者所表现出的特质,表明受害者与施暴者几乎是"一体两面":受害者并不是一个同质群体,相当一部分被评定为受害者的服刑人员同时也是攻击其他服刑人员的施暴者;再换个说法,伴随服刑人员间冲突出现的暴力行为常常是受害者和互动施暴者的结果。在服刑人员间暴力事件相互刺激与相互伤害的过程中,到底暴力事件的当事者是施暴者还是受害者要看事件的具体发展阶段,受害者并非只是被动的客体,他经常也是一个主动的个体。

一般认为,易在服刑人员暴力中遭受侵害的多为体型瘦小、性格懦弱或是较少有朋友的服刑人员。笔者针对服刑人员间暴力受害者的调查颠覆了这一印象:较易受到服刑人员暴力侵害的对象反而是体型壮硕、习惯"强取豪夺"、冲动善变或是人际交往广泛者。欣德朗(Hindelang M.J.)的生活方式/暴露理论(lifestyle/exposure model of personal victimization)可能在一定程度上解释了这一结果——个人属性会影响个人生活方式及交友,进而影响个人暴露在暴力侵害情境中的机会。简单地说,体型瘦小、性格懦弱或是较少有朋友的服刑人员,因为"比较少有机会和加害者交往",所以"将自己隔绝于加害人之外",降低了其可能"成为受害目标的方便性(convenience)、诱发性(desirability)及易受害性(vulnerability)"[①]。另一方面,深入调查发现,服刑人员亚文化中同样表现出鄙视"欺软怕硬"者的现象,他们推崇对抗强者(包括对抗民警)。至于为什么对抗,反而不是他们考虑的重点;如若有服刑人员欺压弱者,他们一般虽不会直接干预(部分地域观念强烈者除外),但会对欺压者"不屑"。对极其看重"面子"的服刑人员而言,这一点是个不可小觑的影响因素。

---

① Hindelang M.J., Gottfredson M.R. and Garofalo J., Victims of Personal Crime : An Empirical Foundation for a Theory of Personal Victimization[J]. Vol.1, The international of the addictions., 1978: 25.

二、结论和讨论

（一）暴力攻击是外在特定监禁情形和服刑人员内在固有消极应激的必然产物。虽然监狱层面通过规范管理和有效控制等可以降低服刑人员间出现暴力事件的概率和频率，但是服刑人员间暴力无法杜绝。

（二）暴力实施与服刑人员对暴力的认知、态度和信念密切相关。服刑人员于暴力的认识普遍存有误区，他们并不认为取笑、讥讽、羞辱甚至漫骂等表现为心理上的强制行为在暴力范畴之内。作用于心理上的强制行为，是一种"隐蔽的暴力"。虽然它的危害性与作用于身体上的暴力相比不是那么明显，但是它们更为有害。归根结底，是"隐蔽的暴力"激怒了受害者，促使他作出激烈的反抗。刺耳的语言或是散播恶毒的谣言可能比直接打人一记耳光更具攻击性或者更会让人产生挫败感，攻击性的言语常常是身体暴力的前奏。[1]

（三）服刑人员间暴力呈现出形式多样、范围广泛、频度较高和影响因素复杂等特征。在暴力行为强度分布方面，轻度暴力占有绝对比重，这其中又以言语威逼等口头暴力尤为多见；重度暴力以受特定情境因素而激发的情境性暴力行为最为多见，事先经策划准备的蓄谋性暴力行为虽然不为常见，但是其破坏性往往更强。

（四）不同人口学特质的服刑人员，其暴力行为存有差异。

（五）服刑人员极少会主动向监狱民警谈及自己被暴力侵害的话题，他们对通过民警解决人际互动中的冲突抱有不信任态度。在服刑人员间暴力预防方面，民警所做的工作很少，他们的介入通常是事后惩处。

（六）服刑人员的社会化实践和相似经历促使他们之间高度邻近，增强了敌意与挫折感的相互沟通，诱发冲突的负性情感更容易被唤起。积极的亲情互动等正常的人际交往可以改善服刑人员对他人中性行为的敌意归因，从而调和及缓解个体的暴力行为倾向。

（七）服刑人员间暴力诱发原因（事件）繁复多样，监狱民警不认真落实直接管理，使用"拐棍"，服刑人员"骨干"成为"二干部"，狐假虎威、处事不公，引发其他服刑人员的怨气，是重要原因之一。

✳ **链接 4-8**

号长，微小的权力被无限放大

《南方周末》报道，郑言水，曾在某看守所蹲过 3 年冤狱，后被无罪释放。他在看守所从"新收"（黑话，指新进看守所的人）混到了号长（即俗称的牢头），几历死生。

---

[1]　White J.W. and J.A. Humphrey.，Women's aggression in heterosexual conflicts[J]. Aggressive Behavior. Vol.62，1994:1167-1176.

以下为 2009 年 3 月下旬他向《南方周末》记者所作的口述。

并不是所有的牢头(号长)都是狱霸。只有当牢头太凌厉霸道,警察又不够负责任时,才会变成"狱霸"。

在这个看守所,一个警察要管两个号,每个号都有二三十人,直接管理是不可能的,都通过号长来遥控。所以,一个号长素质高低,对看守所的秩序起着相当关键的作用。比如新来的犯人能否"服水土",关键要靠号长的调教。

做号长意味着有利益上的好处。在外面,微小得可以忽略不计的资源在这里被无限放大,成为人人羡慕的东西。号长,吃东西会多一点,少干点活,晚上睡觉位置大一点。看守所里不许给家人写信,只能寄明信片,但号长就有每月给家人写一两封信的"特权"。这些在外面都是很小的事情,在里面就不得了。多写张明信片有什么?在里面都是一根根救命稻草,你想捞都捞不着的。

当号长还有一个好处,每天都"出仓"(福州将监舍称作"仓库",嫌疑人出监、入监称作"进仓"、"出仓")两次,向干部汇报工作。这是了不得的待遇,绝大多数的犯人,无论关几年,只有进仓、出仓两次。老号长走了之后,干部觉得我威信还行,让我当号长。我就是为了出去透透风,才同意当号长的。在仓里待着只能看三四米远的地方,眼睛都半瞎了。

我能出去,还能打听一些外面的信息,嫌疑人与世隔绝,我回来讲给他们听,人家都很羡慕。

号长也掌握着资源分配的权力。比如睡觉,每天晚上,睡床上和"海山",天差地别。晚上值班分成早、中、晚三班,中班正好是半夜,是最难受的,怎么排班,也是号长一句话;饭菜很差,一菜一汤,青菜都煮黄了,可是能否吃到一口菜,也得号长说了算。

号长可以决定你能否给家里邮寄明信片。干部把明信片分给号长,要是号长给使点小动作,就会根本寄不出去。点点滴滴的权力,外人看起来很可笑,但对嫌疑人来说就很重要。

号长和干部的关系很微妙。干部利用号长来管犯人,需要给号长一些好处。如果干部向犯人索取一些利益,或者犯人要跟家里人取得联系,都得号长"牵线搭桥"。号长跟干部合伙搞这些事是违法的,我在这里呆了 3 年,有好几个警察进去了。

到了后期,我们吃上了"干部菜",这是干部给我们做的大好事。一个月交 800 到 1000 块,中午和晚上能吃上 5 块钱那种盒饭。号里有三分之一的人吃,其他的人眼巴巴地看着我们吃,吃剩下的他们就分了。

并不是所有的牢头(号长)都是狱霸。牢头要维护监管秩序,也要有正义感和同情心。有的号长在外面捞,在里面也捞,太凌厉霸道,如果警察又不够负责任时,号长就会变成"狱霸"。不过号长要是民愤太大,警察也怕出事,会把你换掉。

(资料来源:亲历者还原牢头狱霸真实生活:号长的权力被无限放大[EB/OL]. http://www.stnn.cc/china/200903/t20090327_1004709_2.html.2009-03-27.)

（八）服刑人员实施攻击行为的主观情境特征是：问题解决策略少且喜欢作出攻击性的行为选择；在意图不明情况下，容易作出敌意性归因；很少综合性地考虑整个事件发生时的因素，倾向于让对方承担完全责任；对受害者的痛苦不敏感，容易忽视激惹者的报复与监狱民警的惩处。

服刑人员非常重视由征服暴力侵犯目标而产生的控制感和统治感，认为这样可以成功地阻止和减少他人的讨厌行为，并有助于保持自己在服刑人员群体中的地位优势；从攻击行为的消极性结果来看，他们对这类结果往往赋予较低的结果价值，对于其伤害对象的痛苦反应冷淡，而且极不重视受害者可能出现的报复行为。

于服刑人员而言，有着愤怒问题的个体往往缺乏必要的社交技能来处理激怒情境。当面临无法避免的冲突情境时，个体的愤怒被唤起，继而作出不适当的应对反应，要么采取攻击，要么回避。任何一种反应都无法使冲突得到解决，并且拉大了距离、增加了对抗。

第三节

焦点访谈活动记录

只有靠着对话式的亦即辩证的思想活动,我们才能达到对人类本性的认识。

——(德)卡西尔(Ernst Cassirer)·《人论》(*An Essay on Man*)

　　区别于一般性的观察,焦点访谈是围绕一个相对固定的主题,引导小组成员就这个主题或与主题相关的事件、观点、想法展开叙述、对话、辩论乃至争论。由于是围绕特定主题,又有多人参与,焦点访谈小组利于问题的深入探讨。为保证焦点访谈小组对话的深度和价值,在小组组建之初,我们既对小组成员进行甄选,又向报名参与的人员说明小组的基本特征和研究方向。从焦点访谈小组实际活动情况看,小组成员都比较积极地参与活动,毫不保留地公开自己的困惑和困难,踊跃发言,热心回应。

　　焦点访谈小组活动当中反映出来的警囚双方各自遇到的问题,与问题相伴而生的困惑以及困惑背后值得我们反思的内容,甚是可贵。

第一次焦点访谈小组活动情况

　　时间:2014 年 4 月 2 日

　　地点:FJ 省 ZZ 监狱特勤大队办公室。

　　成员:民警宋,FJ 省 ZZ 监狱某单位纪检组长,警龄 24 年,法学专业;

　　　　民警魏,FJ 省 ZZ 监狱某监区分监区长,警龄 12 年,狱政管理专业;

　　　　民警徐,FJ 省 ZZ 监狱某监区分监区长,警龄 11 年,复员战士;

　　　　民警许,FJ 省 ZZ 监狱某科室科员,警龄 9 年,信息工程专业;

　　　　民警明,FJ 省 ZZ 监狱某监区管教,警龄 10 年,狱政管理专业;

　　　　民警吴,FJ 省 ZZ 监狱某监区分队长,警龄 9 年,体育教育专业;

　　　　民警李,FJ 省 ZZ 监狱某监区管教,警龄 3 年,侦查学专业;

　　　　民警曾,FJ 省 ZZ 监狱某监区分队长,警龄 2 年,狱政管理专业。

　　主题:警囚冲突。

　　说明:焦点访谈结束后方发现,录音笔因内存不足,近两个小时的访谈过程实际只录制了十几分钟。为尽可能还原真实场景,访谈记录凭印象整理成文字后,笔者再次请访谈参与者就发言内容逐个核实修正。尽管如此,表达与叙述上都不可避免的沾染了笔者个人的理解,也就与"真实"反映监狱民警对警囚冲突认识的初衷产生人为的差距,有些遗憾。

民警许:五六年前了,我带十几个犯人到生产车间打扫卫生。这其中有一个五十多岁的老年犯,失火罪。我安排这个老年犯擦窗户,结果,他听了我的话后,站在原地一动不动。我就有些生气,喊他:快干活!他还是站在那里不吭不哈。我恼了,抬腿踢了他一脚。在场那十几个犯人全都停下手里活,站在那里看我。一个犯人和我说:他听不懂普通话。我不知道这算不算得上是警囚冲突。因为当时我踢了那个老年犯一脚,他并没有顶撞我,站在原地根本就没作任何反应。过去这么多年了,我对这件事的印象还是蛮深刻的;踢了那个老年犯一脚后,其他犯人看我的眼神还是蛮有杀伤力的;我现在想想,脸上还有些发烧,因为他都那么大年纪了,我竟然不分青红皂白就踢他。

民警吴:有个犯人和我说起过,那个曾干部牛叉哄哄的:我们睡觉头朝哪他都管。

民警宋:你是不是也感觉那个曾干部牛叉哄哄的?

民警吴:有点,管这种屁事干吗!

民警宋:你还真错了。睡觉头固定朝向某一个方向确实有规定,主要是便于监控犯人夜间活动,防止犯人自杀等。

民警徐:我也不知道还有这么个规定。犯人估计也不知道还有这么一说。如果知道有这个规定,他们也不会说"那个曾干部牛叉哄哄的"了。这说明民警和犯人间的相互沟通还是挺有必要的了。

民警明:像睡觉头固定朝向某一个方向这样的规定,还有一个作用,就是像搞队列训练向左转向右转一样,培养犯人的服从意识。

民警宋:睡觉头朝哪这样的规定,还有很多。譬如,警戒线除了在地上划的,还有一个就是民警的视线,犯人出了民警视线就是出了警戒线。我们原来在农场单位管犯人时,这是一条很重要的规定。类似这些规定都很有必要。单是"民警视线就是警戒线"这一条,我原来当监区长开狱情会时都反复强调过。因为现在犯人都集中关押了,大家好像都不怎么提了。

民警徐:我原来跟你干过好多年。"视线也是警戒线"这件事你有反复强调过?我怎么没什么印象?

民警吴:狱情会强调的事多了去了,这个重要那个也重要。事事都重要,也就事事都不重要了。

民警徐:事太多,每天烦都烦死了。有时候我都在想:干我们这行,是不是可以像当兵一样,两年就好。这样新鲜劲过了,烦了,也该滚蛋了。

民警魏:大家跑题了。

研究者:大家随便讲,跑题还谈不上。因为我前期已经作过大量的研究,所以现在知道:有些看似与警囚冲突无关的事,实际上还是有关系的。

民警明:宋老板,十几年前你像我们这个年纪时,警囚冲突的情况是不是会比现在少一些?

民警吴:肯定会少,因为当时犯人管犯人,民警不用直接面对犯人。

民警宋:是少,但不是因为犯人管犯人。那个年代犯人是专政的对象,民警打犯人很正常;连犯人都认为理所当然,一般不会和民警冲突对抗。如果有个别民警不打犯人,犯人会说这个民警太好了。现在讲究文明管理,民警不打犯人了,我看警囚冲突却没变少,反而多了。

研究者:为什么会这样?

民警宋:当时的执法环境不像现在,打犯人不是什么大不了的事。你没打他,他会认为这个干部非常好。现在犯人知道干部不能碰他。好了,你不打他,他不会觉得你怎么样,甚至你态度稍显严厉,他就顶撞你,简直有恃无恐。

民警魏:前阵子我碰到一个情况。队前讲评时,我批评了几个劳动任务完成不好的犯人。其中一个犯人突然站起来冲我说:你算老几?! 这种情况大家会怎么处理?

民警吴:直接过去干他!

民警魏:这个人人高马大的,一米八几的个,很壮的。

民警吴:壮的也得干他;你不干他,民警的权威就没了。

民警宋:你去干他,他人高马大,然后你们俩个人滚在一起,那么多犯人看笑话,你就有权威了?

民警吴:我是说能有把握干得了他才干他。

民警宋:噢,能干得过就干,干不过就不干,犯人说你欺软怕硬,你还是丢人丢大了。

民警徐:犯人不服从管理,我们的第一反应往往是干他。我想,这是因为我们骨子里根本就不把犯人当人看。大家想想,平时同事、朋友噎我们几句,我们肯定不会一脑门子就想干他。前面说过的老年犯挨踢也是一样的道理。有一次在队前讲评时,我也有碰到犯人不服气当场站起来顶撞我的事。我当时说:你先蹲下,可能是我掌握的情况与事实有出入,我会再调查。结果他还是站在那,用眼睛瞪我。我没理他,先说别的事。他站了一会,感觉没趣,自己就在队列蹲下了。

民警明:事后呢? 就这么算了?

民警徐:当然不能就这么算了,扣分处理。不论民警批评得对不对,再怎么说他也是顶撞民警。如果你当场和他干,一旦他和几个犯人合谋故意激怒你,然后场面失控引起骚乱怎么办?

民警吴:事后再处理他,肯定不如当场把他办了更能维护民警的权威。

民警徐:哪里有办法既能最大限度地维护民警的权威,又能避免可能的意外发生? 你还想鱼和熊掌兼得? 有时候事就是两难。

民警许:以前我也有碰到过犯人顶撞我,好像没什么怕控制不了场面的顾虑,因为马上就会有骨干犯把他按到地板上了。

民警宋:你说的是你在我当监区长的监区工作时的事吧?

民警许:嗯。

民警宋:现在强调民警直接管理,不能用骨干犯。实际上骨干犯还真少不了,关键在于你怎么用。当时我们监区那几个骨干犯,我和他们有交代:碰到犯人顶撞民警,什么都不要管,先把他按倒再说。不过,你们可能不知道,我还有反复和他们强调:只管按倒,千万不能下手打人。

民警许:那几个骨干犯当时确实很好用。

民警吴:这跟整个监区的管理有很大的关系。不要说是骨干犯帮忙控制局面,我就发现有那么一两次有犯人顶撞民警,旁边有其他民警在,但他站在原地一动不动,好像和他没什么关系。这样的民警还不是一个两个。

民警许:刚开始的时候,有犯人顶撞我,我也直接抓过来干他。有一次干一个犯人还干得挺厉害的,差点搞出事来。现在想想,还会后怕。后来,我慢慢的就不再打打杀杀了。有一次,一个犯人老是完成不了生产任务。组长反映给我,我就在队前讲评时批评了这个犯人。第二天,这个被批评的犯人冷不丁抡起一张椅子打了组长。我也不办他,你不是不干活吗? 你不是打人吗? 好,你干脆一点都别干了。别的犯人在劳动的时候,我让他坐在生产流水线前面的一张椅子上,旁边放个茶杯,泡上茶,再安排一个犯人手里提着水壶,交代说:你专门给这个老大添水,他茶杯里水不能少于八分。就这么弄了两天,这个犯人"草鸡"了,他说他认错,他要干活。大家想想看,别人都在那里一边干活,一边看着他笑,他根本就受不了。再说了,你不让他干活,达标考核等级上不去,减不了刑,他干着急啊。不过,现在再说这件事,我认为：事情是处理了，但矛盾并没有解决；因为当时这个犯人心里的压力肯定很大，极有可能走极端搞出点大事来。很庆幸，他没搞出什么事出来。

第二次焦点访谈小组活动情况

时间：2014年4月16日。

地点：FJ省ZZ监狱某大队办公室。

成员：民警宋，FJ省ZZ监狱某单位纪检组长，警龄24年，法学专业；

民警魏，FJ省ZZ监狱某监区分监区长，警龄12年，狱政管理专业；

民警徐，FJ省ZZ监狱某监区分监区长，警龄11年，复员战士；

民警许，FJ省ZZ监狱某科室科员，警龄9年，信息工程专业；

民警明，FJ省ZZ监狱某监区管教，警龄10年，狱政管理专业；

民警吴，FJ省ZZ监狱某监区分队长，警龄9年，体育教育专业；

民警李，FJ省ZZ监狱某监区管教，警龄3年，侦查学专业；

民警曾，FJ省ZZ监狱某监区分队长，警龄2年，狱政管理专业。

主题：囚囚冲突。

说明：第一次组织焦点小组活动，约定时间为下午三时整，好几位参与者拖后十几分钟才姗姗来迟；这一次大家都提前到达，还增加了两位参与者。这反映出大家对这种活动形式的认可和热情。

民警吴：上次讨论警囚冲突，大家说我在处置犯人顶撞民警时的做法不可行。回去后，我和我们监区的民警也讲起，很多兄弟，不是一个两个兄弟，都支持我的做法：就该当场干他，这没什么好商量的，不然干部一点权威都没有了。我监区的兄弟们支持我，我感觉今天说话也比较有底气。

民警徐：你理解错了。我也不反对对犯人强硬，但要分场合。

民警宋：小日本占我东三省，你要不要抗日？大家意见一致，必须地。必须抗日这个大前提有了，后面就是怎么抗日？日本鬼子三八大盖、歪把子、掷弹筒、迫击炮、山地炮、飞机坦克；中国军人呢？冷兵器、鸟铳，你当场面对面和他硬干？！人家机枪像点名一样，嘟嘟嘟、嘟嘟嘟……这种做法很悲壮，也很悲剧。

研究者：先到这儿，我们这一次重点讨论讨论囚囚冲突。

民警许：我以前所在监区的监区长和我说过一件囚囚冲突事件，我印象挺深的。这件事涉及两个犯人，一个叫马某的东北人，传播淫秽物品罪。他平时为人比较低调，不声不响的，改造表现也不错。另一个叫蔡某某，他是负责两条劳动生产线的"骨干"，民警平时还挺依仗他的。一个"耳目"向民警反映，某晚熄灯锁号后，马某和同号房的犯人说：今天我要和蔡某某了断一些事情，不相关的人靠边站。蔡某某一看马某要拼命的架式，怂了。当时我问监区长：这件事该怎么处理。监区长和我说：不处理，就当不知道这事。我问为什么？监区长说：三点，一是马某、蔡某某都没有向民警报告这件事；二是马某和蔡某某都不是不清不楚的人，这件事过去了就过去了，不会再搞出什么名堂来；三是蔡某某平时做的有些事也确实是有些过火，只是他是骨干，我们有时出面不太合适，有人教训教训他也不是什么坏事。

研究者：大家可就此讨论，譬如马某和蔡某某间产生冲突的可能原因有哪些？马某和蔡某某为什么都没有选择让民警介入彼此间的冲突？等等。

民警明：我估摸着犯人间矛盾的产生主要有两个原因：一个是犯人的生活环境。我听咱们医院张院长在培训时讲过：一个人最少保证有四个平方左右的生活空间才是比较适合的。我们现在一个号房最少住十二个犯人。空间小了，矛盾、摩擦就必然会出现。这种矛盾和我们以前读大学时，八个人住一个宿舍争吵打架是一个道理。另一个就是骨干和组员间的矛盾。如果民警直接管理不到位，放手让骨干参与日常警管理，在这一过程中必然会触及其他犯人的很多利益，产生冲突。这种冲突也是比较激烈的。

民警徐：犯人所处的这种环境和他们间易发冲突肯定有关系。在监区一旦连续上几天班，我也会变得很压抑、很暴躁。有些平时能忍的事，我就不忍了。

民警吴：积极与不积极改造的犯人间也会产生矛盾。

研究者：这两者间也会有矛盾？我感觉你改造你的，我做我的，好像没什么关系。

民警宋：两者间有矛盾，而且这是一个非常普遍的现象。民警对犯人群体舆论引导、掌控不利的时候，更容易出现这种现象。譬如劳动生产线上的前道与后道工序的两个犯人之间。你前道工序想积极改造，一天做 300 件；我后道工序想应付了事，一天最好只做 150 件。结果你前道搞了一大堆半成品积压在我这里，岂不是让你逼得半死。我以前所在的监狱做竹凉席来料加工。民警问，你为什么一天只穿一床？犯人答，我已经很卖力了。民警，人家谁谁谁一天穿三床，你打算如何解释？！这时犯人间矛盾的出现，是因为想改造的犯人把劳动任务的量提起来了，混日子的犯人难过了。想偷懒耍滑的犯人的想法很简单：大家都不好好干活最好。

民警徐：我喜欢从人性的角度分析问题。想改造的人，看到那种混日子的人，他会有不平衡感。我在这里拼命干，他在那吊儿郎当混，我为什么不能像他那样混呢？但他又想积极改造以便早减刑、多减刑。他很矛盾、很纠结、很焦躁、心情很差、压力很大。这样，平时一点小事，譬如你不小心碰了我一下，就爆发了。

民警宋：这种情况相对还是比较少的。比较多的情况是，譬如犯人私下会说：某某干部，天天盯着我干活；你看某某某你看某某某，他们天天就都不好好干活。埋头苦干的犯人，巴不得你干部处理那些混日子的；而那些混日子的看到有犯人向干部打小报告说他不好好干活，也生气。

民警李：其实很多犯人间冲突的根源是在民警身上。譬如，有的犯人和民警走动得很近，靠溜须拍马也能拿到高嘉奖，别的犯人就很不顺眼。尽管不顺眼，但又不能说民警什么，于是有机会就找溜须拍马的犯人的茬。

民警魏：重刑犯在押犯中所占的比例越来越大。有改造希望的重刑犯和根本就不打算活着出去的重刑犯之间也有矛盾。在我们外人看来，重刑犯情况相仿，同为天涯沦落人，更容易打成一片；实际上并不是这个样子。有一个犯人陈某某，他一直就不认为自己能活着出去，等他母亲没了，他自己也要作个了结。我曾经和陈某某聊过，你看谁谁谁人家原来情况和也你差不多，现在刑期都由无期减为 18 年了。他和我说，我看他很不爽。后来，和他聊到深处，我给他总结一下是这个样子：他不认为自己能活着出来，总是幻想有一天能够国家大赦，突然一夜间就摆脱目前噩梦般的处境。实际上，他内心深处也不是一点希望也没有，只是又被他自己强行压抑住了。身边譬如刑期由无期减为 18 年的活生生的例子，又在告诉他只要认真改造，还是有希望。他内心的这种矛盾心理、焦躁情绪，很容易表现为行为反复无常，与其他犯人相处困难，时常发生冲突。

民警李：前面说的那个东北人和"骨干"单挑，一方面可能是"骨干"找他麻烦，另一方面也有可能是那个东北人借机想在犯人中树立威信。你看，和干部走动近的人都被我揍了，你们其他人也老实点。

民警曾:现在犯人间的很多冲突,都是由于生产引起的。

民警许:这个观点我也赞同。我和江苏某监狱的一位监狱领导也谈到过这个话题。他认为,目前由生产引发的至少占总数的三分之二。

民警吴:依我看,肯定不止三分之二,百分之八九十也有。

民警徐:这个得这样看。犯人一天八个小时在车间劳动,而且这八个小时是最累的八个小时。这时候容易发生或引发冲突是正常的,不应该单纯地把警囚冲突、囚囚冲突的发生都一股脑地全推给生产。

民警宋:我们不能为表象所迷惑。为什么呢?因为劳动改造是犯人服刑生活的主要内容。我们打个比方,放大一点就更容易理解了——我们说囚囚矛盾是犯人被关进来坐牢造成的。

民警许:我还是认为现在犯人生产压力比较大,这客观上会导致矛盾的增加。如果生产压力不是这么大,起码也能缓解冲突。

民警徐:这影响不大。你退一步,犯人就会进一步。

民警曾:我是广东人,据我所知,广东省监狱系统连续十四年实现"四无",这在全国是创纪录的(笔者注:数据待考证)。犯人在广东监狱的劳动压力就不大,因为他们没有定额生产任务。另外,广东的监狱也不像我们只有一种劳动形式;他们一个监狱有七八种劳动形式可供犯人选择。我感觉,我们现在的犯人劳动生产形式对囚囚冲突,当然也包括警囚冲突都有很大的负面影响。

民警许:不能说广东监狱系统连续十四年"四无"都是他们犯人劳动生产模式得当的功劳,但起码有推动。

民警明:我们为什么就不能像国外有些国家那样,取消强制劳动?

民警徐:现在我们国家的国情还不允许。

民警明:什么国情?

民警许:"三个为了"的方针,大家都知道。在当时的条件下,组织犯人劳动已成必须。也就是说,我国现行的犯人劳动模式有历史传承的因素在里面。还有一个,我的理解不知道是不是有些偏差。现在中警院专门开设有研究犯人劳动改造的课程,叫《罪犯劳动改造学》。这本书一整本都在论述犯人劳动这个那个,总之是好处多多。我想当时组织犯人劳动并没有考虑那么多,更多还是为解决监狱或者说国家在经济上的困难。

民警魏:国外的犯人是不是在历史上从一开始就不用劳动?

民警许:犯人的生产劳动是伴随着监狱的出现而出现的;国外监狱犯人一开始也是强制劳动。估计以后随着发展,我们国家的犯人也不用像现在这样每天还必须完成什么生产定额了。

民警明:为什么是以后,不是现在?

民警许:犯人劳动产值的总量还是蛮大的,现在完全由国家财政来添补这块还不大现实。

民警宋:我总结下,我国目前阶段组织犯人劳动,即有历史的原因,也有现实的考量。

民警李:犯人组长和组员间的矛盾也是比较多的。

民警徐:相对于组员来讲,犯人组长和我们接触的时间比较长。我们明知道这个组长就是要找组员的麻烦,很多时候就睁只眼闭只眼偏向组长那边。有个组长找我,说一个组员生产任务完成得不好,要处理他。我说好。实际上,我也明明知道问题并没有那么严重,可能我去和这个组员谈谈就好了。但是我一去谈话、调查,我就不能再顺着组长的意思了。有一次一个组长就一直找一个组员的麻烦,他一再找我,让我处理这个组员。我说:这样子吧,把他调整到另一个分队。组长马上说:那不用了。实际上,犯人组长和组员间的矛盾,有相当一部分和民警直接管理不到位有关系。

民警吴:组长和组员间的事,得让他们自己解决。有时候,民警介入反而会把事情搞复杂。幼儿园的小孩子才事事报告由老师解决。

第三次焦点访谈小组活动情况

时间:2014 年 5 月 12 日。

地点:FJ 省 ZZ 监狱监区回归驿站。

成员:民警陈,FJ 省 ZZ 监狱监狱长,法学专业;

民警周,FJ 省 ZZ 监狱某科室副科长,警龄 9 年,体育教育专业;

服刑人员张,62 岁,小学文化,捕前务农,犯非法经营罪原判刑期 1 年;

服刑人员颜,32 岁,大专文化,捕前无业,犯非法经营罪原判刑期 2 年;

服刑人员王,28 岁,初中文化,捕前务农,犯故意伤害罪、聚众斗殴罪原判刑期 1 年零 8 个月;

服刑人员刘,38 岁,高中文化,捕前务农,犯强迫交易罪、盗窃罪原判刑期 2 年零 3 个月;

服刑人员吕,27 岁,小学文化,捕前务农,犯寻衅滋事、非法持有枪支弹药、包庇罪原判刑期 6 年;

服刑人员林,30 岁,小学文化,捕前无业,犯盗窃罪原判刑期 11 年。

说明:考虑到正在服刑的服刑人员可能会因为这样那样的顾虑而不能做到"畅所欲言",研究者将参与焦点访谈的服刑人员对象放在即将刑释的人员身上。访谈前,研究者先调阅了半个月内将要刑满释放的 6 批服刑人员共计 27 人。在综合年龄、文化程度、罪名、原判刑期及刑释批次等多方面因素后,研究者确定上述服刑人员人员组成。

实际交谈中,研究者发现:服刑人员在叙述事情、表达想法时,思路的跳跃性、片断性明显。考虑到行文条理、表述清晰,在尽量忠于服刑人员本来表述的情况下,研究者对服刑人员的表述略有润色。为了让这些服刑人员有时间确认整理好的文字材料的表述内容,研究者安排在这些服刑人员刑释日期的前三天进行了访谈。

民警陈:先祝贺你们即将圆满地结束这里的生活。人生有起有伏,很正常的事情,哪里跌倒哪里爬起来就是。这一两天你们都要回去了,真挚祝福你们走好人生后面的路。另一个,借这个机会,请你们六位讲一些真话、实话,为我们的管理提一些宝贵的想法和建议。

研究者:监狱长来以前,我们已经先聊了一会儿,请大家继续。

服刑人员林:我是做组长过来的,我了解他们的心理。犯人间发生矛盾主要是因为生产的问题。组员生产做的数量少、质量差,组长报告给干部,干部就处理组员。这样子,干部和组员、组长和组员间就有争吵。

研究者:是不是可以说,因为组长在组员和干部间充当了一个可以说是缓冲或者是阻隔的角色,所以发生在组长和组员间的矛盾就比较多。

服刑人员颜:当过组长有一个算一个,全都和组员有打过架,有的打得还是比较厉害的。

服刑人员林:对对对。另外,有时候组长对干部也有看法。应该是 2010 年的事了,有个组员做"双针"那道工序,就和我发生了冲突。在处理的时候我也比较暴躁,骂他;他动手打了我。后来干部因为我有骂他,在处理他时也处理了我。我当时对干部的抵触情绪就挺大的。

研究者:为什么你会有抵触情绪?

服刑人员林:我做组长,是在帮干部做事情。我和组员发生了冲突,你干部不帮我也就算了,怎么还处理我呢?! 我在八监区的时候也发生过一件事。一个组的组员因为生产任务没完成,和组长吵起来了。干部扣了这个组员的分,这个组员后面抗改了好多次。

研究者:你说的这两件事,一件是组长对干部有意见,一件是组员对干部有意见。你看干部应该如何处理才更好?

服刑人员林:说句老实话,有时候犯人也很贱。干部好话讲了好多遍,他就是听不进去。

民警周:你应该做了好多年的组长吧?

服刑人员林:对。

民警周:这期间有没有接触到哪一个干部,你认为管理比较好,组员也比较服气?

服刑人员林:我现在所在的九监区一个叫刘某某的干部,他就会抓住我们犯人的心理,会顺着我们犯人的想法做工作。他处理过的那些生产任务完成不了的,生产质量做不好的,大家基本上没有怨言。

研究者:为什么会这样?

服刑人员林:因为他懂得生产流水线的工序啊! 再加上他对每个人的性格什么的也都比较了解。他会和我们谈,不是说只是扣分处罚我们。我们一个分队两个组五十多个犯人,每个月他基本上都会聊过一遍。每次他值班,基本上有事没事都会找我们一两个犯人聊一聊。

研究者:能不能说得更具体点,譬如说一个具体的事例。

服刑人员林:我们三分队的蔡某某,因为开玩笑去抓别人的小弟,抓肿掉了。监区研究扣他3分,再加上动作下流扣2分,总共扣他5分。最近这段时间这个人确实是萎缩掉了,晚上也没睡觉,生产任务也没完成。刘干部基本上这几天每天都有找他,跟他讲明这个利害关系。说,如果你抓坏人家了,不但是扣你几分了,是要负刑事责任的。这几天,他思想上就好多了,生产的产量也提高起来了。因为刘干部有找他谈。

研究者:大家是不是都有这种感受,希望民警和你们多谈心?

服刑人员颜:人与人之间最好的学习就是沟通,是不是? 今天早上我们监狱区的一个组长向干部报告,说有犯人生产质量出了问题。质量也确实出了问题,不过这个产品上线才二三天,这种情况肯定会有。干部民警把他叫过去,直接就一巴掌干下去。

研究者:干部什么都没说就一巴掌干下去?

服刑人员颜:干部有说,说他不是第一次出现这个问题了。你既然明明知道他老是出现同一个问题,你干吗还让他做这道工序? 你干吗不给他换一道? 非常明显的事情是不是?! 这个学员干活非常卖力,平常考核都是拿一级二级嘉奖。

研究者:唉? 这个学员平常都拿一级二级嘉奖,干活怎么还有出错?

服刑人员刘:现在生产质量要求非常高。

服刑人员颜:像打扇耳光这种事,哇! 我们监区还是有。作为干部,生产工艺如果按10分来算,你不要说懂得8分,你懂4分可以吧?! 及格是6分,你你懂4分总可以吧?! 你多少懂一点了,这个人出现太多错误了,你就可以给他换道工序了吧?! 你是队长,你布置生产任务时,就要传达目标准确。可他也不懂生产工序,就在那坐着。组长向他报告,他就冲那个组员一巴掌干下去。他以前在别的队就这样,咔嚓咔嚓一天四五个人一下子全部扣考核分。

民警陈:反正明天你就出去了,你说一下,这个干部叫什么名字。

服刑人员颜:哎呀,压力非常大。

民警陈:我们也是要给这个干部做工作,也是要和他沟通。如果不给他提醒,这个干部一直这样下去,譬如说不知道哪一天这一巴掌干下去,不要说别的,把人家眉骨干穿,这就是轻伤,就会判刑,对这个干部来说这事就大了。这种事说出来对他而言不是坏事。也许就是因为你临释放前和我说了这个事,我及时找了那个干部,给他拍拍肩膀,就是救了他。我们很多干部从家门到校门再到单位大门,我们说他们是"三门"子弟,他没什么社会经历,没有吃过苦,在家里很多人宠着他,像皇帝一样。他以为天下老子第一,管理上简单粗暴,就容易出事情。我们不是打击报复,是想提醒他一下,帮助他。

服刑人员颜:嘿嘿。

民警陈:如果就是不想说,也没关系。

研究者:我们继续。

服刑人员颜:我们因为各种各样的原因进来了,心理肯定是非常非常的压抑。如果你跟我们多沟通,可能一句话就惊醒了我们。但是,没有啊,我来这么久,没有啊,根本就没有一个干部和我好好坐下说说话啊。

研究者:是不是说,你们本身和干部没什么抵触,如果多聊聊,很多矛盾就化解了。

服刑人员颜:对呀!你在那边高高在上,指手画脚,我们下面就不敢和你说什么。

民警陈:有时候也不爱讲。

服刑人员颜:对呀。有时候很压抑,压压压,就容易出问题。

研究者:你们其他人也多讲讲。

服刑人员吕:今天早上就有干部打人。有人放货放错地方了,组长就骂他。干部过来,什么也没说,就对他连打了三巴掌。

研究者:你知不知道这个人事后会怎么看待这件事?

服刑人员吕:我也不知道。

研究者:譬如说这件事发生在你身上,你会怎么想?

服刑人员吕:我就离他远点。

研究者:你是说离干部远点?这是不是不大可能,因为在监狱这种环境中,你们以后肯定还是会天天见。

服刑人员吕:我也不知道怎么办。

服刑人员林:我们希望干部能听我们的解释。

服刑人员颜:干部根本不给你解释的机会。

服刑人员林:有个人就是这样,他就自杀过两次。两个人吵架,民警也不听解释,就干他,就扣分,导致他就抗改,自杀过两次。他也不是真是想自杀,他就是想通过自杀,让你干部关心我、帮助我,你要重视或者怎么样。作为一个干部,穿着警服,打人确实不合适。你整天教我们服刑人员不要打架不要打架,你作为干部来动手,这对我们是个反面的教材。现在是2014年,和以前相比,干部的管理是文明了很多,但还是有干部动手,经常发生。

服刑人员王:在调队到九监区前,我也被干部打过,打了三巴掌,就是因为和干部说话时没有蹲好。他后来又用橡胶警棍,我们犯人叫打狗棒,打到弯掉。

研究者:应该不会只是因为你说话时没有蹲好就这么打你吧?

服刑人员王:就是因为没蹲好。我是刚刚从八监区调到九监区还没多久,不会是因为别的原因。

服刑人员吕:干部有时就会突然暴发,没什么原因就打人。

研究者:会不会是因为干部进到监区也很压抑,如果长时间的工作,也很烦躁,有时候一丁点小事,火气就很大?

服刑人员林:那肯定也有这个原因。他值班十几个二十几个小时,天天面对我们,心情也好不到哪里去。不过,再怎么说,动手确实不应该。你骂可以,教育吗,犯人文化不高,很多时候,讲就是不听。如果是在外面,你动手,我也是个男人,我就和你干起来了。有时候,不是我们不想认真改造,是你干部不给我们机会改造。我是07年来这里的,干部的文明管理是好了很多。我是组长,和干部没怎么发生冲突。作为旁观者,看到干部打别人,我也会想,如果打在我身上,我会怎样。

研究者:据我了解,同样情况下,有的监区用包括打骂在内的手段管理,生产产量完成得比较好。除了这种高压管理,你们认为用什么样的方法生产上也能完成较高的产量?

服刑人员颜:鼓励啊?

研究者:哪种形式的鼓励?

服刑人员颜:还是生活方面的,像零用金、小炒什么的。

研究者:你是说生产任务完成的好,就多给你零用金,就允许你吃小炒?

服刑人员颜:对。尽管监狱内超市的小菜,食堂供给的小炒也不多。但是,我付出,我得到了。

服刑人员林:小炒最好品种多一点。我来了七年多,小炒鸭肉鸭肉还是鸭肉。还有,没想到今天监狱长能找我们谈话,我也反映一下。平时虽然也有监狱长接待时,但是周围干部一大堆,这种话哪敢说。如果可能的话,可不可以在监房让大家抽烟。干了一整天活,回到监房抽根烟,确实会很放松。也不用全部放开,固定一两个号房,让大家在里面抽抽也好。平时压力太大了,也没有什么发泄的渠道。男人么,生活压抑,性也压抑,连大声说话都不行。譬如说,我们两个平时玩得很好,但是有时候碰到一起,心情不好,一点小事就打起来了。干部怎么劝都没用。不是一天两天,是长期的压抑,又没有什么发泄的渠道。如果干部常和我们谈谈,让我们吐一下苦水也好。我当组长,和干部接触的机会相对还是比较多的。其他人和干部一起坐下来聊聊天的机会更少。

服刑人员吕:干部动手也是对个别不清楚的犯人,你做得清楚也不会啦。有的人你和他讲也没用,一巴掌干过去,就会好很长时间。

服刑人员颜:这肯定也有。

服刑人员吕:对我们要减刑的,犯了错,民警踢我们两脚,比直接扣我们考核分好。踢两脚不影响减刑,扣分就会影响。

研究者:想减刑的怕扣分,那些刑期短减不了刑的是不是除了来两巴掌踢他两脚,他也没什么怕的。这样短刑期的是不是没什么法子管了?

服刑人员林:现在有个政策,每个月完成的生产产值对半直接划到你的账上,你可以用来开小菜。我们规定即使你自己账上有钱也不能开小菜,只能用劳动报酬开小菜。如果你不好好干,扣你的分就是扣你的钱。这个办法就很好啊,现在短刑犯干活很好。他们很高兴啊,每个月都有三四百块的开支可以用。

第四次焦点访谈小组活动情况

时间:2015年3月31日。

地点:FJ 省 ZZ 监狱机关党工委办公室。

成员:民警黄,FJ 省 ZZ 监狱某科室科员,警龄 10 年,法学专业,曾任 FJ 省女子监狱某押犯中队中队长;

民警许,FJ 省 ZZ 监狱某科室科员,警龄 6 年,狱政管理专业,曾任 FJ 省女子监狱某押犯中队管教。

说明:女子监狱狱内冲突情形,于笔者可谓是一无所知。一位在 H 省女子监狱工作的朋友答应代为写个专题,后无音信。一再筹划自己去 A 省女子监狱做个调查,囿于这样那样的条件,终不能成行。闻近期自省女子监狱调来笔者单位三位民警,窃喜。得 A 省 AA 监狱机关党工委黄副书记协调,约这三位新同事一谈。一位同事临时脱不开身,最终黄、许二位前来。因参与人员较少,主题不甚鲜明,深度也不够理想。

民警黄:警因矛盾不是说是某一个犯人或是某一个民警导致的。我们队有一个犯人表现得非常明显,她一进来就和民警对着干,说共产党把她摧残得怎么样怎么样,说我们是穿着警服的共产党。

民警许:我们警察是穿制服的,监狱是国家的刑罚机关,是专政的工具,我们是代表国家出现的,和犯人的关系是管理者与被管理者的关系,这本身就是对立的、不可调和的。

民警黄:民警和犯人是两个根本不同的群体,改造只是一个美好的理想,民警不可能和犯人形成统一战线,犯人也不可能和你民警站在一起。

民警黄:要说男犯,可能他对你民警服不服很关键,即便你这个民警可能平常吊儿郎当,但你一点让他服气,你说什么他都容易接受。女犯可能要从亲情方面入手,你多关心她一下,譬如她今天生病了,你哪怕是不经意地问一两句:唉,怎么样了? 有没有好一点了? 你只要说上这么一两句,给她递一个工具,她都会记你一辈子,非常的明显。

民警许:其实我一直觉得监狱人民警察是一个很不错的职业,是一个很好很好的、很神圣的职业。

研究者:如果你的努力能够得到犯人的认可,那肯定也很有成就感。

民警黄:你对他好,他一定会认可你的,一定的。

民警许:我所在的大队有三个中队,有两个中队的中队长口头报告、书面报告都请辞过,自己不想当中队长了,压力太大了。女监最大的压力倒不是打架斗殴,最怕的是她们自伤自残。会导致她们自伤自残的原因主要有两个:一个是家里人对她们不管不问,一个是改造上不顺利。

民警黄:如果这个人有问题,我们排人特别地盯着,如果感觉情况严重,就再安排一个加强岗,两个人不离她左右。有时候人就这样,火气上来,你说什么她都不会听,等到她情绪平复后,你再来跟她讲,她可能也会听得进去。

研究者:你在女监工作的这几年,自己经历的女犯自伤自残有几个?

民警许:我工作了八年,大概有三四起吧。

研究者:也说不上多,那压力又来自哪里?

民警许:压力不但是来自犯人自伤自残,还有很多很多方面。譬如,犯人劳动时手被机针扎到了,纪检、大队就会过来查——这是犯人自己不小心扎到了,还是民警管理不到位,还是民警动手,这种压力也很大。

民警黄:对。还有一个就是女犯比较爱争吵。不像是男犯动不动就动手,她就是动嘴巴,争吵。从起床就开始吵——洗漱吵、分饭吵、排队吵、打扫卫生吵——鸡毛蒜皮、没完没了,这也很头疼。

第五次焦点访谈小组活动情况

时间:2015年5月13日。

地点:FJ省PT监狱政治处小会议室。

主题:警囚冲突。

成员:民警谢,FJ省PT监狱某中队干事,警龄8年,军转干部;

　　　民警黄,FJ省PT监狱某中队中队长,警龄10年,监狱学专业;

　　　民警汉,FJ省PT监狱某中队副指导员,警龄6年,教育学专业;

　　　民警钟,FJ省PT监狱某中队指导员,警龄14年,机电专业;

　　　民警陈,FJ省PT监狱某中队分队长,警龄4年,心理学专业;

　　　民警戴,FJ省PT监狱某大队副教导员,警龄6年,思政教育专业。

说明:因他事到FJ省PT监狱出差,得益于AB监狱监狱学会秘书长郑中付的帮助,约了民警谢等六位兄弟就狱内冲突一聊。谨向郑中付秘书长及六位兄弟致以谢意。

民警谢:我和钟指导员是一个大队的,我们指导员讲过一句话,他说你刚过来,什么都先看,犯人做得不对的,你也不要说,先跟我讲。我对指导员的这句话印象很深,为什么说印象深呢?因为不理解,当时我想,部队一两百号人我都管得好好的,几个犯人反而管不好?!后来,碰到几个事情,我身边的同事因为年轻,经验不足管不好;还有的老同志,因为性格暴躁,导致与犯人的矛盾激化。前两周,我们大队的一个中队出了一个事情:民警组织犯人开会讲评一些问题,中队的民警全在现场,犯人排队坐在下面,场面还是蛮庄重的。当时,我们一个民警讲到了一个号房的卫生问题,也不是直接点名的讲。说这个号房的卫生比较差,窗户都没擦。讲到这里时,一个犯人"腾"就站了起来,说,谁说我没擦?!别的号房更脏,你怎么不讲?!因为当时的场面比较大,我们民警也很不舒服,让他先坐下。他不坐,就先把他带到边上去。按道理说,这种事情可大可小。我们现在一个普遍的观念,就是犯人顶撞民警,事情还是比较严重的。我们民警开完会,去找他谈的时候,他还是比较犟,觉得就是针对我。我们民警认为这个犯人的态度有问题——你当面顶撞我,我当时没怎么讲你;事后私下找你谈,你还是不认错,不觉得你这是在扰乱监管秩序。这个民警有点上火了,当时也没想着自己如何处理他,叫"110"过来。"110"是这样处理的,先让他冷静,然后再谈,谈到好就让他回中队;谈不好就让他待在那里继续做工作。这个犯人的性格就是这样,有点偏激、偏执——在"110"那里还是搞造型,到现在还是关在那里,被"严管"。这个事情刚开始,不大不小,到现在被"严管"。他回来以后,后续的工作更复杂,更难做了。从管理的角度看,我们当然希望把事情处理好,我们也不希望警囚矛盾激化。有些事情,真的防不胜防。现在回过头来看,从始至终,我们的处置都没有什么问题;我们也在想,是不是可以处理得更好?譬如说,平时他比较听哪个民警的,刚开始就由这个民警去找他,去做他的思想工作。再或者,他被带到"110"后,我们再派一个他信得过的民警一起做他的辅导工作。问题是,现在类似的情况下该如何如何做,该做到哪一步,都没有明确的规定,我们只有凭经验。

研究者:是不是经验靠不住?

民警谢:也不是经验靠不住,单单依靠经验也会出新问题的。我们民警每个人情况也是不一样的。譬如,我有经验,我可以很好地处理,但是这个犯人顶撞的是这个民警,这个民警很生气,我也要照顾这个民警的面子。犯人要安抚，民警也要安抚，对不对？把他送到"110"那里去；"110"什么事都还没做，他自己又搞出新造型来了，他把自己逼到绝路上了。反过来，他又对民警意见更大了——你看看，那么点儿事，搞成了这个样子。我们也在反省这件事，犯人的性格和民警的性格是一个方面；第二个方面，类似的事情到底怎么处理，一直以来，也没有一个明确的流程。我觉得，也不大可能弄一个明确的东西出来。

研究者：我也有感触，我在监狱工作也十多年了，不说什么明确的处置流程、标准，就是一些大的原则性的东西，譬如，要冷静、不能动手，这方面的东西也是凭在我们长时间的工作中摸索出来的。

民警谢：没错没错。还有一个事情，我们中队有一个民警，他比较认真，黑包公一样，铁面无私；他对一些原则性的事情把握很严，规定就是规定，没有一丝的回旋余地。他对犯人的处置，就是，先警告你一次，如果你再怎么着，我就怎么着。

研究者：他的处置方式是不是太官方了？

民警谢：后来，我们发现一个情况：别人值班，犯人没什么事；他一值班，犯人的事情就特别多。经过深入了解，我们知道了原委：有几个比较"鬼"的犯人故意找他麻烦。这几个比较"鬼"的犯人自己不出面，他们挑唆另外几个犯人捣蛋——你一布置什么，我就报告要上厕所；你一值班，我就报告肚子疼，要去医院。犯人也会对比，别的民警怎么管，你怎么管。民警管理的弹性也好，模式也好，每个人都不一样，就像打篮球一样，每个裁判吹的尺度都不一样。现在，我们的管理模式可能确实是有点问题了——以前，我们把犯人压得死死的，我稍稍松一点，你就感恩戴德；现在呢，不能打不能骂，这也不行那也不行，好像在里面的犯人和在外面的人的权利也没有多大区别了。学习也好，劳动也好，休息也好，包括吃的喝的，好像都是你应该有的。现在的减刑也是一样——现在减刑的政策犯人都知道，自己都可以算；你民警没给我报，他就问你：为什么不给我报！？实际上，减刑报不报，原本是很弹性的。这就又造成了一个新的问题：犯人觉得他的权力很大，是我们在压缩它。管理尺度的把握，也是造成民警和犯人矛盾的原因之一。

研究者：嗯，这也是个很现实的问题。

民警谢：现在，犯人的造型有好多，我们对搞造型的犯人可用的手段太少，动不动就是"做思想工作"！"做思想工作"是个好办法，一个民警管十个犯人也能行得通，问题是一百个犯人，你怎么通！我们经常说"抓两头"——表现好的让他更好，表现差的后面赶一赶，中间的稍稍带一下。现在出毛病的，是中间靠后的犯人，你没更多的精力顾得上这部分犯人。犯人说：唉，减刑被退回来了，我今天不干活了，没心情；减刑被退回来，我的胃口也不好，我不吃饭。我们民警很可怜的——除了"做思想工作"，根本就没有什么其他的可选办法——犯人说胃口不好，我们给犯人泡一碗方便面吃，犯人会觉得你好吗？他不觉得你好，他心安理得——你是在补偿我。

民警黄：我接着说。我这里有个犯人，比较偏执，喜欢钻牛角尖，他和事务犯有矛盾。他找我，说要调离我们大队，换个环境，如果我不同意，他就不干活了。因为现在我们监狱对民警与服刑人员间矛盾的把关非常紧，只要民警履职有过错的话，监狱都会追究民警的责任，所以，在这件事的处置上，我非常谨慎。我当时答复他说，我先了解一下情况。了解完情况后，我就安抚他，没效果。我又让我们管教、帮扶民警再去找他谈，还是没效果。这时候，两天已经过去了。因为这两天他不干活别的犯人都在看，我们只好按考核规定先扣他2分。扣完2分后，我们继续做工作，还是不行。没办法，只好请我们大队的副教导员、大队长过来，结果还是工作做不通——他一定要调大队。第二天，他开始绝食，搞频道了。第三天，工作还是做不通，他还是不吃饭。没招了，只好再扣他考核分三分。扣完这三分后，他感觉是我们大队容不下他，是我容不下他。这件事，从头到尾一直是我在跟，都是我在把控，我们的原则是不能动怒、不能动粗;不能做错,不能给他留下把柄,一是一,二是二,不管有没有效果,都要和他谈,做他工作。前两天这个犯人的表现好了一点,这两天又反复。为什么?因为有人在背后挑唆。这部分人一般是和民警曾经有过比较深刻的矛盾,被民警打压过。

研究者:这种现象非常普遍,总是有人很喜欢在背后挑事。

民警黄:早期被民警打压的那部分人,我十分清楚,我就是从那个时候过来的。零七年零八年的时候,要扣你三分就扣你一分。当时,我记得一个民警给犯人下生产任务,犯人发牢骚了:五百件,我做不完,我不干。那个民警也不做笔录,直接五分的扣分单开出去。这些犯人现在不直接跳出来,他躲到后面煽风点火。早期的犯人,你打他,他不会吭声。有的人,扣他分,他无所谓;打他一顿,真管用。现在的押犯结构中,"二进宫"、"三进宫"占了相当的比例。这些人对监狱现在的管理模式清楚得很,你手还没碰到他,他就喊干部打人了,他就到处告。对民警的管理方式方法抓漏洞,他们厉害得很。大家知道,犯人一进来,我们先要求他们学规范、背规范。有一个犯人,"二进宫",他档案上是小学文化。刚下队,这个犯就说他的档案是假的,实际上他是文盲,规范,他没办法学、没办法背。过了几天,走队列。他借口说他的腰有问题,他没办法走。我们处理他一两次,他就和我们民警有了矛盾。

研究者:是怎么处理他的?

民警黄:扣分。譬如说,队列训练要求说摆臂摆到三十厘米,他就只给你摆五厘米;我们让他跟在队列后面走,他就给你拖。他不配合,故意给你偷懒,耍无赖。后来,领导跟我们讲,这种人就稍微放一放;如果我们这样一直处理下去,矛盾就会升级,就会激化。我们考虑说其他方面给他照顾一下,譬如说,既然他说他腰有伤,来,冬天我们安排你洗热水澡;他说他家里比较困难,劳动报酬给予适当的倾斜。

研究者:我打断一下。如果这个样子的话,旁边的犯人会不会跟着学?你看,他得到实惠了——不服从民警管理,待遇还上来了。

参与讨论的民警七嘴八舌说:

会啊!当然会了。但是,从上面到下面,宁可哄着骗着,也不把这个矛盾给激化了。这跟现在监狱的考核体系有关系。

对。现在动不动就零死亡、零脱逃、零违规,是不是?中队也好,大队也好,你这个月只要有一个扣三分的,你其他方面干得再好,你这个月的成绩也完蛋。它的影响太大了。

你没指标,你没违规指标,你没严管指标。如果你这个中队一旦出现比较大的违规,这个季度,今年一整年,你这个中队就白费了。

民警谢:为什么会有人怂恿别人去出头,喜欢煽风点火?你出头,你得利;你如果受处分了,我会给你一点补偿。我的目的,就是让你民警难堪。

民警汉:现在管犯人,确实头很大。四月份,这个犯人减刑裁定下来了——监狱报了四个月,法院裁定两个月。他认为说,是我们民警造成了他少减了两个月。实际上,法院的裁定书说,是他财产履行不到位。拿到法院裁定的当天晚上,他就不按指定方向睡觉。第二天,我们副队长找他谈,他说,好好好,我改。结果,晚上他还是不按指定方向睡觉。第三天,我们副指导员找他谈,我们队长找他谈。第四天,一个民警带他去扫卫生。卫生扫完了,垃圾他就放在你民警办公室门口。你说他怎么办?!要不你民警自己倒,要么你安排别人倒。后来,实在是没办法,我们把情况给大队汇报。我们领导说:怎么办?后来,我们领导咬了咬牙:要不送去严管队参观参观?

研究者(笑):还要咬咬牙。

民警汉:如果批严管,给我们考核的影响比较大——狱政科会扣我们改造考核分三到五分。

研究者:是不是说,参观只是按严管的标准要求他,但是并没有按严管的正式手续报?你们是打个擦边球,即严管他,狱政科又不会扣你们考核分?

民警汉:对对对。这对犯人自己的影响也比较小,他的档案中也不会有严管记录,不会影响他的处遇。过去严管没两天,他受不了,开始犯贱,跪下来求民警说一定要改。那行,你回来后在中队公开作检讨。作检讨的时候,在中队犯人面前他眼泪鼻涕一大把。刚做完检讨没两天,他开始散发小纸条,说民警怎么怎么虐待他,他计划怎么怎么斗。目前,这件事我们还在处理中。

研究者:是不是说,现在也没有什么好办法?

民警汉:我们准备说,他既然怕严管,干脆就进一步收集证据正式报批严管。犯人减刑裁定下来了,其实我们的手段还很少。

民警钟:确实没什么招。一个犯人违规扣三分以上,我们要收集很多材料。前两天,我们刚处理一个犯人,当事人笔录我做了两份,旁证我做了五份,其他的我还做了六份,总共做了十几份材料。

民警谢:现在一个大气候,很糟糕的。有个犯人搞造型,假自杀,结果我们一个民警离岗培训。所有人都知道,他假自杀。这种事情,大大小小,每年都有两三次。现在流行讲,我们民警就是弱势群体。我们想搞一个犯人,很想搞他,你就是没办法搞。犯人想搞你,很容易——你值班,那个警戒线,他一冲,你就离岗嘛。你晚上值班,他晚上十二点以后,就喊肚子痛,你就得带他去医院,今天我喊,明天你喊。你怎么处理?你处理不了。犯人看得很清楚。

民警陈:我上班刚刚四年。我记得我上班也就一两个月,一个犯人不听话,民警直接拉进办公室,门关上就干,打得那个犯人哇哇叫。那时候,我大学刚毕业,还不适应;那天中午,我饭都没吃。现在形势不一样了,民警动手打犯人,不多了。不多是不多了,个别民警动手现象,肯定还是有。一些年轻民警动手,我见得比较少;工作差不多十年来的,更容易发生。另外一个,一些在背后挑唆的,这些罪犯,每个中队都有。一些脑袋发热的,被挑唆在前面往前冲的,傻了吧唧,你随便管都管得了。关键是这些背后挑唆的,这些人他藏在后面。有时候,我们民警也不站在一条线。一次月度考核,有个犯人评了四级。他不签字,考核表他都敢撕掉,扔到垃圾筒里面。经办的民警很生气,说:只要我在,你这个月的考核就不会达标。因为考核表,民警都得签字么。这个犯人找其他的民警,有人就说:怎么样怎么样,找个台阶下,这件事就算过了。民警也有脾气,说:执法文书他都敢撕,那我还管什么管。没一两周,科室一个调令,他×的,这个犯人调总仓了。这种事都有。关系犯,给我的感觉就是,中队里百分之八九十的问题都是他们造成的。普通的犯人,考核表这种执法文书他也不敢撕掉。还有一个,涉及犯人切身利益的时候,他跳得比较大。犯人的切身利益,最关键的,就是减刑,这个最大。有个犯人,顶撞民警;民警当场就三分扣下去。扣三分还了得,这个犯人的减刑直接受影响,前前后后差了六个月。这个犯人就闹闹闹,一直在监区散布言论,说要搞这个民警,出去了也要搞。没办法,大队就关他禁闭,毕竟是顶撞民警。关禁闭关了他一两个月,有超过两个月。大家都有听说,是不?禁闭室那种地方,两个月,他还是硬扛,扛扛扛,还是不服气。涉及犯人切身利益的时候,比较容易造成激烈的冲突。额外讲一个,只要是犯人,多多少少心理都有点毛病。犯人真的是有精神病了,他脑袋有问题了,就是那样。你就不该去激惹他,民警是,犯人也是。大家也都知道。精神病的,很突出的一个问题,他偏执,他脑袋一根筋;你做工作,很不好做。

民警钟:我想从管理的度方面,来说说我的看法。警囚矛盾,是不可消除的。为什么?本身我们监狱作为国家的专政机关,我们面对的那些犯人,用以前的话说,是阶级敌人;我们作为管理者,我们是专政。跟阶级敌人的矛盾,是不可调和、无法消除的。我们平时做的工作,一方面是为了监管安全稳定,一方面是为了维护监狱专政机关的本质。我觉得，我们渐渐失去了作为国家暴力机构的本质，有点向社会福利机构转变了。出去有朋友问：你在做什么职业？我不会说监狱，我说是社会服务机构的、社会矫正机构的。我们服务的对象是服刑人员，确实是这样。现在我们的司法环境越来越文明，这是社会大势所趋，这是应该的。是不是很多时候，我们自己走进了死胡同。据我了解，一年犯人的医疗费，我们监狱花掉大几百万。你说这些人在外面，谁理他？医院会理他！很多时候，监狱没办法。一票否决，是吧。在某种程度上，犯人比民警来得更有保障。有犯人说：队长，我这个血压高，我有高血压病史。赶紧带他去医院，这个事可大可小。弄不好，就是个大事故。现在，犯人很会抓空子。我们应该保障他的健康权；有些时候，他变得无理取闹了。我们也不提倡打人，但是首先监狱作为暴力机构，你要有起码的震慑。我们管理的手段非常的单一。现在"一进宫""二进宫""三进宫"，"四进宫"都有。平时他也不是大违规；他就是大错不犯，小错不断。我举个例子来说。有一个犯人，我和他谈话，我特意找有监控的地方和他谈，不然说不清楚。谈着谈着，他老刁起来了，双手背后面去了。我说你和民警谈话，你手背后面。我根据考核规定，有扣他一点分。他说：要去告我。我说：我这里有监控。他说：我没有啊。我有给你报告过，说要抓蚊子。还好，我知道他是个无赖，我有叫一个事务犯在旁边。我说：我和他谈话，你在旁边看。事务犯有作证，确实没有报告抓蚊子这种情况。他被我扣分处理；他不服，监狱长接待日向监狱领导告。反正，他无理还要无赖。我跟大队长说：我们宁可一两个月的考核牺牲一下，下下决心处理这个犯人。大队长说：还有几个月他就要出去了，你还跟他计较什么，算了。

众人笑。

民警钟：问题是，其他的犯人会看啊，他们会学！还有一个情况，会哭的孩子有奶吃。有一个犯人，他说身体这也不好那也不好，他不参加劳动。监狱医院看，外面医院也看。可能也有点毛病。经常在踩车，大家都知道，颈椎肯定多少有点毛病。他夸大，说颈椎裂了；给他拍片，根本就没问题。他以此为借口，就是不参加劳动。搞得没办法，送他去严管。在严管队，他不吃饭；只好给他挂瓶。后来没办法，科室领导也找他谈；他说他不行了，他得住院，没法改造。没办法，只好送他去住院。结果，严管严管，最后变成了住院。犯人现在知道，会赖会哭，民警拿我没办法。监狱长接待日，有犯人不管有理没理，就是告你。譬如前面说的那个犯人，我有视频截图，他还是告你。既使你的管理没什么问题。一次两次，监狱长心里也会说：怎么老是告你？别人不告，总是告你。是不是？我们自己心里也会有个疙瘩。刚才有同事也说，今天你值班不是？晚上十二点，我肚子痛一下；在你下半夜，我再痛一下。我了解了一下，犯人和我说：哎呀，就你管得严，其他人家都不会。现在我是在副指导员这个位置上，不管不行，是不是？在保障他们权利的同时，对付犯人的手段，我们太单一。现在，只有一个减刑杠杆在调节。

民警汉：减刑杠杆我们也没发言权。

民警钟：对，我们也没发言权。《监狱法》规定：犯人改造表现好，可以减刑。减刑，法律的规定，只是可以。犯人现在变成理所当然了——我间隔期到了，你必须减刑；你不给他减，他感觉你欠他的。

民警汉：不但是犯人感觉你欠他的，检察院过来也说你失职渎职。我们有出现过这种情况。

民警钟：现在一直强调对犯人权利的保障，你对我们民警的权利也要保障。我是觉得，管理工作要做好，你要让民警没有后顾之忧。现在情况不是这样的。犯人想要搞我们，容易得很——冲警戒线、找个地方给你吊一下，民警肯定要离岗培训；脑袋撞一下墙，不用说离岗培训，你民警也吃不了兜着。你不要让我做的时候，起码不要让我心里感到有种莫名的害怕；你不要犯人出事了，莫名其妙地让我承担责任。是不是？

民警汉：这个大家都深有体会。很多时候，变得，我的办法就是，说句比较尖锐的，不爱管、不敢管、管不起。你管一下,他跳一下。你怎么办?! 何必?!

民警钟:所以,我们民警权利的保障真是成问题。我们不是要怎么样,只是要我们在正常履职的时候,不要怕。中队这一层的压力非常的大;大队没有直接管犯人。

民警钟:中队领导这一层,压力非常非常的大——下面的民警一看这形势,可以躲一边——犯人有事情,你去找值班长,你去找分管改造的,你去找中队长;你中队领导躲不掉。

民警汉:现在这个度的掌握,有些偏颇了——现在过多强调罪犯人权的保障,忽视了民警权利的保障。

民警钟:保障犯人的权利,这个没有错。打个比方,放风筝,给它放出去,手里有根线,要有办法能控制住它;不能只能放出去,收不回来。保障犯人的权利,我给你划个圈,在圈里,你的权利我给你保障;你超越这个圈了,我要有手段啊! 我们现在变得没手段! 我们不会打人;你请我打我都不会打——打他我还怕脏了我的手。扣犯人三分,教育改造考核扣你一分;批个严管,扣两分。一扣分,你的考核排名马上垫底。有时候,报上来,领导还不一定批——基本上是不批。你工作怎么做?

研究者:领导不愿意批,是因为怕影响中队考核排名吗?

多人表示:是。

民警戴:只要有人的地方,就有矛盾。民警和犯人之间,是管理与被管理的关系,矛盾肯定难以避免。关键是千万不能发生袭警啊,比较重大的事件。这个很重要。现在,犯人的权利是比较大,可能因为前面十几年美国讲我们中国的监狱没有什么人权;国家这几年对罪犯的权利方面强调得比较多。犯人的权利跟我们民警权利的关系——犯人的权利重视了,我们民警的权利就会被挤压。现在犯人权利大。打个比方,原来民警和犯人权利各占百分之五十,现在犯人百分之六十,我们民警就只有百分之四十了。如果我们民警像以前那样想怎么打就可以怎么打,想怎么干就可以怎么干,犯人就没权利了。现在有个追责,责任倒查。不管你怎么样,只要犯人发生个事,你民警肯定要被追责。譬如犯人非正常死亡,肯定有人要承担责任。现在基层的民警是比较辛苦,压力比较大。我想,无论哪一个监狱大概也都差不多。说到民警和犯人的矛盾,还有一个,我们民警和犯人的文化层次不一样——罪犯基本是三教九流,是低文化的人。你们可能没有感觉到:劳改干部的子弟管犯人,是很有一套。我们新招的公务员,本科以上文化,现场管理,与劳改干部的子弟比,差距还是很明显。

研究者:这个怎么理解?

民警戴:一个是耳濡目染;另一个是劳改干部的子弟也是初中毕业,他们与罪犯的层次更接近。没文化对没文化,就有办法;你有文化,他没有文化,你怎么能干过没文化的? 赤脚的还怕你穿鞋的!

研究者:可以不可以这么理解——秀才遇到兵,有理说不清?

民警戴:我们民警就是秀才。我们一定要把矛盾控制在可控的范围内,千万不能出现失控的事情。与民警有矛盾的,基本上就是短刑期的、"几进宫"的、老弱病残的,就是这些重点人群。没什么办法;多谈谈话,多聊聊犯人的事情,多掌握一下他的思想。

第六次焦点访谈小组活动情况

时间:2015 年 5 月 26 日。

地点:FJ 省女子监狱某大队会议室。

主题:警囚冲突、囚囚冲突。

成员:民警黄,FJ省女子监狱某大队内勤管教,警龄2年,广告学专业;

民警张,FJ省女子监狱某中队副指导员,警龄9年,数学教育专业;

民警陈,FJ省女子监狱某中队分队长,警龄15年,法律专业;

民警钟,FJ省女子监狱某中队狱政管教,警龄3年,法律专业;

民警惠,FJ省女子监狱某中队分队长,警龄7年,汉语言文学专业;

民警庄,FJ省女子监狱某中队指导员,警龄10年,国际经济与贸易专业;

民警平,FJ省女子监狱某大队副教导员,警龄13年,电气技术专业。

说明:借参与省局"狱务公开"调研的机会,得机会就狱内冲突在女子监狱做个访谈。给FJ省女子监狱朱副监狱长、狱政科李科长等人添了太多麻烦,借此致以谢意。

民警庄:有一次,我们中队搞一个活动——给民警写一封信。有一个犯人给我写信,说:她觉得心里很难受,因为有一次和她讲话的时候,我的眼神让她很难受。事后,我找她谈话,她讲:你知道么,你知道我当时心里是什么样的感觉吗?!她是哭着这么跟我讲的。这件事给我的触动很大:和犯人在一起,可能你不经意的一个微笑,不经意的一句话,她会铭记很久的。

研究者:是不是像干完一个活,领导拍拍你的肩膀的感觉?

民警庄:没错没错。跟我们是一样的:领导给你一个鼓励,你可以开心很久;再遇到问题,想到这个,你的内心都比较温暖。在这个地方,环境这么压抑,犯人可能更需要这个,更需要你民警一点点的关心。你民警就问她一句话;她也可能会记得很久;在遇到一些问题的时候,她处理问题会有完全不同的态度。这件事对我的工作帮助很大。我后面管理故伤、故杀的犯人,包括她们胡搅蛮缠的时候,我经常提醒自己控制一下自己的情绪,提醒自己也要照顾一下她们的情绪。

民警惠:我们大队精神病犯人特别特别多;所以我最讨厌春天。这个管理起来,比较棘手、比较困难。虽然我工作也七八年了,但是到现在也没有什么好的办法。第二个,女性犯人有个特点,她会隐忍。你看她,平常根本就没有任何事情。譬如刚才讲的,你一个眼神过去,她就放在心里了,她也不会跟任何人讲。还有一块,管理犯人,肯定要有手段。在犯罪的时候,她已经有了主观恶性。她进来里面几年,就能够改造成为一个好的人了吗?但是,现在,民警管犯人的时候,手段真的太少了。老民警会好一点;你说一个新民警,她怎么管犯人?她根本不敢管,这种情况很普遍。

研究者:小黄,如果一个犯人不服从管理,你会怎么办?

民警陈:怎么办?现在没办法!有个犯人就画圈圈诅咒你;我们那个民警也一点办法都没有——下班只好赶紧去求佛,去求佛路上还不敢自己开车去,坐公交;到现在她身上还带着个玉佛保佑自己。

民警黄:不是如果,这种事情我就经历过。有一个小组长,我问她生产上的一些事情,她从来不和我说,就是跟我说就这样就这样不知道不知道。再后面,她绕着圈子走到其他地方去,她就不跟我正面接触。我去翻她档案,了解她的基本信息;我再去找有经验的管过她的民警,了解她的脾气,了解她比较喜欢哪一种的交流方式什么的。后来,我就慢慢知道她比较喜欢比较柔和的那种沟通。再和她沟通的时候,譬如说,我不会要求她今天一定要完成多少;我会说,你觉得今天能出多少?我希望你能出多少。让她慢慢讲话能和我在同一个频道上。就是这样,沟通就顺畅很多。再后来,她慢慢就会问我:你今天想要多少?到最后,她就有点依赖我。但是,我就觉得,在与犯人间的界限把握上,没有做得非常好。因为,每次我都不知道该怎么把握。一开始,跟她沟通,我也很紧张,因为她的面相看上去比较凶。到后面,我就觉得,虽然可以正常沟通了,但是到最后,她就会经常有事没事来找你。这样子,我又觉得,太过；现在，我又在有意识地疏离她。

研究者：从这件事，你有什么收获没有？

民警黄：我们监狱有举行过一个演讲比赛，我们一个监狱领导在上面有讲话。我记忆最深的，我觉得最正确的一句话，她说：再好的犯人也是犯人；再差的犯人也是犯人。因为，不管这个犯人表现多么好多么坏，她都是一个罪犯。这个界限的把握，就是，你要牢记她是一个罪犯的身份，这是最重要的。

民警惠：我举个例子。有犯人报告，说自己不想车这道工序了。你现在不想车这道工序了，是不？好，你先培养一个可以做你这道工序的。不是说她想换工序我就给她换。譬如说，这个犯人确确实实快要刑释回家了，这时候你要求她尽百分百的力，不可能了；她也不可能给你尽百分百的力。这时候，你让她带个新人，还是可以的。刑期的每个不同阶段，对犯人的要求可能也不能一样。为什么新民警感觉到的压力会比较大？你要慢慢熬！

民警陈：慢慢习惯就好了。

民警惠：对，你要熬到这个时间，人家说媳妇熬成婆。很多新民警，她先害怕：我不知道犯人是这个样子，还杀人啊！她会不会也把我给杀了？很幼稚的一些想法。

民警钟：我现在工作也满三年了，应该刚刚好过了适应期。我也举个例子。我被犯人给威胁过一次。有一个犯人，老犯，她来了有十几年了，而且是个骨干。有一次，我处理她，要扣她1.5分。结果，当天晚上她就来找我。她跟我拉了一大堆：我在这个中队地位怎样啊；谁谁谁、值班组长、积委会主任都跟我很好啊；你们大队那些领导都是带我出来的啊。反正就是跟我讲她的光辉历史。讲完她的光辉历史，她说：钟警官，今天如果你扣了我的分的话，你以后在这个队可能会很难待下去。她这样跟我说，这是原话。我当时就有点懵了：她这样讲是什么意思？因为我以前是警校的，我对罪犯还是有一些了解的——对罪犯我不会怕。我就想，难道有什么小团体之类的，她以后会勾结其他的骨干犯抵制我？我心里就这么想。当然在她面前不能漏气，我就说：这是警官的决定，而且是全体警官一起决定的，不是我一个人决定的；你今天的这个事情确实是有问题的，要扣分。没跟她谈得很深入，我就赶紧回来，我就抓紧跟庄指导员讲。庄指导员和我说：你决定要把这个事情办下去，就一定要坚持下去；如果她跟你讲了这一席话，然后你就退了，你就不扣她分了，你以后真的就没法待了。犯人就这样，你现在扣她分，她后面还会讨好你，还会粘你粘得很近。后续的工作也要做——那时候我是分队长，她是我们分队的生产高手，如果她不干的话，三分之一的分队就塌下了。她喜欢搞得跟民警很熟，喜欢在民警面前说得上话，有面子——民警会跟我说话不会跟你说话。在生产线上的时候，我会经常去跟她说一下话；就说几句，她就感觉我今天倍有面子那种感觉。后来，我就感觉：扣她分，她也没什么反应。而且，她那些所谓的党羽还会跟我说：扣她分是对的；逐渐的，他们还会围拢过来，主动跟你反应一些事情。所以我觉得，在处理罪犯的时候，尤其是新民警第一次处理的时候，不能说你会怕或者漏气——想好了后招，你就直接处理下去。对犯人一次两次你软了下去，后面你再想立起来，就难了。前几天，我处理的这个犯人还来找我，说：钟警官，我感觉你变了。我说：什么叫我变了？她说：你刚来的时候，我们都觉得你非常单纯，都觉得你是一个很好相处的警官。现在，我觉得——她想了好久——我觉得你现在变得好聪明。我说：什么叫好聪明？她说：为什么你现在讲一下就把我想的给讲出来了？现在，我每次值班她都会和我讲两句；回到号房，她就跟其他人讲钟警官跟我讲了什么什么的，搞得自己很有内幕消息似的。她坐了十几年牢了，我感觉她可能就试图表达自己比其他罪犯优越的样子。

研究者：我注意到你说的一句话，说，后续的工作也要做，原因是如果她不干的话，三分之一的分队就塌下了。我想印证一下，相对于改造，我们民警是不是很看重罪犯一天干了多少活？

民警惠：改造更重要，虽然说我现在是分队长。监管安全出了问题，我一天生产一百万又怎么样？

研究者：我说的改造，和监管安全还不完全是一个概念；改造，简单地说，是引导犯人从善么。我换个问法：在确保监管安全的情况下，我们是不是更看重罪犯的劳动产出？

民警惠：我这个监区的犯人，文化水平比较低。相比正课教育，她们宁可天天出工。因为正课教育，有很多犯人她听不懂！我们讲得再浅显，她也听不懂。"坐好久！"正课教育，她们最大的感觉就是"坐好久！"正课教育肯定不能不要，是不？我觉得，言传身教更有用。单纯的什么法律课什么的，不怎么有用。我们再怎么跟她灌输什么教育改造很重要，你若问她，她还会说：生产很重要！

民警陈：生产很直观。我今天干了多少，一目了然。生产干了多少，直接关系到她们的考核、减刑。

民警惠：在我们实施的改造百分量化考核中，其实生产分也占得很少，只有三十分。但在她们眼中，这三十分很重要，因为这三十分能拿多少它很直观。

研究者：如果我身体条件不是很好，生产的产量不高，但是我在其他方面的表现很好，我的月度考核还有可能拿到一级二级达标吗？

民警张：那要不然你在监狱小报上写了很多稿件；你参加了很多比赛；你的内务整理得很好；你的正课教育考试成绩很高。

研究者：别耽搁了你交接班，我们抓紧时间再说说犯人和犯人之间的矛盾。

民警惠：我们这里，犯人打架是很少，吵架会有。女人么，基本上都是因为鸡毛蒜皮的事情。

研究者：打个比方？

民警黄：譬如说你动了我的毛巾；你洗澡水溅到了我。好多好多。

民警惠：也有一些比较坏的，譬如说"三互小组"人家制止你做什么，拉一下她衣服，她就说她打她。这种也有。实际上动手打人的行为，我入监以来，我们队没有发生过。我觉得囚囚矛盾，还好，还能管控得住。

研究者：如果说她们吵吵闹闹的，不管她们会怎么样？这是不是也是她们一种宣泄的方式？

民警张：也算是。这种事，她们报告了我们就调解；不报告，我们就当作不知道。

民警庄：我们平时也注意收集这方面的信息。

民警平：我们大队长刑犯和短刑犯的矛盾比较多。因为短刑犯几个月拍拍屁股走人了，她无所谓啊。譬如说短刑犯内务做不好，会连累到长刑犯——评不上"文明号房"，这个月就加不到分，她就会着急——恨不得打她们一顿；有人不得已，只好帮她们做内务。短刑犯也经常会违规。她们违规，"三互小组"受影响，整个中队的一级达标名额数量也下调，影响到长刑犯的高级别达标评定。这些事，长刑犯意见很大的。

第四节
深度访谈记录

获得丰富的数据意味着要寻求厚描(thick description)。

——[美]格尔兹(Geertz C.)·《文化的解释》(*The interpretation of cultures*)

访谈记录一

时间：2012 年 12 月 1 日 15:30—18:00。

地点：FJ 芗城某企业办公室。

对象：林某某,1978 年 4 月出生,福建泉州人,中专文化,因贪污、受贿、挪用公款被判刑 3 年零 6 个月,2007 年 1 月刑释。

说明：考虑到在押犯可能会对某些问题或是某个问题的某些方面有所保留,在资料搜集设计之初,笔者就打算与一个刑释人员做一次"个别访谈"。起始,笔者先是与郭某联系；郭某当即答应。自 2014 年年初,笔者和郭某先后约了几次,商定访谈地点拟定福州、泉州、漳州不等；因负责某投资公司福建区业务,郭某确实繁忙,最终皆不成行。30 日,林某某打电话给我；心中一动,我说,明天下午你哪里都不要去,找你帮我一个忙。

访谈记录：

林某某：犯人跟警察间的矛盾,主要是性格问题。你有没有发现,一个中队里面,刚好有一个警察适合某一个犯人的脾气,他们好像就相安无事；如果你换一个警察去对付那个犯人,那就不一样了——你说再好的话他也懒得听；你说好听的,他还以为你在害他。

研究者：能不能说得具体点。

林某某：一个中队里面,李××,他是一种个性；林××是不是另外一种个性？然后还有姜××。林××是那种好好先生,不管犯人怎么样,你有什么事我能帮得上忙我就帮；他全是一视同仁。像林××,应该来说有百分之八九十的犯人认可他,对他没有任何的意见、恩怨。李××就是站在他岗位的角度——如果说你这个犯人是生产的高手,他能容忍你很多；如果你生产不行,他就看你不顺眼。姜××,他好像属于那种一旦觉得你这个人可以,你就可以,一直可以；如果他看你不爽,你后面做得再好,他也会说,要么你是装的,要么估计你又搞什么小动作了。像宋××那样的老警察,你有没有发现,他是不会和你较劲了,可能是因为他资历比较久,见得多了,很多事儿在他眼里根本就不是什么事了。还有一个王××,在里面他就用社会上那种贫富贵贱的眼光去看人,譬如说你这个犯人的家境、背景比较好,他对你的方式、看你的眼光都不一样——如果你这个犯人没什么背景,他可能根本就不理你。

研究者:(笑)你对警察的要求也不要这么高;这毕竟是一种理想化的状态。

林某某:这可能和他(王××)从业太短有关系;这是职业道德问题,说白了,他没有职业道德。你像林××,他们两个恰恰是相反。林××不管你以前是处级的还是厅级的,你家里有几个亿——这个跟我没有关系;即便你是"三无"的,我该怎么对你我还是怎么对你。但是王××,如果是我林××要去医院,他会说,我带你去;如换作另外一个谁要去,他会说,没空!是不是这样?

研究者:可能因为王××当时太年轻。有没有犯人觉得有某一个警察老是在故意整他?

林某某:犯人也不会去想哪个警察故意整他。如果有人说林××故意整谁,人家肯定不会信;换一个警察,即便他不是有意做一个事儿,也有人说他是故意的。譬如说,有犯人和我说林××在故意整我,我肯定不会信。如果说是姜××,哪一天他突然进来和我说,这几天狱政科要来检查,你仓库这里要整理清楚,否则一旦出了什么问题,大家都不好交代。我的第一感觉,他个王八蛋,一天没事儿干,又要找事整我了。其实我也知道,他可能不是要整我,不是对我个人怎么样,是出于维护中队的意思;但我听的跟我想的就是这个样子。这个,就是沟通不到位,脾气对不上。同样是这个事,同样李××让我整理整理仓库乱七八糟的东西,我会想李××对我很好,是在善意提醒我。为什么?因为李××经常会跟我聊天,接触得多,自然脾气就对得上。

研究者:你是不是在说,不是因为脾气对得上所以就容易沟通,而是因为沟通多了,所以脾气对得上。

林某某:对,沟通,其实就是掏心掏肺了。以前我做销售,我现在的合伙人他在车间搞生产。他和我说,一开始你要跟我合伙,我是不想。我问,为什么?他说,我有种猜忌,你很聪明,我玩不过你——意思说,今天我有一个很大的饼要给他;他估计我是想毒死他。这个饼有没有毒,我最清楚;但是他不信。后来,我只好让步;他认为我比他聪明,我比较强势么。我和他说,别怕,你百分之二十的股份;虽说你一开始投入了十几万,但我一个月一两万的工资给你发,你五六个月不也就拿回家了么;最后,你等于说股份是"干股"了;咱先试试看。后来,我们就经常一起泡茶聊天了。再后来,他和我说,我发现,我们俩是配合最默契的。现在,我和你泡茶聊天,他照样在生产线干他的活。如果我们沟通不够,他不信任我,我们俩在聊天,门关着,他就分心了——他在想,这个人是不是客户啊?这个人来订货,干吗把门关上?会不会是一个门订一万,林××和我说是八千,两千块林××自己先吞了?现在,哪怕有人和他讲,林××一个门多赚你两千你知道吗?他肯定不信。其实就是多交流,他已经完全信任我了。因为人是有血有肉的,是有感情的动物,不是物理的东西,不是说一个支架和一个齿轮只要规格一样,套上去它就能动。你平时不和犯人多沟通,你想靠一个制度,靠颁布一张纸下去想让犯人遵守,不可能的事情!

研究者:有道理。

林某某:一个警察管犯人,和我在车间管工人一样,只要你出于公心,一定不会吃亏。什么叫公心?就是公平。譬如说,对我的工人,我不占他的便宜,他也自然不会占我的便宜。我告诉我所有的工人,我相信人心会换得人心;我也不会要求你像我这样,但我一定会这样;我不会克扣你的工资,我不会强制你加班,压榨你的剩余价值;我的事情我做,你的事情你做;我有赚到钱,你肯定也赚得到。这就是公心。

研究者:中队里原来刘××的事情你还有没有印象?

林某某:有。你们警察一个团队,没有一个统一。还是回到刚才,你郑队跟我对脾气,我做了一件事儿,你感受还能容忍;换作姜××,他就会让我过不去。以前有个有组织卖淫嫖娼的,叫徐××,姜××就看他顺眼,他就对他好。这就会导致一种什么局面?一个中队两百来号犯人,有一拨儿是你能管的,有一拨儿是他能管的;你们又是轮班。那可能出现什么问题? 内耗! 譬如说刘××,今天你值班,大家相安无事,他也很老实;明天换另外一个警察值班,就出问题了。你有没发现,犯人会把矛盾激化或是搞出什么别的事出来,往往是跟你们今天是谁在当班有很大的关系。譬如说,今天这个犯人要自杀了,明天那个犯人抗改了,有百分之八九十,刚好就是那个谁在值班。你信吗? 如果这天是林××在值班,肯定就没这事儿;如果是姜××值班,某个犯人就会出事儿。

研究者:我的感觉,姜××做事挺扎实的。

林某某:他是属于有心,有热情,付出精力也很多,但他不讲究技巧。做人的工作,是要攻心,是需要技巧的,要有组织能力、领导能力。他那一套,对付我,我可能眼泪都流下来了;但他还是用这一套去对付另外的一个人,人家心里想,你他×的又忽悠我。姜××这种人,做后勤,写写档案,管理一些死的东西;监狱一针一线交给他,我相信,绝对不会丢,而且给你整理得干净利索。你把他放在改造的岗位上,他面对一两百号的活人,他就应付不了了。和犯人谈话,他经常说,"你不要说了,我讲给你听";你也知道,他真心想帮你,但你根本就听不进去,你会烦哪! 你警察和犯人谈话,不是说只是你说给犯人听,你也要听犯人说,你还要当作犯人的倾诉对象,当成犯人倾泻的垃圾筒。

研究者:你这个要求,对大部分人来说,有点高。

林某某:那个"夜半心声"的主持人,有好几个自杀了。为什么? 他听太多的精神垃圾,最后像演戏一样会入戏,把自己绕进去出不来了。犯人的想法会通过行为表现出来。你感觉他有异常了,就要马上和他沟通。和他沟通,他说的很多都是废话。为什么? 他倾诉、发泄嘛,当然全是牢骚话。不管你接受不接受他的观点,你都要听。如果你很粗暴地说,你尽说些废话,别说了。如果没让他发泄,你和他说一大堆;他根本就没听你在说什么;他低头还是在想自己的事,他还是在自己的想法里绕。你让他讲完了,你才知道他在想什么,你才知道他的平衡点在哪里。你把他心理搞平衡了,他心里舒坦了,也就不会给你搞事了。我老婆问我,你们里面会不会打人? 我说,不会;你外面有什么"三高",在里面住上三两年,不用吃药打针,全都好了;什么卫生什么的,每天都洗澡,人家警察还怕你生病呢;里面主要的,就是精神的压力,还有一个是没有自由。如果你警察把他心理搞平衡了,他干吗给你添乱? 犯人很多事件在出,真的和你们哪一个警察当班关系很大。譬如赵××,一拨人想,完蛋了,今天赵××值班,要小心点儿;但他今天当班,又有很多人很高兴。作为警察,就应该今天你当班,没人高兴也没人害怕。这才正常;这就是公心嘛。今天李队值班,我会很高兴——晚上我可以穿个短裤在各个号房逛来逛去;今天姜××值班,得小心点儿。林管教值班,每个人都很高兴。我经常说,做监狱改造的警察,林××是最合格的——他值班,我不会感觉到有压力,也不会高兴。这才是正常。应该来讲,一个监狱、一个中队,不管哪一个警察在值班,这些犯人都应该很平静;把你们每一个人都当作"警察",就是只有"警察"这两个字代表的符号! 看到谁值班,有的犯人害怕有的犯人高兴,这就会造成振荡! 说不好听的,你们改造没有标准了!

研究者:你这个说法,很新鲜,很有意思。

林某某:今天你赵××带队,每个犯人都高兴——今天肯定早收工;换李××带队,犯人说,他×的,晚上收工起码拖半个小时。赵××想早下班;李××巴不得你犯人多干点活。按标准,我相信司法部肯定都说了,该几点就几点;你不要提前,也不要拖。这样子,是不是犯人就习惯了,就不用关注今天是谁带队了? 这就是标准。再譬如姜××,他×的(晚上)八点半就给你收号了,犯人就很郁闷了;如果是赵××,只要狱政科今天不检查,电视你们多看一个小时,大家很高兴。这就是没有标准,由自己的个人喜好影响犯人。在监狱,你们可能觉得这都是鸡毛蒜皮的琐事,但往往大事都是靠这些积累出来的。你这一点儿无所谓那一点儿无所谓,等到大事出了,再一窝蜂地搞什么大整顿,有用吗? 如果平时你有标准,犯人就觉得很公平。你不让带茶叶进来,你就都不要带;烟不能拿进来,都不要拿。姜××就发生这种事,他亲口和我说——你老婆来接见给你带来两条烟,我没给你带进来;现在什么东西都不准带来! 等会儿我回到号房,某某人的东西还能进来;我还亲眼看见姜××帮人提东西进来。你说你让我怎么想;我就不爽了,凭什么! 是不是? 要不你就一刀砍,都不能带。你说他有关系? 好啊,那我也找关系! 后来,我就叫孙××帮我提进来了。犯人哪有好坏?! (即使)那些杀人放火的,他有本事在看守所等到法院宣判再送到里面来,已经历练得该顺的都顺了;进来有吃有睡的,他何苦再去自己折腾自己! 如果他又搞出什么事来,那都是你们警察折腾出来的。

研究者:刘××的事儿我印象比较深。他当时在生产现场瞎逛,我让他回去,最后闹起来了。你能不能以刘××为例说得再具体点儿?

林某某:刘××的事儿,很简单。姜××、李队,包括江队,他们已经把他当成——就是说——这个人只要相安无事就好了。然后呢,他们就用"宠"的手段——你要什么东西,只要不违规,我就给你。人的心理有时候会膨胀。他(刘××)就觉得,队长、副队长包括指导员都没有跟我这么"刁"过,你一个新来的小分队长,你凭什么? 你肯定想,我是警察,你是犯人,难道我连这点权力都没有! 那我还上个屁班! 在他眼里,好啊,你要跟我这样,我就折腾你,我就给你看看。他心知肚明,知道说为什么他们三个人对我好,就是怕我抗改! 我手上唯一的王牌,就是抗改。现在有人跟我过不去,我只能把王牌亮出来。他就是想弄点事儿,让你难堪。管理要能松能紧,你警察不能说那个犯人是老抗改了,就不要理他;他就会无法无天。李队觉得,弄台好机台给他,他就没什么事了,这是把他简单化了。你们内部肯定就某个人怎么样怎么办很少沟通。如果你有和三个领导说,刘××不能这么个管法;他们中有一个资历比你深、功课做得比你多的人和你说——你是看表面,我来讲给你听;他和你说了,你理解了,心里自然就不会看他不爽了。我心里经常说,这帮哥们儿,整天瞎搞! 江队过来和我说,林××你怎么样怎么样;等会儿李队又过来和我说怎么样怎么样;姜××又和我说一套。你说人家怎么弄? 到底听谁的? 这个样子,犯人会玩你警察的。犯人他挑点事儿的话,扔把刀子,你们去捅吧。一个中队也有那么多警察;人多的地方是非就多。要不你们经常出现,要不那个人调到另外哪个中队吧;内部有矛盾了嘛。你说你们一天上班那么几个小时,有什么矛盾啊? 我和你说,有矛盾,都是犯人挑起来的。

研究者:简单地说,如果大家对刘××的管理策略一致,他也不敢跳出来。

林某某:对啊! 譬如说刘××跑几趟厕所。李队感觉,这个人今天已经很乖了;你当班,你说,他××的,人家都老老实实坐着,就你一个人老往厕所跑;他心里想,我经常就是这个样子,就你和我过不去。事就来了。是不是? 一次两次,他也会忍你;时间长了,次数多了,肯定会爆发。

研究者:最后中队把刘××好好收拾了一顿,其他的犯人怎么看?

林某某:其他人就是看热闹啊,没有人会上心啊。你们就是打死他,也没有人会同情他。

研究者:不是说同情他;会不会有人想,我以后不能这个样子?

林某某:换成是我,我反正没什么感觉。我感觉,吃饱了没事干!

研究者:你是说刘××吃饱了没事干?

林某某:刘××吃饱了没事干;这些警察也是吃饱了没事干! 我会感觉,好好的怎么会出这种事呢? 就是说,平时没人会猜测说会出这种事。如果这个事一出来,犯人包括我会说——我早知道。就是说,这个危险已经潜伏了很久了,你们管理不到位。现在又不是(有人猜测说会出这种事)。这说明这个事件不是必然的,是偶发性的。这就是和谁当班有很大的关系。你不信回去翻翻档案,监狱发生的大的违规事件,都跟今天谁当班有很大的原因。

研究者:还有件事儿,我一直有疑惑。我当分队长时,有一天一个叫牛××的组长被另外一个犯人打了;我很生气,把这个犯人一通扁。现在想起来,是不是牛××做了个套?是不是冤枉这个犯人了?

林某某:犯人整犯人嘛!牛××看这个人不爽,他找茬借你的手整他啊。因为是组长,牛××自己会定位,他知道,至少在心理上你会不知不觉地相信他。打个比方,我跟李队说一个犯人不好。说一次两次,李队咬咬牙就过来了;我一连说五天。你信不信,李队拿着橡胶警棍就去揍他了。

研究者:我那天揍了这个犯人以后,其他的犯人是怎么看的?

林某某:别人会说,今天郑队长心情不好,估计吃错药了。你噼里啪啦扇他两个耳光,别人还没回过神来,还没来得及看热闹,事情已经过了。最后犯人在议论什么呢?纯粹是茶余饭后聊天——今天郑队长扇了谁谁谁两巴掌,很重;他描述得绘声绘色的。其实,没有一个犯人会去深刻地分析这件事。

研究者:我想知道,这种事情对其他服刑人员的改造,譬如说规范意识,譬如说对我的看法,会不会有影响?

林某某:不会!对当事人会;其他人真不会!如果今天他这个事真的是做错了,他以后就不敢了;以后做事会小心,他会特别对你小心,在你当班的时候他会很紧张。如果说这个事情你是冤枉他的,他会记住你——因为都是成年人了,你骂他几句没关系;你使用暴力,人家就会记住你。

研究者:你的意思是骂犯人两句,他感觉没什么?

林某某:骂没什么;如果你甩他一巴掌,他会记你一辈子。因为这是尊严的问题。

研究者:骂也会涉及人的尊严。

林某某:犯人有一种定位,我现在是一个犯人,丢人早就丢大了,骂我几句损我几句,无所谓了,不差这一点了。但是动手打,不行。当然,骂人对人的感情也是一种伤害。我老婆骂小孩,我和她说,"每说一句伤人的话你就往墙上钉一个钉子,等那一个你想通了把那个钉子拔掉——想通一个拔一个;最后,钉子肯定能拔得完,但是墙上全是洞,你堵不了;你用白灰去摸,和原来墙的颜色也不一样了。"你要求一个人不钉钉子也不可能,能做到的只能尽量少钉。犯人也是一样。你今天骂我,不管我是错的还是对的,我永远会记住。如果你那一天和我说了,还给我倒茶,说,"那天我骂你不对,你能原谅我吗?"在表面上,我肯定也会说:"没事了,郑队长你不用放在心上,过去了就过去了。"实际上,你让我真正忘记你骂的我那几句话、忘记你扇过的那一巴掌,是不可能的。即便我自己想忘也忘不了,因为我内心里始终都说服不了自己,过不去那个槛。即便你当着全中队犯人的面向我道歉,也都没有用!以前在入监队,我印象最深的,让我最藐视、让我最看不起的是那个周队长。那个人是在犯人面前找感觉——他很喜欢在犯人面前搞得好像他能呼风唤雨一样。管犯人,你要赢得犯人发自内心地对你的一种敬畏;对(周队长)那种人,我是怕,是发自内心的鄙视——你不是警察,说难听点,你根本就不是人。他会干吗,你知道吗?今天某个人一点儿鸡毛蒜皮的事情,他把整个入监队召集起来,全部给你蹲着;脚不能换,你一换脚,他一脚给你踢过去;蹲四十五分钟一个小时,很多那个老人家,直接倒下去;他站在铁门那边,还那种表情——不是很严肃的,好像在玩儿,在要人。改造,本来是件很严肃的事儿。家里打小孩,给他一巴掌,你脸上的表情要很严肃,告诉他——我很生气。你不能给他一巴掌,还跟自己老婆说——好玩儿。你玩他,犯人不会服你;他只会心里骂,他×的,故意耍我。犯人会怕他吗?很怕。他值班只要一走入监队的走廊,犯人连大气都不敢喘。

研究者:你说起这个怕,我心里还一直有个疑问。有的民警打犯人,犯人怕,但是他当班,犯人秩序确实是好。你说让犯人怕,从管理的角度考虑,好不好?

林某某：通过让犯人怕你来维持秩序，这是一种简单粗放的方式，是没有用心。国家花那么多的钱，雇这么多的人，本来是让你用心一点儿——不是说关他十年放他出来就好了。什么叫改造？改造不是让你看着他不让他丢了就行了！学校一节课四十五分钟，不是老师一人放一本书在学生桌子上；不是你学生老老实实坐在这里自己看吧，不老实就揍。回家，父母问，"你今天有上学吗？""有！""老师有在吗？""有！""老师上课有没有迟到或者拖堂？""都没有！"问题是学生这样读六年书有用吗？！监狱警察其实跟老师是一样的。

研究者：你说到这儿，我还有一个困惑。老师教学生，如果用心，可以帮助学生成材。我们一直说改造，以你的感觉，这个犯人究竟能不能通过改造改好？

林某某：犯人改造要改好，关键是成本。问题是你国家有那么大的成本吗？

研究者：你的意思是说，如果投入足够，犯人能够改好？

林某某：我举个例子。你一个中队，九个警察，改造二百多号人。人均一个警察二十多个，能让犯人改造好！？你现在一个中队九个警察都养不活，还要靠犯人干点儿活！

研究者：说得再明确些，你的意思是如果下的力气足够，犯人还是能改造好的？

林某某：对！如果国家真的下足了力气，是能改造好。你们警察——我敢说百分之九十的警察——每天上班管理犯人，就像放羊一样——早上把羊赶出去吃草，别把羊搞丢了，晚上再一只不少的收回来就行了。没有一个警察真的会想，这个谁谁谁，好好和他说，他出去真的还行。我爷爷是个老干部，他们以前土改的时候，是真心想为老百姓做点事儿。你们现在的警察，有哪一个真的是想把犯人改好！？说不好听的，如果你不整天搞形式——没文化的该扫盲的扫盲，想学点东西学点技能的给他提供条件，这不都是功德圆满的事吗？

研究者：你说的这些事，现在里面不都是在做吗？

林某某：做是做，但都是流于形式，没有真正用心，不是真正发自内心的。你像林××，应当说，他是真正想做，但他只有一个人啊！如果一个中队九个警察，大家都像林××一样，有时间就找犯人谈话、聊天、沟通，会不会很和谐？肯定的！像现在这种状态，监狱是没有任何的改造上的意义！在里面，个人自己改造自己可以，就当是闭关修炼。

研究者：你说犯人要有自主改造的意识？

林某某：嗯。单单靠别人强制，是没有用的。坐了两年多的牢，我从来没觉得这是我的耻辱，我觉得这是我人生的一种阅历，一种历练，我得到了很多东西。如果说我现在很好，我会告诉人家，"那是因为我前面有坐了两年多的牢。"这个东西，不是你们任何一个警察给我的，我只能对那份经历感恩；我没办法对你们某个警察感恩。如果有的犯人是因为外界的影响，譬如说在里面待了五年，你这个警察怎么样去改造他，等他出来以后，他觉得有用，真的有用，他会发自内心的对这个警察感恩，说，"当初如果没有这个人点化我，就没有我的今天。"你一个警察，就要像佛家说的，能渡一个算一个。你监狱四五百号警察，一个人一年渡一个，一年还是四五百个！对不对？问题是，四五百号警察，每一个都在说——只靠我一个，没用啊！最后呢？连一个都没渡成！其实，人在那种封闭的条件下，是最容易被改造的。那个传销，都能把人弄成那个样子！他又没有武警拿枪！他都跑不出去！何况你监狱还有围墙。传销靠什么？你监狱就没有一个人像传销那样用心，那样敬业。

研究者：也就是说，不存在改造有没有用的问题，关键是你怎么个改法？

林某某：对！现在监狱里的改造，根本就没有一个人把它真的当回事，都浮于形式了！

研究者：你有没有印象当时里面有哪一个犯人对我有意见？

林某某:没有。

研究者:那有没有哪个犯人对当时我们队里哪一个民警有意见?

林某某:嗯……好像也没有;时间太久了,我印象不深了。嗯……当时有那么个把人是想给李队找点事了;有好几个人。

研究者:是因为什么原因?

林某某:因为压力,李队他管生产的,他生产抓得紧。关键还是因为你们警察的队伍里不纯净。譬如说关系犯——这个是肯定有的,在中国这个社会这个避免不了。譬如江队的关系,他们(江队和被关照的犯人)两个人心知肚明,但是李队不知道。李队知道也好,不知道也好,他都可以不卖这个关系犯的账。犯人就觉得,你是在故意和我过去——有时候也不是李队故意和他过意不去,只不过是额外没有关照他。在犯人眼里,他就觉得你这个人不开窍;他也不是对你有很不好的想法,就是想故意给你找点麻烦,让你开开窍——看你能把我怎样? 我也不犯什么大事,我就搞点小违规;你想扣我两分——你扣不下去,因为我上面的人会帮我摆平。这样你不就明白了嘛——以后不要管我了! 你队伍如果够纯净,就没这些事儿了! 或者你们内部事先就沟通好——这是我的关系户。这样不也就没事了吗?

研究者:犯人在里面,最关注的是什么事?

林某某:你要让他踏实。那些刑期长的,他会害怕——怕出去和社会脱节,还怕出去前途渺茫①——因为无所事事。我和你说,从小学到大学毕业,得十五六年吧,但没有一个学生感觉自己前途渺茫。为什么? 因为他每天都在学习,每天过得都很充实。在监狱待上五年,关键是他不知道在里面应该做些什么? 不知道怎么规划出去后的日子。

研究者:你的意思是他需要有人帮他设计以后的出路?

林某某:譬如说这个人以前在外面是做业务的,如果你们警察说,要不我给你提供一些相关的书籍,或者给你看一些讲座,反正你三五年出去,别拉下,继续发挥你的特长。是不是? 你没有。他想,我原来卖 VCD 的,五年后出去,我卖什么? 到时候,VCD 都没了! 现在好多犯人出来了,手机都不会用。在里面,你拿一部手机,也不用放卡,教教大家,让大家玩一玩——'哥们儿,你进来六年了,是不是? 现在外面的手机都变成这样了,你会不会用? 不会? 我来教你!'我跟你讲,这样他心里就踏实了——现在手机是这个样子了,出去,我也会用。这其实就是一种科普的工作,包括电脑——电脑你以前按键,现在是触屏的了——他出去都找不到键盘。这些东西,他出去了,三个月也能学得会;但就是这三个月,他会很消沉,精神的压力会很大——人家五岁的小孩子手机都玩得很溜,我什么都不会,看看看不懂。

研究者:我以前只知道他们需要亲人的关爱。

林某某:那一种,是一种精神上的支持,也需要。譬如今天接见,没接见前,很兴奋;接见以后,其实那个晚上都睡不着的。为什么? 因为外界给他带来很多的信息。晚上躺在床上,他翻来覆去在想——外面现在都这样了,那我出去后怎么办? 犯人你每天就很机械,像一只羊一只狗一样每天赶去车间干活。然后,喊——"收工。"晚上吃完饭,看《新闻联播》,再然后,门一关睡觉了。明天早上起来,又重复这一套。如果你问一个犯人,"你有没有下一步的人生规划?"犯人听了肯定会笑——"郑队长,在里面我规

---

① 担心刑释后的就业前景,应该是困扰犯人的普遍问题。埃德加(Kimmett Edgar)等人的调查同样印证了此点,他们说:"Most evidence are the material deprivations of prison life, isolation from families and reduced prospects for future employment。"(文见 Kimmett Edgar., Ian O'Donnell & Carol Martin., Prison Violene: The Dynamics of Conflict, Fear and Power[M]. New York: Routledge,2011: 2.)

划个屁!"其实是你们在里面没有提供条件支持他这些(做人生规划)。如果有犯人和你说,"郑队长,我规划以后出去干什么干什么。"我敢说,你们警察有的还嘲笑他——"老老实实在这里待着,现在想这么多有什么用!"经常,有警察和犯人说的一句话是什么? ——"不要想太多;想那么多有什么用! 这几年老老实实在里面待着"。其实他心里怕——这几年我在这里待过去了,以后怎么办?!

研究者:按你的意思,如果有警察给犯人讲现在外面的事情,让他尽量不与社会脱节,他会很高兴?

林某某:那肯定的了! 我和你说,如果哪一天中队组织一下,搞个科普,就拿一部智能手机,说,"这就是所谓的苹果6;先简单示范一下——这个开机,这个是微信,这是语音,这是看电影的什么;来来来,每个人轮流摸一下,图片划一划。"(犯人会)"咿……现在科技这么发达。"今天收工的时候,如果犯人和别的中队遇上了,他肯定说,"今天郑队长拿苹果6给我们玩了,现在手机真是太好了,出去我也搞一个。"他会觉得这个社会一直发展,日子美好,他也能跟得上。那个电视,一天就让你看那一会儿,接受的信息太少。很多犯人,他的心理年龄一直都停留在出事前,然后出来,他没话跟人家讲——因为他一直和人家讲十年以前的事;十年前的事,几乎没人愿听。我刚出来,我父亲跟我说,"你是不是给关傻了?"我哪里有傻! 是我不知道跟他们讲些什么。我的心理年龄也一直停留在出事前,这也是监狱改造的失败!

研究者:你说监狱在这些方面应该做些什么?

林某某:你譬如说一些杂志,特别是社会类的杂志,多给犯人订一些。科普类的,像汽车杂志;不要那些《故事会》了,也不要那些太专业的东西——什么法律啦! 狗屁不通。

研究者:让犯人听广播,可以不可以?

林某某:也可以啊!

研究者:我一直有点想不通,监狱为什么不让犯人听广播?

林某某:许多信息,你们管得很严的,说是怕影响犯人改造。譬如说,哪里发生了什么群体事件,哪里发生了什么越狱——这种信息好像说是对犯人不利嘛。实际上,犯人哪里有感觉?! 这跟我有半毛钱的关系! 难道说我听了别人有越狱我就会想越狱? 是不是? 这有什么大不了的? 太刻板! 电视里演新疆有闹事,也不让人家看;犯人也不是暴恐份子! 犯人每天就是两点一线——车间、宿舍,宿舍、车间。一个月两个月,行;三年五年老是这样,还有十几年的。你给他控制信息量;他一旦出来,根本就不知道社会变成什么样了,就让人看起来幼稚——连朋友都没有了,只有狱友了——这几个哥们儿电话一打,问,"你过得好不好?""不好!""要不咱俩再去干一票?"

访谈记录二

时间:2014年12月16日15:20—17:00。

地点:FJ省ZZ监狱严管监区监舍。

对象:苏某某,1982年2月出生,福建龙岩人,初中文化,因敲诈勒索被判刑4年,2013年10月8日入监,刑止2016年10月8日。

说明:自监狱周例会通报知近日发生一起服刑人员严重违纪事件,笔者决定就此事件当事人开展个别访谈调研。后文的"访谈记录六"、"访谈记录七",是本次访谈的延续。苏某某的"严管"审批表上载明:"该犯从2014年11月27日至今连续多日故意不完成任务,不按规程操作,故意损坏机台,导致机台无法正常使用。民警2014年12月10日找其谈话,该犯说是罪犯骨干故意针对他,对民警的教育引导不理不睬。在 13 日民警再次找该犯谈话了解情况时,顶撞民警,且扬言'有本事就弄死我!'后值班长找该犯做笔录时,该犯不回答民警所问的问题,态度十分嚣张。在 14 日早上出工时冲出队列,被三互小级制止。"

访谈记录:

苏某某:这件事情是 13 号发生的;跟组长有关系了。9 号礼拜五,我原来做的那一道工序做完了,组长给我换道。第二天,管我们分队的那个干部和组长讲:"给他定任务;这个月他完成不了任务就扣他的分。"我当时也没讲什么,是不是?(咳嗽)

研究者:是不是有点冷?我把窗户关一下。

苏某某:那一道我刚刚开始干,他(组长)给我定的任务就是六百;第二天下午,他又让我做小工去"烫料"。那一天我(踩车的工序)做了三百五;"烫料"烫了两个多小时,烫了一百多。吃饱饭我刚好洗澡,有一个同改来和我说组长叫我过去。我过去;他(组长)问我(今天踩车的工序)做了多少。我和他说差不多做了四百——我也没记账,准确的数字也不知道。他叫来(在我做的工序)上下道的(同改)问了好几个,都说(我)没做那么多。我说就大概四百左右;我也没百分百就四百。我跟他(组长)讲:"我刚刚做(这道工序)第二天(肯定得的慢);我还要质量做得好一点;我'烫料'的(活)是不是也要算(任务完成量)?如果不让我去'烫料',那两个多小时我也能做一百五,是不是?你任务给我订六百,我完成五百二三,也不用去'帮教',是不是?"后来就和他争来争去。他说:"反正你有的是理由!今天晚上就不报你'帮教'了;礼拜一出工你还是'烫料',你要给我烫到八百。"我说:"我刚学的,我尽量去干,最多也只能干到六七百。"后来再争来争去,两个人就吵了起来。我和他讲,"你做人差不多一点儿就可以了"。我也没骂他什么,没怎么着他。他说,"他×的,你算个×"。我说,你也是。后来有同改叫我;我就回号房了。晚上点完名,(组长)报我"帮教";我不服气,就没去。

研究者:组长一开始说不报你"帮教"了;后来你们俩吵起来,又报你"帮教"了?

苏某某:对。如果我们俩没有争争争,吵吵吵,(组长)也不会报。

研究者:现在这个"帮教"是怎么个"帮"法?

苏某某:(劳动)任务没完成,还有没有紧张感的,就在 2 号房门口走廊走队列、唱歌;"帮教"还要洗(装剩饭的)桶的,(出工的时候)还要倒垃圾的。

研究者:那天组长让你去"帮教",你没去?

苏某某:我没去。他(组长)乱报,我不服气。

研究者:那你有没有向干部报告,说一下情况?

苏某某:我本来要去找我们张监区长的;后来(张监区长)告诉让我去找我们大组长。我去找过大组长两趟;他在阅览室和我们张监区长聊天。第一次,我在阅览室门口和他(大组长)说,"老蔡,我找你有点儿"。他说,"等一下"。再后来,我叫那个陈××到阅览室里面和老蔡(大组长)说一下,我找他有事儿。他(大组长)让我明天再找他。周六早上,我又去找他(大组长),跟他把情况说了一下。他跟我说,"我会去跟组长讲,你反省就不要了,'帮教'也叫他(组长)给你划掉"。礼拜天早上八点多,有一个同改和我说黄队叫我。估计那个组长和这个黄队就是关系户;我是没关系的,是不是?!礼拜天早上,那个组长和黄队在一起讲了很久的;我也看到了。我不知道他们在说什么,应该是说我和他(组长)吵架的事。那个黄队(平常)对我还可以——电话他有帮我打过。

研究者:帮你打电话和家里说说你在里面的情况。

苏某某：对。帮我打电话叫我哥哥往我账上寄钱，还有帮我问一下家里我老婆她们怎么样。他（黄队）打我，我都不会怎么样，我都会心服口服。

研究者：黄队有动手打你？

苏某某：我慢慢和你讲。礼拜天早上，黄队找我。我走过去（靠近民警值班室的号房走廊尽头），就这样子蹲下去，"报告黄队"。他（黄队）一巴掌打过来了。我也没怎么样，我没吭声；我脾气也很暴的，别的干部这样子的话我肯定会大声喊——"干部打人啦！"。他说，"你搬到2号房（'严管'）去"。我说，"我不搬"。他又打过来，连打两巴掌。我还是没吭声。这时候，值班室有三个干部出来；其中一个是值班长陈××。我跟黄队讲，"黄队，你也没问我什么情况（就打我）"。那个陈××说，"他×的，你还命令干部啊?! 你还指手画脚地教干部怎么做，是不是?! 干部想要问你就问你，不想问你就不问你"。他（陈××）过来打了我四巴掌，还又我的脖子；他跟我有仇，是要报复我的。

研究者：你们俩个人以前多多少少发生过不愉快？

苏某某：我和他的关系户林××闹翻了。另外两个干部没动我一下。那个小周干部让我冷静一点；另外一个陈干部是管我们分队生产的干部，他知道我的脾气，怕我激动起来，说，给他上上铐。

研究者：你的意思是，陈干部给你上铐本身是为你好，怕你激动作出格的事来？

苏某某：对，也是为我好。陈干部是管我们分队的，他说，"我几天没来上班，你们就七搞八搞"。他没动手打我。我说，"我没乱搞，我也不知道怎么会搞成这个样子"。这个组长平常和我关系还很好——他没当组长的时候我经常和他有说有笑；他当组长后，我也很尊重他，他也有照顾我。有一回，（我做的工序）出现质量问题，那个袖口高低一百多件，他也没报我怎么样；一般这么大的质量问题，是要扣分，是要去2号房"严管"的。（他照顾我）这件事我也记在心里。以前，黄队一个关系户和他吵，都快打起来了，（他）也没怎么样；就是这个月的8号，一个叫梁××的因为生产问题也跟他吵，最后也没有怎么样。

研究者：你的意思是说有好几个人和你们组长吵架，最后都没有什么事；以前你们关系还不错，但这次他突然翻脸不放过你了？

苏某某：对，我也搞不清楚他为什么突然会是这个样子；肯定是有原因。周一早上出工，我在队列里看到有一个"白衬衣"站在那里，应该是监狱长，我要找他（反映情况）。

研究者：你冲出队列想要找监狱长反映情况，那你有没有想过先找你们的监区长反映？

苏某某：没有用的！那个×监区太黑了！简直是无法无天了。×监区的"骨干"比干部还大，×监区"骨干"说了算。以前"骨干"好几个打一个人，都是被监区长顶掉。有一个万××被"骨干"打，也是冲出队列去找一个科长（反映情况）。听说他（那个科长职务）也是很大的，也有去监区了解情况；最后也没有用。我们监区长和上面科室关系很好，都能顶得掉。

研究者：我看材料，上面说你周一早上出工的时候穿着拖鞋，是不是？

苏某某：我穿拖鞋就是要让监狱领导看的；他看到了，会问（是什么）情况。我就说干部打我。我是故意（违反规定）穿拖鞋的。我被打是很冤枉的，我一句话都没吭声；我连减刑的条件都没有了。

研究者：你被送来"严管"，就是因为冲出队列？

苏某某：还有那天我跟那个打我的陈××说，"你×的；你本事，你有种，我们俩一起去见监狱长"。

研究者：是陈××干部打你的时候你说的？

苏某某：是第二天。他礼拜天打我；周一早上要出工的时候我和他说的。礼拜天，他打完我，要给我做笔录。我不给他做，我不跟他讲话。他问我几岁；我一句话没讲。他（又）找了几个人做笔录；他没念给我听；我也没签字。到时候我也有话讲。别的干部来找我做（笔录），我肯定会做。他等了半年多了，他一直找机会要整死我;我一直没犯错(他没机会)。

研究者:你为什么会说陈××干部一直找机会要整死你?

苏某某:我早就知道不要落到他手上,落到他手上他就会整死我,前半年我就知道了。反正我就知道了,这个我不会去讲。我一直都很小心;他一来上班,我就很小心做事情。

研究者:事情的经过大致就是这样吧?

苏某某:这次(组长和我过不去)肯定是有原因的。这件事本来是没什么事,本来是一点事都没有的。那天晚上我是要去跟我们张监区长讲的。后来我一想,就这么一点小事情就不要再去找干部了,去找我们大组长处理就可以了。以前也有(组长)让我去"帮教",(找过大组长后)我也没去;这次就不行了。

研究者:你揣测一下,组长和你过不去,可能是因为什么?

苏某某:(同改)郭××和组长都住在12号房,他们关系很好。9号那天,我到12号房问(一个人)超市的刮胡刀多少钱,他(郭××)就一直讲(我)"串号房串号房";我和他有吵吵几句。后来,有一个"骨干"过来,叫我"回去回去"。我(回去)走到10号房门口,他(郭××)跟别人讲,"你看那个'一坨屎'"。我就×他:"他×的,你好到哪里去? 你算个×! 整个监区谁不知道,你垃圾一个! 像狗屎一样!"估计是因为这件事;我也不敢确定。跟我吵架的郭××和那个组长,都是打我的陈××(干部)的关系户;他们都是漳浦的。黄队长和我讲:"(生产)任务没完成就是没完成,你还想怎么样?!"(实际上)一个监区,任务(完全)完成了的有几个? 你可以到监区找那个记账的本子来看,都是完成得很差劲。我可以这样讲,我干得还可以。

研究者:平常每个月的考核你都是拿几级达标?

苏某某:(讪讪地笑)这几个月都是四级,我干的活都是比较简单的。以前我没踩车,做了一年多的小工。不要(用)急,每个月都拿三级(达标)就行了。本来我年底有个表扬就可以(减趟刑)了;现在(因为出了这么个事)就没有了。我都有写信回去给我哥哥,让他帮我开困难证明,缴一点罚金(就可以减刑了)。现在都这个样子了,罚金交了也没用了。

研究者:如果现在的情况你老婆和哥哥知道了,是不是也会很灰心失望的?

苏某某:是啊。减刑也减不了了。年前他们来接见也都见不到我了。我老婆、小孩都很久没来接见了,年前她们肯定有来的。

研究者:我们暂且不论这件事是谁对谁错,你现在会不会感觉这件事搞成这个样子很不值得?

苏某某:肯定不值得。这件事我也很冤啊。(说我)顶撞干部什么的;那天在监房,我根本就没顶撞。和我有过节的那个陈队问我几句话,我只是没说话,这怎么就算是顶撞干部了? 如果只是黄队打我,也就算了;他们(黄队、陈队)两个人打我。以前我也不是没被干部打过——12年的时候,我刚下队,也被那个孙××打过。那个沈教一天找我好几趟,找我做工作;我的几个老乡也有找我——沈教让他们做我工作。那个洪××管教,还有兰××管教,都找我谈话。(这样子)打了就打了,反正也就算了。这次早上出工没有发生这样子的事(冲出队列),(到了劳动车间)沈教正好是当天的值班长,肯定也会找我谈话,百分百会找我的——(因为周六周日沈教没上班,事情周一早上就发生了)他没机会找我谈。(事情让沈教处理,)他一般不会送谁去严管,会给我机会的。他以前也有给过我机会。他会骂、会×,不会动手打我——他脸都黑下来了,手这个样子戳我的额头骂;(他)指头都戳到我的脸上了,"你算个×,你也不看看你是什么身份! 你穿什么衣服! 有本事你别进来,有本事你别到我的监区"。

研究者:沈教导员骂你,你可以接受?

苏某某：我接受，因为他从来就没有动过我。他是管改造的；如果他不骂，大家都学我，他还管什么，对不对？我就很佩服这个干部了，我很尊重他，在我们监区，他做人没得说。有时候，我们找他有什么事情，他也会帮我们解决。像我的购物卡找不到了，跟他报告；他也会和超市说让我先签单。

研究者：现在你是不是感觉当时自己冲出队列有点冲动了？

苏某某：这个没办法，火气头上。我在2号房（"严管"时）就和同改说，"这次谁来找我都没有用，我一定要去找监狱长"。以前冲出队列，还不会（处罚这么重）。以前我们监区有好几个冲出队列的，都没有这个样子。现在监区大会上有讲，冲出队列都要送"严管"。他们做得也很过头，如果（在监狱里面）告他们没有用，出去再往上告嘛。

访谈记录三

时间：2014年12月17日14：30 - 15：50。

地点：FJ省ZZ监狱×监区服刑人员活动室。

对象：王某某，1984年2月出生，福建泉州人，初中文化，因诈骗被判刑10年零2个月，2013年4月8日入监，刑止2021年4月27日。

郭某某，1976年5月出生，福建漳州人，高中文化，因信用卡诈骗被判刑2年零3个月，2007年1月刑释；2014年4月22日再次入监，刑止2015年11月27日。

说明：王某某，是上文"访谈记录二"中服刑人员苏某某提及与其发生冲突的"组长"。为深入了解事件原委，笔者决定到×监区和王某某聊一聊。在×监区监舍走廊，一个服刑人员向笔者打招呼，此犯即郭某某。笔者在押犯一线工作时，郭某某曾在笔者所在监区服刑。聊了几句，郭某某表示，"丢人得很，又进来了"。郭某某对笔者表现出很大的热情；于是，本来计划的与"组长"苏某某的个别访谈，最终成了"三人访谈"。

访谈记录：

王某某：他（苏某某）生产上干不起来，我就和我们分队长汇报。分队长找他谈话的时候，他的态度很不端正了——就这个样子手在脖子后面挠啊挠。他也算是老劳改，以前在龙岩有坐过牢。他说，"关你屁事"。

研究者：你的意思是，分队长找他谈话时，你在现场，他跟你说"关你屁事"？

王某某：对啊。第二天，分队长叫我给他定（生产）任务。那一天，他在生产线上就换了三台机子。

研究者：他说劳动用的机子不好用？

王某某：对。这台不好用那台不好用。我看着实在是很火，因为（生产）流水线都让他搞乱套了。后来，我就叫他去"烫料"，做小工。晚上回来，记账的时候（发现）他任务就没完成。我们问他完成了多少；他也说得含含糊糊的——说四百左右。我就把（在）他上下道（工序）的叫过来问；实际（他完成的）可能就是两百多"烫料"烫了一百多。那天晚上干部就叫他去学习；他没去。（因为我们）分队长那天晚上没在，我就没说什么。到了礼拜天，我们老黄分队长就很生气，叫他马上搬到2号房去"反省"。他态度非常不好，说，"我不去"。老黄队长很火，骂他。"你有本事就弄死我！"他就这个样子和我们老黄队长讲。后来，陈队长就过来，说，这种人不用和他多说。陈队长给他上铐铐起来。那天的值班长陈××队长要给他做笔录；他就不理他，还挑衅他。

研究者:他怎么个挑衅法?

王某某:他就说,有本事你来打我!(陈××队长)做笔录时候问他话;他一句都不讲。后来,没办法,又叫他面向墙蹲着。他不蹲,直接坐在地上。做笔录时,他不配合;就叫我们几个"骨干"过去做笔录。后来,又叫他过去(做笔录);他还是不配合。第二天出工的时候,队列走出那个铁门,他就挑衅我们的值班长陈××队长,就说,你把我送"严管",否则我每天都怎么样怎么样。

研究者:我有去找他谈过。他和我说,平时你对他还是蛮关照的。他特别提到,有一次他做的袖口高低有一百多件,你也没有报告给干部。他现在搞不清楚为什么这次你就不放过他了。

王某某:我已经放过他好多次了。我们几个在三分队的时间比较长,都是老犯了;(和他一起处久了,)人总是会有感情的。(我)能帮忙的尽量帮忙,特别是我当组长也没多久,才两个多月,希望就是人心能多拉拢一些。结果,这个×人。那次我刚当组长,他(生产)出质量问题出了一百多件。能处理的,比较小的,我就帮他处理了;他之前出质量问题还出过一千多件的。如果(出质量问题一百多件)再给他报上去,(干部)肯定要扣他分。他马上就要报减(刑),会受影响。我就给他瞒过去了。反正,他干活就是磨啊磨的。

郭某某:在我们监区大家都知道,如果(谁)能让老黄队长发火,这个事情就有点说不过去了。

研究者:我听他那个说法,他对黄队长没什么意见;他对陈××队长打他,意见很大。

郭某某:他挑衅无论哪一个干部,我们都不说什么。你挑衅黄队!我们生产任务完成不了,黄队从来都不会让谁去"学习",他会一个一个谈过去。黄队找他谈话,如果他不和黄队顶,什么事都没有。那天陈××队长是值班长,不可能说他挑衅黄队,陈××队长不收拾他。我们犯人就是有样学样;如果那天陈××队长不收拾他,会有更多的人跳出来。

研究者:你像发生了苏××这种事,你们同改都是怎么看的?

王某某:在×监区,我们老黄队长是德高望重,在我们犯人群里口碑很好,威信很高——说实话,(他)有把我们当人看,给我做人的尊严。一般我们(生产)任务没有完成,别的干部让你去2号房"反省"、抄规范;黄队会问你,"怎么没完成啊?什么原因啊?再努力一点"。而且,他还会说,"你有什么麻烦,随时来找我"。苏××这个×人,真是,唉!他以前在龙岩监狱有待过,这里面的门门道道啊,清楚得很。好几任组长,都有和他发生过矛盾——他就属于比较"皮"的那种。那天我叫他去"烫料",他说:"我不烫也可以,我车工。"意思是,我干小工的活,(做小工)是给你面子。现在监狱在管理模式上也在改革,越来越文明了。像以前,这个王八蛋被打死掉都有。

研究者:我听他的讲法,黄队长和陈××队长有打他。你能不能说说,干部打他这件事,其他的同改是怎么看的?

王某某:如果是别人的事情,可能还是会有人议论。苏××这个事情,人家都在看他的笑话。他本身在×监区,名声就很臭——外号叫他"一坨屎"。每个月开完账,再过三五天,(他吃的零食还有洗漱用品)就要找人家借了。到最后,他很多账跟人家扯不清楚。经常一些小事情,他跟人家吵吵闹闹。

郭某某:能惹老黄队长生气,他做得也真差不多了。现在也不像以前——挂起来打;现在处理犯人,就是雷声大雨点小——也就是吼一吼。现在(监狱对犯人的管理)简直就是太文明了。

研究者:现在像苏××这样的人,你扣他分他也不怕——他也不要减刑,除了打以外,还有没有什么办法了?

王某某:打,像他这种德性也是没用,他也不长记性;他还会闹,就找监狱长。平常我们就很鄙视他。他进来是因为勒索,他勒索的好像是(他)的堂哥。

郭某某:我不知道"严管"是怎么个"严管"法;你"严管"要让他怕,让他觉得干活是一种享受。

王某某:(我们监区一个叫)李××(因为严重违纪被"严管")严管队回来,还肥了好几斤! 现在的组长,跟肉夹包馍一样——干部给压力,犯人就顶。他明明可以做一百,就给坐做六十,做七十,你也没办法。碰到那种老油条的,比我还大声。以前那种"跳"的,经常被干;现在,你拿他没一点办法。

郭某某:本来,快年终了,监区弄了几个平常"跳"的在2号房。谁知道是苏××先"跳"出来了。

研究者:这个我没听明白,什么弄了几个平常"跳"的在2号房?

王某某:年终了,干部准备整治一下违反监规纪律的、不服从管教的,杀杀他们的威风。

研究者:噢。是不是干部和犯人间的矛盾,还有你们组长跟组员间的矛盾,主要还是因为生产问题引起的?

王某某:对。我觉得我们监狱现在管理模式太落后了。(监狱让犯人搞生产的)激励措施不行,你除了减刑,还有什么?

研究者:你认为除了减刑外,监狱还应该出点什么激励措施?

王某某:经济上的激励啊! 生产干得好的,多给些劳动报酬。

研究者:现在是不是也有劳动报酬? 是不是多干活也可以多得点?

王某某:上个月,我们分队干到了×万(这是一个相对较高的产值),(活干得)最多的也才拿到两百多(元),做得差,能拿二三十块吧,(买点)牙膏那些都不够,只有靠给人家干点活——帮人家做内务啊,再譬如你开账我帮你背东西啊,或者是帮你洗碗洗衣服啊。如果监狱能把这个惩罚性改造变成鼓励性的,那就不一样了。

研究者:你的意思是不是说,生产任务给你定六百件,如果你做了八百件,那么多超出的两百件不说按社会上做工的同工同酬,譬如按社会上做工的三分之一或者更多点二分之一给付劳动报酬,大家就会多干很多活?

王某某:对呀。起码说,我可以给家里减轻负担。比较有良知的(同改),这个月多干点,多挣两百块;家里就不用给我寄钱了。

研究者:大部人还是有这种心态,是吧?

王某某:那肯定的。拼死拼活的,就是为了减刑。如果这个月我(考核)拿三级达标就行了,我还做那么多干什么? 譬如说你订任务给我订八百,做七百我就不用到2号房"反省"了,我就做七百好了。

研究者:是不是说,虽然现在生产看似压得很紧,实际上还是有潜力的?

王某某:当然有潜力了。现在干活干得多的,主要是卖你组长的面子。要不然,凭什么多做? 不可能说为了我们监区(这个月产值在全监排)第几名。什么学劳动技能,出去以后好就业,那都是屁话! 是扯淡!

郭某某:干活干得少,分队长会骂组长。我和你组长关系不错,你组长让我多做点,我就多做点。(如果)我不要嘉奖,我和你组长关系也不好,我凭什么多做? 要不就像二分队那样,分队长强势些,该处罚就处罚,做得少就干你。

王某某:一个分队什么样(产值做得多还是少),不是取决于组长,主要取决于分队长。我们分队长心慈手软,杀猪刀不亮,人家不会怕,(像我)做组长的就不好做。

研究者:杀猪刀怎么个亮法?

王某某:该去2号房"严管"就"严管",现在说什么感化,没用了。

郭某某:要区别对待。

王某某：就是两种方法，里面最现实的，要么萝卜，要么棒子。12 年以前，犯人可以打，活干的就多一点。反正大家都知根知底，你能干一千，给我干八百，就让你"定型"。现在呢？抄规范都不能超过两遍。有一个犯人，分队长让他抄规范。正常时间他就不抄，他睡到半夜两点，到厕所拿个（纸）箱子在那里抄。不一会，监控中心就打过电话来了。你现在棒子不能用，萝卜呢？你天天画个大饼在那儿，跟我们做诈骗的岂不是一样?! 什么改造，什么培养生产技能，统统都是扯淡！礼拜六这个（教育）视频，天天一个样，一个多月都没换了。你叫我们学习什么?! 动不动就什么佛学，什么人生，还要你做作业！反正就是发一张纸，大家抄一抄。那个（监狱统一组织的技能）培训我也去，就是搞形式，没一点用。

研究者：这个棒子，现在是不能随便用了。这个萝卜，除了多干活劳动报酬上多一些，你们还需要什么？

郭某某：精神上的。譬如说我，我渴望尊重、重视。

研究者：这会不会太理想化了？

郭某某：不是理想化。有时候，干部不经意间的一句话，真的能改变人。

王某某：你像一些心理咨询师。关久了，肯定（大家）多多少少有些心理问题。我也憋得很，我也很想发泄一下。但我想减刑，我不能乱来。（我知道，）那个教学楼有心理咨询室。那个心理咨询室在哪里？我从来也没去过。还有什么发泄室，那些弄来都是给省局看的。说什么叫我们干活，叫我们重新回归社会，都是扯皮。

访谈记录四

时间：2014 年 12 月 21 日 15:30 - 14:20。
地点：FJ 省 ZZ 监狱×监区生产车间民警值班室。
对象：民警陈，警龄 12 年，FJ 省 ZZ 监狱×监区区队长，狱政管理专业。
说明：此记录是"记录二"、"记录三"同一事件访谈调查延续。

访谈记录：
研究者：你们监区的苏××有跟我说你有打他，他对你的意见很大。

民警陈：他本身对我的意见就很大。我这次就是扇了他一巴掌。他们分队的老黄，人家虽然是科员，但是拿副处的工资（本来可以不管这事儿），这次真的是看不下去了。老黄找他谈话，他很×。他生产任务多次没完成，组长就上报给其他的干部，让他去 2 号房"帮教"，他没去。过后，老黄知道这个情况找他谈话，他过来就扯淡，说，"不去是有原因的。"让他说什么原因，他也说不出所以然来。老黄发脾气，说："你现在就给我滚进去（2 号房）。"他还是不去，赖在那边。这个犯人，已经多次有这种情况了，就被老黄揍了。说是揍，其实很轻了。我在值班室听到老黄大声（训他），我就进去（监舍）。他这个人本身对我的管理就有看法，以前我也有处理过他几次。其实你知道，我现在这个岗位，区队长，又不是直接分管（我没有必要去为难他）；我估计是底下有人怂恿他（和我对着干）。

研究者：是别的什么犯人对你有意见，他被人当枪使了？

民警陈：可能。我是大概知道有那么几个人（对我有意见）了。苏××和他们走得也很近，只是也没有什么直接的证据。在老黄那里，他感觉也说不过去，矛头就指向我了。第二天，出工的时候，苏××看到监狱长站在转弯那个地方，他就蠢蠢欲动。我（发现了）就交代两个"三互组"的人，说，"给他夹住"。

他就拼命挣扎,说:"干什么?干什么?"就在那里大骂,说:"有种我们就去找领导!有没种?!有没种?!"(我说,)"现在是什么时候?如果是监狱长接待日,你随便去。该反映的时候,也不是不让你反映。这时候,你给我老老实实的。"我就不让他出去。这个苏××应该是对这个,还有对以前(我)管理上有意见。我记得,以前我有处理过他一次;他也是有抵触。其实,这个犯人,我理都不爱理他。我也不会没事惹事,给自己找麻烦。那天老黄都生气了,我作为值班长(如果没有表示),人家会寒心掉——我在这里处理犯人,也是为工作,你其他人在那里抄手站着,在看戏(肯定不好)。这时候,我肯定要靠上去。这个人也是多次坐牢,就是个无赖,他敲诈勒索进来了。他敲诈谁?他堂哥。他敲诈了多次,敲了几万块钱。搞到最后,他堂哥忍无可忍,报警。说实在的,我们管理上没有短板。干管教也干了这么多年了,(我)也懂得分寸,不会说像以前那样,橡胶棍拿起来就干。这两年,案例也看多了——你一时冲动,搞不好下半生警服就被剥掉了。早期,犯人怎么打,都不会有事。现在,你踢他一脚,弄不好脾脏破裂,你就入刑了。这点上,我们都早就看得开了。只是扇他两个嘴巴,这是很正常的事情。他×的,你调皮捣蛋,你说怎么管?!我还嫌打得手硬呢!

研究者:现在不让打犯人了。对像苏××这样的人,如果他就是耍赖,是不是拿他没办法了?

民警陈:现在哪里敢像以前那样把犯人挂起来打!谁会拿自己的前途开玩笑?气不过,一巴掌打过去,还是有的。

研究者:像苏××这样的犯人,如果自己干脆就不想减刑了,你怎么办?

民警陈:他还可以减一趟。包括现在,监区还是给他机会——我们研究扣分的时候,也是说,不要一次性给他扣3分,(对他这次报减没什么大的影响),严管队待一待就算了。给其他犯人也做一个样子,也是说,(苏××搞出这么大的动静)我们也有在处理。如果我监区给他下重手,给他往死里干,给他一次扣个3分5分(按条款)完全也是可以的,但以后管理的难度就大了。我们这次给他扣两次2分。这个扣两次2分,虽说合起来也是4分,但跟一次扣3分比,在减刑(影响)上,差天差地。我们就考虑,这个犯人(从严管队)回来后,还是归我们管,为管理上留有余地。一些犯人,如果他减刑上没了机会,管理上真的很难——又不能打不能骂,他还怕什么?!有犯人就直接跟干部说,"你给我送'严管'吧"!有的犯人现在就是抓我们的心理——领导过问了怎么样怎么样。现在,我感觉很好,监狱长(的做法)就是,监狱长接待日,你都来;"帮教"这些东西,都不过问。如果有个别领导打破了这个惯例,就是有犯人来了(反映"帮教"这些东西),就过问几句。(反映问题的)犯人就牛起来了。如果犯人感到有机会了,就是闹一闹把事情闹大,领导就过问,你监区处理上就缩手缩脚的,管理上就麻烦了。苏××这个事,我有了解一下,因为(生产流线)换款,给他定任务。犯人经常这样干,换新款,我就磨磨磨,第一天第二天干得少一点,我就是干不起来,顶几天,任务量就固定了(少于实际生产能力)。他那天就是故意磨,接连换了三个机台,说这个有毛病,那个不好用。这三个机台,别人都是做得好好的,怎么你去了机台就出问题了呢。

访谈记录五

时间:2015年6月15日9:00 - 10:30。

地点:浙江警官职业学院刑事学术文化交流中心。

对象:WWL,浙江省乔司监狱副调研员,警龄29年,狱政管理专业。

说明:2015年6月,研究者受邀到浙江警官职业学院访学。得悉浙江省乔司监狱离浙江警院仅十几分钟路程,研究者冒昧地向警院郭明教授提出:是否方便协调个合适的时间到乔司监狱做个访谈?

郭明教授表示,这个还是有点难度。第三天上午一早,王文来副调研员的到来,让研究者喜出望外。谨向王文来副调研员及郭明教授致以谢意。

访谈记录:

WWL:劳改犯内心本身就对社会、对民警管理存有一种敌意、敌对的状态,在条件成熟的时候,他肯定要通过对抗行为表现出来。在押犯群体中,这种人是个别的。如果他表现出敌意性冲突,并不可怕,为什么呢?他的矛盾已经暴露了。敌意性冲突产生的原因是比较复杂的,其中很重要的一条,是他认为自己长期遭遇不公平待遇,比方说乡村邻里关系不好,亲戚不愿和他交往。通常,我们说这个人是个无赖。社会上其他人把他当作无赖;他感觉这个社会没有温情,做什么事情都碰壁,没人理。他认为,我走向犯罪,是社会逼的,我只能去犯罪。这种人,不可教也,就是毛主席讲的:花岗岩脑袋。这种人是很难管的;如果管理不当,是很危险的。

研究者:这种人一个是管理难度大,再一个,我感觉,这种人也真管不好。

WWL:这种人管不好,他只能是控制。第二种劳改犯,长期心理"淤积"的,他心里有很多事情他又没有倾诉对象,他又没有反映的渠道。他自认为,我有很多不幸的东西得不到解决和倾诉。这种劳改犯与民警的对抗是隐性的,轻易不表露的,到最后要爆发的时候,最典型的,就是自杀。我们这里有发生过这么一个。他是个外省籍,家里这么穷,这么苦;人家那么富,干活又不累。事务犯,就是"组长"触犯他,他认为事务犯看不起他,他要么不做,要做就是大事。为什么有的劳改犯同事务犯、同其他劳改犯打架,他实在熬不了了,以此引起民警的注意。这种劳改犯是我们监狱、我们民警要抓的比较重要的一部分劳改犯。

研究者:这部分劳改犯也是可解决的。

WWL:是可解决的。这种劳改犯只要有一个人能够倾诉,可以倒一倒就可以了。第三种,认知性对抗。为什么有的劳改犯刚开始时表现得非常好,后来走向与民警对立、对抗的状态?有没有?有!一个劳改犯表现很好,突然有一天因为某件事情民警对他进行处理了,他认为你处理得不对。这个认知性对抗产生,与劳改犯自身的认识水平、认识角度有关系;与我们民警处理、解决劳改犯问题的方式方法有关系——我们民警处理、解决某个劳改犯的问题时没有针对性或是处理得不对、不妥,表现武断。说不对、不妥、武断,与我们民警处理劳改犯的问题时的态度是有关系的。现在有很多民警,我是民警,你是罪犯,把罪犯推向了对立面。

研究者:有很多劳改犯本来不想和你对抗,是你把他推向了对抗。

WWL:对。不知道你们那里怎么样,我们这里三十五周岁以下的民警占了百分之七八十。这些民警他不了解劳改犯,他自以为了解,还有一种自以为是,自以为我的身份和地位与你是两样的。如果带着对立的情绪,把犯人当作你的对立面来打击,像弹簧一样,压得越紧,反弹就越厉害。这种人是不可救药的。你要引导、疏导他。引导、疏导他,有个前提,就是了解他。对这种流窜到全国各地打工的,在社会上混得很熟的这些劳改犯的心理、行为,我们的一些民警,是不了解的。监狱是研究人的。我老家是千岛湖的,有一次我坐车子回家。我座位旁边坐了一个人,他脚下扔了一袋橘子。这个是打工的,老家安徽的。我睡着了,他敲敲我大腿,说,师傅,吃个橘子。你看看,这种打工的人,也是很讲情理的,是懂得人情世故的。他和我说,他要到千岛湖一个工厂搭一个烧饭的灶头。我问他都到过哪些地方,他说,除了台湾、香港、澳门没到过,全国没有没去过的。你看看,我们讲这个"读万卷书不如行万里路",他这种人的生活阅历、社会经验比我们民警要多得多哩!教育人,是要社会经验滴。我们的民警,大学里读了一些书嘛。去年,广东监狱在我们浙江大学学习,我和他们说,我的社会经验是从罪犯那里学来的。

为什么？我 1986 年从学校毕业，从学校的大学直接进入监狱的大门，我的社会经历是个断层。你说你怎么去管罪犯？罪犯的社会经验多了去了，他有的是法子对付你。但是，我们很多民警不知道。现在的很多民警，是从花园里、温室里、保险箱里长大的。书本上、网络上学到的东西不能解决实际问题，实际问题的解决是靠实际遇到了问题，才能解决问题。

研究者：您是高人啊，顺手拈来，条理清晰，头头是道。

WWL：还有一种对抗，是我们民警处理劳改犯问题不当引起的对抗。这种对抗还是占主导地位的。我们有一句话，是说：这个事情，不去处理它，罪犯好好的；结果民警一去处理它，麻烦了，矛盾激化。这个就是民警工作的方法和讲话的方式激怒了这个劳改犯，导致他被动性的"干到底"！这个与民警的职业又有关系，他长期处在这个职业环境中；其实我们民警是很苦的，是非常苦的。他每天面对的这个职业环境，他真的是无奈。这个就需要我们民警有一种什么，佛教上叫释怀的心态。

研究者：这一点是不是要求高了一些，我们民警很难做得到。

WWL：很难做到。罪犯有句话：你得（在监狱里面）一辈子的，老子待个十年八年出去了。你怎么办？！恼火了，一巴掌打过去。他讲一句话，无关紧要的。我想起来，我刚刚参加工作的时候，我们的一个老干部跟我讲，他说小王啊，人家再怎么讲你，是不痛不痒；打得你头破血流，是很难看的。他没有什么文化，他为什么讲这句话啊？不是我们看不起劳改犯，是劳改犯看不起我们。一些劳改犯对你进行歧视，对你进行辱骂，对你进行诅咒，你还不死啊！你出门就会撞死！有没有啊？这种情况是肯定存在的。我们的教育培训，不但要教会民警一种技能，更关键的是教会我们民警在面对恶性职业环境时一种释怀的态度。我们要经历这个职业环境长期的考验，不是阶段性的，不是一天两天，是天天如此。你是固定的，劳改犯是流动的；你是不变的，罪犯是变化的——罪犯的变化表现出多种形式。我从八十年代开始工作，工作到九十年代，新世纪；我们面对的是六十年代、七十年代一直到〇〇后的罪犯，你面对的罪犯是千变万化的。你的知识、你的思想、你的行为方式，你是不变的，而且越来越强化——对你的知识、你的思想、你的行为，总那么自以为是。

研究者：这种现象还真是存在。

WWL：第五种对抗，是社会的某个因素导致的。这就是政治性事件或是重大刑事政策的调整，会引起罪犯的对抗。七十年代以前，政治性事件很容易引起罪犯与监狱的对抗，尤其是有组织性、有集团性、有团伙性、有领导的对抗。你譬如说，蒋介石说要反攻大陆，这个时候，关押在监狱里的国民党特务里面有一群人就会有指挥、有步骤地与监狱机关对抗，是吧？进入新世纪以来，国际环境、社会环境的变化让人们的思想发生了动乱，这时候，社会上的重大事件、重大案件，譬如说呼和浩特监狱事件、讷河监狱事件，容易被罪犯效仿。再譬如，我们四监，两个无期徒刑的犯人把看守的工人杀掉，这个与《刑法修正案八》颁布实施后"三类"罪犯限制减刑假释，是有一定关系的。

研究者：你说的这个四监犯人杀害工人的事件，后面能否给我发份材料让我看看？

WWL：这个是有通报的，网上也能查得到。这个就是"三股势力"、伊斯兰分裂势力、恐怖分子，如果他们有风吹草动，在监狱关押的犯人就是蠢蠢欲动。假如说，"东方之子"游轮翻船事件，国家不重视，政府救助不力，遇难者中又有关押在监狱的罪犯的亲属，那么，他就会与你对抗。这些年，从国家到监狱，还是蛮重视此类事件的。譬如说，汶川大地震发生后，我们整个浙江省监狱系统都关心四川籍罪犯，就做了很多工作，化解矛盾。如果你不给他化解矛盾，糟糕了——他要自杀，他要脱逃。第六种对抗，是监狱自身的因素导致的。食物中毒等罪犯的群体性事件，还有罪犯的上诉上访，罪犯的重大疾病得不到有效处置，都会引发群体效应。

第五节
服刑人员公正观及其刑罚执行公正评价影响因素分析

　　行刑公正,则主要体现在犯罪人的行刑处遇上,例如行刑人个别化、开放化和社会化。当然,最主要的是将罪犯当作人,尊重犯人的人格,维护罪犯的合法正当权利。

——陈兴良·《刑法哲学》

在关于狱内冲突的前期调查中,笔者发现:服刑人员于监狱民警的执法公正很是在意,相当一部分的警囚冲突事件,其诱发原因就是服刑人员感受自己遭受到了不公正对待,对民警心生怨恨。"怨恨是一种因受委屈而产生的复杂矛盾的情感。有对不公正遭遇的不平之情,有对无情者的怀恨之感,有怀恨在心的强烈情绪体验和既抑制又透露的'欲说还休'的矛盾表情,是一种又怒、又怜、又恼、又爱、又气、又愁的复杂矛盾情绪。怨恨在矛盾激化的条件下,可能转化为憎恨;憎恨是一种敌对性情感,与怨恨有性质和强度的不同。怨恨主要是内隐的,憎恨主要是外显的。"[①]

应当说,近些年来,监狱行刑公正已引起学术界和职能部门的高度重视,并对司法改革产生了重要影响。然而,关于行刑公正的研究和讨论,更多是局限于监狱人民警察执法行为本身,而对于服刑人员这一刑罚执行对象的关注太少。只强调执法行为本身的规范而忽视整个行刑环境公正的现状,忽视服刑人员的真实感受,必然会导致决策信息的不对称和决策内容的片面化。决策的失衡,又必然会影响警囚关系的稳定,这表现在,如果服刑人员对刑罚执行公正评价低下,不公平感强烈,就会产生挫折感、义愤感和怨恨乃至仇视敌对情绪,风险就会从这一群体中产生:心理失衡和伴随而来的压力加剧最终导致服刑人员反社会的破坏心理,并可能在合适的外在条件下力求采取行动改变他们认为的不公平关系,直接表现为与民警的激烈矛盾冲突。

一、服刑人员公正观的基本理念

理论界对于公正问题有着长时间的关注,研究领域涉及社会学、经济学、政治学、哲学、法学和心理学等诸多学科。我国现代化和市场经济的发展,促成了现代意义上公正基本理念的形成,并使其在民众层面得到了普遍的认同。且不论人们有没有意识到,公

---

① 杨清.简明心理学辞典[M].长春:吉林人民大学出版社,1985:254.

正的基本理念都实际上构成了社会成员(当然包括服刑人员在内)公正观的理论基础,并影响到服刑人员对刑罚执行公正与否的评价。

公正的具体内容和规则主要表现在以下几个方面:

首先,是基本权利的保障。维护每个社会成员的基本权利,是公正的最起码目标和功能。只有对社会成员的基本权利予以切实保障,才能够从最起码的底线的意义上体现出对个体人缔结社会的基本贡献和对人的"个体人尊严"的肯定,才能从最本质的意义上实现社会发展的基本宗旨,亦即"以人为本"的理念,也才能够从最实效的意义上为社会公正的实现、运转确立必要条件。

随着国家政治经济的发展,社会文明程度的提高以及信息覆盖面的空前扩大,服刑人员的自我意识和权益诉求日趋"世俗化"。而服刑人员人身的被拘禁和其他相应权利的无法足量兑现,又实际造成了他们权益保障的边缘化和弱势化。这种矛盾的状况使得服刑人员的相对剥夺感(feeling of relative deprivation)[①]尤为强烈,从而对基本权利保证的需求也就更加深切。

其次,是机会获取的公正。机会获取公正在整个公正体系中具有重要意义,它是在为每个社会成员的发展提供一种具体的统一的规则。米尔顿·弗里德曼认为,结果公正是不现实的,而机会的公正获取才是最根本的公正所在;判断一个社会是否公正就要看每个人是否被赋予了完成某些基本活动的能力。"一个社会把平等——即所谓结果均等——放在自由之上,其结果是既得不到平等,也得不到自由。""机会均等的真正含义……就是前程为人才开放。任何专制障碍都无法阻止人们达到与其才能相称的,而且其品质引导他们去谋求的地位……只有他的才能决定他所得的机会。"[②]

根据机会公正的理念,每个社会成员应当具有相同的发展权利;在发展机会面前,应是人人平等。从刑罚执行现实环境的角度看,就面对的最一般的参加劳动、接受教育等机会而言,服刑人员有着相似的发展潜能,其基本的劳动技能、受教育条件能够大致具备。可见,在属于服刑人员共享的发展机会的层面上,应当而且能够实现平等。

第三,对现有的社会资源如何分配,最直接体现了公正的兑现程度。根据每个社会成员的具体贡献进行有所差别的分配,一方面,体现了平等的理念(尤其是平等的劳动权利);另一方面,更体现了对个体不同社会贡献的承认和尊重。

按照贡献进行分配,是把个体对社会的不同贡献同其切身利益紧密地结合在一起。具体到刑罚执行过程和服刑人员本身,"按贡献进行分配"原则更多地体现在客观、全面、

---

① 1982年,朱迪斯·布劳(Judith Blau)和彼得·布劳(Peter Blau)夫妇在《美国社会学评论》(*American Sociological Review*)发表《不平等的代价:都市结构与暴力犯罪》(*The cost of inequality: metropolitan structure and violent crime*)一文,首次提出相对剥夺理论(relative deprivation theory)。其基本观点认为,贫富悬殊造成的相对剥夺感和社会不公平感,会导致愤怒情绪和犯罪行为。相对剥夺感是指对相对剥夺现象的主观感受。

② 米尔顿·弗里德曼,罗斯·弗里德曼.自由选择个人声明[M].胡骑,席学媛,安强,译.北京:商务印书馆,1982:135.

准确地实施日常考核、行政奖惩,肯定和尊重他们的改造态度和改造成果。

第四,西方的公正理论把人类社会的"公正"分成两大类:一是程序的公正,它总是与人们如何贯彻既定原则相关,作用在于摒弃身份、特权等先赋性因素的影响,保证社会成员能够得到平等对待。二是实质的公正,倾向于描述人们之间的关系,尤其利益方面的关系是否符合某种实质性的标准或原则。实质公正作为人们对公正的终极诉求,具有超越现实的理想意义;程序公正作为现实中的公正与实际的社会约束条件相吻合。从二者关系来看,它们存在着永恒的距离,社会公正的实现程度,可以归结为实质公正与程序公正的统一程度。

厘清并逐渐适应、逐步认可实质公正与程序公正之间的距离,对于服刑人员科学认识、正确判断监狱人民警察的执法公正问题有着重要的启示意义。它要求服刑人员结合我国的基本国情和发展实际,将理想与现实明确地区分开来,亦即不宜用过于理想化的眼光来看待刑罚执行现实中的"公正"。否则,便易于陷入误区:不满足并轻易否认现实中的执法公正,甚至有可能因过于理想化的诉求而转为反改造、反社会的态度。

最后,公正还涉及对于他人利益的关心以及向他人让渡利益。对于这一点,亚当·斯密在其著名的《道德情操论》中指出:公正要求"对别人幸福的关心"①。亚当·斯密实际上是要求作为具有"社会属性"的个人,在享受权利、获得收益的同时,还必须负有一定的责任,尽一定的义务。这是实现社会合作,促进整个社会发展能力和机体质量得以持续提升的必然要求。

二、数据来源和分析模型

本次抽样调查的样本总体为 FJ 省 ZZ 监狱全体在押服刑人员,最终抽样单位为单个服刑人员。FJ 省 ZZ 监狱在押服刑人员总体情况:截止×年×月×日,共有押犯 3558 名。其中余刑 10 年以上罪犯 281 名,余刑 3 年以下罪犯 1899 名;外省籍罪犯 1174 名;暴力型罪犯 1643 名;累惯犯 455 名。就行政建制而言,共有 7 个监区,下设 18 个一般押犯分监区和 4 个直属押犯分监区。

考虑到诸多条件限制,计划抽选样本单位为 200 个。剔出无效问卷后剩余有效学生被试 187 人(4 人部分资料不全,9 人被探查题目筛除)。在调查范围上,按押犯比例确定抽取直属分监区 24 名,一般分监区 176 名。

调查样本概况见表 4-10。

本次调查采用 PPS(Proportional Probability Sampling)抽样,分作二部三阶。第一部为直属押犯分监区,每一级的 PSU(Primary Sampling Unit)分别是:分监区、分队、服刑人员个人;第二部为一般押犯分监区,每一级的 PSU 分别是:分监区、分队、服刑人员

---

① 亚当·斯密.道德情操论[M].韩巍,译.北京:西苑出版社,2005:253-256.

个人。资料收集以问卷调查为主,辅以典型访谈方法。

二十世纪九十年代中期,美国密执根大学商学院国家质量研究中心(NQRC)的 Claes Fornell 教授综合运用 PLS(Partial Least-Squares Regression)方法,提出一个基于多因变量的方程组模型 CSI(Customer Satisfaction Index)来分析顾客对产品的感知和期望。

在 CSI 基础上发展起来的 ACSIP,是目前国际普遍使用,用于公共行政研究者评价公民对于地方政府满意度的数学模型。在问卷调查内容的项目设计和结果分析上,笔者借鉴了 ACSIP 的方法。

表 4-10　服刑人员公正观及执法公正评价调查样本概况

文化程度	Frequency	Percent	Cumulative Percent	年龄	Frequency	Percent	Cumulative Percent
大专及以上	9	4.82%	4.82%	20 以下	2	1.07%	1.07%
高中	23	12.30%	17.12%	20～29	79	42.25%	43.32%
初中	93	49.73%	66.85%	30～39	66	35.29%	78.61%
小学	47	25.13%	91.98%	40～49	33	17.65%	96.26%
文盲	15	8.02%	100%	50 以上	7	3.74%	100%
Total	187	100%	100%	Total	187	100%	100%

所属单位	Frequency	累惯犯罪	Frequency	刑期	Frequency	Percent	Cumulative Percent
医院	5						
食堂	5						
总仓	6	是	32	3 年以下	26	13.91%	13.91%
入监严管队	4	否	155	3～10 年	112	59.89%	73.80%
二分监区	54	Total	187	10 年以上	49	26.20%	100%
十分监区	56			Total	187	100%	100%
十六分监区	57						
Total	187						

在对问卷调查获取的数据统一编码基础上,笔者选用了 SPSS(Statistical Product and Service Solutions,统计产品与服务解决方案)软件进行处理。分析类型为单变量的描述统计和典型相关分析,多变量的主成分分析、通径分析和多元线性回归分析。

三、调查结果与分析

综合国内外学者的观点,从服刑人员角度出发的公正观包含的内容及影响执法公正评价的因素主要集中在以下几个方面:客观方面是对程序公正、结果公正的讨论,这也正是监狱狱政管理的涉及内容;主观方面则是与服刑人员个体特征和与公正内涵理解密切相关的个人感受。

(一)服刑人员对刑罚执行公正的总体评价

1. 刑罚执行公正意义讨论

服刑人员对刑罚执行公正意义讨论的评价如表 4-11 所示。

表 4-11　服刑人员关于刑罚执行公正意义的讨论

	Frequency	Percent	Cumulative Percent
很有意义	68	36.33％	36.33％
比较有意义	22	11.76％	48.12％
意义一般	30	16.04％	64.16％
意义不大	19	10.16％	74.32％
没什么意义	35	18.73％	93.05％
我也说不清	11	5.88％	98.93％
没回答	2	1.07％	100％
Total	187	100％	100％

认为讨论刑罚执行公正意义不大和没有意义的人数占 28.89％,认为很有意义和比较有意义的占 48.12％,中立的占 16.04％。可以看出,服刑人员对于刑罚执行公正问题的讨论偏向于支持、积极的态度。

对于刑罚执行公正概念涉及的内容、范围等,不同个体的理解程度差别明显。调查结果显示,能够大致厘清执法公正概念、范畴的人数仅占 18.29％。服刑人员文化程度普遍偏低,对公正内涵理解的不明确,也影响到其对执法公正重要性的判断。

2. 刑罚执行公正程度评价

从表 4-12 可以看出,服刑人员对刑罚执行公正的评价,总体持肯定态度:70.05％的人认为当前刑罚执行环境比较公正,仅有 8.56％的人认为当前刑罚执行环境很不公正,认为公正的人数远远高于认为不公正的人数。

表 4-12　服刑人员对刑罚执行公正程度的总体评价

	Frequency	Percent	Cumulative Percent
非常好	11	5.88％	5.88％
比较好	56	29.95％	35.83％
一般	64	34.22％	70.05％
不太好	26	13.9％	83.95％
非常不好	16	8.56％	92.51％
不知道	10	5.35％	97.86％
没回答	4	2.14％	100％
Total	187	100％	100％

3. 服刑人员对自身基本权利保障的评价

表 4-13　服刑人员人格尊严保障的评价

	Frequency	Percent	Cumulative Percent
非常好	12	6.42％	6.42％
比较好	31	16.58％	23.00％
一般	51	27.27％	50.27％
不太好	42	22.46％	72.73％
非常不好	27	14.44％	87.17％
不知道	18	9.63％	96.80％
没回答	6	3.20％	100％
Total	187	100％	100％

从上表 4-13 可看出：认为自己的基本权利，特别是人格尊严能够得到尊重的服刑人员为样本总数的 50.27％。不要以为这是一个不错的数据，人格尊严的保障是公正体系的基础；马斯洛的需求层次理论也认为：尊重的"满足会使人体验到自己的力量和价值，增强他的信心。这种需要得不到满足会使人产生自卑和失去信心"[①]。仅半数的服刑人员认为自己最基本的人格尊严能够得到保障，恰恰说明民警执法行为的不到位。个案访谈表明，服刑人员反映较多的问题更多是集中在侮辱性语言以及民警执法的随意性和情绪化；体罚虐待服刑人员现象已不多见。

（二）监狱狱政管理与刑罚执行公正评价

狱政管理是指我国监狱依法对在押罪犯直接实施的，有关执行刑罚、罪犯处遇和监管改造方面的特殊的刑事司法管理活动。狱政管理的公正文明实施，能够使罪犯切身感受到，监狱确实是以教育改造他们为出发点，并不仅仅是为了惩罚而惩罚；能够使罪犯从心理上消除对立情绪，增强接受改造的自觉性和积极性。

1. 日常考核。对服刑人员的日常考核是监狱依照一定的标准和程序，对罪犯在一定时期内的改造表现的综合考查与评价。它具有检测、显示和评价罪犯服刑改造表现的作用，是严肃的执法活动，是监狱行刑阶段执法活动的核心内容之一。

我们通过了解服刑人员对以下三种看法，即"考核能够客观、真实地反映日常改造的真实情况"、"日常考核中管教民警很重视服刑人员的改造态度"和"个人只要好好改造就能够得到较好的考核结果"的认同来衡量服刑人员对日常考核公正实施的评价。

调查结果表明，大部分调查对象对日常考核公正实施的评价在 3 分以上，更有 12％的服刑人员得分为 5 分。可见服刑人员对日常考核的公正实施持肯定态度。同时，我们分析了日常考核实施对执法公正整体评价的影响，发现它们之间呈现较强的关联性（G＝

---

① 　郭念锋，编.心理咨询师·基础知识(国家职业资格培训教程)[M].北京：民族出版社，2005：59.

0.194，X2＝135.361，P＝0.000）。

2.处遇管理。服刑人员服刑期间的处遇涉及食宿、被服、会见、通信、医疗、卫生、教育、劳动等许多方面。我国的服刑人员处遇管理是与"改造人"的行刑宗旨有机联系在一起的，它的目的是解决和落实服刑人员的各种服刑处遇，使服刑人员感受监狱的人道性，逐渐树立改过自新信念。

笔者分析了处遇管理对服刑人员执法公正评价的影响，发现它们间的关联性不明显（λ＝0.00）：即不论服刑人员对自己目前的处遇情况满意与否，他们对刑罚执行公正评价差异都不大。这与我们在调查分析前认为的"服刑人员处遇与罪犯的实际利益是密切相关的，服刑人员处遇的获得与变化以及分级处遇实施导致的不同服刑人员间的处遇差别直接影响罪犯对于国家公正执法的感受和评价"不一致。这应该与目前监狱分级处遇管理不规范，不同处遇级别服刑人员实际处遇差别不大的情况有一定的关系。

3.减刑假释。减刑和假释是刑罚执行制度的主要内容之一，对服刑人员的影响也最大，是服刑人员在服刑期间最关心、最高层次的需要。调查结果表明，服刑人员对减刑、假释的评价呈现出明显的"不对称两极分化"现象：39.04％的服刑人员获取高效分值，12.88％的服刑人员获取低效分值。

结合个案访谈，可以得出结论：减刑、假释的公正、公平运用，能够有效激发服刑人员的改造热情，强化其向善守法心理，能够不断强化罪犯的持续积极改造的心理和行为，其引导、示范和激励效应明显。相反的一面是，如若服刑人员通过积极改造已具备"悔改或立功"表现，符合法定条件，但由于尚待商榷制度（譬如减刑、假释比例限制①）和人为执法不公等因素的影响被排除在减刑假释人员之外，也必然会引起他们对法律权威的怀疑和对司法公正的信心。

分析减刑假释的公正实施对执法公正整体评价的影响，笔者发现它们间也呈现较强的关联性（G＝0.208，X2＝83.162，P＝0.000）。

4. 申诉控告。申诉、控告是服刑人员的法定权利。对此，《宪法》、《刑事诉讼法》和《监狱法》等法律都有明确规定。然而，实际刑罚执行中，"认罪服法"是对服刑人员的最基本要求；对于合法的申诉、控告，监狱更多是听之任之，爱理不理，置之不理，甚至把这种行为当作"异言"、"异行"，是不安心改造的表现。更甚者，有些监狱民警将申诉控告的服刑人员视为顽危分子，另类造册，加大监控、压制力度，使他们惴惴不安。

调查结果也表明，服刑人员认为如若自己申诉、控告的话，在"能够得到监狱积极帮助"、"能够得到监狱帮助"、"监狱对这事的态度一般"、"监狱会认为自己不安心改造"、"监狱会把自己作为重点控制对象"五个选项中，有7.49％的服刑人员选取了后两个选项。不要小视这个数字，相当数量监管事件的发生，恰恰是源于服刑人员的申诉、控告迟

――――――――――

① 许多省的高中级人民法院或监狱管理局就减刑、假释比例做了限制性规定，减刑比例一般控制在20％～30％之间。之所以有此规定，一般是顾虑减刑、假释比例过高有损其严肃性。实际上，符合我国《刑法》、《监狱法》规定的减刑条件可提交法院裁决减刑、假释的服刑人员远远超过这个限制性比例。

迟没有处理结果,导致他们对政府和司法机关的隔膜感和不信任态度,甚至产生怨恨情绪和反社会心理。

分析司法职能机关对申诉控告的处理态度与服刑人员对执法公正整体评价关系,笔者发现它们间的关联性不明显(G=-0.129,X2=46.327,P=0.003);而若具体到有过申诉、控告经历的样本,它们又表现出强关联性(G=0.314,X2=123.65,P=0.000)。

(三)服刑人员主观感受与刑罚执行公正评价

社会心理学的研究证明,同一客观事物,不同个体会从不同立场和角度作出不同判断甚至持截然相反的态度。由此,我们有必要从服刑人员的主观感受出发考察其刑罚执行公正评价。

1.机会获取。机会的公平获取是社会公正的一项重要指标,也是客观地、深层次地衡量行刑执法公正的重要内容。服刑人员对于机会均等的认识能够在一定程度上反映出他们对于公正的认识程度。服刑人员对于机会公正的认识有两种:一是对于机会重要性的评价,这反映了服刑人员对于机会概念的认知程度;二是对于机会获取现状的主观评价,这影响到服刑人员对于执法公正与否的评价。

对机会均等的考察,我们起初设计了两个测评项目(变量):一个是"现在获得好的改造成绩的机会对每个同改来说都是一样的",用来考察服刑人员对机会获取公正程度的评价。另一个是"只要改造客观条件均等,就算改造成绩有好有坏也是应该的",用来衡量机会均等本身在服刑人员公正观中的地位。

在调查后期的个案访谈中,我们发现服刑人员对劳动工种和岗位安排的关注和反映强烈。为此,我们又就"劳动工种和岗位安排"设计了两个专门测评项目进行了侧重考察:(1)"劳动工种和岗位安排相对公平",(2)"劳动工种和岗位安排会在很大程度上影响日常考核结果"。

通过服刑人员对机会均等的认识程度对刑罚执行公正评价影响的回归分析,我们发现,随着服刑人员"机会均等"认知程度的递增,对刑罚执行公正评价的取值呈明显下降趋势。其中,对劳动工种和岗位安排的专门回归分析表明:"劳动工种和岗位安排"对服刑人员的公正评价影响尤为强烈(G=0.168,X2=103.562,P=0.000)。

2.政府关注。在关于公正的讨论中,政府的存在及其职能一直都是学者所关注的重要问题,政府在保证社会公正以及为此而进行的调控方面扮演着很重要的角色。正如边沁指出:"政府在维护社会秩序,保证社会公平方面发挥着重要作用。"[①]服刑人员对于政府在督促刑罚执行机关公正文明执法方面的关注程度评价,目的是考察服刑人员对国家和社会的整体信心。问卷调查中,我们通过服刑人员是否认为"国家一直在致力于促进执法公正"和"监狱民警关心服刑人员的想法和感受"来衡量这一指标。

调查结果表明,服刑人员对国家和社会有较高的信任和信心:有 38.50% 的调查样本

---

① 　边沁.政府片论[M].沈叔平,等,译.北京:商务印书馆,1997:128.

获取高分值。

(四)服刑人员个体特征与刑罚执行公正评价

公正的表现形式之一是人心理对自我社会角色的认同和预期收益的满足。[①] 从这个角度看,服刑人员个人的自然、社会特征和对"服刑人员"这一特殊身份的认识、认同以及对自身基本权利的认知、判断理应也会影响公正评价。

服刑人员的个人集体观也是影响其对执法公正判断的一个重要方面。自经济学成为"显学"以来,人是"追求利益的最大化"的"经济人"的假设已很少再有人怀疑,甚至在很大程度上被绝对化、泛化了。改革开放以来,尤其是随着市场经济进程的深入,人们自我意识增强,更是习惯于以自我为中心来分析事物、决定取舍;集体取向的价值观念在部分人中逐渐淡化、曲解。这正也是相当数量服刑人员最初走向犯罪道路的根源之一。另一方面,即使是"经济人假设"的始作俑者亚当·斯密,在其《道德情操论》中,也还论证了人性的另一个方面:人有同情心和正义感,人的行为具有一定的利他主义倾向。

笔者通过"'为他人的幸福和整个社会做贡献'的生活态度或目标是否有必要"的量化调查,来考察服刑人员的在个人集体观方面的心理表现和对刑罚执行公正判断的影响。分析结果表明,服刑人员的个人集体观对刑罚执行公正与否的判断有一些影响,但效应作用不明显($G=0.129$,$X2=35.327$,$P=0.023$)。

另外,调查分析结果显示:服刑人员的年龄、刑期、是否累惯犯和文化程度等因素对其公正评价影响作用不显著($\lambda=0.000$)。

四、结论与思考

(一)调查基本结论

1.服刑人员关注并支持对于刑罚执行公正问题的讨论,但他们对公正概念及内容的理解并不准确,甚至有曲解。

2.服刑人员对监狱人民监察执法行为公正的评价较以往有明显改善。这表明"规范执法行为,促进执法公正"活动效果显著。

3.服刑人员对自身基本权利保障诉求强烈并表现出一定的"晕圈效应"。

4."劳动岗位安排"是调查中服刑人员反映最为强烈的问题。这应引起决策者的重视。

5. 日常考核中"重视劳动改造,轻视思想改造"现象依旧没有得到根本扭转;劳动产值决定考核等级的结果使得"忽视了罪犯个体改造的差异,导致在平等的竞争环境下,罪犯处于不平等的地位,有的罪犯……每个月都可以得高分;有的……难以获得奖分"[②]。这诱发部分服刑人员,特别是老年和体弱多病服刑人员的不公平感。

① 蔡承伟.秉持公平与正义构建和谐监狱行刑环境[J].福建省监狱工作论坛,2006(3).
② 李军民,简天星.论罪犯科学考核制度的建立与完善[J].中国监狱学刊,2007(4).

6. 服刑人员的个体特征差异对刑罚执行公正评价影响不明显。相对而言,不同分监区,特别是直属分监区和一般押犯分监区间存在些许差异(直属分监区评价量化值略高于一般押犯分监区)。

7. 通过分析模型的逐步回归剔除,最终得出结论:"自身权利的认知"、"日常考核"、"劳动岗位安排"和"减刑假释"是影响服刑人员对刑罚执行公正评价的最主要因素(标准化回归系数依次为 0.196、0.155、0.146、0.132)。这四个方面的变量能够影响公正评价 21.6% 的变异量(多元回归系数为 0.353,确定系数为 0.216;而且从它们的容忍度来看,不存在共线性问题)。SPSS 统计分析结果见表 4-14。

(二)调查结果的思考

在社会不断发展进步、国家法制建设稳步前进的背景下,监狱刑罚执行涉及的服刑人员收押释放、减刑假释、狱政管理、矫正教育、劳动改造和生活卫生等方方面面的水平都有明显的提升,其中的若干不足也不能回避:监狱法律制度尚不健全,执行实务尚不完善,完全靠基层监狱及民警对法律、法规及政策的原则和精神来理解执行,在实际执法过程中难免出现不统一、不规范的情况;由于权力关系、亲情关系甚至金钱关系的渗透和干扰,服刑人员在"法律面前一律平等"的价值标准上失去范力、遭受扭曲,执法不公甚至执法腐败现象依然存在。

我国现代化进程的不断深入和市场经济的快速发展,不可避免地引起大墙内服刑人员价值理念的巨大变化,个性意识以及与之密切相关的平等意识开始形成。同时,又由于处于转型期的社会政治氛围、文化观念乃至个人思想意识不可能一步到位适应社会的发展,致使包括服刑人员在内的许多社会成员处于一种弱势的状态中,对公正执法的诉求表现得也就尤为迫切。

表 4-14 公正评价主要影响因素多元回归分析一览表

Model Summary

Model	R	R Square	Adjusted R Square	Std.Error of the Estimate
1	.353[a]	.216	.193	.494

a. Predictors:(Constant),自身权利的认知,日常考核,劳动岗位安排,减刑假释

ANOVA[b]

Model		Sum of Squares	df	Mean Square	F	Sig.
1	Regression	63.136	3	31.045	26.291	.002[a]
	Residual	958.259	960	1.244		
	Total	1021.395	963			

a. Predictors:(Constant),自身权利的认知,日常考核,劳动岗位安排,减刑假释

b. Dependent Variable:执法公正评价

Coefficients[a]

Model		Unstandardized Coefficients		Standardized Coefficients	t	Sig.
		B	Std. Error	Beta		
1	(Constant)	41.524	.096		5.864	.000
	自身权利的认知	.034	.025	.196	4.347	.001
	日常考核	6.231	.036	.155	2.124	.002
	劳动岗位安排	3.651	.031	.146	1.182	.002
	减刑假释	2.563	.024	.132	2.326	.014

长期以来,监狱更多是理所当然的单方面要求服刑人员"遵守监规纪律,服从民警管教",而忽视了"犯人也是人",忽视了对服刑人员起码的人格尊严和其他基本权利的尊重和保障。马卡连柯告诉我们:"只有最大限度地尊重一个人,才能最大限度地去要求一个人",尊重服刑人员的人格是严格要求服刑人员的前提。有学者指出,公民的基本权利是一个潜在的独一无二的资源,尤其对那些缺乏其他种类资源的人来说,这一问题更加突出。[①] 以此反观服刑人员的现状,很有些实际意义,至少提醒我们应当多关注服刑人员的基本权益保障。维护服刑人员的最基本的人格尊严和在工作条件、社会保障、生活水准、体质和心理健康、受教育和参加文化生活等诸方面的基本权利,理应作为监狱公正执法的底线。监狱人民警察要端正执法思想,增强依法保障罪犯合法权利的意识,坚决杜绝侮辱、打骂、体罚、虐待服刑人员的行为,避免手中的执法权力"成为剥夺他人权力的特权甚至暴力"[②]。

服刑人员的日常考核是狱政管理的重要工作,直接关系到服刑人员的分级处遇、行政奖惩和提请减刑假释。监狱人民警察要坚持公正考核原则,全面、客观、准确地反映服刑人员的改造情况,不能掺杂个人好恶,不能感情用事,更不能徇私舞弊。这是规范执法行为,提高监狱执法规范化和公信力的起码要求。

在大张旗鼓地开展"规范执法行为,促进执法公正"活动的同时,司法机关有必要帮助服刑人员正确理解"公正"的内涵,特别是厘清公正、公平、平等这几个概念各自的不同含义,适用范围以及不同的功能,避免将公正、公平、平等混为一谈的做法,避免以公平或平等来取代公正所产生的误导。监狱有必要将系统的公正观教育纳入"三课教育"范畴,以引导服刑人员树立正确的公正观,并内化为稳定的心理结构,外化为规范的行为习惯。

调查中,笔者还发现一个颇值得注意的现象:服刑人员对执法公正与否的判断在很

---

① 格尔哈斯·伦斯基.权力与特权:社会分层的理论[M].关信平,等,译.杭州:浙江人民出版社,1988:103-104.

② 吴晓俊,胡伯项.社会公正与社会和谐[J].前沿,2006(4).

大程度上取决于与他人比较的结果。这也印证了美国社会学家斯托夫提出的"相对剥夺观"[①]。调查表明,在刑罚执行公正整体环境绝对改善的情况下,服刑人员间经过相互比较后产生的心理感觉,直接左右其对具体执法行为公正与否的判断,这也在很大程度上影响到他对整个刑罚执行环境的感受。这种感受是服刑人员所获得的成绩或机会等绝对量所无法衡量的。个案访谈发现,服刑人员在选择比较对象方面有一定的规律。相当部分服刑人员不把自己同从严管理的服刑人员相比,不与强度大、环境差劳动岗位服刑人员相比,而是同宽管级别服刑人员比,同某些特殊需要岗位服刑人员比,甚至同自己在服刑前的社会生活比,由此引发他们强烈的不满和相对剥夺感。

[①] 相对剥夺是一种矛盾的心理状态,此种心态的产生是由于人们将自己的命运与那些和自己的地位相近又不完全等同于自己的人和群体反向的比较。

第五章
Chapter 5

狱内冲突影响因素与发生机制

洞见或透识隐藏于深处的棘手问题是艰难的,如果只是把握这一棘手问题的表层,它就会维持原状,仍然得不到解决。因此,必须把它连根拔起。

——[法]布尔迪厄(Rievre Bourdieu)/[美]华康德(Loic Wacquant)·《实践与反思:反思社会学导引》(*An Invitation to Reflexive Sociology*)

在科学哲学中,现实主义(realism)首先认为:世界是真实的,然而往往是由不能直接观察的存在(entity)构成;这些存在具有产生结果的原因力量(causal power),因此,它们会引起物质性的结果。

狱内冲突理所当然涉及监狱民警和服刑人员的个人行为问题,但这并不意味着可以从他们个人身上寻求狱内冲突的关键证据。任何聚集于民警和服刑人员个人的解读,都是不真诚的。因为,虽然暴力攻击是人性的重要组成部分之一,但是狱内冲突的存在并非源于民警和服刑人员有争斗的本能,而是由于种种外在情形,差不多强迫这些"本能"走上对抗的道路。

第一节
理性主义:效率的逻辑残酷且系统地破坏服刑人员情感

人类是自然的主宰,但人又是人的奴隶,是他自己的卑贱的奴隶。甚至科学的纯粹似乎也只能在愚昧无知的黑暗前面生辉。我们的一切发明和进步成果,似乎仅仅赋予精神的生命以物质的力量,而抽掉了人的生存,使之贬低成一种物质的力量。

——[德]斯密特(Alfred Schmidt)·《马克思的自然概念》(*Der Begriff der Natur in der Lehre von Karl Marx*)

理性(reason)的高歌猛进,是近代人类社会当之无愧的发展机理和时代特征。从笛卡尔(Rene Descartes)的"我思故我在(I think, therefore I am)",经康德(Immanuel Kant)的"理性为自然之法"①,再到黑格尔(Georg Wilhelm Friedrich Hegel)"理性的狡计(die List des Begriffes)"②,人类依靠理性战胜自然,征服世界。

理性的历史贡献有目共睹,不容怀疑。然而,随着人对理性五体投地的膜拜,随着理性深深陷入客观主义的偏执中,人本身的问题被忽视了,被疏远了,人沦为理性的玩物,造成"主体性的黄昏(twilight of subjectivity)":

> 没有一件真实的东西逃脱了他们的手掌。……当他们崇拜之时,他们是在宰杀,是在剥夺,当他们崇拜之时,他们使一切事物有了生命危险。③

> 单凭理性是不能发挥作用的,它有时候可以约束一个人,但很少能够鼓励人,它不能培养任何伟大的心灵。④

---

① 康德认为,"自然界的最高立法必须是在我们心中,即在我们的理智中,而且我们必须不是通过经验,在自然界中去寻求自然界的普遍法则,而是反过来,根据自然界的普遍的合乎法则性,在存在于我们的感性和理智里的经验的可能性的条件中去寻求自然界。"{文见康德.未来形而上学导论[M].庞景仁,译.北京:商务印书馆,1978:92.}

② 黑格尔指出,热情天生只能被理性利用,但这并不是悲剧;利用热情,恰恰是理性的天职,尽管其"狡猾"得近乎残酷。他说:理性操纵人类的热情"是有技巧的,同时也是有力量的。理性的技巧一般讲来表现在一种利用工具的活动里。这种理性的活动一方面让事物依照它们自己的性格,彼此互相影响,彼此互相抵消,而它自身并不直接参与其间,但同时却正好实现自己的目的"。{文见黑格尔.小逻辑[M].贺麟,译.北京:商务印书馆,1980:394-395.}他还说:"那个普遍的观念并不能卷入对峙和斗争当中",因为"卷入是有危险的。它始终留在后方,在背景里,不受骚扰,也不受侵犯。它驱使热情去为它自己工作,热情从这种推动里发展了它的存在,因而热情受了损失,遭到祸殃——这可以叫做'理性的狡计'"。{文见黑格尔.历史哲学[M].王造时,译.上海:上海人民出版社,2001:33.}

③ 尼采.偶像的黄昏[M].周国平,译.长沙:湖南人民出版社,1987:22.

④ 卢梭.爱弥尔[M].彭正梅,译.上海:上海人民出版社,2007:139.

理性的僭越,使人局限眼前、遗忘未来、醉心功利、丧失精神,人像物一样被生产、被制造,人的思维按照制度、规则、技术所指引的路径机械运行,浑浑噩噩以机械的方式行事。头脑用得太多,感情用得太少,人性就会变得冰冷、残暴。

一、理性主义在监狱管理中的渗透

如若细细品味,不难发现:自二十世纪八十年代以来,我国监狱的管理与其他行业一样,同样经历了一个日趋理性化的发展过程。时至今日,理性主义(Rationalism)已经渗透到监狱管理的方方面面——矫正教育的内容安排、方法采用、过程实施和效果评估,无不表现出理性主义的追求;狱政管理的指标设置、层级监督、分级处遇、年终评审,无不体现着理性主义的取向。

以服刑人员日常考核为例,做具体说明。

日常考核,是监狱对服刑人员实施奖惩、分级处遇和提请减刑假释的主要依据。既然"科学性、规范性是对考核内容和考核标准的基本要求"[①],那么,如何能使服刑人员的考核更科学、更规范?

1990年8月30日,司法部颁布《司法部关于计分考核奖罚罪犯的规定》。其中,服刑人员考核思想改造55分,劳动改造45分;实行指标分解,逐项定分。2004年3月19日,司法部第88号令颁布施行《监狱服刑人员行为规范》。各省(区、市)监狱管理局和下属各监狱又在此基础上,根据各自实际制定便于具体执行的《监狱服刑人员行为规范考核细则》。

下面摘录的FJ省ZZ监狱《服刑人员考核和奖惩实施细则》部分内容,可以从一个侧面反映何为"便于具体执行":

第二十六条　罪犯违反生活规范行为的,按下列标准扣分:

1. 听到起床或就寝令后,不及时起床或就寝每次扣0.5分。

2. 个人用品不按规范要求摆放的,或在监舍等公共场所墙壁乱刻字、乱涂画的扣0.5~1分。

3. 不按规定的时间、次序、地点洗漱或就餐的,扣0.5分。

4. 私设小灶或伙吃伙喝、浪费粮食、乱倒残汤剩饭的,扣1~3分。

5. 随地吐痰、便溺、乱扔脏物、废物的,扣0.5~2分;对责任区公共卫生不尽职的,扣1~2分。

6. 擅自调换床位、私自合铺或不按指定方向睡觉的,扣0.5~3分。

7. 床头私自另挂围布、画报、头像等影响内务规范的,扣1~2分。

8. 装病、看病不如实陈述病情,指名要药、索要休息诊断书,在门诊与住院期间

---

① 王泰主,编.狱政管理学[M].北京:法律出版社,1999:187.

违反有关规定,或不配合治疗的,扣 1～3 分。

9. 炊事犯违反"四勤"(勤洗手剪指甲、勤洗澡、勤洗换工作服、勤洗换被褥)或多吃多占、化公为私的,扣 1～5 分。

10. 不按规定理发或烫发、蓄胡须、留长指甲、戴装饰品,或发型不符合规定的,扣 0.5～1 分。

11. 不佩戴或不按规定部位佩戴级别标记牌的,扣 0.5～1 分;不穿囚服而穿无标记衣服,扣 0.5～3 分;改囚服样式、拆除囚服标记,转借、涂改、有意损坏级别标记牌的,扣 1～3 分。

12. 不按规定时间看电视、听广播,或擅自开闭选台的,扣 0.5～2 分。

13. 三人以上行走不排成纵队,或挽臂、搭肩、拉手的,扣 1～3 分。

14. 伙房炊具不卫生或饭菜不卫生的,扣责任人 1～3 分。

15. 伙房炊事人员责任心不强,造成煮夹生饭或蒸煮面制品发酸,影响罪犯健康的,扣责任人 1～5 分。

16. 消费超过规定标准的,扣 1～2 分;违反规定使用他人账户消费的,扣 1～3 分。

17. 有意损坏花草绿地的,扣 1～2 分。

18. 其他违反生活规范行为的,视情节扣 0.5～5 分。

无论是《司法部关于计分考核奖罚罪犯的规定》还是《监狱服刑人员行为规范》,自推出以来尽管也有研究者对其提出质疑和批评,但实践中的认同与欢迎却更普遍。因为,"量化打分"简单、直观,彻底扭转了长期以来服刑人员考核主观、模糊的尴尬局面。不过,随着对理性的顶礼膜拜,意想不到问题也随之出现了:我们深深陷入客观主义的偏执中不能自拔,遵循理性主义指引把一切问题都交给科学来解决,矫正教育和刑罚执行在"为什么"、"如何做"等问题上成为科学、理性所决定的对象。由此带来的工具理性(Instrumental Reason)[①]主宰刑罚执行和矫正教育的全过程,效率的逻辑残酷地而且系统地破坏了人的感情和情绪。

如若我们能够切实意识到服刑人员是矫正教育的最终指向所在,就不难发现隐藏在"量化打分"考核评价背后淡化人、掩盖人、隔离人、消解人的目标取向。换个说法,如果仅从技术层面来看,监狱以理性主义为基础的组织管理机制或说运行模式确实能使监狱

---

① 韦伯(Max Weber)把理性划分为两种形式,价值理性和工具理性。价值理性通过有意识地对一个特定的行为——伦理的、美学的、宗教的或作任何其他阐释的——无条件的固有价值的纯粹信仰,不管是否取得成就;它只赋予选定的行为以"绝对价值",而不管其是为了伦理的、美学的、宗教或者出于责任,荣誉,忠诚等方面的目的。工具理性通过对外界事物情况和他人举止的期待,并利用这种期待作为"条件"或"手段",以期实现自己合乎理性所争取和考虑的作为成果的目的;具有工具理性的人会考虑各种可能的手段及其附带的后果,以选择最有效的手段进行行动。〔详见马克斯·韦伯.经济与社会[M].林荣远,译.北京:商务印书馆,1997:56.〕

民警于服刑人员的控制得以强化、能使监狱运行效率得以提高,这是一种进步,但它需要付出精神或情感方面的沉重代价。

二、理性主义于服刑人员改造的"非人化"倾向

美国当代社会学家里茨尔(George Ritzer)把当前理性主义在社会各行业的渗透,形象地比作社会的麦当劳化(The McDonaldization of Society):麦当劳的员工被汉堡包生产流水线严格地控制,一切都要按照事先制订的既定程序操作,一个程序完成后被要求迅速地进入下一个程序,绝不允许自由发挥;麦当劳的社会化,意味着人们只能依照既定的制度、规则行事,不能发挥创造力和想象力以他们个人的独特方式寻求达成目的的最佳途径。

"麦当劳化不仅影响到餐饮业,也影响到教育、工业、医疗、旅游、休闲、饮食、政治、家庭,事实上影响到社会的每一个其他方面。各种迹象表明,麦当劳化已经成为一个无情的过程横扫世界上那些看来无以渗透的各种机构和部门。"①循着里茨尔的视角看过来,将矫正教育过程比作汉堡包的生产,并不勉强:服刑人员被法院定罪判刑后,就如成批待加工的原料,被分配到不同的监狱;监狱的监区犹如一个个生产车间,监狱民警既是工艺流程的工程师,又是流水线上的技术工人,遵循"惩罚和改造相结合,教育和劳动相结合的原则",通过队列训练、生产劳动、"三课教育"等途径,将矫正教育内容灌输给服刑人员并通过纪律规范、法律强制等手段企图让服刑人员最终成为质量合格的"守法公民"。这如同汉堡包的新鲜出炉,及至服刑人员刑释出狱,一个完整的生产加工过程也就结束了。

在把服刑人员从社会罪人到守法公民的"生产加工"过程中,监狱民警表现出典型的工程师形象——工程师关注的是机械、是零件、是材料、是模具、是生产流程,极少关心材料和产品的内在机理,也绝不会赋予那些材料和产品以生命的意义。低下头来仔细想想看,我们是不是对服刑人员行为行为规范、劳动产值这些外显的东西很在意,而对服刑人员思想活动、情感需求这些体现人性的部分却很少关心?

"完善罪犯一日改造生活规范,将罪犯每日改造的过程按照 24 小时进行精确的细化分解。罪犯每天的学习、生活和劳动都依照规范执行,让他们清楚每天要干什么、什么时间干什么,使罪犯将规范内化为自觉行动,促使监管改造场所井然有序。"②这是 FJ 省监狱系统新民警培训教材中关于服刑人员规范化管理的一段叙述。注意这段叙述最后的落脚点——"促使监管改造场所井然有序"。不客气地说,监狱对服刑人员管理的强调,更多取决于社会秩序和监狱系统自身的利益,而非着眼是否利于服刑人员"改造成为守法公民"。当社会秩序和监狱系统自身利益同服刑人员矫正发生冲突时(尽管服刑人员

---

① 乔治·里茨尔.社会的麦当劳化:对变化中的当代社会生活特征的研究[M].顾建光,译.上海:上海译文出版社,1999:2.

② 福建省监狱管理局.福建省监狱系统新民警教育培训教材(内部资料).2011:116.

矫正也是监狱设计的本来目的之一），前者自然被优先考虑。

在这种循规蹈矩、按部就班的汉堡包生产式的改造过程中，服刑人员越来越机械化，越来越接近于非人。作为被改造、被加工的对象，服刑人员的自我受限制、感情受控制、精神受压制，无法表达自我，无法获得应有的尊重和自我实现，最终塑造成为残缺的、单向度的人（one-dimensional man）①什么样的人是单向度的人呢？说白了，就是那种没有否定精神，没有批判意识，一味认同现实的人；这种人丧失了自由和创造力，不再想象或追求与现实生活不同的另一种更好的生活。说服刑人员被塑造成为残缺的、单向度的人，意味着服刑人员唯有认同、屈从监狱民警的操纵与控制，失去了自我，没有了自尊，也没有了精神与灵魂，成了一台麻木不仁机器上的一个齿轮、一个甘受奴役的异化了的人。

三、"物化"的服刑人员与狱内冲突之关系

"人性不是一架机器，不能按照一个模型铸造出来，又开动它毫厘不爽地去做替它规定好的动作：它毋宁像一棵树，需要生长并且从各个方面发展起来，需要按照那使它成为活东西的内在力量的趋向和发展起来。"②作为活生生的有血有肉的"人"，服刑人员同样具有情感性、知觉性、能动性和选择性。简单地说，服刑人员不可能做到绝对的、完全的理性，只能做到相对的、有限的理性——他们不仅会根据监规纪律（奖惩刺激）选择行事，也会遵循生物规律表达喜怒哀乐。

在理性主义的涤荡下，服刑人员"人"的基本属性被遮蔽，监狱民警不知不觉中将服刑人员"物化"——按照物的属性理解服刑人员、要求服刑人员、规定服刑人员，天真地认为服刑人员的行为与物的运动一般简单，只要有严密的规章制度就能解决一切问题。他们把服刑人员看成被动和机械的受体，沉湎于幻想之中，试图用严格的监规纪律来代替从属关系。这些幻想表现他们根本没有明白自己行动的真正性质。海德格尔（Martin Heidegger）对此不无忧虑地评论：由于技术生产，"人本身及其事物都面临着一种日益增长的危险，就是要变成单纯的材料以及变成对象化的功能"③。

虽然被监禁，但是服刑人员"人"的基本属性并未丧失，他们依旧有维系自尊、保持自由的天性；再严格的监规纪律也不可能阻隔"人"的情感流露、意识活动；服刑人员要表达自己，要维护"人"之为"人"的最起码的尊严，反抗"工具性存在"成为必定的选择和不能

---

① "单向度的人"，出自法兰克福学派左翼主要代表人物马尔库塞（Herbert Marcuse）著作《单向度的人：发达工业社会意识形态研究》（*One-Dimensional Man：Studies in the Ideology of Advanced industrial Society*）。马尔库塞认为，当代工业社会是一个新型的极权主义社会，它成功地压制了这个社会中的反对派和反对意见，压制了人们的否定性、批判性、超越性向度，使这个社会成为单向度的社会，让生活在其中的人成了单向度的人。｛详见［美］马尔库塞.单向度的人：发达工业社会意识形态研究［M］..刘继译，译.上海：上海译文出版社，2006：2.｝

② 约翰·密尔.论自由［M］.程崇华，译.北京：商务印书馆，1982：63.

③ 海德格尔.林中路［M］.孙周兴，译.上海：上海译文出版社，2004：307.

阻挡的趋势。问题来了:由于固有的"强硬"惯性,监狱民警在面对服刑人员反抗时不是疏导而是进一步强化控制。如此,形成了非人化操控—反抗—强化操控—激烈对抗的死结。

矫正教育是一个改造人、挽救人的社会活动,"是把社会共同遵守的道德伦理、法律规范和人类积累的知识经验转化为被矫正人员的德行、智慧和能力,帮助他们形成遵纪守法的习惯,促使他们的身心健康发展,把他们塑造成为社会所要求的人"①。

什么是改造人、挽救人?

改造人、挽救人,是从服刑人员的身心实际出发,促使服刑人员通过自我救助完成再社会化的过程,不是让服刑人员与自己、与他人彼此分离,更不是个体四分五裂。

"塑造服刑人员成为社会所要求的人"这一矫正教育目标的实现,是一个漫长的系统过程,需要监狱民警和服刑人员乃至服刑人员亲人等在内的方方面面的努力和坚持。然而,当"理性主义"充斥于矫正教育的整个过程,民警和服刑人员关注的仅仅是监管安全稳定、月度考核等级、呈报减刑幅度,那么,矫正教育的价值取向也就彻底功利化、工具化;当"理性"发展成为束缚人、控制人、限制人的工具时,那么,警囚双方自会深陷焦虑与无奈中无法自拔,相互指责、彼此愤恨。

✸链接 5-1

现代社会对理性的追求遭到诸多思想家的猛烈抨击

在这个"问题化"的时代里,现代社会对理性的追求遭到诸多思想家的猛烈抨击。理性在这些思想家这里更多地体现为一种批判的精神。马克思·韦伯(Max Weber,1864—1920)也对现代社会中的理性化、功利化发起了猛烈的批判。他声称现代人被困在由理性的铁栅制成的牢笼之中。人类比以往更多地卷入行为—反思—知识—技术—反应—反思的螺旋之中。人类注定成为算计的牺牲品。在与理性统治的结合中,法律能够产生一种危险组合:它鼓励服从。"我们寻求理性的目的是想使我们自由,但我们反而成了它的奴仆,被囚禁在它的幻影和它认为合逻辑的结果之中。"马丁·海德格尔(Martin Heidegger,1559—1976)提出了以主体性原则、人类中心主义、人道主义(人文主义)与理性精神为特征的主体性形而上学是支配这个时代的本质和基础。他挖掘出现代技术是现代性的根源所在,认为技术成就、强化了现代性的形而上学基础;认为技术不再仅仅是以人类生存与发展的工具或手段的面目出现,而是升腾为以自身为目的、以人为实现其目的的手段的自满自足的"自我";它制造了日益深沉的生机沦丧。于是,海德格尔展开了对以现代技术为根源的现代性全面且深入的批判。总之,人类的理性愈是膨胀,它的阴影也同时变得愈是

---

① 夏宗素,主编.矫正教育学[M].北京:法律出版社,2002:23.

庞大。理性表现得越是辉煌,它给人类带来的黑暗也越是令人恐慌。大量的事实证明,人类的"理性"并不总是有利于人类的生存,人类绝不可能仅仅依靠"理性"生活。福柯思想的批判性并没有脱离整个"问题化"的时代,相反,他的思想恰恰只是这个批判的潮流中的一个代表。他给我们呈现出这样一种意象:在理性的枷锁、知识的伪装和"专家"治理下,没有客观、普遍和中立的法律存在。在福柯看来,任何关于真理的知识都是带着权力的烙印。正如他在《规训与惩罚》中提到的,知识和权力永远是相互勾结、相互依附的。并不存在一套具有确定内容和永恒不变的价值的法律体系。法律只不过是权力关系的产物。

福柯并非意在"反法律",而恰恰是揭示出现代社会中出现的各种规范、监督制度对法律的漠视。从促进人的自由这一角度出发,规范、纪律、监督恰恰是人类追求自由的阻石。法律所赋予的人的一些权利(如隐私权)在规范、监督面前已无影无踪。法律是否完善并不是问题的关键,而纪律、规范等已变成与人们日常生活、工作、学习息息相关。福柯发现,造成这一局面的关键因素是理性的发展。

(资料来源:梁婷.圆形监狱的隐喻:福柯《规训与惩罚》的权力观研究[D].重庆:西南政法大学,2006.)

四、服刑人员行事的非理性因素

"人是理性的动物",是理性主义哲学对人的最基本假设。二十世纪三十年代,人际关系学派首先对理性主义提出质疑。在他们看来,"人是理性的动物"这一假设过于简单、片面——它忽视了一个基本事实:人并不总是以理性的方式行事,即使在最技术的层面上,个体行为也有本能、情绪、意志、欲望等诸多非理性因素的渗透与介入。

人类还是一种局限存在物。作为物理存在物,人同一切物体一样,受不变的规律所支配。作为智能存在物,他们是有自己思想的,所以不会一成不变地遵循上帝的法律,不会一成不变地遵循自己的传统。……作为情感存在物,人们拥有各种各样的激情:兴奋、悲痛、忧虑、愤怒、恐惧等等。在这些激情的支配下,人们干出许多伤天害理的事情。[①]

人的行为不会简单地被理性所决定,"情感"对"活动"有直接的影响。[②]

[①]　孟德斯鸠.论法的精神[M].申林,译.北京:华夏出版社,2007:2-3.
[②]　米歇尔·克罗齐埃.科层现象[M].刘汉全,译.上海:上海人民出版社,2002:174.

在哲学中,甚至在日常生活中,最常见的事情就是谈论理性和情感的斗争,就是重视理性,并且说,人类只有在遵循理性命令的范围内,才是善良的。理性的永恒性、不变性和它的神圣的来源,已经被人渲染得淋漓尽致;情感的盲目性、变幻性和欺骗性,也同样受到了极度的强调。为了指出一切这种哲学的谬误起见,我将着力证明,第一,理性单独决不能成为任何意志活动的动机;第二,理性在指导意志方面并不能反对情感。[①]

叔本华(Arthur Schopenhauer)曾经对近代"理性主义"的崇拜进行了尖锐的批评,指出人们实际上处在非理性、无意义的"意志(will)"奴役的状态下。虽说叔本华的观点极端了些,但至少强调了人的非理性的存在。也正是因为如此,人际关系学派对理性主义的质疑,最终引发了由人道因素的发现所构成的那场感觉深刻的革命。它向组织学家、活动家和理论家揭示出存在着一套复杂情感左右个人对生产要求的响应或拒绝,并迫使个人对自己的行动哲学提出质疑。马克思显然意识到理性主义的恣意泛滥,在明确人是具有情感的存在物的基础上,马克思辩证地说明了理性和非理性因素在人的认识中的相互作用:"人作为对象性、感性的存在物,是一具受动的存在物;因为它感到自己是受动的,所以是一具有激情的存在物。激情、热情是人强烈追求自己的对象的本质力量。"[②]

认识服刑人员远比认识按既定程序运行的机器复杂得太多。服刑人员的各种行为指向、反应方式不是机械运动,不是简单的刺激—反应模式;每一个服刑人员的行动在受监规纪律约束的同时,又无时无刻不受到情感因素的作用。认为服刑人员可以理性行事,亦即认为给予服刑人员以强制约束、奖惩刺激以及减刑诱惑就可以让服刑人员作出理智决定的观念,实在是一种完全不了解"人"的表现。如若监狱民警对此不能保持清醒的头脑,势必影响对服刑人员偏差行为的解读;误解和曲解为警囚双方的顺畅沟通设置了先天障碍,紧张的警囚关系,就在此时埋下了伏笔。

---

① 休谟.人性论[M].关文运,译.北京:商务印书馆,1997:451.
② 马克思.1844年经济学哲学手稿[A].马克思恩格斯全集(第42卷)[C].北京:人民出版社,1979:169.

第二节

规训机制：制造而不是控制了暴力

问题不是我们做什么，也不是我们应当作什么，而是什么东西超越我们的愿望

和行动而与我们一起发生。

——[德]伽达默尔（Hans-Georg Gadamer）·《真理与方法（Wahrheit und Methode）》

"只要有监视的目光就行了。一种监视的目光,每一个人在这种目光的压力之下,都会逐渐自觉地变成自己的监视者,这样就可以实行自我监视。"①这是福柯(Michel Foucault)形象地描绘服刑人员在边沁(Jeremy Bentham)所设计的"全景敞视监狱(panopticon)②"里被监视时的处境。"全景敞视监狱",是"规训(Discipline)"的一种典型机制。

一、权力哲学下的福柯规训观

福柯以"权力思想家"著称于世;规训为福柯毕生关注。

规训,是福柯代表作《规训与惩罚:监狱的诞生》(*Discipline and Punish*:*The Birth of The Prison*)的一个核心概念,也是福柯创用的一个新术语。在英文中,Discipline 这个词既可以作名词使用,也可以作动词使用,具有纪律、教育、训练、校正、训诫等多种释义。福柯正是利用这个词的多词性与多义性,赋予了它新的含义,用以指近代产生的"一

---

① 米歇尔·福柯.必须保卫社会[M].钱翰,译.上海:上海人民出版社,1999:258.

② 福柯这样描述"全景敞视监狱":"四周是一个环形建筑,中心是一座瞭望塔。瞭望塔有一圈大窗户,对着环形建筑。环形建筑被分成许多小囚室,每个囚室都贯穿建筑物的横切面。各囚室都有两个窗户,一个对着里面,与塔的窗户相对,另一个对着外面,能使光亮从囚室的一端照到另一端。然后,所需要做的就是在中心瞭望塔安排一名监督者,在每个囚室里关进一个疯人或一个病人、一个罪犯、一个工人、一个学生。通过逆光效果,人们可以从瞭望塔中与光源恰好相反的角度,观察四周囚室里被囚禁者的小人影。这些囚室就像是许多小笼子、小舞台。在里面,每个演员都是茕茕孑立,各具特色并历历在目。敞视建筑机制在安排空间单位时,使之可以被随时观看和一眼辨认。总之,它推翻了牢狱的原则,或者更准确地说,推翻了它的三个功能——封闭、剥夺光线和隐藏。它只保留下第一个功能,消除了另外两个功能。充分的光线和监督者的注视比黑暗更能有效地捕捉囚禁者,因为黑暗说到底是保证被囚禁者的。可见性就是一个捕捉器。"{文见福柯.规训与惩罚:监狱的诞生[M].刘北成、杨远婴,译.北京:生活·读书·新知三联书店,1999:223-224.}

种把个人既视为操作对象又视为操作工具的权力的特殊技术"①,它"既不会等同于一种体制也不会等同于一种机构。它是一种权力类型、一种行使权力的轨道。它包括一系统手段、技术、程序、应用层次、目标。它是一种权力'物理学'或权力'解剖学',一种技术学"②。

福柯曾给规训下过明确的定义:"使肉体运作的微妙控制成为可能的,使肉体的种种力量永久驯服的,并施于这些力量一种温顺而有用关系的方法就是我们所谓的规训。"③

虽然福柯的权力哲学不可避免地受制于时代的局限,但是显而易见——任何人、任何时候谈及"规训"都无法将其回避。

(一)福柯的"关系性"权力论

在传统社会中,权力被人们视为一种物,视为一种对物的占有。福柯认为:现代权力已经突破了这种将权力等同于物的占有的观念;权力根本不可能固定在谁的手中,不可能再像传统权力那样由国王或其他统治者自下而上、随心所欲地单向度实施,而是双向或多向交互式地运作,随着关系的变化而变化——权力是多种力量的关系,各种力量相互作用、相互抵抗——在抵抗中,权力被颠覆,在颠覆中,权力被体现。

> 权力不是某种可以被获得、抓住、分享的东西,也不是人们能控制和放弃的东西。权力通过不计其数的点来实施,它在各种不均等和流动的关系的相互作用中来实施。④

> 我们必须首先把权力理解成多种多样的力量关系,它们在内在于它们运作的领域中,构成了它们的组织。它们之间永不停止的相互斗争和冲撞改变了它们、增强了它们、颠覆了穿们。这些力量关系相互扶持,形成了锁链或系统,或者相反,形成了相互隔离的差距和矛盾。它们还具有发挥影响的策略,在国家机构、法律陈述和社会霸权中,都体现着对它们的策略的一般描述或制度结晶……正是各种力量关系的旋转柱石永不停歇地通过它们不平等的关系引出各种局部的和不稳定的权力形态。权力无处不在。这不是因为它有着把一切都整合到自己万能的统一体之中的特权,而是因为它有着在每一时刻、在一切地点,或者在不同地点的相互关系之中都会生产出来。权力到处有,这不是说它囊括一切,而是指它来自各处。⑤

---

① 福柯.规训与惩罚:监狱的诞生[M].刘北成,杨远婴,译.北京:生活·读书·新知三联书店,1999:193.

② 福柯.规训与惩罚:监狱的诞生[M].刘北成,杨远婴,译.北京:生活·读书·新知三联书店,1999:242.

③ 杨大春.现代性与他者的命运[J].南京社会科学,2001(6).

④ Michel Foucault., The History of Sexuality: The Will to Knowledge[M]. London: Penguin Books,1990:49.

⑤ 米歇尔·福柯.性经验史[M].佘碧平,译.上海:上海人民出版社,2005:60-61.

重大拒绝(great refusal)的单一地点并不存在,没有反抗的灵魂,也没有所有反抗的源泉,或者革命的纯粹的法律。取而代之的是一种多元的反抗。它们中的每一个都是特殊的案例:有些反抗是可能的、必需的或是不可思议的;有的反抗是自发的、野蛮的、孤独的或协调一致的、猛烈的或暴力的;还有的是快速妥协的、有趣的或牺牲的。它们都必然只能存在于这种权力关系的战略性领域中。但是,这并不意味着它们仅仅是一种反应回弹;对于基本的支配关系来说,它们只能形成一种反面,最终总是被动的,注定毁于永久的失败。①

福柯的分析将权力的重点从"实体性"转向"关系性",呼吁"我们必须摈弃构成性主体(constituent subject)并废除主体本身"②。这一转向的意义在于:社会下层、社会边缘(一如本书讨论的服刑人员)和普通民众都被纳入权力关系的范围;让人们意识到,权力不仅存在于上层社会和核心人物手中,也存在于下层社会和普通民众手中。

凡是有权力的地方,人人都行使权力。确切地说,没有人是权力拥有者。③

权力是通过网状的组织运作和实施。不仅个人在权力的线路中来回运动;他们同时也总是处于实施权力的状态之中。他们不仅是被动接受的对象,也是发号施令的成员。④

如果没有抵抗——暴力抵制、逃避、诡计、扭转形势的策略——的可能性,就不会有权力关系。⑤

权力只有依靠大量的抵抗点才能存在——后者在权力关系中起着对手、靶子、支点、把手的作用。这些抵抗点在权力网络中到处都有。这些抵抗不从属于一些普通性质的原则;但是,它们并不因此一定是让人失望的诱饵或许诺。它们是权力关

① Michel Foucault., The History of Sexuality: An Introduction [M]. New York: Random House, 1978:95-96.

② Michel Foucault., Power/knowledge: Selected Interviews and Other Writings 1972—1977 [M]. New York: Pantheom Books, 1980:117.

③ 米歇尔·福柯.知识分子与权力[A].谢静珍,译. // 杜小真,编.福柯集[C].上海:上海远东出版社,2003:208.

④ 米歇尔·福柯.两个讲座[A].严锋,译. //权力的眼睛:福柯访谈录[C].上海:上海人民出版社,1997:232.

⑤ 巴里·司马特.论福著作中的性、伦理和政治主题[A].陈永国,译. //汪民安,陈永国,马海良,编.福柯的面孔[C].北京:文化艺术出版社,2001:334.

系中的另一极,是权力关系不可消除的对立面。①

(二)福柯规训论的"生产性"

权力具有生产属性(productive)奠定了福柯规训理论的逻辑起点。福柯主张:近代以来,人身体的可塑性、可操纵性和可挖掘性受到权力的高度关注,权力施展的重心不再是压迫性或否定性的阻碍、破坏、摧毁,而是通过行使制度化、技术性的力量"使人体在变得更有用的同时也变得更为顺从,或者因为顺从而变得更有用"②;监狱"的使命决不仅仅限于起到剥夺自由的作用,而是从一开始就以'对个人进行改造'为目标","它的产品就是'按照工业社会的一般规范机械加工'而成的许多个人"③;规训的要义在于使肉体"可以被驾驭、使用、改造和改善"④;规训的目的在于通过对那些异常个体的解剖、分割、组合、搭配与编排,达到对个体的位置、姿势、形态以及行为方式的精心操控,亦即通过改造消除个体肉体和心理的非规则性,生产出有用且驯服的会说话的工具。

二、规训在监狱的实践

监狱是一个典型的规训机构——"在若干方面,监狱必须是彻底的规训机构"⑤;服刑人员是规训实践的最彻底、最极致的体现对象——与君主统治时期的专制权力相比,尽管规训权力的运行模式、表现程度可能不是那么的引人注意(规训并不是耀武扬威地责罚肉体、摧残肉体,而是准确而谦卑地区分肉体、控制肉体),但规训远比酷刑更有效,因为它通过精心计算、持久运作以规范化的手段完全接管了服刑人员的身体。

前文提及,"纪律、教育、训练、校正和训诫"是规训的五种主要表现形式;服刑人员的训练比较直观,我们以此为切入点说明规训在监狱的实践。

什么是服刑人员的训练?

服刑人员的训练就是"向左转"、"向右转",就是"齐步走"、"一二一、一二一",就是一种造就没有情感与意义世界的"物化的人"的机制——"向左转"、"向右转","一"左脚、

---

① 米歇尔·福柯.性经验史[M].佘碧平,译.上海:上海人民出版社,2005:62.

② 福柯.规训与惩罚:监狱的诞生[M].刘北成,杨远婴,译.北京:生活·读书·新知三联书店,1999:156.

③ 王治河.福柯[M].长沙:湖南教育出版社,1999:198.

④ 福柯声称人体是权力的对象和目标;拉美特利(Julien Offroy De La Mettrie)的《人是机器》(Hom-me-machine)是有关权力于人计算和操纵和深刻写照。他说:"《人是机器》既是对灵魂的唯物主义的还原,又是一般的训练理论。其中心观念是'驯顺性'。该书将可解剖的肉体与可操纵的肉体结合起来。肉体是驯顺的,可以被驾驭、使用、改造和改善。但是这种著名的自动机器不仅仅是对一种有机体的比喻,他们也是政治玩偶,是权力所能摆布的微缩模型。"{文见福柯.规训与惩罚:监狱的诞生[M].刘北成,杨远婴,译.北京:生活·读书·新知三联书店,1999:154.}

⑤ 福柯.规训与惩罚:监狱的诞生[M].刘北成,杨远婴,译.北京:生活·读书·新知三联书店,1999:264.

"二"右脚,给你一个什么样的指令,你就做一个什么样的动作,这还是个人么? 如果硬要说是人,也只能是个机器人。

通过训练机制,规训抽离服刑人员"人"的本性,消解服刑人员"人"的灵性,使服刑人员身上人性的东西越来越少,机械的特征越来越明显,让服刑人员越来越远离人,越来越接近物,最终使服刑人员成为社会生产的一部分,就如现代工业流水线上出品的零部件一样,好用、耐用、得心应手。

> 监狱对犯人的身体起作用,它是通过强迫犯人接近一种理想、一种行为的规范、一种顺从的样板来完成的。因此,犯人的个性变得一致、全面,被制成这种话语的和概念化的监狱财产。[①]

> 归根结底,人们试图通过这种改造技术所恢复的,不是卷入社会契约的基本利益中的权力主体,而是恭顺的臣民。他应该听命于习惯、规定、命令和一直凌驾于头上的权威,让这些东西在他身上自动地起作用。[②]

矫正教育有一个天然的不易为人觉察的悖论:一方面,它确实承担(发挥)着把服刑人员改造成为守法公民的任务(作用);另一方面,它又存在着使服刑人员奴隶化、工具化的陷阱(危险)。

这并非一家之妄言;金生鈜先生对此亦有深刻论断:"规训对个人的'造就'体现为一种操纵,一种为了'征用'而进行的训练,一种对人的多样性进行规则化和秩序化的技术。这意味着规训把人作为一种改造的对象而施加外部的训练。规训因此实现着外部的霸权,也实践着强制的形式,同时,也有着外在的目的。"[③]

金生鈜先生所言的"外在的目的",暗合社会本位的矫正教育目的观。

矫正教育目的历来就有两种价值取向——社会本位和个人本位(此外,也有学者提出文化本位的矫正教育目的观)。两者间的根本不同,在于是为服刑人员个体的生存和发展而实施矫正教育还是为社会的需要而实施。社会本位矫正教育目的观认为:矫正教育目的应根据社会要求确定,矫正教育在于让服刑人员重新建立社会认同意识,完成其再社会化过程;个人本位矫正教育目的观认为:矫正教育目的应根据人的本性和保护人权需要确定,矫正教育在于让服刑人员身心发展得以改善、个人价值获得实现。如若简单的区分,社会本位与个人本位两种目的观完全可以在"权力——权利"谱系中找到各自

① 朱迪斯·巴特勒.权力的精神生活:服从的理论[M].张生,译.南京:江苏人民出版社,2008:80-81.

② 福柯.规训与惩罚:监狱的诞生[M].刘北成,杨远婴,译.北京:生活·读书·新知三联书店,1999:144.

③ 金生鈜.规训与教化[M].北京:教育科学出版社,2004:17.

的位置——前者最根本的表现方式是维持秩序需要的权力,后者则是服刑人员个人发展完善需要的权利。

本来,以上两种矫正教育目的观只是一种理论上的概括,现实中完全依据其中某一种特定目的观而确立并指导的矫正教育实践并不存在。按照辩证统一的观点,应当兼顾社会需要和服刑人员利益,从统筹服刑人员个体和社会发展的角度来确立矫正教育目的。

放眼世界,随着行刑人道原则、教育原则受到越来越广泛的关注,个人本位矫正教育目的观在服刑人员教育改造价值取向中所占比重正在不断加大。反观我国,社会本位矫正教育目的观当前仍牢牢占据绝对主导地位,更有甚者,很多监狱民警根本就不知道还有个人本位矫正教育目的观这么一说。也正是因为如此,规训在服刑人员服刑改造生活中大行其道、极显其能,严重扭曲了矫正教育转变思想、完善人格、塑造新人的本意,将矫正教育引上一条极其危险的道路——消解人性,强化物性;消解精神,迎合功利;消解意义,制造工具。更可怕的是,如果民警没有主动的思辨意识和清醒的历史感,没能领悟规训的哲学基础、时代背景、价值取向及深邃的内在思想,就很难识破规训的玄机所在,就会迷迷瞪瞪、不折不扣地去践行。最终的结果,非但与矫正教育的最终目的南辕北辙、大相径庭,而且不可避免地造成警囚间关系疏远、彼此防御、纷争不断。

这并非牵强附会的解释,而是权力二重性[①]及微观权力[②]发挥作用的一个印证。

中国正处于社会转型期,作为国家刑罚执行机关的监狱同样行进在由"传统"向"现代"的转轨过程中。与此相应,监狱民警与服刑人员间的互动也凸显出"传统"与"现代"的纠缠:民警是传统权力的载体,凭借国家赋予的执法权力,习惯于强硬压制、自上而下、理性至上的运作方式;服刑人员作为现代权力观的拥护者,反对权力被独占,对理性独尊、丧失人文关怀的压制性权力充满反感,不断对抗。

警囚冲突正是这两种价值取向(社会本位与个人本位矫正教育目的观)、两种权力模式(中心权力与边缘权力)推挡与共存的表现方式之一。

---

①　吉登斯(Anthony Giddens)在其代表作《社会的构成》(*The Constitution of Society：Outline of the Theory of Structuration*)一书中,以一种"二重性"的方式完成了对权力关系的建构:一方面,他主张权力是社会主体自主性的表现,即转换能力(transformative capability);另一方面,他又看到权力是主体在互动过程中存在的依赖性表现,即支配能力(domination capability)。吉登斯认为,转换能力与支配能力共同组成社会主体的权力内容;社会主体与社会结构间正是通过权力的动作表现着既相排斥又相依存的关系。〔详见[英]安东尼·吉登斯.社会的构成:结构化理论大纲[M].北京:生活·读书·新知三联书店,1998:62-91.〕

②　[2]权力是西方政治哲学研究的要害问题,马克思主义的经济学分析、法理主义的法权模式分析关注的都是宏观政治领域中的权力,着力探究君主权力的形成,解剖阶级、党派、利益集团之间的权力斗争。相对于传统的宏观权力分析,福柯提出探讨权力的微观视角:在现实生活中,权力是与每个个体相关的、具体的、细节的,是流动于人与人之间的"力",是个人能力的纠缠与推挡。福柯形象地将其称之为"微观物理学(the microphysics of power)"。

(一) 规训漠视服刑人员"边缘权力"

长期以来,以规训为代表的监狱管理机制以传统权力模式搭建而成,习惯于自上而下地强势运作。达顿(Michael R. Dutton)对此描述说:"正如军队一样,监狱中的权威和秩序的轴线也遵循同样的延伸方式:向下延伸。主体在这些制度性关系中越没有权力,就越具有可见性。"①

在监狱中,民警的权力受到强力保护,服刑人员的权力受到挤压、排斥,表现为:监狱出台五花八门的管理办法、滴水不漏的纪律规范、严惩不贷的处罚措施。一方面,监狱民警凭借这些无处不在、无孔不入的制度、规范、办法,企图让管理达到滴水不漏、严丝合缝的程度(当然,这也只能是"企图"——再严密的规则也无法面面俱到,规则一定有涉及不到的地方——客观环境、任务要求、个体心态和人际关系每时每刻都在发展变化,都有不确定因素的存在);另一方面,借助严格周密的巡视检查②、线人举报等方式,民警对服刑人员的行为指手画脚、横加指责、随意惩处。反观服刑人员,他们非但不知道这些制度、规范、办法出自何方、依据何处,甚至在受到惩处、遭遇指责的时候,无从解释、无处表达、无法申辩。此时,如若把警囚冲突放在现代权力关系论的视角下审视,就会发现:警囚冲突是警囚权力不对等的结果,是服刑人员对民警权力中心化的挑战,是服刑人员推进权力多元化、分散化、均衡化的现实行动。

和德塞托(Michelde Certeau)在《日常生活的实践》(*The Practice of Everyday*)一书中描述的法国农民运动③一样,我们也必须从"隐藏的档案"里才能弄清服刑人员对抗监狱管理的隐匿手法——对附加于自己身上的监规纪律,服刑人员只是表面上象征性的服从,私底下却巧妙地运用一些间接的、迂回的、偷袭式的技术达到抗拒的目的,一如德塞托所说的"游击战"。

---

① 达顿.中国的规制与惩罚:从父权本位到人民本位[M].郝方昉,崔洁,译.北京:清华大学出版社,2009:201.

② 层级监视(hierarchical observation)、规范化裁决(normalizing judgment)和检查机制(examination)是规训的三种典型技术或说手段。对此,福柯在《规训与惩罚》一书中进行了极其详尽的解读和描述。福柯特别指出,监视不仅是一种手段和技术,它与检查还是一种相辅相成的关系:监视是检查的目的,检查是监视的手段;检查是表现于外的监视,是监视的仪式化行为;监视是检查的内核,检查什么,检查谁,怎么检查,由监视决定。{详见福柯.刘北成,杨远婴,译.规训与惩罚:监狱的诞生[M].北京:生活·读书·新知三联书店,1999:193-218.}

③ 德塞图将法国农民的反抗分作两种层次:一种为公开宣称的抗拒形式,另一种为未公开宣称的抗拒形式。在日常生活中,法国农民经常采取后一种方式避免与统治者直接面对面的激烈冲突,用间接、迂回、偷袭式的"权且利用"的战术,抗拒强大的压迫体制,包括那些施加到他们身上的礼仪、规则、权力和话语,甚至统治者的控制策略也被大众反其道而用作抵抗的资源。{详见米歇尔·德塞托.日常生活的实践[M].方琳琳,译.南京:南京大学出版社,2009:283-287.}

✳ **链接** 5-2

无能感是孕生暴力的温床

　　大量的人类生活都可以被视为权力（即影响他人的有效方法，在人际关系中获得自我的意义感）与无能之间的冲突。在这种冲突中，我们的努力由于以下这一事实而变得更为困难：我们将两边都堵死了，我们之所以将权力这一边堵死，是因为这"权力动机"具有邪恶的内涵，而我们堵死无能这一边，是因为无能让我们感觉过于痛苦而难以面对。事实上，人们不愿面对整个权力问题的主要原因在于，如果他们真的这么做了，那么他们就将不得不面对自身的无能。

　　一旦用其更为贴切的名称——无助（helplessness）和软弱（weakness）来谈论无能，许多人便会因此而感受到沉重的负担。阿瑟·施莱辛格（Arthur M. Schlesinger）写道："事实上，现在最为普遍的社会情绪莫过于认为个人是无能的这种信念了，这是一种被困扰、被围攻、被迫害的感觉。"

　　……其他一些心理学家，因为注意到我们在控制自我方面表现不是很好，因此便提议以操作条件作用的形式来让我们进行控制。我们听说过一些养育孩子的新方法，这些新方法可以磨掉他们的攻击倾向，使他们变得安静而听话。我有点担心地问自己：在这种绝望中，大家是否忘了 H.G.威尔斯（H.G.Wells）的《时光机器》（*The Time Machine*，在其中，人被极端地分成了两个群体，大多数人被驯服得非常温顺，像母牛一样顺从，他们的肉又软又嫩，然后任由强悍的工程师群体宰杀）呢？

　　……因为无能和情感淡漠是孕生暴力的温床。是的，攻击性常常会逐步升级为暴力，所以人人都因为它而感到沮丧和恐惧，这一点是可以理解的。但是，我们没有看到的一点是，无能的状态（这种状态会导致情感淡漠，也可能会因为上述根除攻击性的计划而产生）是暴力的源头。在我们使人们变得无能为力时，我们是制造而不是控制了暴力。我们社会中的暴力行为在很大程度上都是由那些试图建立自尊、保护自我形象，以及想证明自己也很重要的人实施的。不管这些动机的表现是多么具有破坏力，它们依然是积极人际需要的呈现。我们不忽视这样一个事实，即尽管改变这些需要非常困难，但这些需要本身确实具有建设性的潜能。暴力不是来自权力的过剩，而是来自无能。汉娜·阿伦特（Hannah Arendt）说得很好，暴力是无能的表现。

　　（资料来源：罗洛·梅.权力与无知：寻求暴力的根源[M].郭本禹，方红，译.北京：中国人民大学出版社，2013：3-6.）

要说明的两个问题：

1. 随着管理经验越来越丰富、执法手段越来越规范，监狱根据形势需要制定和出台了越来越周全、越来越细腻的规章制度。规则是多了，章法是有了，管理是科学了，但狱内冲突事件非但没有减少,反而呈现愈加多发趋式。这其中,除了社会转型、制度调整等宏观层面原因的触发之外,监狱规章制度自身的运行机制以及服刑人员对规章制度的看法恐怕也是一个不容忽视的原因。

吉登斯(Anthony Giddens)致力于规则的研究并列举出规则的两个基本特征——构成性和管制性。他强调,前者是规则的基础,因为如若没有规则的构成,也就根本谈不上规则的运用与实施;没有对构成性规则的清晰、明确、严谨的表达和理解,就将规则使用于管制人、支配人的关系中,非但起不到管理和协调的作用,反而可能引起因规则表达不清或使用不当而导致的矛盾或冲突。吉登斯以数学公式作例子进行说明:数学公式凝炼地表达了事物的一般化程序,这正是规则的本质,即体现社会互动中的方法论程序,适用于一系列的情境和场合。也就是说,规则为人们的行动提供了方法论依据,让人们可以在不同的情境下知道行动的方向和步骤,不至于一脸茫然、手足无措。可是,现实生活中人们更熟悉、更敏感的却是规则的管理性特征,人们似乎更关心可以做什么和不可以做什么,担心做了不该做的事情而遭受的惩罚,反而忽略了规则本身到底是什么,忽略了规则本身是如何形成的,这就是维特根斯坦(Ludwig Wittgenstein)和吉登斯等人所说的规则和遵从规则之间的悖论——"这里存在着某种误解,即把对某项规则的解释或言辞表述与对规则的遵从混为一谈了"①。

2. 在此提及的权力"多元化、分散化、均衡化",并不是要模糊、弱化服刑人员的"身份意识",也不是试图放弃刑罚执行活动的"法定性、强制性",而是强调良性的"刑罚执行"权力运作应该是警囚双方承担责任、接受监督、彼此克制、相互接纳;不良的"刑罚执行"权力运作则是只要权力、不要责任、压制对方、放纵自己。后者的结果一定是斗争,冲突。

无论对民警而言还是对服刑人员来说,这都是一个要明确的命题。

(二)规训导致服刑人员"物化"

"物化理论"源自西方马克思主义创始人、匈牙利哲学家卢卡奇(Ceorg Lukacs)对当代资本主义机械化生产的批判:物化(reification)就是人与人之间的关系表现为物与物的关系。在客观方面,是产生出一个由现成的物以及物之间关系构成的世界,它的规律虽然逐渐被人们所认识,但是即使在这种情况下还是作为无法制服的、由自身发生作用的力量同人们相对立。在主观方面,在商品经济充分发展的地方,人的活动同人本身相对立地被客体化,变成了商品,这种商品服从社会的自然规律而异于人的客观性,它正如变成商品的任何消费品一样,必然不依赖于人而进行自己的运动。② 卢卡奇的"物化理论"表明,伴随着科学技术的突飞猛进,人类本性与存在的冲突日益凸显——人由主体变成了对象,人成了活动的结果;本是由人创造的物,反过来变成统治人、支配人的力量,人成

---

① 吉登斯.社会的构成:结构化理论大纲[M].李康,李猛,译.北京:生活·读书·新知三联书店,1998:84.

② 卢卡奇.历史与阶级意识:关于马克思主义辩证法的研究[M].杜章智,等,译.北京:商务印书馆,1996:147-148.

了物的奴仆。

在现代监狱,规训的手段和技术得到了最完美的组合;规训在监狱肆无忌惮的实施,使得服刑人员"物化"现象普遍存在。

1. 规训在矫正教育实践中的运用,是一种不折不扣的出于"改造"目的的训练。在1978 年出版的《性经验史:导言(*The History of Sexuality：An Introduction*)》的最后一章,福柯提出"身体的历史"的概念,用以考察"身体中最物质化的也是最重要的东西,是以哪种方式被投注的"[①]。在这本小册子的阐述中,福柯认为规训机制不仅仅对(on)服刑人员的身体起作用,而且也在服刑人员的内部(in)起作用,它不仅生产出主体的边界,也渗透到主体的内部。一年后,《规训与惩罚》出版,福柯关于身体"物质化(materialized)"的概念愈加明确:"灵魂变成了一种规范的和规范化的理想,根据这种理想,身体被训练、塑造、培养和投注;它成为一种具有历史具体性的想象的理想(ideal speculation),在它之下,身体被物质化。"[②]

统一、规范训练的指向是使服刑人员最终像机器一样精准、整齐、规范、标准,其结果是服刑人员"遵守监规纪律、服从民警管理",善于模仿、精于算计、匮乏生机、被动消极、越来越机械。

2. 规训的运行,生生割裂了监狱民警和服刑人员间的情感互动,转而建立起物与物之间的"数字化"、"机械化"和"原子化"[③]的关系。在民警和服刑人员眼中,彼此不再是具体的、有血有肉的人,而是抽象的、规格化和标准化的"原子",相互冷漠、疏离,不再有情感交流,剩下的只有工具性的相互利用。

规训"非人化"运作给服刑人员造成沉重的心理压力,因为服刑人员也有维持自尊、保持自由的天性,再严格的规章制度也不可能消除服刑人员情感活动的存在。服刑人员要表达自己,要维护人之所以为"人"的起码尊严,反抗"非人化"的规训运作成为不可节制的趋势;国家暴力机器的根本属性,决定了监狱在面对服刑人员反抗时不可能改变或消减规章制度,反而是进一步强化,即催生出更严密、更具体、更苛刻的规章制度来弥补现有规章制度的漏洞和缺陷,于是就形成了压力——反抗——加压——再反抗的恶性循环。表现在现实层面,这一恶性循环就是狱内冲突。

(三)规训强化服刑人员的被控制感

人最大的不安全感,来自客观世界的不确定性。客观世界的变幻莫测、难以捉摸,常常让我们处于一种不知所措的焦虑状态。规训最早被组织用于对个体的控制——通过精巧的计算与运作,组织尽可能地将客观世界变得可预见和机械化,即用人为的确定性替代现实的不确定性,以此换取个体内心的安宁与平静,让附于组织的个体感受到组织

[①] Michel Foucault.，The History of Sexuality：An Introduction［M］. New York：Random House，1978：152.

[②] 朱迪斯·巴特勒.权力的精神生活:服从的理论［M］.张生,译.南京:江苏人民出版社,2008:85.

[③] 数字化、客体化和原子化,是卢卡奇提出的人被物化的三种典型表现。{详见卢卡奇.历史与阶级意识:关于马克思主义辩证法的研究［M］.杜章智,等,译.北京:商务印书馆,1996:98-100.}

的保护与安全。换言之,规训最直接的目的和效用在于实现规范化和秩序性;最本质的目的和价值在于追求个体的自由。

为彰显"惩罚与改造"服刑人员的工具性价值,监狱必须通过规训手段约束服刑人员行为;对服刑人员而言,规训在监狱的实施也并非完全是消极意义上的压制——规训是保护服刑人员相对自由的一种有效机制——在确保监管秩序的同时,规训可以让服刑人员获得相对更多的自由(即便在一般公众的现实处遇中,也不会存在完全的自由)。

问题是,因为规训与保护(自由)错综复杂、相互交错甚至是对立的复杂关系,作为具体个体存在的服刑人员体验到的往往只有控制,没有保护(自由)。对此,于爱荣等人描述说:"对狱内不稳定、不确定因素的惧怕,对权力、规训的肆意扩张演绎,对来自各种'严禁……'、'绝对……'、'万无一失、一失万无'的压力,使得监狱总是从围墙电网、监控监视等设施设备,从罪犯的发型、衣物标识、动作姿态标志符号,从'四固定'、'三联号'、直接管理、日碰头、周分析制度设计安排,等等各个方面,试图将一切纳入可控之中,试图将罪犯变得机械而透明。并且强调要始终保持高压态势,使用一切尽可能的措施管制、约束罪犯,使之始终处于一定的紧张度和压力感之下。"①

现代监狱以规范化管理为荣耀,规范化被视为考察一所监狱管理水平高低的关键要素。在追求规范化的过程中,监狱制定的规则数不胜数,进行的训练触及肉体,安装的监控无所不在。规训以一种科学的、高雅的、隐蔽的方式渗入服刑人员服刑生活的一举一动、一言一行。从行动的时间、行动的空间、行动的方式到行动的效能,全部得以标准化、规范化以及得以准确的计算。服刑人员唯命是从、任人摆布,犹如机器一般被纳入理性计算和严密控制的范围。监狱民警工作的中心、重点和基本内容就是控制:服刑人员列队站哪儿,学习坐哪儿,劳动做什么;一天做多少;早上什么时候起床,中午什么时候吃饭,晚上什么时候睡觉;星期几晚上看电视,星期几晚上整理内务,星期几晚上文化学习,林林总总,举不胜举。

福柯在阐述规训对活动的控制时说:"时间表是一项古老的遗产",它通过"三个主要的方法——规定节奏、安排活动、调节重复周期"②,保证时段的积累,致力于最大限度地使用稍纵即逝的时间。笔者手头的一份 FJ 省 ZZ 监狱某监区《服刑人员日常作息时间安排表》,呈现了监狱民警对服刑人员时间的精确控制:

> 早六时,起床洗漱、整理内务;六时二十五分,早餐;六时五十分,集合带队、搜身检查、带队出工;七时十五分,布置劳动任务、发放劳动工具;七时三十分,组织生产劳动;十时,做工间操;十时十五分,继续劳动;十一时三十分,清点劳动工具,劳动情况点评;
>
> 十一时四十五分,集合带队、点名报数、搜身检查;十二时,带队返回监舍。

① 于爱荣,主编.监狱制度论[M].南京:江苏人民出版社,2010:175.
② 福柯.规训与惩罚:监狱的诞生[M].刘北成,杨远婴,译.北京:生活·读书·新知三联书店,1999:169.

午十二时二十分，午餐；十二时四十五分，休息；十三时五十分，集合带队、搜身检查、带队出工；十四时十五分，布置劳动任务、发放劳动工具；十四时三十分，组织生产劳动；十七时三十分，清点劳动工具，劳动情况点评；十七时四十五分，集合带队、点名报数、搜身检查；十八时，带队返回监舍。

晚十八时二十五分，晚餐；十九时，收看新闻联播；十九时三十分，或晚间讲评，或夜间教育，或队列训练，或个别谈话；二十二时，收监查号。二十二时二十分，熄灯就寝。

如果说受囿于当时条件，边沁（Jeremy Bentham）通过中心瞭望塔百叶窗、"之"字形道路等设计达成的"全景敞视主义"监视效果还仅仅是一种"幻觉效果"的话，那么，当下监控系统的普及使用、无缝覆盖，使得监狱名副其实达成与"上帝不眠之眼"相同的世俗监视效果——服刑人员被置于一种持续的、有意识的可见状态：

1. 说它是"持续的"，因为即使监视是断续的，服刑人员也无法确知什么时候自己被监控系统的另一端监视，什么时候自己未被监视，他们只能保持一种始终被监视、随时被监视的准备状态。

2. 说它是"有意识的"，在于监视机制通过作用于服刑人员的意识，建立起监视与被监视间的条件反射，最终达到服刑人员自我监视的效果。这不仅实现了如希腊哲学家罗曼（Harou Romain）设想的玻璃房般的"最理想的监视"[①]的设想，也完全符合边沁提出的"权力可见但又无法确知"[②]原则。

3. "可见"，是因为监控系统的摄像机实实在在设置在那儿，没人怀疑它的存在；无法确知，是因为监控系统的控制权掌握在监狱民警手里，服刑人员没有操纵它的权力，只有被它操纵的感觉。

以监控系统为代表的监狱民警全方位、全时段控制的强化使用，湮没了同时进行的保护的实施。也就是说，服刑人员能够体验到的只有控制，根本没有所谓的保护。人在被控制时，始终有挣脱控制的本能，没有人心甘情愿被控制。当民警的控制过强、过硬、过分，完全遮蔽了保护、保障存在的时候，服刑人员的挣脱与反抗就会如一股被掩塞的急流般喷涌而出。

---

① 在阐述"监狱这个执行刑罚的场所也是观察受罚者的场所"时，福柯转引迪卡特尔（Ducatel）在《关于建立拘留所的指示》（*Instruction pour la construction des maisons d'arret*）里的一段话：1841 年，在讨论监狱监视系统的各种实现方案时，"内务大臣总结了几条原则：……'如果监狱长能够从中心监视厅既不移动又不被察觉地进行监视，既能看到所有囚室的内部，又能看到看管各层犯人的看守，那么这种监视是最理想的。'"｛文见福柯.规训与惩罚：监狱的诞生［M］.刘北成，杨远婴，译.北京：生活·读书·新知三联书店,1999:279-280.｝

② 在阐述全景敞视建筑时，福柯提及边沁追求的一个效果："权力应该是可见的但又是无法确知的。所谓'可见的'，即被囚禁者应不断地目睹窥视他的中心瞭望塔的高大轮廓。所谓'无法确知的'，即被囚禁者应该在任何时候都不知道自己是否被窥视。"｛文见福柯.规训与惩罚：监狱的诞生［M］.刘北成，杨远婴，译.北京：生活·读书·新知三联书店,1999:226.｝

第三节
劳动异化[①]:矫正教育终极价值的背离与阻滞

所有的异化都是一种遗忘。

——[德]霍尔特(Axel Honneth)·《权力的批判》(*Kritik der Macht*:*Reflexionsstufen einer Kritischen Gesellschaftstheorie*)

---

① 在使用"异化"这个概念时,笔者是有些忐忑甚至是战兢的,因为,在马克思那里,"异化"就是剥削剩余价值。无疑,马克思对异化概念的使用是广泛的、多义的,有时甚至是不明确的,但在多数场合,特别是在《德意志意识形态》《资本论》等重要著作中,马克思的"异化"仅限于"劳动异化",表现为劳动者和劳动产品、生产活动和生产者、劳动同人的本质及人和人的消极对立,表述为剥削剩余价值的指向还是清晰明了的。笔者不想,不愿,也没有能力陷入政治抑或哲学的论战,也想过找一个不必再"忐忑"和"战兢"的词汇以使字眼不再敏感。后来,笔者读了朱德生先生的《所谓人性"异化"问题》(文刊北京大学哲学系编《人道主义和异化问题研究》),心有略安。朱德生先生在肯定了"劳动异化"或"异化劳动"在马克思主义唯物主义世界观形成过程中的重要作用的同时,又说:"所谓'异化劳动'或'劳动异化'一说,作为一个认识论和方法论的概念,即作为一个哲学概念,是不科学的,它具有形而上学的先验主义的性质。作为一个普通的概念,用'异化'来描述某种特定的事实,可能很生动很辛辣,能刺激人们的同情心和道义感;但是,作为一个认识论和方法论的概念,它却模糊了历史是一个由低级到高级的前进过程这一基本事实。所以它无助于揭露事情的客观规律。"本书通篇所言的"劳动异化",也只是朱德生先生所言的"一个普通的概念",只是为了能够行文"生动"、"辛辣",勿作过多解读。

异化(alienation),是哲学的一个核心观念,一个重要范畴,它的实质是"非人的力量统治一切"①。既不同于黑格尔(Georg Wilhelm Friedrich Hegel)唯心辩证法说明的主体与客体分裂和对抗,也有别于费尔巴哈(Ludwig Andreas Feuerbach)人本学唯物主义批判的"异己的力量",马克思沿用同时代这些哲学家的"异化"词汇,用来描述资本主义社会中一些对抗性的社会关系,譬如雇用工人创造的产品成为同雇用工人相对立的异己力量,反转过来又统治和奴役他们本身。在马克思看来,在资本主义生产方式下,作为主体的劳动者是以"工人"而不是"自由自觉"的劳动者的身份出现的,因此其劳动的"外化"、"对象化"只能以"异化"即"剩余价值剥削"的形式表现出来。

马克思所说的劳动"异化",很重要的一方面指的是工具对目的的僭越,包含着"病态"、"敌对"、"与主体分裂"等消极含义。新中国成立以来50余年的服刑人员劳动,取得了令世人瞩目的成就。对此,笔者并不打算否认。然而,"令世人瞩目的成就"亦不能遮蔽服刑人员劳动中的"异化"、"工具僭越"现象——超工时、超强度,即服刑人员劳动"异化"的典型表现。笔者不准备,也不可能全面地评论"异化"的服刑人员劳动于矫正教育的诸多消极影响;在本章节中,笔者仅就"狱内冲突"的层面论证——服刑人员劳动的"异化",不可避免地造成人与人(警囚、囚囚)间正常社会联系和社会关系②的分崩离析,转而相互疏远和敌对。

---

①　马克思.1844年经济学哲学手稿[A].马克思恩格斯全集(第42卷)[C].北京:人民出版社,1979:141.

②　马克思认为,生产劳动可以让人与人之间产生相互确证、相互欣赏和相互享用的社会联系和社会关系;前提是劳动产品、劳动过程不与人相异化。马克思的原话是:"人们在生产中不仅仅同自然界发生关系。他们如果不以一定方式结合起来共同活动和相互交换其活动,便不能进行生产。为了进行生产,人们便发生一定的联系和关系;只有在这些社会联系和社会关系的范围内,才有他们对自然界的关系,才会有生产。"{文见马克思.雇佣劳动与资本[A].马克思恩格斯全集(第6卷)[M].北京:人民出版社,1961:486.}

一、我国服刑人员劳动历史沿革

说到服刑人员劳动异化,就不得不先理清服刑人员劳动的源起及演变脉络。因为,"在历史这面镜子中我们看到了当下的狭窄性,并找到了衡量事物的标准。没有历史,我们将失去精神的空气,如果我们掩饰历史,那么在我们不知道何原因的情况下,我们将遭到历史出其不意的袭"①。

我国监狱源于夏,强制囚犯劳役始于商。从商朝傅说为相前"筑于傅岩"(《史记·殷本纪》)及箕国国君"箕子为奴,是纣囚之又为奴役之"(《尚书·周书·武成》)里,我们可以找到端倪。西周时期,囚犯"夜纳圜土而昼则施以职事,……任之以事,……以所能役使之"(《周礼·秋官·大司寇》);"墨者使守门,劓者使守关,宫者使守内,刖者使守囿,髡者使守积"(《周礼·秋官·掌戮》)表明:即使已经执行了肉刑的囚犯,也要被派往相应场所服劳役。刑徒制在战国时期的各国兴起,刑徒不仅筑路、修城,而且还从事诸如冶炼等一些技术要求较高的复杂劳动。及至秦朝,囚犯所服劳役名目繁多。秦始皇三十年,"隐宫徒刑者七十余万人,分作阿房宫或骊山。……发诸尝逋亡人、赘婿、贾人略取陆梁地,为桂林、象郡、南海、以谪遣戍。……筑亭障以逐戎人。徒谪,以实初县。……谪治狱不直者,筑长城及南越地。"(《史记·秦始皇本纪》)西汉时期,徒刑完全取代了秦以来普遍施行的肉刑②,劳役监也随之扩大。唐朝的囚犯劳动制度已较为完备,"犯徒应配居作者,在京送将作监,妇人送少府监缝作;外州者供当处官役。当处无官作者,听留当州修理城隍、仓库及公廨杂使"③。除一般的徒、流囚犯服劳役外,宋朝还盛行配隶制度——被宥恕死罪的囚犯被送往边远地区充军役或服劳役。因为囚犯劳役的价值逐渐为统治者认识,明朝以役代刑的范围非常广泛,除死刑外,"遂无不充役之人"(清·沈家本·《历代刑法考·刑法分考十二·工役》)。清初狱制基本上沿袭了明朝监狱制度的基本内容;作为一系列"变通政治"活动的一部分,清末狱制改良中有关劳役的内容主要是将刑罚改折作工的规定——"省刑责条内,经法律馆议准,笞、杖等罪,仿照外国罚金之法,改为罚银。……如无力完纳,折为作工"。(《清史稿·刑法志二》)

民国政府基本继承了《大清监狱律草案》关于囚犯劳动作业的规定,组织囚犯劳动作业成为监狱的一项重要工作。如江苏省第一监狱(今江苏省南京监狱前身)"民国10年(1921年),设工场10处,容400余人作业……印刷销路较好,供不应求"④。民国时期的

---

① 卡尔·雅斯贝尔斯.什么是教育[M].邹进,译.北京:生活·读书·新知三联书店,1991:136.
② 《史记·孝文本纪》载,孝文帝前元十三年,齐太仓令淳于公有罪当刑,逮系长安诏狱,其女缇萦随父至长安上书:"妾父为吏。齐中皆称其廉平。今坐法当刑。妾伤夫死者不可复生,刑者不可复属,虽后欲改过自新。其道亡繇也。妾愿设人为奴婢,以赎父刑罪,使得自新。"文帝悲怜其意,于是下诏御史对刑制予以改革,用笞刑、徒刑来替代肉刑。
③ 李林甫,等,撰.唐六典(卷六)[M].陈仲夫,点校.北京:中华书局,1992:190.
④ 《南京监狱志》编纂委员会.南京监狱志(内部资料),2009:150.

《司法部管守所暂行规则》(1912年)规定,可斟酌囚犯刑期、性格等使就炊事、洒扫等役。1913年和1928年的《监狱规则》、1935年的《监狱法草案》、1946年的《监狱行刑法》及《行刑累进处遇条例》,均设专章明确囚犯劳动作业制度。

工农民主政权时期,"劳动感化院"是对判处长期监禁的服刑人员实行监禁、教育、劳动和改造的执行机关,"苦工队"是由判处短期监禁服刑人员组成的负担前线运输任务的特殊刑罚执行方式。有组织、有计划地组织服刑人员参加劳动生产,始于1939年;是年2月,为应对日本侵略者和国民党对各解放区特别是陕甘宁边区严密封锁造成的困难,党中央号召边区军民"自力更生、生产自给"。根据这一精神,陕甘宁边区高等法院发布第1号通令:"目前全边区人民均在生产运动中,为解决抗战困难,给犯人表现转机的机会,凡已判决的犯人,应在严密看管下,使之参加生产,并随时注意加紧教育。"①陕甘宁边区监所组织服刑人员参加劳动,在当时具有普遍意义,对其他解放区监所产生了重大影响。不过,此时服刑人员劳动还没有被冠以"劳动改造"一词。直至1946年初,《太行区司法工作概况》在总结抗日战争时期的监所工作时指出:"对罪犯进行劳动改造,是改造罪犯最有效的方法之一。"②自此,"劳动改造"作为一个法律术语被固定下来。新中国成立以后,服刑人员生产劳动被赋予特殊意义;监狱被称为"劳改支队"或"劳改农场",监狱警察被称作"劳改警察",服刑人员则理所当然是"劳改犯"。这一时期,苏联劳动改造刑罚问题专家,如贝可夫、普根高夫、法捷扬诺夫等人在中国直接传授苏联劳动改造的理论与实务知识,大大加快了服刑人员劳动改造制度在中国的建立。1951年9月,第四次全国公安会议公布了经毛泽东亲自修改审定的《关于组织全国犯人劳动改造问题的决议》(以下简称《决议》)。《决议》明确提出:"大批应判徒刑的犯人,是一个很大的劳动力。为了改造他们,为了解决监狱困难,为了不让判处徒刑的反革命分子坐吃闲饭,必须立即着手组织劳动改造工作。"会议结束后,全国各地迅速行动,1949年全国共有劳改场所243个,1950年为418个,1951年增加至2452个。③到1959年,全国劳改单位建立大型农场440个,耕地981亩,年产粮40亿斤,工矿1077个,年产值31.8亿元。④此后的40多年间,监狱经济从小到大,由分散到集中,规模日渐扩大。截至1997年底,"监狱生产涉及200多个行业,拥有5000多种产品。监狱经济的发展为监狱改造罪犯提供了物质基础,为国家的经济建设做出了贡献"⑤。

立法上,在1949年9月29日通过的《中国人民政治协商会议共同纲领》明确:"对于一般的反动分子、封建地主、官僚资本家,在解除其武装、消灭其特殊势力后,仍需依法在

---

①　中华人民共和国司法部.中国监狱史料汇编[M].北京:群众出版社,1988:382.

②　中华人民共和国司法部.中国监狱史料汇编[M].北京:群众出版社,1988:377.

③　司法部监狱管理局.当代中国监狱概览[M].北京:法律出版社,2000:3-7.

④　王明迪,郭建安.岁月铭记:新中国监狱工作50年(1949—1999)[M].北京:法律出版社,2000:94.

⑤　张晶.中国监狱制度从传统走向现代[M].北京:海潮出版社,2001:284.

必要时期内剥夺他们的政治权利,但同时给以生活出路,并强迫他们在劳动中改造自己,成为新人。"1954 年 8 月 26 日,政务院(1954 年 9 月,政务院改称国务院)政治法律委员会第 22 次会议通过《中华人民共和国劳动改造条例》(以下简称《案例》),《条例》第一章第一条明确:"惩罚一切反革命犯和其他刑事犯,并且强迫他们在劳动中改造自己,成为新人。"自此,这种以强迫劳动方式将反动派改造为新人以消灭剥削阶级的信念和方式,正式成为贯穿新中国监狱工作改造反革命服刑人员的基本方针并顺理成章地延伸到普通刑事服刑人员。

二、服刑人员劳动异化及其与狱内冲突的关系

服刑人员劳动,同样是一种不自由、不自在、不舒畅、不自愿①、"自我牺牲、自我折磨"②的劳动;在劳动中出现的服刑人员,同样只是作为别尔嘉耶夫所说的"下一个瞬间的工具"③的形式存在。正如马克思把人与人关系的异化视作劳动异化的必然结果,因"满

---

① "不自愿",是马克思论述的"异化劳动"或是"劳动异化"的典型特征之一。浙江警院高寒教授提出"囚犯劳动是自愿的"的观点,依据是:"在强制劳动的条件下,罪犯劳动是否存在,则完全取决于罪犯个人的意志和行为。如果罪犯拒绝参加劳动,即使有再强大的外部强制力,罪犯劳动仍然不会产生。"{文见高寒.行刑视野下的监狱经济[M].北京:中国市场出版社,2008:3-4.}笔者认为,高寒教授的观点有待商榷:"强制"与"自愿"本身就是一对相互对立、不可调和的矛盾;何有强制条件下的自愿一说? 当然,笔者并不否认存在客观上国家"强制"、主观上服刑人员"自愿"的情况,但这毕竟是极少数。

② 马克思在论述"工人劳动的异化现象"时说:"劳动对工人来说是外在的东西,也就是说,不属于他的本质的东西;因此,他在自己的劳动中不是肯定自己,而是否定自己,不是感到幸福,而是感到不幸,不是自由地发挥自己的体力和智力,而是使自己的肉体受折磨、精神遭摧残。因此,工人只有在劳动之外才感到自在,而在劳动中则感到不自在,他在不劳动时觉得舒畅,而在劳动时就觉得不舒畅。因此,他的劳动不是自愿的劳动,而是被迫的强制劳动。因此,它不是满足劳动需要,而只是满足劳动需要以外的那些需要的一种手段。劳动的异己性完全表现在,只要肉体的强制或其他强制一停止,人们会像逃避鼠疫那样逃避劳动。外在的劳动,人在其中使自己外化的劳动,是一种自我牺牲、自我折磨的劳动。最后,对工人来说,劳动的外在性质,就表现在这种劳动不是他自己的,而是别人的;劳动不属于他;他在劳动中也不属于他自己,而是属于别人。在宗教中,人的幻想、人的头脑和人的心灵的自主活动对个人发生作用不取决于他个人,也就是说,是作为某种异己的活动,神灵的或魔鬼的活动,同样,工人的活动也不是他的自主活动。他的活动属于别人,这种活动是他自身的丧失。"{文见马克思.1844 年经济学哲学手稿[A]//马克思恩格斯全集(第 42 卷)[C].北京:人民出版社,1979:93-94.}

③ 别尔嘉耶夫指出:"技术的统治者有一个令人难以忍受的和人的灵魂不太适应的结果。时间变得极快,其速度之快,人无法追赶。任何一个瞬间都没有自身的价值,它只是下一个瞬间的工具。人被要求具有不可思议的能动性,这种能动性使他无法平静下来。但这些能动的时刻使人成为消极的,他变成人以外的过程的工具,他只是生产过程的功能。人的精神的能动性被削弱了。人被从功利主义的角度加以评价,按他的生产能力加以评价。这是人的本质的异化和人的毁灭。"{文见别尔嘉耶夫.精神王国与凯撒王国[M].安启念等,译.杭州:浙江人民出版社,2000:28.}

足劳动需要以外的那些需要"①而驱动服刑人员劳动,与狱内冲突间存在着千丝万缕的联系。在彭兵对南京女子监狱等五所监狱 100 名服刑人员的问卷调查中,这一结论得到证实②。

(一)服刑人员劳动改造作用夸大

新中国监狱六十多年的实践经验表明,组织劳动生产于服刑人员有改造的功效。这是一个不争的事实,也早在世界各国的行刑实践中达成共识。然而,理论界显然对服刑人员劳动的改造作用夸大得过于玄乎,以至于达到被神化的地步。

1. 服刑人员劳动与史前人类劳动之区别

不止一位学者将作为改造手段的服刑人员劳动与人类进化史中的劳动相提并论③,并以此为依据从哲学层面论述劳动能够改变服刑人员的一切。

对此,笔者深不以为然:

(1)劳动在人类进化史中发生作用,有一个最最基本的前提——劳动的自觉自愿进行并为劳动者控制。这一点至关重要。

(2)劳动(labour)一词的源头可以追溯到两个拉丁词根:"labor(意大利语和英语)与

---

① 马克思在论述"工人劳动的异化现象"时说:"劳动对工人来说是外在的东西,也就是说,不属于他的本质的东西;因此,他在自己的劳动中不是肯定自己,而是否定自己,不是感到幸福,而是感到不幸,不是自由地发挥自己的体力和智力,而是使自己的肉体受折磨、精神遭摧残。因此,工人只有在劳动之外才感到自在,而在劳动中则感到不自在,他在不劳动时觉得舒畅,而在劳动时就觉得不舒畅。因此,他的劳动不是自愿的劳动,而是被迫的强制劳动。因此,它不是满足劳动需要,而只是满足劳动需要以外的那些需要的一种手段。劳动的异己性完全表现在,只要肉体的强制或其他强制一停止,人们就会像逃避鼠疫那样逃避劳动。外在的劳动,人在其中使自己外化的劳动,是一种自我牺牲、自我折磨的劳动。最后,对工人来说,劳动的外在性质,就表现在这种劳动不是他自己的,而是别人的;劳动不属于他;他在劳动中也不属于他自己,而是属于别人。在宗教中,人的幻想、人的头脑和人的心灵的自主活动对个人发生作用不取决于他个人,也就是说,是作为某种异己的活动,神灵的或魔鬼的活动的,同样,工人的活动也不是他的自主活动。他的活动属于别人,这种活动是他自身的丧失。"{文见马克思.1844 年经济学哲学手稿[A]//马克思恩格斯全集(第 42 卷)[C].北京:人民出版社,1979:93-94.}

② 通过对南京女子监狱、常州监狱、浦口监狱、未成年犯管教所和洪泽湖监狱 100 名服刑人员的跟踪调查,彭兵得出结论:在影响监管安全的诸多组成因素(包括家庭影响、监狱管理人员的影响、服刑人员自身条件的影响、改造内容和环境的影响等)中,"影响最大的是劳动任务重或长时间劳动,达 88%。"{文见彭兵.江苏监狱监管安全防范项目风险管理[D].南京理工大学.2008.}

③ 在 1991 年出版的《监狱学》中,许章润先生将"历史唯物主义的劳动学说从历史唯物主义论依据中单列出来,详予论述"{文见许章润.监狱学[M].北京:中国人民公安大学出版社,1991:27.}。中警院教授杜雨在主编《罪犯劳动改造学》一书时,专门单列"劳动与人的发展"一节论述"劳动使古猿的前肢发展成为人手";"劳动促使意识、语言的产生";"劳动使猿脑进化为人脑等内容"{文见杜雨,主编.罪犯劳动改造学[M].北京:法律出版社,2002:23-26.}。于爱荣等人强调"罪犯劳动有着坚强的理论支撑",其"坚强的理论"是马克思主义的"劳动创造人,劳动是人的第一需要"{文见于爱荣,等.矫正技术原论[M].北京:法律出版社,2007:269.}。浙江警院高寒教授在《行刑视野下的监狱经济》一书中,同样大篇幅引用马克思、恩格斯有关"劳动创造了人本身"的论述作为服刑人员劳动的理论依据{文见高寒.行刑视野下的监狱经济[M].北京:中国市场出版社,2008:18.}

tripalus 或 tribulum(法语、西班牙语、葡萄牙语,就是 trabajo、travail 等词,是指麦子脱粒劳动)。它表达了两个概念:主观上,劳动是一种精神上的劳动(labor);客观上,它意味着对物质客体的改造(travail)。"①在强制情况下不得已而为之的服刑人员劳动,已然彻底破坏了通常意义上劳动与劳动者精神意志的结合。

(3)当下的服刑人员劳动呈现出显而易见的简易性、规格性和重复性特征。这种简单、单调的劳动形式基本排斥了服刑人员心智活动的参与;服刑人员仅是以生产流水线上机械附属品的形式存在,而非处于主宰地位。

2. 支持服刑人员劳动运行的理论基础需要与时俱进

长期以来,我们对服刑人员劳动的认识基本没有变化,一直停留在:"体力劳动是防止一切社会病毒的伟大的消毒剂"②;"生产劳动是囚犯改造自新的唯一手段"③。谈到我国监狱对服刑人员进行劳动改造的理论依据,则绕不开毛泽东关于通过劳动改造剥削阶级世界观的论断:"要把一切不是坚决破坏战争、坚决破坏土地改革,而在全国数以千万计(在全国约三亿六千万乡村人口中占有约三千六百万之多)的地主富农,看作是国家的劳动力,而加以保存和改造"④;"对于反动阶级和反动派的人们,在他们的政权被推翻以后,只要他们不造反,不破坏,不捣乱,也给土地,给工作,让他们活下去,让他们在劳动中改造自己,成为新人。他们如果不愿意劳动,人民的国家就强迫他们劳动"⑤。

无论从马克思、毛泽东关于服刑人员劳动改造的论断,还是从新中国成立后劳动改造制度的形成演变,都不难看出,我国服刑人员的劳动改造最初是作为革命政权政治活动的一部分,从政治概念出发形成和发展的,其背后有着以"阶级斗争论"、"无产阶级不仅要解放自己还要解放全人类"为中心内容的政治理念。这种以政治理念为基础,把服刑人员劳动当成政治活动一部分的思维惯性,使得监狱行罚执行和矫正教育中的警囚关系在很大程度上理所当然地异变为政治关系。

也正是基于上述传统理论基础和"有劳动能力的罪犯,必须参加劳动"(《中华人民共和国监狱法》第六十九条。)这一法律依据,我们一厢情愿地单纯强调劳动是服刑人员的法定义务,更多关注服刑人员劳动的产出及服刑人员未完成规定任务的处罚,而对服刑

① 康波斯塔.李磊,刘玮,译.道德哲学与社会伦理[M].哈尔滨:黑龙江人民出版社,2004:125.
② 马克思.致弗朗斯瓦·拉法格[A]// 马克思恩格斯全集(第 31 卷)[C].北京:人民出版社,1979:538.
③ 马克思.哥达纲领批判[A]//马克思恩格斯全集(第 19 卷)[C].北京:人民出版社,1979:35.
④ 毛泽东.关于目前党的政策中的几个重要问题[A]//毛泽东选集(第 4 卷)[C].北京:人民出版社,1991:1271.
⑤ 毛泽东.论人民民主专政[A]//毛泽东选集(第 4 卷)[C].北京:人民出版社,1991:1476-1477.

人员劳动于"改造人"在"道义上"的合理性、科学性及管理现代化缺乏应有的研究①。

服刑人员劳动的起始,并不具备"改造"或说"矫正"上的意义;随着社会的进步和刑罚思想的发展,服刑人员劳动才逐渐与监狱的惩罚和矫正功能联结起来。及至新中国在一穷二白的基础上建立起以马克思主义为指导的新型社会主义监狱,服刑人员劳动的改造功能才得以充分体现,并且至今为人们所津津乐道,被誉为"中国特色"。"劳改犯"、"劳改干部"、"劳改农场",这些称谓折射出新中国监狱制度从某种意义上说就是服刑人员劳动改造制度,以致"劳改"一度成为中国监狱的符号。不过,服刑人员劳动以往辉煌成绩的取得,与当时实行的高度计划经济之间有着密不可分的联系并与之相协调、相适应。

时至今日,随着社会主义市场经济的建立,服刑人员劳动与其在惩罚和矫正中的本来定位常常发生偏差,甚至走上歧途。这不仅违背、曲解国家刑事立法的本意,而且在实践中带来的弊端已然十分明显:警囚间冲突事件就是其"副产品"之一。

(二)服刑人员劳动的功利性演化

在法律社会学的视野中,法律规定是一回事,法律的实施是另一回事。② 鲁舍(G. Rusche)和基希海默尔(O. Kirchheimer)的论述更为深刻和直接:"在每一生产制度下,都有与其生产关系相适应的刑罚";监禁制度乃用作一种劳动力市场的补充方式,既定的生产方式需要稳定的劳动力供给,在这一目标面前,惩罚以及"那些伟大的目标"都是第二位的。③ "惩罚和改造罪犯,预防和减少犯罪"是监狱的法定、公开的职能;与此同时,监狱还存在非法定的、潜在的职能,即非意图的和一般未被承认的强化现状的甚至是与法定的、公开的职能相互抵触、背道而驰的职能,这其中就包括服刑人员劳动的功利化取向。

从大背景下观察,我国当前处于工业现代化初期,"以经济建设为中心"、"效率优先、兼顾公平"、"发展才是硬道理",依然是当前社会经济政治生活的基本理念与主体目标;从小环境上分析,国家对监狱的财政保障尚不到位。凡此种种,再加上劳动与经济效益间的天然联系,这一切都使得服刑人员劳动作为"改造手段"的性质不可避免地已然发生异变:服刑人员劳动成为经济效益的追逐工具——监狱企业效益,是所有监狱管理者不可回避的一个工作目标。监狱在器物形态上更多地表现为工厂或企业;在行刑机制上,生产劳动已然被等同或是简化为改造的最主要手段,甚至是唯一手段。

---

① 1930 年,为了反对当时红军中的教条主义,毛泽东指出:"马克思主义的'本本'是要学习的,但是必须同我国的实际情况相结合。"{文见毛泽东.反对本本主义[A]//毛泽东选集(第 1 卷)[C].北京:人民出版社,1991:109.}以此来审视马克思、毛泽东等人关于"劳动"于服刑人员"改造"的相关论述,同样值得我们反思——服刑人员劳动完全可以实现激励性、有偿性和自愿性;这非但不违背而且符合马克思主义"劳动伟大、劳动光荣和劳动有价值"的思想。服刑人员劳动价值属性的转变,关键在于劳动机制与时俱进的理性设计。

② 赵震江,主编.法律社会学[M].北京:北京大学出版社,1998:98.

③ G. Rusche and O. Kirchheimer., Punishment and Social Structure[M].New York:Russel and Russel,1967:122.

1. 民警的功利性冲动

随着物防、技防和人防水平的不断提高,发生服刑人员脱逃、自杀等重大狱内案件的概率越来越小;矫正教育成效的滞后性、潜隐性和长期性等特质,使得省局机关对监狱、监狱对监区的考核难以操作。在此情形下,监狱、监区服刑人员劳动的经济效益成为最易量化的考核指标。监狱、监区的考核结果,又关系到监狱民警的切身利益,譬如职务晋升、奖金收入。如此,民警就会最大限度甚至无所不能地挖掘、挤压服刑人员的劳动潜力,具体表现为延长劳动时间,加大劳动强度。

2009 年 11 月 17 日,司法部颁布《关于加强监狱安全管理工作的若干规定》(司发电【2009】第 91 号),明确推行"8511":"监狱应当坚持每周 5 天劳动教育,1 天课堂教育,1 天休息。罪犯每天劳动时间不得超过 8 小时。""8511"的提出初衷从司发电【2009】第 91 号的标题可"一目了然"——"加强监狱安全管理"。时至今日,"8511"颁布实施已五六年,然而,服刑人员超工时、超强度劳动现象在一些监狱还是常态[①]。

"保守估计,因服刑人员劳动引发的矛盾占狱内矛盾总数的三分之二,甚至更多。"在一次调研座谈中,时任江苏省南京监狱副监狱长的张建秋如是说。这并非一家之言[②]。

谁都不能否认,对服刑人员劳动经济效益的过分追逐,意味着在一定程度上放弃了"改造人"的价值定位。也正是因为监狱民警放弃了"改造人"这一道义上的制高点,服刑人员的抵触与对抗也就理直气壮。与此同时,源于对服刑人员劳动经济效益的追逐,民警也在不知不觉中陷入不同程度的价值迷惘——迷失"惩罚与改造相结合"的根本取向,一门心思追求服刑人员劳动带来的外部收益和实用价值;至于用什么样的方法和手段,都退居其次了。当民警忘却服刑人员劳动的本来意义,以劳动产值高低作为服刑人员改造的考核依据,甚至是唯一依据,将服刑人员劳动当成自己获利(工作业绩与经济利益)的途径,将服刑人员视为自己获利的工具,一如黑格尔(Georg Wilhelm Friedrich Hegel)

---

① 2015 年 4 月,笔者参加了中国监狱工作协会在重庆举办的一个监狱学理论研讨会。会议间隙,西部某省份一监狱的参会代表告诉笔者:"8511"在一些欠发达地区监狱根本没有得到切实落实;服刑人员每周劳动六天,每天劳动十一二个小时,在这些监狱还是常态。笔者有意就服刑人员劳动时间、强度现状在全国做个调查,囿于条件,未成,甚憾。

② 湖南省郴州监狱吴新中、熊乾君认为:"由于罪犯的劳动是具有法律强制性的,服刑罪犯不但基本上没有什么主人翁责任意识,甚至将此当成'苦役',从而总是追求越轻松越好。所以大部分罪犯几乎都会认为劳动强度太大,劳动负荷太重,劳动时间太长。在生产任务上打折扣讲价钱,得不到满足就埋天怨地,甚至干脆消极对抗。因此而受到禁闭、严管、扣分等处罚的比重占到了罪犯受处罚总数的一半以上。"文见吴新中、熊乾君.浅谈新形势下罪犯利益诉求的现状与对策[J].中国监狱工作协会、刑罚执行专业委员会.监狱刑罚执行理论研讨会优秀论文集(第八辑)[M].(内部资料)2012:154.

所说的"作为工具化的身体出现的奴隶"①。那么,一旦服刑人员不能如期满足民警的期望(欲望),他便会以对待非生命工具的方式对待服刑人员,施加于服刑人员的暴力随之发生。

服刑人员生产车间,无疑是监狱民警常态工作的第一现场;民警的时间和精力几乎都耗在服刑人员因劳动引发的各种繁杂事务上。一天下来,从生产车间回到监舍,无论是民警还是服刑人员,最大的愿望一般就是早点"洗洗睡了",但不行——民警要找到当天没有按质按量完成劳动定额的服刑人员进行所谓的个别教育;服刑人员要对民警的教育唯唯诺诺——民警居高临下、义正词严地传递劳动定额的压力,发泄或投射自己的不满;批评多于鼓励,指责多于劝勉,训斥多于引导。

✳链接 5-3

当前罪犯改造工作存在"三多三少"的倾向性问题

当前罪犯改造工作存在"三多三少"的倾向性问题,即谈论产值奖金的声音多了,谈论安全稳定的声音少了;追求经济效益的多了,潜心教育改造的少了;因生产引发的警囚矛盾、囚囚矛盾以及违规抗改行为等不稳定因素多了,抓教育改造的引导矫正、文化育人、攻坚转化等维护秩序的手段少了。调研中发现某单位 1 月份因生产扣 1 分以上 60 人次,2 月份扣 1 分以上 107 人次,还发现某单位一个月内因生产扣 3 分以上 4 次,扣 1 至 2.5 分 28 人次,因生产扣分所占比例偏高。做什么事都不能违背事物的规律,做过头了,就会引发质变,就会产生新的矛盾,随之而来就会发生问题、事故、案件。如果我们的指导思想出现偏差,工作重心发生偏离,那么离事故、事件、案件发生就只有一步之遥了。福建省监狱发展的历史教训证明:什么时候把主要精力投入"钱袋子"里,距离出大事的时期就不会远了。监狱经济确实要发展,但一定要把握住主次,协调发展是关键,绝不能偏离了正常轨道。

(资料来源:吴安通副局长在 2014 年第一季度全省狱情分析会暨教育质量年活动阶段总结会上的讲话[EB/OL].福建省漳州监狱内部网.2014-04-11.)

2. 服刑人员的功利性行为

"认罪服法、服从民警管理、认真参加'三课'学习,积极参加劳动",向来是衡量服刑人员改造表现的四项重要指标。实践操作中,区别于前三项指标的难易客观量化,"积极

---

① 按照黑格尔的说法,在被迫放弃通过劳动所制造的东西的经验中,奴隶明白了两个问题:他所制造的东西体现或者表示了他是什么;他所制造的东西是在终究要被剥夺的情况下制造的。尽管奴隶主对奴隶劳动产品的剥夺并没有否定奴隶自己作为一个劳动的存在的意识,但它意味着,不管奴隶制造了什么,他都会失去。这件由奴隶通过劳动制造的确定的事物,反映出奴隶自己是一个确定的事物,是一个可以被没收的东西。{详见黑格尔.精神现象学[M].贺麟,王玖兴,译.北京:商务印书馆,2009:144-145.}

参加劳动"可由服刑人员劳动产值体现。这客观上造成劳动产值实际决定了服刑人员的月度考核等级。久而久之,这一通行做法也为服刑人员默认。

(1)"服刑人员劳动产值决定月度考核等级",忽视服刑人员个体差异,导致貌似平等的竞争环境下,劳动能力(体力、敏捷性和持久性等)较差的服刑人员先天处于弱势竞争地位——即便主观上"全力以赴",还是得不到高等级考核激励,强烈的不公平感由此而生。"不公平感"造成的挫折感,让一些原本平常的琐事不再平常——成为激发服刑人员对抗民警管理的"导火索"。在具体的行刑实践中,一些造成重大后果或是具有全国性影响的恶性狱内案件,其背后往往或隐或现地出现服刑人员通过严重违规违纪甚至犯罪来发泄心中"不公平感"的影子。

(2)为得到高等级月度考核,服刑人员挖空心思穷其手段追求劳动产值,出现争占优势生产岗位、虚报产量等违规行为。

(3)因警力不足、劳动组织烦琐等诸多原因,监狱民警指定部分服刑人员协助民警组织服刑人员劳动生产,这部分服刑人员被称为"生产骨干犯"。出于这样或那样的私利,"骨干犯"在组织服刑人员劳动生产过程中往往通过种种隐蔽手段左右部分服刑人员劳动产值。退一万步说,即使"骨干犯"完全做到理想化的"公平",在其他服刑人员眼中也是"二警察"的角色;既然向民警发泄对劳动的怨气风险大、成本高,那么"二警察"就成为服刑人员不良情绪发泄的替代者。

三、再说几句

在分析矛盾特殊性时,毛泽东指出:事物发展过程的根本矛盾及为此根本矛盾所规定的过程的本质,非到过程完结之日,是不会消灭的;但是事物发展的长过程中的各个发展阶段,情形又往往互相区别。① 不同质的矛盾,只有用不同质的方法才能解决。②

如果说"三个为了"有基于时代背景的现实考量③的话,那么,现在对服刑人员劳动经

① 毛泽东.矛盾论[A]// 毛泽东选集(第1卷)[C].北京:人民出版社,1991:314.
② 毛泽东.矛盾论[A]// 毛泽东选集(第1卷)[C].北京:人民出版社,1991:311.
③ 新中国成立之初,国民经济一度到了崩溃的边缘。面对服刑人员由6万余人一下子猛增至80余万人的境地,当时的新生政权拿不出充足的资金来养活服刑人员。然而,即使在当时经济严重困难的特殊时期,对于服刑人员劳动过度的现象,毛泽东等也曾多次提出批评。1962年3月22日,在听取谢富治、汪东兴关于公安工作的汇报时,毛泽东强调:"劳动改造罪犯,生产是手段,不要在经济上做许多文章。"[文见公安部十一局.劳改工作文件汇编(第一册)(内部资料).1982:25.]1964年4月13日,毛泽东在《审阅公安部党组关于调查处理胡芷芸案件的情况报告的指示》中又指出:"你看确有此事吧! 有些人只爱物不爱人,只重生产,不重改造。"[文见公安部十一局.劳改工作文件汇编(第一册)(内部资料).1982:57.]1965年7月1日,毛泽东再次就劳改工作作出批示:"改造不要在经济上做文章,不要想从劳改犯身上搞多少钱。"[文见公安部十一局.劳改工作文件汇编(第一册)(内部资料).1982:63.]1965年8月8日,在会见几内亚教育代表团和几内亚总检察长法迪亚拉及夫人时,毛泽东说:"我们有些干部不懂得要把改造人放在第一位,不要把劳动和生产放在第一位。"{文见中共中央文献研究室.毛泽东年谱(一九四九——一九七六)(第5卷)[M].北京:中央文献出版社,2013:519.}

济效益的追逐绝不是一句"财政困难"便能一带而过的。监狱企业、监狱生产、监狱经济的称谓、特征，都不能涵盖服刑人员劳动改造的固有内涵、本质要求。服刑人员劳动的过度强化，从小处讲，导致狱内冲突事件频发；从大处看，势必影响"改造人"的根本宗旨。监狱体制改革的不断推进和国家财政保障的日益健全，为纯化服刑人员劳动本来目的、发挥服刑人员劳动本来作用创造了契机、提供了保障。服刑人员劳动必须在适当兼顾历史背景与现实条件的基础上，逐渐回归到"矫正恶习，养成劳动习惯，学会生产技能，并为释放后就业创造条件"（《中华人民共和国监狱法》第七十条）的本来目的上来。

　　"新中国 50 年的罪犯劳动一直以改造罪犯为归宿，取得了令世人瞩目的成就。"①对此，笔者不想否认。新中国监狱"从一开始就印上了物质和经济利益的烙印"②。这也是个事实。实际上，通观中外监狱历史，不难看到监狱行刑制度从野蛮到文明、从残酷到人道的发展进程；值得注意的是，其间的每一次重大变革，都推动劳役刑的扩大适用。无论是被称为美国经验的宾夕法尼亚制（the Pennsylvania System）③和奥本制（the Auburn System）④还是爱尔兰监狱总监委员会主席克罗夫顿（Walter Gofton）对爱尔兰监狱进行的改良（爱尔兰制⑤，the Irish System），都不能排除近代国家确立自由刑的中心地位，多少受到经济利益的驱动⑥。在我们很多人的观念深处，对监狱在"关人"为象征意义的惩罚、报应方面的传统期待远远超过现代刑罚所倡导人道和矫正。正是因为如此，新中国监狱的"劳动改造"刑罚模式自诞生之日起其本质就再没有发生过根本性的变化；有过

　　①　金鉴，主编.监狱学总论[M].北京：法律出版社，1997：815.
　　②　张绍彦.刑罚实现与行刑变革[M].北京：法律出版社，1999：203.
　　③　美国宾夕法尼亚州（Pennsylvania）的监狱管理者认为，不同类型的犯人在监狱里自由交往是一种灾难；将服刑人员单独监禁不仅能够有效阻止不同类型犯罪人的不良交往，还具有迫使服刑人员反省他们犯罪以实现改造的积极效果。在宾夕法尼亚州的监狱，除了工作人员和个别来访者（主要是牧师）外，服刑人员见不到其他人。在单独监禁制度的历史中，服刑人员曾经是不参加劳动的。后来，劳动作为促使服刑人员反省的一部分出现。1829 年，在费城（Philadelphia）建成的东部州感化院（Eastern State Penitentiary）里面，宾夕法尼亚制获得了真正的发展。在这里，服刑人员可以单独从事纺织、编织以及做鞋等方面的劳动；在被蒙着眼睛的情况下，他们也可以在监舍外进行劳动。
　　④　奥本（Auburn）监狱是美国纽约（New York）州最大的一所安全监狱。根据 1821 年的一项法律，奥本监狱的犯人被分为三个类别：第一类是最年长的和最凶残的，对他们一直实行单独监禁；第二类服刑人员一个星期在监舍里单独关押 3 天；第三类是一个星期在监舍里单独关押 1 天。奥本监狱的单独关押监舍黑暗且狭小，犯人在里面不参加劳动。后来，服刑人员在白天从事集体劳动，只是劳动时必须保持沉默。奥本制与宾夕法尼亚制有所区别，后者要求服刑人员白天和晚上都要单独监禁。
　　⑤　爱尔兰制由不定期刑（indeterminate sentences）、点数制（mark system）和一种假释制度组成。根据点数制附之以不定期刑，服刑人员可以通过生产性劳动及其他良好表现获取一定的分数提前获释。
　　⑥　美国一些州在试行过一段时间的宾夕法尼亚制后，普遍抛弃了宾夕法尼亚制转而支持奥本制；主要原因就是奥本制的经济性优点。因为建造集体型监狱（congregate-type prison）花费较低，而且杂居制（congregate system）能够更加有效地利用服刑人员劳动力创造财富。

的,只是技术性的表象。服刑人员劳动的过度强化,非但遮蔽了劳动本来应有的改造功能[1],而且危及包括监管安全在内的监狱其他活动。

在把服刑人员劳动作为一种获取经济利益的手段和让服刑人员参与教育改造活动的需要,狱有必要保持适当的、敏感的平衡。这是国际社会的一项重要共识[2]。当然,要保持两者的平衡着实不易;要知道,我们根本没有可能如古罗马的双面神雅努斯(Janus)那样两个面孔同时看着两个方向。

本节最后,让我们再次一起回顾郭明教授于“中国监狱基本问题的论断”和威廉(Vilan)于服刑人员劳动的理想描绘:

> 今日中国监狱的基本问题是历史形成的,它们也应该历史地予以解决。问题虽然是历史形成的,但是在历史上,它们并不是以问题的方式存在的,而是作为历史的有机组成部分并且是最有生命力的部分存在的,否则,它们就不可能作为传统“活”到今天,并构成现实的一部分。这部分今天之所以表现为“问题”,是因为现实中被注入了越来越多地与基本笱不相融合的新因素。[3]

> 监狱明确展示“不劳动者不得食”的箴言。劳动应该是强制性的,但也是有报酬的。这样就能使服刑人员在拘留期间和获释后改善自己的生活。应该使那种衣食无着的人在产生依靠劳动使自己获得温饱的愿望。通过监狱的监督和规训给他提供衣食。在某种意义上,他是被强制的,然后,他被利益所诱惑。他在道德上受到矫正,他开始习惯于工作,他因积蓄了一点钱而渴望获释,而且他还学会了一门手艺,这将保证他不再冒任何风险而获得温饱。[4]

---

[1] 在第十一届亚太矫正管理者会议上,会议多数发言者认为,服刑人员劳动具有多个目的:劳动在监狱安全、服刑人员健康和教育方面发挥着重要作用;劳动是有效的管理工具;劳动有利于防止服刑人员无事生非以及监管安全事故的发生;劳动有利于服刑人员恶习的矫正和回归社会,尤其是通过劳动,服刑人员可以养成劳动习惯,掌握劳动技能。〔详见张金桑,张苏军主编.亚太地区当代矫正制度纵览[M].南京:南京师范大学出版社,1999:5-6.〕

[2] 欧洲委员会(Council of Europe)成员国第十二届监狱管理局长会议(12th Conference of Directors of Prison Administration)对外发布的公报中,有一项重要共识和结论:“在把监狱工业作为一种获取收入的手段和让犯人参与其他的教育和治疗活动的需要之间,应当有一种敏感的平衡。监狱工业的需要往往会危及其他活动。”[文见 Irena Kriznik. "12th Conference of Directors of Prison Administration(CDAP)", Enological Information Bulletin(Council of Europe), No.21, December 1998:103.]

[3] 郭明.今日中国监狱之基本问题及改进途径[A]//中国监狱学会编.监狱改革发展纵横谈(内部资料)[C].2001:8.

[4] 福柯.规训与惩罚:监狱的诞生[M].刘北成,杨远婴,译.北京:生活·读书·新知三联书店,1999:137.

第四节

特权意识：民警虐囚行为的内在根源

在人身上，存在一种倾向于残暴统治的永恒的趋势。人是暴君，不但在恨里，也在爱里；如果不是在大的方面，那么也是在小的方面；如果不是在国家里，不在世界历史之路上，那么也在自己的家庭里、小店铺里、事务所里，在官僚机构里，总之在所有他哪怕是占据着最渺小的位置的场所里。在人身上，有一种对专制的永恒的趋势，对权力和统治的渴望。最原始的恶是人对人的统治，是对人的尊严的贬低，是暴力和统治。

——［俄］别尔嘉耶夫（Николай Алексаидрович Бердяев）·《论人的奴役与自由：人格主义哲学体验》

近些年来,监狱民警的综合素质普遍提高,公正文明执法意识日益增强。然而,由于政治行刑哲学、特权意识等的强势惯性作用,监狱内体罚虐待服刑人员现象依然存在。

❋链接 5-4

苏林一次参与同事们用电警棍击打被处禁闭犯人的经历

傍晚时,中队一名犯人因触犯监规被送到内看守中队来了。当时"禁闭室"由内看守中队负责看管。凡是被批准给予"禁闭"处分的犯人都要送内看守中队执行。内看守中队的中队长腰圆膀粗,满脸疙瘩,一双小眼睛嵌在一脸肥肉里,只留下两条细缝。这个人平时跟人和气一团,但阶级斗争意识很强。一开会没几句理论,但常说:"监狱是无产阶级专政的机关。犯人是敌我矛盾。你们要警惕,站稳立场。对犯人不能心慈手软,你对他客气,他爬到你头上拉屎!"每当接到"禁闭处分单",他便来劲,几乎所有禁闭的犯人都经过他的"处理"。他的"处理"已经成了一道程序,就是在犯人关进禁闭室之前,吆喝几个值班队长用电警棍把他"教育"一顿。他管这个叫作"打击嚣张气焰"或"先苦后甜"。通常是让等候禁闭的对象站在禁闭室外的走廊上,问他几个难题。犯人要是回答不出,就说他不老实,隐瞒犯罪思想;犯人要是为自己辩解,就说他态度恶劣,认罪不够深刻。到头来,总能找到使用电警棍的借口。

那天傍晚,苏林怀疑中队长喝了两杯,他的脸红得可以跟天边的晚霞比拼。他来到值班室,有人把"禁闭处分单"送给他。他一看就乐了。吆喝在场的几个人,并指着苏林说,去见见世面,长长见识吧!并给了苏林一支旧式电警棍,他自己拿了一支新式带电筒的电警棍。他跟同去的大伙说,这支电警棍的瞬间电压可到 7 千伏以上,还没使过,不知效果如何。随他同去的连他自己一共有 6 个人,其中三个是其他中队在值班室大门口习惯逗留的年轻队长。在黄昏里,迎着夕阳的余晖,每个人手里拎着一根电警棍,迈着大步,仿佛去从事一桩庄严神圣的工作,那通过想象而预先收获的兴奋分明写在每个人的脸上。

……

那个浑身颤抖的犯人看到六个队长各拎了 1 支电警棍站在他周围,立刻吓得脸色惨白,嘴唇哆嗦。

中队长厉声问:"你知道你是谁吗?"

他回答:"我是犯人张阿敏。"

又问:"你知道这是什么地方吗?"

回答:"监狱!"

呵斥:"不对!"

犯人表情困惑,不知如何回答。

中队长高声说:"这是禁闭室! 是监狱中的监狱!"

犯人忙点头:"是! 是是!"

又问:"你到这个地方来干什么?"

回答:"来关、关禁闭的。"

又问:"你为什么关禁闭? 啊? 问你,怎么哑巴啦?"

回答:"周强报告我偷吃东西,可我没偷,我就去打了他!"

又问:"你到底偷吃了没有?"

回答:"没有偷吃!"

又问:"没有偷吃,就可以打人啦? 谁能证明你没有偷吃呢?"

张阿敏默不作声。

中队长忽然喝道:"转过身去,脱下衣服,松开皮带。"

张阿敏转过身去,全照做了,皮带解开后,裤子一下子滑落到脚跟。他又不安地试图扭过头来。

6 支电警棍搁到他的身上,一支搁在右肩上,一支搁在左肩上,还有两支搁到腋窝里,剩下两支紧贴在胯部两侧。待安排停当,中队长示意下手。

只见张阿敏在按钮按下的瞬间,像触电似的,痉挛地往空中起跳,随后跌跪在地下。

于是,六支电警棍轮番向他捅去。

张阿敏开始拼命东躲西藏,但他的裤子缠在脚跟上,一下把他绊倒在地下,于是他只能在原地打滚。除了脸部,他的身体的许多部位都留下了电击之后的小红点及乌青块。

(资料来源:郭明.监狱的隐喻:来自铁窗内的人生故事[M].上海:学林出版社,2010:127-130.)

一、人性的沉疴

人性之恶,在一切人身上及人从出生到死亡的过程中都一直潜伏着。人们行善的动机和行为,也无不是在与潜伏在自己身上的"恶"作斗争的过程中体现出来的。马克思主义者也不否认"人性存恶"这一论断:"有关罪恶的教义,我是很少考虑的。但是我清楚,人的罪恶是不可避免的"①;"人来源于动物界的这一事实已经决定人永远不能完全摆脱兽性,所以问题永远只能在于摆脱得多些或少些,在于兽性或人性的程度上的差异"②。

恶,在我们生活的任何时候都可能蠢蠢欲动,常常以残忍、冲动的形式表现——暴力即其中之一。作为刑罚执行执法者身份出现的监狱民警,同样同时兼备人性之善恶。当他们身上的"恶"得不到应有的控制与规正时,就可能损害并消解矫正教育之善。

(一)攻击性

在谈及人的暴力攻击行为时,霍布斯(Thomas Hobbes)认为:人出于天性,渴望占有有限的满足"自然欲望"的条件,力求胜过同类,让别人承认他的优势而从中体验满足。为此,"每个人与每个人相互为战",并不断持续。更具悲剧色彩的是,人们拥有的越多,就越会感到自己受到的威胁越大,因此人生变成一种"至死方休"的对权力与资源的争夺。③

监狱民警的人性之中同样潜伏着暴力倾向;暴力作为人与生俱来的一种固有心理因素或动机当然不会因为你是民警而遁去。民警的个人素质也好,职业发展也罢,假如不是指向更好更成熟的方面,当遭遇诸如服刑人员挑衅等刺激时,深藏于人性深处的"恶"终将会展现出来——大脑的某一些中心或某一些区域暴力的念头就会膨胀并可能付诸服刑人员。此外,民警施加服刑人员的暴力还恰恰反映了人性之孱弱:当认为自己的权威受到威胁、挑战时,自然而然地为了自我保护和确保强势地位而对服刑人员的侵略性行为先发制人——先发制人向来是弱者的选项,是对自己孱弱的掩饰。

(二)趋乐性

趋乐避苦是人之本性,弗洛伊德(Sigmund Freud)将其称为"快乐原则",属于人性中的"本我(id)"部分,是与生俱来的本能冲动。按照弗洛伊德的人格构成学说(Theory of Personality Structure),通常情况下,为与现实社会适应,"本我"会被"自我(ego)"和"超我(superego)"看管起来;但它始终是潜藏在人性深处的一座"活火山",时时在寻找发泄口。在特定情境下,为了释放自己的欲求,求得原始冲动得到满足,人可能会采取攻击性、侵犯性和破坏性的暴力行为。

---

① 恩格斯.致弗里德里希·格雷培[A]//马克思恩格斯全集(第41卷)[C].北京:人民出版社,1979:275.

② 恩格斯.反杜林论[A]//马克思恩格斯选集(第20卷)[C].北京:人民出版社,1971:519.

③ 列奥·施特劳斯.霍布斯的政治哲学[M].申彤,译.南京:译林出版社,2001:22.

弗洛姆(Erich Fromm)举例①:

> 一个施虐狂的父亲,此人从迫使别人痛苦或对他们实行严格管制中得到快感。……在他给儿子一记耳光时,注意一下他的表情,你就会看到他眼睛里那种猛烈的情绪。你看到的是这样一种人的脸,他充满仇恨又充满快乐,因为他能够揍另外一个人。同样的特征可以从警察(当然不是所有的)、护士、监狱守卫以及某些亲友身上见到。

当然,暴力并不是一定直接表现为针对躯体的强烈、明显的施暴行为,它也可以甚至更倾向于一种针对心灵的更"温和"、隐蔽的方式。

让我们来看看弗洛姆描绘的另外一幅场景:②

> 想象一个坐在邮局办公室窗前的人。15个人正在外面排除,到了下班时间剩下两个人。当5点钟声敲响时,那人就关上了窗户,打发走了最后那两个已经等了半小时的人。有一丝微笑浮现在这个人薄薄的嘴唇上,一个显而易见的施虐狂的微笑。他很高兴见到那两个人不得不离开,他拥有的权力就是使他们空等一场而只好明天再来。他本可以很容易为他们费上一两分钟,但他没有那样做。

监狱民警施加于服刑人员的暴力,其情形与弗洛姆的例证有时有着惊人的相似。一位因殴打服刑人员而被处分的民警在回答"既然服刑人员已经被控制了,为什么还不顾同事劝阻,用催泪瓦斯枪在服刑人员脸上猛喷?"时,他眼里掠过一丝茫然,长吐一口气,说:我也不知道,现在想起来,我当时是不是疯了?! 我当时脑袋里只想着扁他扁他,看到他眼泪鼻涕一起冒时,我感觉自己出了一口恶气,我非常痛快、非常过瘾。痛快、过瘾,实质上就是一种隐藏在他内心深处但并不为自己知晓的人格中的"本我"对快感的追逐。

说到这里,笔者不由联想到《水浒传》第三回《史大郎夜走华阴县　鲁提辖拳打镇关西》——施耐庵描写郑屠被打的丑态时独辟蹊径,分别从人的味觉、视觉、听觉不同的感受上,精雕细刻地比喻形容:

> 噗的只一拳,正打在鼻子上,打得鲜血迸流,鼻子歪在半边,却便似开了个油酱铺,咸的、酸的、辣的一发都滚出来。郑屠挣不起来,那把尖刀也丢在一边,口里直叫:"打得好!"鲁达骂道:"直娘贼! 还敢应口。"提起拳头来就眼眶眉梢只一拳,打得眼棱缝裂,乌珠迸出,也似开了个彩帛铺的,红的、黑的、绛的都滚将出来。两边看的

---

① 埃里希·弗洛姆.生命之爱[M].王大鹏,译.北京:国际文化出版社,2001:84.

② 埃里希·弗洛姆.生命之爱[M].王大鹏,译.北京:国际文化出版社,2001:62.

人惧怕鲁提辖,谁敢向前来劝?郑屠当不过讨饶。鲁达呵斥道:"咄!你是个破落户,若是和俺硬到底,洒家倒饶了你。你如何叫俺讨饶?洒家却不饶你!"又只一拳,太阳上正着,却似做了一个全堂水陆的道场,磬儿、钹儿、铙一齐响。①

《水浒传》中类似的暴力情节描述太多了,再如第二十六回《郓哥大闹授官厅　武松斗杀西门庆》关于武松手刃潘金莲的描述:

那妇人见势不好,却待要叫,被武松脑揪倒来,两只脚踏住他两只胳膊,扯开胸脯衣裳。说时迟,那时快,把尖刀去胸前只一剜,口里衔着刀,双手去斡开胸脯,取出心肝五脏,供养在灵前。肐查一刀便割下妇人头来,血流满地。②

在为鲁智深扶危济困、武松快意恩仇之举拍手叫好之余,大家有没想过:非但我们在阅读时,还有施耐庵在叙述时,是不是都在用血淋淋的方式享受暴力的快感。

＊在以"现代计算机科学之父"、被英国首相丘吉尔(Winston Leonard Spencer Churchill)称作"二战胜利最应该感谢的人"图灵(Alan Mathison Turing)为原型的传记电影《模仿游戏》(The Imitation Game)中,有句经典台词:你知道为什么人们喜欢暴力吗?因为那感觉很好。人们发现暴力会令人满足,但除去这些满足,暴力行为非常空洞(Do you know why people like violence? It is because it feels good. Humans find violence deeply satisfying, but remove the satisfaction, the acts becomes hollow)。如果没有一种有效介入的制约,监狱民警有意识地通过暴力展显自己的优势地位,无意识地通过暴力追逐莫名的快感,这在过去是一种常态,以后也将继续。

(三)趋利性

"人性是否自私",这个问题在马克思以前的思想家那里一直争议纷纭、莫衷一是。凡人都有趋利避害的天性与本能,这却是一个不争的论断。普列汉诺夫(Georgi Valentinovich Plekhanov)的观点是个很好的说明:"个人利益并不是一条道德诫命,而只是一件科学事实。"③费尔巴哈(Ludwig Andreas Feuerbach)将人作为自然的本质存在来考察,指出利己主义根植于人的生理新陈代谢之中,与人的生命共存亡——"这种利己主义和我的头一样是这样紧密地附着我,以至如果不杀害我,是不可能使它脱离我的。"④

当然,如果人仅限于通过正当手段获取利益以求生存、得到认同及实现发展,亦无可厚非。问题在于,"人"的"自利性"同"人性"中的"自私性"相互结合后,衍生出完全负面

① 施耐庵.水浒传[M].余光校点.郑州:中州古籍出版社,1995:24.

② 施耐庵.水浒传[M].余光校点.余光校点.郑州:中州古籍出版社,1995:196.

③ 普列汉诺夫.唯物主义史论从[M].王太庆,译.北京:人民出版社,1955:67.

④ 路德维希·费尔巴哈.幸福论[A].荣震华,李金山,译.费尔巴哈哲学著作选集(上)[C].北京:三联书店,1959:565.

的"趋利性"。在"趋利性"的左右下,人极有可能完全按照一己的主观愿望去求利,或以不正当的手段,或以最快捷的方式达成目的,最终陷入投机取巧和急功近利的泥淖。这一点,程颐已然讲得再清楚不过:"人无利,直是生不得,安得无利?且譬如椅子,人坐此便安,是利也。如求安不已,要褥子,以求温暖,无所不为,然后夺之于君,夺之于父,此是趋利之弊也。"①

"夺之于君,夺之于父",此时此境的"趋利性"已演化为一种"恶"。因此,趋利性、利己性与趋恶性在道家看来并无二致,也就有"祸莫大于不知足,咎莫大于欲得"(《道德经·四十六》)的说法。

国家赋予监狱的权力由监狱民警具体行使;民警不可避免地将自身利益与国家利益混搅在一起,即"政府本身不应有自己的私利,但操作并组成政府的人却有自身的利益。而且他们会借助政府的强制力来实现自身的利益"②。在矫正教育活动中,人与生俱来的趋利性很容易导致民警追求表面上的最小代价最大收益,追求工具价值而贬损本体价值。民警急功近利,把服刑人员当成获取利益(短暂的、局部的工作成效)的工具,不再遵循服刑人员转化循序渐进的客观规律而急不可待地使用暴力手段让其屈服顺从。于是,当服刑人员的表现不尽如人意时,民警就采取简单粗暴的殴打体罚方式,表达其"拔苗助长"的急迫心态与强硬意志。此外,当今盛行的工具主义价值取向以及不计成本片面追求效率的功利化风气,也"责无旁贷"地充当了民警趋利性行为堂而皇之登堂入室、大行其道的推手角色。

(四)奴性

不得不承认,我们国人有一种做奴隶的惯性心理。鲁迅对此不无痛心:"中国的文化,都是侍奉主子的文化,是用很多人的痛苦换来的"③;侍奉主子是一种癖,是奴才的癖;中国人向来就没有争到"人"的价格,至多不过是奴隶,中国的历史不过是"想做奴隶而不得的时代"和"暂时做稳了奴隶的时代"的往复循环而已。④

虽然现在讲民主,但是在国人内心深处,从来就不认为世上的人都是平等的。

在他们看来,取得尊严的方法不是争取和发扬民主,而是怎样从较低的等级爬到较高的等级。于是,一旦取得哪怕是一丁点的地位,见到自认为比自己低上一等的人,他总会摆出一副主子的姿态,仿佛别人的生死,全靠他的恩赐;一旦遇到他自认为高贵的人,膝盖便陡然失去支撑的力量,不由自主地弯了下去,脸上便也陡然集聚了花一般的媚笑。之所以会这么做,也是历史经验使然。有句俗语——杀鸡给猴看。在历史上,许多不愿做奴才的,都被无情地"咔嚓"掉了。"咔嚓"得多了,人们的奴性心理便习惯成自然了。南京沦陷时,不到一百个日本兵,就能押着五万多名国民党军俘虏到南京城郊燕子矶去

① 程颐.河南程氏遗书(卷十八)[C].王孝鱼,点校.北京:中华书局,1981:216.
② 蔡立辉.政府部门的自我扩张行为[J].人文杂志,1999(6).
③ 鲁迅.老调子已经唱完[A]//鲁迅大全集(第4卷)[C].武汉:长江文艺出版社,2011:30.
④ 鲁迅.灯下漫笔[A]//鲁迅大全集(第3卷)[C].武汉:长江文艺出版社,2011:119-120.

枪杀。不要说反抗,他们连逃跑的勇气都没有。解放战争中莱芜战役,仅三天,解放军歼灭国民党军七个整师,五万六千余人。战后,王耀武抱怨:"就是五万头猪,叫共军抓,三天也抓不完。"国防大学政委刘亚洲两年前接受新华社解放军分社和《参考消息》报社采访,其中说了这么一段:"旅顺大屠杀时,中国百姓几乎没有任何抵抗,绝大多数神情麻木,如待宰羔羊。李鸿章幕僚罗丰禄描述:'倭人常谓中国人如死猪卧地,任人宰割,实是现在景象'。日本人福泽谕吉说:'支那人怯懦卑屈,实在是无有其类。'"①

为什么不到一百个日本兵就能押着五万多军人去枪杀?

为什么王耀武会抱怨五万人还不如五万头猪?

为什么日本人会说国人"无有其类"?

很简单,奴性!

换一个视角,再从哲学的层面分析人的"奴性":越是貌似摆脱纪律与道德约束的人,越是专横跋扈的人,他的内心越是屠弱,因为他无法成为自己的主人,反而成为欲望与冲动的奴仆;他有控制欲,但他无法有效掌控外部环境,无力使自己不屈从于某些比他更强的人。如果不能对他人保持绝对统治,他惶恐不安就会以一种极端的方式表现——通过奴役弱者寻求内心的平衡。

奴性,不仅使人顺从,也使人一旦处于主宰的位置,就变着法支配奴役别人。

他们过分专注于秩序,他们会像对待东西一样对待他们周围的人,特别是那些不能保护自己的人,在自己的权力与能力范围之内对他们实施绝对控制。

面对一个强者,施虐狂通常是怯懦的,但是那些孤弱的或能被推向孤弱的人——一个孩子,一个病人,或者在一定政治环境下的一个政治反对派——正是这些人能够刺激施虐狂。他不会像许多的正常人那样感到内疚,也没有那种正常人对攻击没有防护能力的人引起的厌恶感。相反,由于它为他提供了其能力范围内实施绝对控制的机会,因此,孤弱具有一种刺激施虐狂的特性。②

对于"施虐狂"来说,一条总是把握不变的规律是:我必须服从,不管这个权力可能怎样,我必须使自己隶属于一个更高的权力。但是那些比我弱的人,我必须统治。③

只要依此设想一下监狱民警的处境,便不难理解诸如本节初始郭明的纪实文学《监

---

① 刘亚洲谈甲午战争:是民族之哀同时还是民族之幸[EB/OL]. http://news.ifeng.com/a/20140414/40002322_0.shtml.2014-04-14.

② 埃里希·弗洛姆.生命之爱[M].王大鹏,译.北京:国际文化出版社,2001:63.

③ 埃里希·弗洛姆.生命之爱[M].王大鹏,译.北京:国际文化出版社,2001:64.

狱的隐喻:来自铁窗内的人生故事》中那段关于民警歇斯底里殴打服刑人员的描述了。

监狱民警和服刑人员属于两个完全不同的社会群体,是一种非常明显的强势与弱势的对阵。哪怕来自服刑人员一点点下意识的抵抗,都会招致处于强势地位的民警的愤怒并激发其残酷的暴力言行。那些臣服并陶醉于自己暴力言行的民警,其实是在错误的道路上寻求力量支持,是对强权与压制的追逐。

(五)"合理化"倾向

心理学意义上的"合理化",是指当动机未能实现或行为不符合社会规范时,为减少焦虑和维护自尊,个体自觉不自觉地倾向于选择性地保留自己希望得到的信息而排斥与自己主张相反的信息,为所作所为寻找合乎内心需要的理由,或为失当行为寻求开脱的借口。换言之,即使事实证明自己的行为不合时宜或是错误的,他也倾向于创造宽容自己的环境:寻求失误的客观原因或干脆把责任归咎于他人。这就意味着,由于缺乏对失当行为的真正反省,失当行为主体非常容易认同甚至冠冕堂皇地继续张扬自己的不当思维与行为。

作为个体心理防御机制的一种重要表现形式,"合理化"既可以是适应性的(维系个体内心平衡),也可以是病理性的——为个体暴力行为提供了一个貌似合情合理的居容所,增加了暴力的伪装性和隐蔽性,纵容并加剧了暴力的实施。这又一如阿伦特(Hannah Arendt)描述的"平庸的恶"[①]。具体而言,监管部门对施暴民警的理解、姑息与纵容:忽视甚至无视民警的失当行为,将民警殴打、体罚服刑人员的暴力事件归咎于服刑人员"固有的恶性"。如此一来,服刑人员不仅是暴力行为的受害者,还成为暴力事件的责任承担着。

✲链接 5-5

苏林关于内看守中队长电击犯人并乐此不疲的解释

苏林问 M:"熊掌好吃吗?"M 回答:"好吃,挡不住的诱惑。但是我不会再去吃第二只了。因为有罪恶感。"

苏林说:"一点快乐感都没有,全是罪恶感吗?"

M 回答:"不是这样的。只是罪恶感破坏了快乐感。"

苏林说:"此话怎讲?"

M 说:"依我看来,快乐感是生物学的,一个没有快乐感的人,在生物学上是不健全的;但是,罪恶感是人特有的道德情感,它表明个体对一般生物学法则的超越,已经在人格方面形成了一种推己及人或物的更高级的生物学情感。在灵长类中,只有

---

① 德国思想家、政治理论家阿伦特(Hannah Arendt)通过观察纳粹暴行的实施者,提出"平庸的恶"的概念:很多时候,邪恶只是一种很肤浅的、平庸的状态,也就是一种"拒绝思考"的状态;一个人,将自己同化于一个体制,服从权威的安排与命令,默认体制本身隐含的不道德甚至反道德的行为,成为体制毫不质疑的践行者,即便良心不安,依然可以凭借体制来给自己的冷漠行为提供辩护;恶是平庸的,因为你我常人都可能堕入其中。

人发展了这种情感。有人总是快乐感主导,我认为主要是这种人的'罪恶感'没有发育成熟或没有被唤醒。"

苏林认为M的这个看法颇有道理,可以解释一部分人为什么能够在心理上承受自发的暴力相残现象。但是,在苏林的观察里,还有相当部分的暴力行为,尤其是有组织的暴力行为,不是因为缺乏罪恶感,而是以某种道德之名,并借助了强大的舆论力量,例如妖魔化的作用得以实施。由于将所施刑的对象推到了非人的境地,刽子手相信死刑犯是妖魔的化身,由此产生了正义感。由于个人的行为受命于国家或公众的意志,体现了国家或公众的利益需要,由此还产生了使命感。此外,长期从事此种职业的司空见惯还造成了麻痹效应等。正是这些因素的遮蔽作用,包括刽子手在内的各种原本具有正常罪恶感的人们,在实施暴力行为时轻易地推卸了自己的责任。著名电影《辛德勒的名单》中有一个重要的细节,说的是一名担任"科拉克"集中营看守的士兵,清晨起来,只是为了调剂自己的精神,在伸完懒腰之后,走到阳台上扣动扳机,将一个正在操场上慢跑的犹太人一枪干掉。士兵对这种干净利索的残杀结果及一个犹太人的迅速倒毙不仅无动于衷,相反,他为自己能够那么轻易那么准确地为元首又除掉了一个罪恶的犹太人而深感振奋。但是,他果真毫无罪恶感吗?如果有人告诉他,打中的不是一个犹太人而是他的母亲,他仍会陶醉在自己的枪法里吗?当年美国人入侵越南的时候,美国士兵把杀越南人叫做"作废"、"报销",他们端起枪来很轻松很自豪地将对方枪杀了。反过来,越南士兵也不会把美国士兵当人看,他用匕首捅进美国人的肚子就像是宰一头猪。比起这些事例来,对一个将要禁闭的犯人实施电击游戏简直是小巫见大巫了。

这就是为什么中队长能够对于电击一个将要关禁闭的犯人乐此不疲。因为在他的心中,犯人是敌人,当然是弱小的敌人,就像一只臭虫、一只苍蝇,这有什么可惜的呢?他更不可能想到,在一个真正具有众生平等心的印度佛教徒眼里,如果拍死一只苍蝇就是无情的杀生,那么像他那样,对于一个跟自己无冤无仇,又无还手之力的同类采取了既不适当又无必要的毒手,几乎就是犯了弥天大罪。

然而,不幸的是,每个人的世界观即使势不两立,他们也因为彼此现实世界的阻隔,未必会发生实际的暴力冲突,他们只需按照各自的生活原则行事,只要这样的原则在他们各自的现实世界中有效就行。但是,看守中队长现实和犯人张阿敏,犯人张阿敏和告他偷吃而被他殴打的同犯,以及内看守中队长和苏林之间,却因为同处于一个现实世界,他们个人世界的一切东西,从理想信念到行为态度,都不可能不发生关系。看守与罪犯,看守与看守,罪犯与罪犯,这监狱世界中三组基本的人际关系,他们彼此相互协调的法则,几乎和所有其他社会一样复杂。但是在维持最低限度的秩序中,也许没有一个社会像监狱那样更多地依赖于暴力服从的原则。

（资料来源:郭明.监狱的隐喻:来自铁窗内的人生故事[M].上海:学林出版社,2010:131-133.)

在攻击性、趋乐性、趋利性、奴性与合理化倾向这几个人性固有弱点之外,还有随之衍生出的诸如权欲、物欲、惰性等。这一切,都可能导致监狱民警施加暴力于服刑人员。

二、理念的偏差

《辞海》对"理念"的解释有两条:一是"看法、思想;思维活动的结果";二是"观念(希腊文 idea),通常指思想。有时亦指表象或客观事物在人脑里留下的概括的形象"[1]。直接的实践经验和间接的理论知识经由思索、升华,监狱民警获得关于矫正教育本质与规律的基本见解,构成自己的矫正教育理念系统。正确的矫正教育理念能够指导民警在实践情境中作出理性的判断与选择,创造性地解决实际问题。然而,并非所有的民警都具备正确的矫正教育理念,相反,他们存有一系列的理念偏差。存有偏差的理念也是理念,同样也会指导民警的行为,只不过往往会将正当的执法行为异化为暴力。

1. 矫正教育的目的和手段被颠倒

"矫正教育是改造人、挽救人的一种社会活动。在这种活动中,既要体现国家和社会减少或遏制违法犯罪现象的要求,又要促进被矫正人员的身心发展,它是一个统一的活动过程。"[2]

服刑人员毕竟是人,是有越轨或罪错行为的人,他们不是插满电线只会遵循既定规程运作的机器。这决定了矫正教育具有一般教育活动的共同属性,其终极目标和本体价值都在于人的发展。然而,身受浮躁功利的不良风气冲击,一些免疫力弱的监狱民警在监管执法实践中表现的急功近利,矫正教育异化为"非人化"和"工具化"的活动——不仅服刑人员沦为按统一规格被模塑的物具、按统一要求被驯化的动物,民警自身也迷失了主动性、独立性,成为按固定工艺流程与操作规则机械重复模塑动作的"技工"。如此一来,矫正教育的目的和手段被完全颠倒,它不再是"一种促进转化的活动",不再是"从被矫正人员的身心实际出发,按照转化的规律,完成转化任务",不再是"促使被矫正人员个体再社会化和自我救助",而是异变为对服刑人员强行施加外部影响。此时,民警很容易无视服刑人员的个体差异与需要,以某种外在目的(譬如追逐经济利益)取代矫正教育的本来目的,以暴力手段强迫服刑人员按照自己的意愿行事。

2. 角色定位失当

国人身份意识特别强烈,"贵贱无序,何以为国"(《左传·昭公二十九年》)的观念非但有着极强的生命力,其触角还延伸到社会生活的每一个角落——监狱尤为明显。笔者不否认"破旧立新的矫正教育过程,不在限制甚至剥夺自由的强制环境下,没有强制性措施,便无法达到预期效果和目的"[3]这一论断;监狱民警凭借国家赋予的使命,依据法律、

① 夏征农,主编.辞海[Z].上海:上海辞书出版社,1989:1367.
② 夏宗素,主编.矫正教育学[M].北京:法律出版社,2002:23.
③ 夏宗素,主编.矫正教育学[M].北京:法律出版社,2002:26.

法规实施教育改造活动无疑具有强制性、严肃性。因为这不仅是矫正教育活动顺利开展的基本保障,也是矫正教育活动产生影响的重要条件。然而,我们常常误解权威的来源与意义,持有一种习得性的纯粹来自"警察"身份的霸权。借用一句时髦用语——"我的地盘我做主"。因为我是"警察",你是"服刑人员",所以你必须服从,无条件地服从;没有命令对错之分,只有服从与否的区别。相当数量的民警习惯于强制、管束甚至粗暴和歧视,以主宰性的支配地位决定服刑人员的一举一动、一言一行。这严重扭曲了民警作为服刑人员改造生活中"导师和人生航船掌舵人"①的本来角色,导致民警的矫正教育行为完全丧失引导意蕴而沦为暴力。

3. 理论素养欠缺

监狱民警的理论素养即其对矫正教育基本理论的掌握程度、自觉意识与运用能力,它是民警综合素质的一个重要组成部分,是对矫正教育各种观念的提升与概括。具有较高理论素养的民警具备较强的理论敏感和行动自觉,能够合理审视监管执法行为的具体情境,在科学理论观点和具体方法的指导下解决实际问题;能够不断接纳新的矫正教育理论并对照自己的执法行为进行反思,继而持续不断地探求矫正教育的新思路、新方法,创造性地完成监管执法工作。

反观现实,监狱民警的专业理论素养状况不容乐观。他们的潜意识里大都存有一种错误观念:理论与实践脱节,很难或者根本就不可能对矫正教育实践产生真正意义上的指导作用。这完全是现在人们比较普遍的急功近利心态的一种表现。这也从一个方面解释了"为什么各个单位都反复强调理论学习的重要性,也印发了一些专业的学习资料,然而这些资料终究难逃被束之高阁的命运"。

> 理论与实践真的脱节了吗?
>
> 如果不是,"脱节"的错觉又是从何而来的呢?

原因其实很简单,他们对理论对实践的指导抱有不当的期望——"立竿见影"。

有些监狱民警不关心也不惯于思考矫正教育中的现象与问题,在长期的工作中形成了简单的思维定式,仅仅依惯性从事矫正教育活动,今天的工作不过是昨天的简单、机械的重复。这些人是"庸俗的事务主义家"②。也有一些民警意识到专业理论于监管实践的重要意义,但由于缺乏反思的习惯与时间,他们只能依据自己的零碎经验和不成熟、不确

---

① "矫正教育对象绝大多数是思想当中具有消极意识的越轨者,他们在人生的道路上迷失了方向,矫正教育者应当成为他们的导师和人生航船的掌舵人。"(文见夏宗素,主编.矫正教育学[M].北京:法律出版社,2002:69.)

② 毛泽东指出:我们有些人不知道感觉材料固然是客观外界某些真实性的反映,但它们仅是片面的和表面的东西;这些人是"庸俗的事务主义家",他们尊重经验而看轻理论,因而不能通观客观过程的全体,缺乏明确的方针,没有远大的前途,沾沾自喜于一得之功和一孔之见。(详见毛泽东.实践论[A]//毛泽东选集(第1卷)[C].北京:人民出版社,1991:291.)

定的理解来处理遭遇到的问题。马克思主义者称这些"零碎经验和不成熟、不确定的理解和看法"为"低阶段的感性认识";"如果认为认识可能停顿在低级的感性阶段,以为只有感性认识可靠,而理性认识是靠不住的,这便是重复了历史上的'经验论'的错误"。①

不能唯物地、辩证地认识理论与实践之关系,导致一些监狱民警的专业知识处于较低层次的认知阶段,在处置监管实践中的具体问题特别是突发或偶发事件时,就会产生莫名的乏力感,陷入迷惘无从的困境。这又会导致他们一天到晚都被具体的、庸常的、烦琐的日常工作所湮没和控制,不能抽出身来有意识地对每天的工作作出反思。长此以往,即使从警时间再长,他们所做的也只能是低水平的简单重复,难免引发职业倦怠。在此情况下,如果再出现这样或那样外部压力的干扰,他们就会采取所谓"快刀斩乱麻"的方式,使用简单粗暴的手段实现对服刑人员的所谓控制。

　　"不需怎么伤精费神的想怎么管,不听话直接打,打得让他感到恐惧,以后不敢再进来。"

　　"监狱的专政职能永远是高位于服务职能,在过度的'讲文明,讲人性'要求下,具有国家暴力机关性质的警察正在成为特殊的服务机构和服务生,成为社会渣滓的二次就业场所和养老场所。"

上面两句话,是在中央司法警官学院老师倡导建立的"理论与实践@监狱"微信群中,云南省某监狱的一位民警对"如何管理新收犯"的回答。注意,这并不是个别人的个别观点;对如此回答,有好几个人通过"大拇指"表示赞同。

三、德性的失落

德性,语出《礼记·中庸(第二十七章　修身)》:"故君子尊德性而道学问。"

郑玄注:"德行,谓性至诚者也。"(郑玄注《十三经注疏·卷五十三》)德性是一种获得性品质,是外在道德规范的内化。唐凯麟老先生认为:"所谓道德内化,是指个体在社会实践中,通过对社会道德的学习、选择和认同,将其转化为自身内在的行为准则和价值目标,形成相应的个体道德素质的过程。"②

在唐老先生的定义中,有一个词非常重要,那就是"选择"。它彰显了道德内化过程中的主体性,表现了主体对社会大义与个人私利间关系的调节。监狱民警的德性表现亦不例外——"社会大义"是矫正教育本身内在蕴涵,依赖民警实践取得的经验和感悟,是

---

① 毛泽东.实践论[A]//毛泽东选集(第1卷)[C].北京:人民出版社,1991:291.
② 唐凯麟.伦理学[M].北京:高等教育出版社,2001:161.

一种独特的精神层面的体验和享受；"个体私利"是可见的既得物质利益，一般体现为获得的职位和薪酬。

有些监狱民警在监管实践中不旨在，也不能够获得"精神层面的体验和享受"，他们无法以精神超越物质，以未来超越现实；他们缺乏开拓创新的进取心，也缺乏认真负责的事业心，以"当一天和尚撞一天钟"、"只要不出事就阿弥陀佛"的消极心态对待工作；他们将自己的一切作为都指向物质利益的得失，再加上权力关系、亲情关系的渗透和干扰，对能给自己带来利益获得的服刑人员"关爱有加"，对那些可能会影响自己利益的服刑人员则施以蔑视、冷漠、贬低乃至拳脚相向。

四、现实的无奈

执法暴力是一个历史性存在物，在监狱出现的那一天起，执法暴力就相生相伴；当前我国政治经济文化等诸方面的"跨越式"发展，也注定给现有监狱体制机制带来冲击和挑战。简单说，历史的积淀、文化的钩沉和时代的症候，为监狱执法者暴力（后文简称执法暴力）构筑了滋生容身之所。

（一）历史的积淀

传统意义上的监狱，"是一个充斥暴力的残忍和堕落的体系"①。就此，戴鸿慈说："虽有圣人明刑弼教的教训在，但国人旧俗多认狱乃'恶地'，智者所不为，而'徒'乃'奴'也，即役之侮辱之，这有钦定的唐律疏议为证；狱即为行'徒'之所，苦痛乃至凌虐囚犯，自是应有之义。"②

在近代社会以前，惩罚主要是建立在肉体的痛苦之上，或至少给服刑人员带来一定的损失——当时的惩罚是一种报复性行为，它既不考虑犯罪行为的危害，也不考虑报复性惩罚的效果，它只考虑报复欲望的满足和愤怒情绪的宣泄。这种惩罚是"为了惩罚而惩罚，为了使罪人受罪而使罪人受罪，而且在他们给别人施加痛苦的时候，自己并没有指望获得任何利益。这样说，是因为他们不求罚的公平，罚和有效，只要是惩罚就足够了"③。简言之，那个时期往往采用不受约束的暴力形式来对抗服刑人员越轨行为对集体情感的破坏力。法林顿（Karen Farrington）对此描述说：服刑人员这一身份被人们称作"血污浸透的符号"；"实际上与监狱里日复一日的痛苦折磨相比，死刑显得仁慈得多。那些人工建造的囚室，其实等同于死刑工具，在那里，有成百上千的犯人死于疾病、饥饿和暴力"④。

源于培养驯服臣民的政治价值，执法暴力从一开始就得到专制政权的支持，是一种

---

① 冯克.近代中国的犯罪、惩罚与监狱[M].徐有威，译.南京：江苏人民出版社，2008：6.
② 许章润.清末对西方狱制的接触和研究[J].南京大学法律评论，1995（秋季号）.
③ 涂尔干.社会分工论[M].渠敬东，译.北京：生活·读书·新知三联书店，2000：48.
④ 凯伦·法林顿.刑罚的历史[M].陈丽红，等，译.太原：希望出版社，2003：88.

政治暴力;一旦得到权势集团的认可和支持,执法暴力也就拥有了合法的地位,获得了超强的生命力。事实上,在所有的专制极权社会中,统治者都无一例外试图造就驯服的臣民,也都无一例外地使用否定性、压迫性的暴力手段。

> 用烧红的铁钳撕开他[笔者注:谋刺国王路易十五未遂的达米安(Damiens)]的胸膛和四肢上的肉,用硫黄烧焦他持着弑君凶器的右手,再将熔化的铅汁、沸滚的松香、蜡和硫黄浇入撕裂的伤口,然后四马分尸,最后焚尸扬灰。①

> 他们(笔者注:清军俘虏的太平军战士)的衣服全被剥光,每个人都被绑在木桩上面……他们的身体的各部分全被刺入箭镞,血流如注。在从这些战俘身上一片一片割下肉来后,一名行刑人员还把战俘拖到面前进行侮辱,然后,再把他们乱剃乱砍,用刀来回锯,最后,才把他们的头砍断一大部分,总算结束了他们的痛苦。②

深受狱吏横行暴虐之苦,西汉绛候周勃下狱后,感慨:"吾尝将百万军,然安知狱吏之贵乎!"(《史记·周勃世家》)专制政权悠久的历史传承是执法暴力"合理合法"的流毒,反过来恰又成为消解的阻碍和滋生的土壤。

(二)文化的钩沉

以否定性、压迫性为特征的执法暴力的存在,与"人"的地位息息相关。在我国"礼法合一"的传统文化中,因为道德缺失、违反礼法,欠缺"人之为人"的基本属性,服刑人员是被排斥在"人"之外的"不是人"。既然达不到"人"的标准,那么自然也就谈不上人的尊严和人的待遇。在对"人"的界定之外,传统儒家人伦思想的等级尊卑观念、纲常礼教思想和身份地位情结,同样为执法暴力构筑了孳生容身之所。春秋战国时期的思想家简单地用二分法将社会人群分作两类:君子与小人,即统治者。因为"君子喻于义,小人喻于利"(《论语·里仁》);"君子成人之美,不成人之恶;小人反是"(《论语·颜渊》),所以孔子在强调君子作为安定社会秩序的力量之外,另一套办法就是严格执行"五伦三纲"、"君君臣臣父父子子"(《论语·颜渊》)的社会关系和等级制度,以便统驭。"礼制",作为儒学的根本与精髓,其主要内容就是上下有别、"贵贱有等"(《董仲舒·度制》)、尊卑有序;其基本精神是要求人们遵守等级秩序、尊重等级地位。《礼记》开篇明志:"夫礼者,所以定亲疏、决嫌疑、别异同、明是非也。……"道德仁义,非礼不成。教训正俗,非礼不备。纷争辨讼,非礼不决。君臣、上下、父子、兄弟,非礼不定。宦学事师,非礼不亲。班朝治军,莅官行法,非礼、威严不行。祷祠、祭祀、供给鬼神,非礼、不诚不庄。是以君子恭敬撙节,退让以明礼。鹦鹉能言,不离飞鸟。猩猩能言,不离禽兽。今人而无礼,虽能

---

①　福柯.规训与惩罚:监狱的诞生[M].刘北成,杨远婴,译.北京:生活·读书·新知三联书店,1999:3.

②　金良年.酷刑与中国社会[M].杭州:浙江人民出版社,1991:16-17.

言,不亦禽兽之心乎?夫唯禽兽无礼,格父子聚麋鹿。是故圣人作,为礼以教人,使人以有礼,知自别于禽兽。"

当"礼制"文化得到封建政权的支持,慢慢就成为社会规则,对人们的社会生活与交往互动产生深刻而持久的影响,呈现人与人之间等级身份的阶序性和权利义务的非对等性。它呈现以下特征:在下位的必须服从上面的命令或处罚,不能提出反抗的理由;必须遵从法定的或仪式的规条;所有行为以集团为中心(前提),没有个人自由;道德制裁力量高于一切,它也是个人和集团的行为法则。这种身份规则在监狱延伸的结果,则是将监狱执法者的身份提高到与天地相齐、与君王并重的位置——如若服刑人员胆敢不规规矩矩遵守"礼制",则"无别禽兽",当可生杀予取。

"吃得苦中苦,方为人上人",这是我们从小就被灌输一种价值观。"苦中苦"就是把自己当牛做马,"人上人"就是把别人当牛做马。自己先当畜生,然而再把别人也当畜生——以畜生的方式思考问题,以动物界凶残、暴戾的丛林法则权建社会秩序。这种文化亦造就国人强烈的等级观念;每个人吃苦的目的都是成为"人上人",最终演变为两种人:卑微、压抑自己的"人下人";张狂、暴戾的"人上人"。

时至今日,"上下有别、贵贱有等、尊卑有序"的身份意识依然笼罩并影响监狱民警的执法行为:民警无所谓是非对错,服刑人员唯有服从;如若不然,拳脚伺候。翟中东对此不无感慨地评论说:"儒家道德在节制刑罚上不仅无所作为,反而支撑刑罚严厉,甚至滥用。所以,在儒家道德文化中,滥用刑罚者很难感受到源于内心的谴责。"[1]

(三)时代的症候

长期以来施行的监狱办监狱、监狱办企业的"二位一体"模式,导致我国监狱工作目标错位和混乱。近些年来,国家层面显然希望通过推进监狱体制改革来纯化和强化监狱本来职能,但由于"全额保障"的"全额"还远未到位,"监企分开"也就只能"分而不开"。此外,在严峻的犯罪形势压力下,监狱押犯不断增加,关押能力相对不足,同时,监狱对安全的过分强调,形成了安全至上主义。基层监狱强调企业经济,厅局机关强调监管安全,国家强调矫正质量,社会普通民众要求"严惩不贷",服刑人员及家属希望"人性对待"。如此种种,监狱民警不得不同时扮演两种或两种以上相互矛盾或排斥的角色。长期处于"晕头转向"、"无所适从"、"疲于奔命"的困惑、焦躁情境下,民警也会把服刑人员当作"出气筒"、"替罪羊",作出对服刑人员施加暴力的不当行为。因为,暴力可以缓解民警的压力——"当我们发现有一种外部资源能接纳我们自己不能接受的感觉、动机和愿望时,我们的紧张情绪就会减弱"[2]——这种外部资源就是"邪恶"的服刑人员。"'我们渴望有替罪羊,目的是消除我们的自卑、无价值感和绝望。'精神治疗师罗伯特·科尔斯(Robert Coles)写道。"[3]

---

① 翟中东.刑罚问题的社会学思考:方法及应用[M].北京:法律出版社,2010:31.
② 劳伦斯·莱尚.战争心理学[M].林克,译.北京:中国人民大学出版社,2001:109.
③ 劳伦斯·莱尚.战争心理学[M].林克,译.北京:中国人民大学出版社,2001:109.

✳链接 5-6

相互冲突的指示几乎让看监狱工作人员无所适从

监管措施也因为那些诸如公民自由（civil lilertes）、人权（human rights）和人道主义（humanitarianism）等理念的提出而受到限制。监狱为了回应犯人的诉冤，将这些理念中的许多理念正式予以确认。因此，不能通过严厉的惩罚或者极端的剥夺措施来驯服犯人；不能禁止它们遵守自己的宗教准则以及参加宗教活动；也不能阻断他们与外界的接触。所以，人道主义观念的一种结果，就是让看守们得到了相互冲突的指示。人们希望看守们能最大限度地减少犯人与监狱工作人员之间的矛盾，但是也希望他们能严格适用那些已经设计好的、目的在于让犯人们的生活不舒适的规则和限制性条件；人们希望看守们能够通过关注犯人的问题和需要来使犯人得到改造，同时，也希望看守们能够维持秩序，防止犯人之间彼此伤害。但是，最为重要的是，人们希望看守们能让犯人们忙于那些维护工作、整理内务以及生产活动，从而进行司法管理和防止犯人逃跑。

但是，这些相互冲突的指示几乎让看守们无所适从，也使得他们无法得到中尉（lieutenants）、上尉（captains）或者监狱长的肯定。假如看守们严格适用这些组织规则，他们将面临被指控与犯人为敌的危险。规则必须得到遵守和执行，但是强制执行这些规则又不能太严厉、太专断，因为这样容易导致犯人们暴动、反抗或者向法庭控诉。假如看守们以平常心和自由裁量的方式来适用规则，那么，他们可能面临被指控缺乏警觉的危险，甚至可能被指控腐败。假如他们强制执行这些纪律和犯人规则，则有着被认为这过于"严厉"或者"惩罚性"太强的危险，因为这些强制在理论上妨碍了个别化矫治。但是，假如看守们放松对规则的适用，有可能使组织安全和组织本身受到威胁，这样看守们可能会被认为是"懒惰的"或者"不够积极"。由于适用这些相互冲突的指示而产生的困境，以及面临的人身威胁和组织权威的下降，许多看守们对他们的工作表示不满，因此许多人在工作很短的时间后便辞职。

（资料来源：萨瑟兰，克雷西，卢肯比尔.犯罪学原理[M].吴宗宪，等，译.北京：中国人民公安大学出版社，2009：575-576.）

与高工作压力、低警囚配比密切相关的监狱民警职业倦怠，以及健康问题，也是导致民警施加服刑人员暴力频发的原因之一。

湖南女子监狱一位朋友在微信朋友圈中如此描述疲惫的监狱民警：

眼无神采唇色淡，心有隐忧困意浓。

在此，我们不打算展开讨论这个问题。

第五节

适应不良:拘禁状态下服刑人员的常见反应

可以肯定的是,犯人和监狱工作人员之间的对抗是不可能消除的。然而,这种对抗并非源于监狱里糟糕的食物和不卫生的生活环境,而是来自监狱制度本身。

——[美]萨瑟兰(Edwin Hardin Sutherland)·《犯罪学原理》(*Principles of Criminology*)

　　"监狱是一个强制性封闭的人造单性社会组织。"①历史与逻辑的起点可以证明：监狱作为一种特殊的装置，一直都是作为某种惩罚的载体和平台的。

　　服刑人员被拘禁后的适应不良与狱内冲突间存在着千丝万缕的联系。

一、监狱区别于其他国家机构的基本特征

　　　　监狱不是从来就有的，它是适应经济发展和阶级斗争需要的必然产物，是国家的专政工具。

　　　　监狱和法律一样，是统治阶级意志的体现，是一种强迫他人服从暴力的手段，即构成国家实质的东西。②

　　　　历史上任何一个国家权力的统治阶级都十分重视运用监狱这个武器来维护自己的统治。从其建立国家政权之日起，就建立起一套适合自己斗争需要的监狱机构以镇压被统治者的反抗。③

　　　　监狱是统治阶级基于一定的行刑目的，以国家的名义组织并附属于国家，通过国家的强制力保证依法对罪犯实行监禁、执行自由刑的一切场所和设施及其内部关系的系统结构，是实行阶级统治和社会控制的国家行刑司法机关。④

---

① 　涂发中，郭明，主编.监狱学基础理论[M].南京：金城出版社，2003：69.
② 　列宁.论国家[A]//中央编译局.列宁全集(第37卷)[C].北京：人民出版社，1990：45.
③ 　杨殿升，主编.监狱法学[M].北京：北京大学出版社，1997：49.
④ 　许章润.监狱学[M].北京：中国人民公安大学出版社，1991：27，46.

我国当代刑罚学界和史学界对刑罚起源的认识,深受苏联(马克思主义阶级分析)的影响;泛政治化的暴力、阶级、敌人、镇压、强迫等关键词,一直充斥在我们对国家和监狱的基本认识之中。阶级斗争思想加上"国家刑罚权在运动中物化工具"①所具有的天然属性,使得监狱具有区别于国家其他机构的以下基本特征:

1. 惩罚性

监狱具有惩罚功能是不容置疑的事实;惩罚服刑人员是监狱的固有属性。许章润先生描述说:"作为一种惩罚的工具,监狱使刑罚惩罚现实化,从而使自身成为恐怖的象征和禁止的图腾。"②不是说体罚虐待服刑人员、强迫服刑人员进行超体力劳动才能算"惩罚";将犯罪人从正常的社会生活中驱逐出去,送进监狱拘禁起来,这本身就是一种严厉的惩罚。

2. 隔离性

监狱运用围墙、电网、岗楼等为代表的显著物态设施,以武力警戒为保障,施行服刑人员人身与外部社会以一定的时间、空间隔离。服刑人员及普通社会成员都清楚地知晓监狱与外部社会的隔离;任何人都不能任意超越这些隔离,否则会产生严重的后果。

3. 控制性

投入监狱服刑,意味着服刑人员的行动自由在一定时间内被强制剥夺,必须严格遵守监规纪律和无条件服从监狱民警命令,不能再按照自己的本来愿望或者欲望行动。

4. 改造性

当今社会,无论国家政治制度、经济模式、文化背景,还是监狱行刑理念、管理机制存在多大的差异,对服刑人员仅仅拘禁关押而不实施改造的监狱几乎不存在。很多国家尽管没有明确使用"改造"的字眼,在实践中也都无一例外的采取多种措施试图转变服刑人员的违法犯罪思想,促使其理解自己的社会期望角色,认同社会化的行为模式。

5. 强制性

服刑人员是具有不程度不同的主观恶性和罪错行为的人,他们缺乏应有的社会责任感和责任能力。这种破旧立新的矫正教育过程,不在限制甚至剥夺自由的强制性环境下,没有强制性措施,便无法达到预期效果和目的。对此,毛泽东早有论断:"于被改造的对象来说,须要通过强迫的阶段,然后才能进入到自觉的阶段。"③

二、适应不良:拘禁状态下服刑人员的常见反应

不同历史时期、不同社会制度的监狱具有不同的行刑目的,但皆有一个共同特

---

① "监狱是国家的物质附属物,是国家刑罚权在运动中的物化工具。"(文见邵名正主编.监狱学[M].北京:法律出版社,1996:17.)

② 许章润.监狱学[M].北京:中国人民公安大学出版社,1991:46.

③ 毛泽东.实践论:论认识和实践的关系——知和行的关系[A]//毛泽东选集(第1卷)[C].北京:人民出版社,1991:296.

点——剥夺犯罪的人身自由。就此而言,不管监狱行刑目的是如何的高尚,惩罚手段是如何的文明,只要它作为"刑罚执行机关"而存在,那么,通过剥夺人身自由的形式惩处犯罪行为,就是监狱最基本的外在表现形态。服刑人员被拘禁的痛苦在很大程度上是由制度结构造成的,它们是监狱结构的组成部分。因此,虽然具体的物质条件和监狱管理的改善可以缓解这些痛苦,但是不可能消除。

1971 年,美国心理学家津巴多(Philip Zimbardo)等人做了一个著名的斯坦福监狱实验(Stanford Prison Experiment)。实验以人格和心智健全的大学生为被试,将他们随机分配到"服刑人员组"和"看守组"。整个实验环境严格模拟监狱的真实状况,"服刑人员"需要戴手铐、脚镣,全身喷消毒剂,穿上统一的囚服,"看守"则负责监视"服刑人员"的行动。实验原计划持续两周,但是在六天之后不得不终止,因为被试的行为和人格出现一些异常的表现:原本情绪稳定的"服刑人员"逐渐变得依赖、软弱、无助、抑郁和易怒;原本温顺的"看守"开始虐待"服刑人员"。斯坦福监狱实验证实,监狱环境是一个强有力的潜在有害情境,对正常的心理有着极大的消极影响。

美国犯罪学家赛克斯(Gresham M. Sykes)曾对监狱环境于服刑人员心理的作用进行长时间的系统研究,他认为监禁会给服刑人员造成五大痛苦:[①]自由的剥夺(The Deprivation of Liberty)、物质及受服务的剥夺(The Deprivation of Goods and Services)、异性关系的剥夺(The Deprivation of Heterosexual Relationships)、自主性的剥夺(The Deprivation of Autonomy)、安全感的丧失(The Deprivation of Security)。

赛克斯之后,监禁于服刑人员的痛苦进入更多西方学者的研究视野。从他们的研究结论来看,服刑人员承受的监禁痛苦主要包括以下几个方面:[②]

1. 家庭和朋友的分离

家庭和朋友是个人重要的社会支持系统。服刑人员进入监狱后,被迫与家庭和朋友分离,只能自己应付在监狱中每天遇到的挫折和困难,陷入一种无助、绝望的状态之中。另一方面,刑期较长的服刑人员也可能自己主动中断与外界的关系,因为他们有些人认为让亲朋一直等着他们被释放是不公平、不现实的,此种做法还可以避免被亲朋无情抛弃的痛苦。

2. 失去接触和机构化

一方面,在给亲朋的书信或是与他们的交谈中,服刑人员不愿、不敢对外界讲述自己真实状况,而是尽力淡化服刑过程的厌烦、单调及必须面对的各种棘手问题。因为如果不这么做,虽然能让自己暂时获得安慰,但是会让家人担心和焦虑。同样的原因,亲朋也会尽量避免给服刑人员讲述家中发生的不幸事件。长此以往,服刑人员就失去了与外界现实的接触。另一方面,与外界隔离不断加深的同时,服刑人员受到监狱生活的影响越来越大:监狱

① Gresham M. Sykes.，The Society of Captives：A study of a Maximum Security Prison［M］. Princeton University Press，1958:63-64.

② 吴宗宪.西方犯罪学[M].北京:法律出版社,2006:498-501.

制度不仅约束他们的行为,支配他们的日常生活,而且影响到他们的情绪。随着服刑时间的增加,服刑人员逐渐被机构化或说监狱化,对外界事物表现冷漠,或者越来越走向另一个极端:暴躁和具有攻击性。

3. 安全感丧失

监狱是一个充满暴力的地方,服刑人员不知道自己什么时候会受到其他服刑人员或监狱官员的侵害;由于丧失自由和资源匮乏,服刑人员为了让自己获得稍好一点的待遇,会不择手段地损人利己;为管理上的需要,监狱管理员使用告密犯人;无处不在的监控设备,削弱了服刑人员间交流和接触的愿望。凡此种种,都增加了服刑人员互相间的不信任感,内心充满恐惧。

4. 性剥夺

5. 隐私丧失

6. 自主性剥夺

长期受到严格的监管,服刑人员形成了一套模式化的行为和思维习惯。他们如同机器人一样刻板地服从监狱官员的命令,采从服刑人员的价值观念;不能自行其是,不考虑未来的问题。自主性或说独立性的被剥夺,使得服刑人员深刻地体验到挫折、软弱和无助,与之相伴的是依赖性和无力感。

7. 权利丧失

因为被监禁,服刑人员的许多民事权利直接剥夺或是受到间接限制。他们无法像普通人一样通过行使权利维护合法利益、体现尊严和价值。

8. 自我迷失

为了管理服刑人员,监狱借助于标准化的制度和日常活动。这种标准化、制度化的生活,必然以损害服刑人员的个性和个人特征为代价,导致服刑人员自我感被逐渐消除。

20 世纪 70 年代,美国心理学家曾就各类事件对个人造成的压力进行了分析,"拘禁"以 63 分的压力指数居各类事件的第四位(见表 5-1)。

表 5-1　美国社会压力事件再调整评量表①

事件	压力指数	事件	压力指数
配偶死亡	100	夫妻不和	35
离婚	73	中量贷款	31
夫妻分居	65	子女离家	29
拘禁	63	司法纠纷	29
家庭成员死亡	63	个人突出成就	28

① 杨彦平.社会适应心理学[M].上海:上海社会科学院出版社,2010:79,80.

续表

事件	压力指数	事件	压力指数
外伤或生病	53	妻子开始工作或离职	26
结婚	50	生活条件变化	25
被解雇	47	个人饮食改变	24
复婚	45	与上级矛盾	23
退休	45	搬家	20
家庭成员患病	44	转学	20
怀孕	40	娱乐改变	19
性的问题	39	宗教活动改变	18
调换工作	39	过圣诞节	12
经济状况改变	38	轻微违法行为	11

台湾学者也有制订了台湾地区的"生活压力事件评量表"（见表 5-2）

表 5-2　台湾地区"生活压力事件评量表"①

事件	压力指数	事件	压力指数
配偶死亡	100	家庭人数有重大改变	45
家庭成员死亡	77	个人有杰出成就	45
牢狱之灾	72	孩子离家出走	44
离婚	68	负债超过年薪的 10 倍	44
身体遭受重大疾病	61	好友离世	43
事业上有重大改变	60	性的障碍	43
夫妻分居	56	怀孕	42
家属健康重大改变	55	复婚	41
负债没还或抵押被没收	53	行为改变	40
工作被解雇	53	夫妻经常吵架或矛盾	40
经济状况发生重大改变	51	家庭增加了新成员	40
结婚	50		

行文至此，笔者的脑海中蓦地浮现出奥地利小说家卡夫卡（Franz Kafka）《变形记》（*Die Verwandlung*）中的情节：

　　萨姆沙是一家公司的旅行推销员。一天早晨，他发现自己变成了一个巨大的甲

---

① 前页出自杨彦平.2010:80.

虫。他仰卧着,有着坚硬的像铁甲一般的背,穹顶似的棕色肚子被分成了好多块弧形的硬片,许多条细得可怜的腿无可奈何地在空中舞动。

萨姆沙的新形象吓跑了经理,几乎吓昏母亲,于是被父亲粗鲁地用手杖赶回自己的房间。从此,萨姆沙被关在自己的房间里,因为家人看到他的感觉只有恐惧和厌恶。他成为家庭中的丑闻,成为亲人们的累赘,成了全家"一切不幸的根源"。以前与他最亲近的妹妹现在不仅不再理解他,而且成了对他误解最深的人,虽然起初她每天费心为他准备食物和打扫房间。萨姆沙内心里仍然希望自己能够好起来,重新担当起养家的责任,但是由于他一直没有任何起色,父母和妹妹不得不各自想办法找一份工作,过起自食其力的生活。终于,家人不再能够容忍他了,妹妹公然宣称人不能和动物生活在一起。

惊恐、忧虑、无助、无能和自我谴责的心情无时无刻不在折磨着他。

最后,萨姆沙死了。

小说主人公萨姆沙在变成甲虫后的无力感、无助感、恐怖感、孤独感和陌生感,同被拘禁入狱的服刑人员何其相似?陀思妥耶夫斯基将其描述为梦魇:"有时,在惶乱中,他看见自己判定要做一种不可避免的梦——一种挣扎也无用的特别的梦魇。他在恐怖之下反抗这种命运,但是,一旦这争斗的紧要关头,他便发觉是被什么不可知的力量压倒了。然后他又神智昏迷了,并且看见他眼前裂开了一个充满无限黑暗的深不可测的深渊——一个无法越过的深渊——一个他会痛苦地和绝望地叫一声投下去的深渊。"[①]

为适应"梦魇",服刑人员必须对自己的心理和行为进行调整。由于拘禁状态(包括拘禁环境及社会隔离、亲人疏远等弱于其他外溢效应)因素、服刑人员个体条件不尽相同,也由于拘禁状态与服刑人员个体间作用的差别,服刑人员适应拘禁状态所能达到的状态也有差别——有的适应良好,有的则适应不良。

在此,我们反复提到"适应"一词。适应(adaptation)最初是一个生物学概念,指个体为求得自身生存而在构造、形态、机能等方面向着更适合于自然环境条件的方向的发展与完善。后来,心理学等学科借用"适应"一词,赋予它"个体终生维护心理平衡的持续过程,以无须付出太高的代价去应对一个具有一般性以及可预期性的环境"[②]的新含义。

适应是个体与环境的变化、经受的压力紧密联系在一起的。只有当个体能够积极应对环境的变化和成功解决面临的危机,才会表现出正常的适应,否则就会出现适应不良。

---

① 陈昆.西方现代派文学简介[M].北京:北京大学出版社,181:123.

② 杨彦平.社会适应心理学[M].上海:上海社会科学院出版社,2010:5.

✳ 链接 5-7

默顿的社会适应模式

默顿(Merton R.K.)认为社会文化与社会结构之间的紧张矛盾关系,可能产生越轨行为,造成社会失范。他以文化目标与制度化规范的接受与否,提出五种个人适应社会结构的方式(见下表):顺从者、创新者、形式主义者、退缩者、反叛者。

适应模式	文化目标	制度化规范
顺从	＋	＋
创新	＋	－
形式主义	－	－
退缩	－	－
反叛	－	－

注:"＋"表示接受;"－"表示抗拒。

(资料来源:Merton R.K., Social Theory and Social Structure[M].Glencoe:Free Press, 1968:194.)

服刑人员的拘禁适应不良表现出如下一些突出特点:

1. 缺乏对拘禁环境的理性认识

适应不良的服刑人员不是积极调整自己的心理与行为以适应监狱环境,而是以自我为中心,用自己的内在标准去衡量监狱环境,期待监狱民警的行动符合自己的愿望和标准。因此,他们的主观愿望总是无法实现,以致不断遭受挫折。

2. 消极情绪主导

适应不良的服刑人员缺乏应付挫折的能力,愤怒、抑郁、悲观、绝望等负面情绪往往成为其优势情绪。

3. 心理和行为变化无常

适应不良的服刑人员缺乏稳定的人格特征,情绪受周围环境影响较大,波动频繁且波动幅度大,一些琐碎的小事,也可能引起他们的强烈情绪反应。

4. 难以维持适当的人际关系

适应不良的服刑人员社会交往能力普遍欠缺,难以和其他服刑人员建立和维持适当的人际关系,也不能在监狱民警面前恰当地表现自己。所以,这类服刑人员与其他服刑人员及民警的关系往往相对紧张。

✱链接 5-8

拘禁性精神障碍及其表现

拘禁性精神障碍,是指罪犯在拘禁后或服刑期间发生的精神异常。在广义上是指罪犯因受拘禁后的精神刺激或压力而产生的反应性精神障碍、癔症、精神分裂症或抑郁症,在狭义上是指因受拘禁后的定神刺激或压力而产生的反应性精神障碍,又称拘禁反应。广义拘禁性精神障碍包括由拘禁诱发的拘禁性反应性精神病,其症状的表现和性质与一般的癔症、精神分裂症和抑郁症等基本相同,在此不予探讨,这里主要介绍狭义拘禁性精神障碍的表现。

(1)拘禁性情绪反应

拘禁性情绪反应在拘禁性精神障碍中程度较轻,在被拘禁后急性或亚急性起病,也可发生在接到逮捕书或判决书后。其表现以情绪障碍为主,如抑郁、恐惧、紧张;言语减少或坐卧不宁、饮食减少、睡眠障碍;也可能发生轻度意识障碍和心因性幻觉,如表情恍惚、听到亲属讲话等;有的还伴有神经症性身体症状,如失眠、疑病等。此类服刑人员基本保持一定的自知力,知道自己是由于被捕后感到"紧张、恐惧"而起病的。

(2)拘禁反应性抑郁

常在被拘禁后亚急性或慢性起病,表现为不由自主且无法摆脱地追忆往事、哭泣叹息、情绪抑郁、悲伤、虚弱无力等,常伴有食欲减退和睡眠障碍;也可有抑郁性激情发作,如大喊大叫、对自己抓头打脸等。但患者很少有自责倾向,而把失败或不幸归咎于他人,为自己辩护,常显愁眉苦脸、眼泪汪汪、祈求他人怜悯的样子。少数长期的严重反应性抑郁服刑人员可能有自杀念头,并付诸行动,偶尔还会发生带有冲动性的扩大性自杀行为。

(3)拘禁反应性偏执

在服刑人员被拘禁后急性发病,表现为在焦虑或恐惧性激情背景下产生的被害和关系妄想,以本人的妄想观念评价周围的一切,表现为在轻度意识障碍基础上产生的错觉、幻觉;也有可能出现精神自动综合征、人格解体、非真实感等精神症状;在暗示和自我暗示作用下还可能出现类妄想性幻想症。

(4)拘禁反应性意识障碍

在被拘禁后突然发病,患者的意识障碍程度不一,有的表现为情感休克,情感反应突然丧失,意识恍惚,目光茫然、表情淡漠,对周围的事物及周围人的言行漠不关心,无动于衷,反应迟钝,应答简单缓慢,可伴有无目的的重复动作;有些患者在情感休克解除后转为情感释放的激情状态,表现为兴奋躁动、言语增多、行为紊乱、易冲动等;有的表现为反应性木僵,不言不语,甚至不吃不喝,对外界刺激毫无反应;有的表现为意识蒙眬,意识水平降低,意识范围狭窄,时间、地点、人物定向不全,常伴有生动的心因性幻觉或梦样体验,表情紧张恐惧,注意力不集中,答非所问,可能发生冲动毁物或向外奔跑等行为,事后常不能回忆。

（资料来源:章恩友.罪犯心理矫治[M].北京:中国民主法制出版社,2007:196-197.）

三、暴力攻击:服刑人员缓解压力的应激行为

毛泽东从国家独立、民族解放的角度出发,说:"哪里有压迫,哪里就有反抗"[①];就"权力不是全知全能的"的观点,福柯指出:"当有了权力之后,就有了反抗的可能。我们从不会被权力欺骗:在确定的条件下,根据某一确定战略,人们总是可以改变对权力的控制。"[②]以此反观被强制拘禁的服刑人员,同样可以说:哪里有管制,哪里就有对抗,不论对抗能否助于缓解困境,因为"个体面对应激源时所做的一切反应都应视作是处理应激的反应,而不管这些反应形式是否有助于解决问题。"[③]

�֍链接 5-9

服刑人员被拘禁后自我调节无效之攻击反应

人犯之欲求满足被阻止之情况,多数之人莫不依自我调节作用,以缓和其所受之挫折。惟如其所受之挫折至为强烈,显然无法依赖自我调节作用,以求自我安定之时,将导致其为攻击之行为,而其攻击之对象通常系直接产生挫折之事、物或人。例如监狱纪律禁止人犯喧哗,但因受挫折而欲实施攻击之人犯,不顾一切大声叫嚣。又如人犯之自由普遍束缚,使急欲回复自由之人犯,对于束缚其自由之拘禁处所械具予以损坏。再如实施戒护之监狱人员控制人犯之行动,对此大感不满之人犯,遂对监狱人员实施暴行是。

人犯因挫折而实施之攻击,固以针对直接产生挫折之事、物或人为多,但有时亦及于与产生挫折无关之事、物或人。例如挫折之人犯不攻击拘禁处所内之公物,而攻击其其他服刑人员私有之物。又如挫折之人犯不攻击实施戒护之监狱人员,而攻击前来监狱参观之民众是。人犯之所以实施转移攻击,乃因对于直接引起挫折之事、物或人,多系国家权力之化身,如予以攻击,不啻在于反抗国家,使其问心难安。然而人犯却不放弃其攻击,于是只得寻找产生挫折原因以外之目标,以便实施其攻

① 中美联合公报(一九七二年二月二十七日)[N].人民日报,1972-02-28.
② 福柯.必须保卫社会[M].钱翰,译.上海:上海人民出版社,2010:259.
③ 李唯.社会发展心理学[M].上海:上海教育出版社,2006:239.

去,致使其他人犯之物或一般民警成为替罪对象。

（资料来源：蔡墩铭.矫治心理学[M].台北：正中书局，1989：538.）

    服刑人员在拘禁状态下因适应不良而引发狱内暴力事件,尽管并不是监狱设立的初衷,却是一种"必然"。因为"监狱的设置,是人类对恶行,或是对危害行为的一种本能反应,是人道和人性相对立的社会制度的产物,而不是纯粹理性的设计"[1]。当然,随着时间的推移,大多数服刑人员终究会慢慢适应监狱的不良环境,与他人（民警或同改）的冲突随之减少,但冲突一情形只能是"相对减少"而不可能"彻底消除"。另外,即使"相对减少"也只是就某一特定群体的服刑人员而言;如果我们把视角放在监狱的层面上,"相对减少"亦不复存在,因为"监狱的不和谐性源于监狱必须接纳、承载并化解在刑事法律制度下的刑罚矛盾。只要有犯罪存在,只要有刑罚存在,只要有犯人服刑,那么,这座监狱即使消除了所有由刑罚产生的矛盾,便一旦有新犯人进来,新的矛盾又将不断'进入'。从这个意义上说,监狱的不和谐具有原发性、确定性和连续性特点。"[2]

---

① 皮艺军.监狱的悖论与行刑个别化[J].江苏警视,2005(8).
② 张建秋.不对称和谐:论"特定权力关系下"和谐监狱之构建[J].犯罪与改造研究,2006(11).

第六节
监狱亚文化：盲目的服从与畸形的反抗

　　暴力是一些亚文化群体的重要内容，它已经渗透到成员的心理品质之中，并成为这些人日常生活方式的组成部分。

　　——［美］沃尔夫岗（Marvin E. Wolfgang）·《暴力亚文化》（*The Subculture of Violence : Towards an Integrate Theory in Criminology*）

　　"近朱者赤,近墨者黑",亚文化(subcultures)是对这一论断的最好解释。亚文化,又称次文化或副文化,是一种既包含主流文化又具有自己独特内容的文化。通行的社会学入门书一般对"亚文化"都有明确的定义。美国学者波普诺(David Popenoe)在其所著权威教材《社会学》中对"亚文化"作如下的定义:"从广义上来说,亚文化通常被定义为更为广泛的文化的一个亚群体,这一群体形成一种既包括亚文化的某种特征,又包括一些其他群体所不包括的文化要素的生活方式。"①澳大利亚学者盖尔德(Ken Gelder)在其主编的《亚文化读本》(The Subcultures Reader)中,也有类似的界定:"亚文化群(subcultures)是指一群以他们特有的兴趣和习惯,以他们的身份、他们所做的事以及他们做事的地点而在某些方面呈现为非常规状态(non-normative)和/或边缘状态的人。"②

　　在我国的监狱学理论界,关于"监狱亚文化"的最早权威定义,大概来自许章润先生:"所谓监狱亚文化,是指罪犯亚群体在监禁生涯中逐渐形成、自觉或不自觉地信奉和遵行,与社会主义文化偏离或对立的价值标准、行为方式和现象的综合体"③;最为贴切的界定可能来自于爱荣等人:"服刑人员在监禁生涯中,逐渐形成、并自觉或不自觉地信奉和遵行,通行于服刑人员内部,与监狱主流文化相对立的、但不完全具备破坏性,非正式的、不成文的规范、价值、习惯及特有的行为方式的总和。"④

　　本书指称的监狱亚文化,立足狱内冲突研究现实语境,是监狱主流文化的对立一端,为服刑人员个体满足心理需求、获取自我解释和自我肯定而产生、发展并被服刑人员群体信奉和遵循,刺激、鼓动及驱使服刑人员对抗监狱构建的行为规则和价值规范。科恩(Albert K. Cohen)的"帮伙亚文化理论(gang subcultural theory)"将其解释为服刑人员

---

　　① 戴维•波普诺.社会学[M].李强,等,译.北京:中国人民大学出版社,1999:78.

　　② Gelder Ken. ed., The Subcul tures Reader(2n d Edition)[M]. London and New York:Routl edge ,2005:1.

　　③ 许章润. 监狱学[M]. 北京:中国人民公安大学出版社,1991:74.

　　④ 于爱荣主编. 监狱文化论[M]. 南京:江苏人民出版社,2009:185.

为克服拘禁适应困难或地位挫折(status frustration)感而产生的群体性反应。①

✱**链接** 5-10

服刑人员江湖规矩

(1)不可妨碍同改利益

不能打小报告,不可好管闲事,不可冒失到处说话,不可陷人于罪。

(2)避免与同改争辩

要冷静、不可丧失理智,做自己的事、不要管闲事。

(3)不可剥削、欺压同改

不可失信、要讲信用,不可欺诈、偷窃,不可出卖朋友及敲诈勒索,不可逃避债务;要正直。

(4)坚强的生活

绝不可懦弱、悲伤,不可到处招摇撞骗,要当男子汉。

(5)不可信任管理者及其主张(认定)的事理不可愚蠢,监狱管理者是流氓,监狱当局是错误的,服刑人员是对的。

(资料来源:Gresham M., Sykes & Sheldon L. Messinger., The Inmates Social System[A]. Richard A. Cloward et al., Theorectical Studies in the Social Organization of the Prison[C]. Social Science Research Council,1960:6-8.

服刑人员亚文化于服刑人员有着重要的影响,它渐进、持续地对服刑人员的观念、心理和行为方式渗透和支配。狱内发生的许多暴力事件,常常或是服刑人员亚文化的体现,或者直接就是服刑人员亚文化积淀的结果。服刑人员对抗监狱民警管理并不是个别服刑人员的偶发行为,而是一种非正式群体影响下的互动过程——他们试图自主地控制服刑生活情境(发布自己的时间表、控制自己的例行公事,追求自己的生活空间,凡此等等),通过不断滋事寻求刺激来打发漫漫刑期。

习惯采用暴力手段欺压其他服刑人员的服刑人员,往往人生观、价值观、道德观扭曲变形,一贯藐视规则、自我意识膨胀。在他们看来,谁的拳头硬谁才掌握话语权,他们的常用语就是——"说那么多废话干什么?"②;他们不会为自己的侵犯行为而感到丝毫的愧疚,在被监禁之前他们就目无法纪、恃强凌弱、横行霸道;他们头脑中大都有"软的怕硬的,硬的怕横的,横的怕不要命的"的亡命思想;他们残暴、贪婪,信奉利己主义的唯我论,

---

① 吴宗宪. 西方犯罪学[M]. 北京:法律出版社,2006:360.

② 犯群中,也有人"玩阴谋诡计",但服刑人员的低认知能力使得他们不善于、不愿意接受拐弯抹角的计谋,直来直去的"拳来脚去"的武力征服效果更明显,也更为他们所推崇。

认为人和人之间就是相互攫取、相互利用。这种囚徒哲学的人生观,在犯群中具有很强的生命力、腐蚀性、传染性。一些服刑人员施暴的后果,就是受暴者的反抗——没有男子汉气概逆来顺受的服刑人员向来为其他服刑人员瞧不起。如此,暴力行使的恶性循环便启动了。

"攻击性、抵抗性、颠覆性等特质才是囚犯文化中最具意义的所在。"[①]监狱层面难以很好地"掌控"服刑人员暴力的原因之一,就是监狱将解决服刑人员暴力的重点放在了如何加强监控和限制服刑人员行动而忽视了服刑人员亚文化的存在和巨大破坏作用。监狱的种种限制、混杂的人群及其所内含的暴力致使服刑人员人格异化,他们往往不是陷入盲目的服从就是畸形的反抗。

❀ 链接 5-11

囚犯规则中的暴力元素

通行于罪犯非正式群体的罪犯规则主要有以下几种:

封建行帮思想。帮会是在明末清初的民族斗争尖锐之时应运而生的,到了民国时期,随着民族斗争目标的丧失,它虽在政治上已经结束了其历史使命,但在组织上反而恶性肿胀起来,什么青洪帮、一贯道、哥老会等等。帮会上与达官要人勾结,下向社会各界渗透,如同恶性肿瘤一样吞噬着社会的肌体。新中国成立以后,经过严厉打击,旧社会的各种帮会组织迅速土崩瓦解,但各种封建的行帮思想,尤其是"义气"这一维持帮会的纽带,并没有随帮会组织扫进历史的垃圾,它们还在腐蚀毒害着人们的心灵。"义气"在帮规中虽包含着同帮兄弟,互助救济,以义相投的内容,但它所维护的仅仅是帮会内部的狭隘的利益,他们不惜干出种种危害群众利益、扰乱社会秩序的事情来。由此,这种"义气"与我国现代社会主文化所倡导的团结互助,强调的依法履行个人对国家、社会、群体的义务和责任的精神是相背道而驰的。一些罪犯就是因为"哥们义气","为朋友不惜两肋插刀"等,在社会群殴斗狠,杀人越货,贩毒聚赌等而被判刑并投入监狱改造的。而进了监狱,他们中的一部分人仍不思悔改,不顾监规纪律的禁止,拉帮结派,聚众闹事,打架斗殴。为了"义气",可以互相包庇,代人受过,主动承担责任;为了"朋友",可以寻衅滋事,甚至公开对抗监狱警察的管教。只要一个帮伙成员与其他犯人发生争执,其他成员就会一哄而上,大打出手;只要一个成员受到监狱警察的处理,其他帮伙成员就会起来帮凶,或威胁,或起哄,或围攻监狱警察,或集体抗拒劳动等,这一切都是为了显示"有福同享,有难同当"的"患难之交"。

崇尚暴力。有人群的地方就存在矛盾和纠纷,为了社会的稳定和秩序,对这些矛盾和纠纷,社会主文化要求人们以情、理、法予以妥善处理和解决,而反对任何形

---

① 于爱荣,主编. 监狱囚犯论[M]. 南京:江苏人民出版社,2009:148.

式的非法的暴力。罪犯长期在一起同吃、同住、同劳动,因生活、学习和劳动而发生一些摩擦,是十分正常的事,但与其他人群明显不同的是,罪犯常常会因一些芝麻蒜皮的小事而大打出手,甚至不惜以命相拼。这固然与罪犯在监禁期间的情绪有关,但也有一些罪犯崇尚暴力亚文化密不可分。"监狱劳改队是个颇为特殊的地方,很多时候,很多场合,你要靠摆事实讲道理的办法,循规办事根本行不通,'大拳头政策'相反却非常好使。"(笔者注:原文转引自李晓光著,新疆人民出版社1999年出版的《黑白人生》第11页)"狠、毒、敢下手,这是监狱劳改队犯人们最为敬畏的素质,你要不狠、不毒、不敢下手,在犯人群体中你就多少有些被动。"(笔者注:原文转引自李晓光著,新疆人民出版社1999年出版的《黑白人生》第25页)这虽是一个作者对监狱生活的体验,但也确切地反映了许多罪犯的感受。对一些罪犯,尤其是暴力犯来说,暴力是其与他犯对话的工具,"不管有理无理,拳头就是道理",正是在这种思想的指导下,罪犯常为排队先后,饭菜多少,生活琐事而大动干戈;暴力是其解决问题的根本手段,一些罪犯认为罪犯素质差,有理说不清,找监狱警察又怕留下不好的影响,所以遇到问题常常选择私下方式解决,有时不惜"单摽"(一对一打),即使打得头破血流,还硬着头皮说是自己不小心摔的。一些罪犯信奉弱肉强食的生存法则,认为能拼、能杀,不怕流血、挨打是在任何环境下不吃亏的本钱。在社会,他们依靠暴力抢地盘,争利益,以获得生存的资本。在监狱,他们又以拳头硬,不怕违规受罚而获得所谓的荣耀,并以此从其他罪犯那里捞取吃喝等方面的好处。暴力还是在其他罪犯中地位的标志。一些罪犯相信"软的怕硬的,硬的怕不讲理的,不讲理的怕不要命的"。为在罪犯中树立"天不怕、地不怕"的所谓英雄形象,不惜冒禁闭、加刑的危险,冲撞在前,拼杀在先。他们依仗暴力在犯人中树立自己的形象,凭借拳硬征服他犯,赢得所谓的声誉。即使是在消极的非正式群体中,他们也是严格按武力划分座次,分配利益,并依赖武力维持彼此之间的服从关系和群体的稳定性。

逞强好胜。罪犯由于不完全的或错误的社会化,不能以社会公认的途径获得其需要的满足,因此,从这个意义上讲,他们是社会中的真正的弱者。但很多罪犯并不认同自己是弱者的看法,他们在社会上以各种危害他人与社会利益的犯罪行为显示其强者的形象,在监狱又以各种反社会主文化的行为表现其能者的风度。他们有的崇尚武力,以能打能拼,显示自己的能耐;有的蛮不讲理,以胡搅蛮缠,耍无赖的手法逞能;有的以投机取巧,玩弄骗术,表现自己的高明;还有的以炫耀关系、显示富有,博得其他服刑人员另眼相待。为了争个面子,他们大小事都要分个高低,好事坏事都要讨个说法。为了面子,相互可以打个你死我活,实在打不赢,就采取把物品扔进厕所,将保温瓶的"真空嘴"捣坏等进行"阴损"报复。逞强好胜是罪犯虚荣心和自卑感的表现,更是一些罪犯在狱内生存所遵循的法则,所谓"人善受人欺,马好被人骑",只有在监内混出个样子,给人以强者的印象,才能不吃亏。一些罪犯也正是为了这一目的,千方百计拉帮结伙,或寻求有势力的非正式群体的保护。一旦进入非正式群体,他们又会为个人在群体中的地位和群体的利益而继续逞能。

贪图享受。以非法获取金钱和物质为目的的利欲型罪犯,历来是在监狱占有极高的比例。如果说在物资匮乏的年代,有的罪犯是为了生存而偷窃,那么,在物质丰富的今天,绝大多数罪犯是为享受而犯罪。一些罪犯崇尚"有钱就有一切"、"有钱能使鬼推磨"的教条,要"图钱",不要前途,讲"利想",不讲理想,一味讲实惠,图私利。即使是在强制条件下改造,仍把改造当交易,多好处多干,少好处少干,没好处不干。遇到利益矛盾时,可谓斤斤计较,寸利不让,有时甚至为了一些蝇头小利,大打出手。

(资料来源:狄小华. 冲突、协调和秩序:罪犯非正式群体与监狱行刑研究[M].北京:群众出版社,2001:108-112.)

一、服刑人员通过对抗民警获取心理平衡

即便被判刑拘禁,服刑人员内心深处亦有"自由和独立"的强烈欲望。由于民警是执行监狱强制性支配力的"代理者",暴力对抗民警的支配与权威成为一些服刑人员维持"自我认同"的重要途径。沃尔夫岗(Marvin Wolfgang)在《杀人模式》(*Patterns of Criminal Homicide*)一书中解释说:"暴力不是定义为作为错误或反社会的个人攻击,相反,它肯定对于特定刺激,快速诉诸身体攻击是一种社会赞同和期许的反应。"[1]

对抗管理的服刑人员即使在某一时期"静寂"了下来,也并非意味着他们认同了监狱民警宣扬的价值观念;他们的顺从,只是强制措施与惩罚威胁的暂时产物。譬如,服刑人员知道欺压其他服刑人员是一项被禁止的行为,这不是说他们知道这是错误的——禁止,意味着规定必须执行。因为与民警的价值观天生不一致,对服刑人员而言,监狱纯粹是一个被限制自由、被剥夺权利的场所。再者,服从民警管理是基于国家权力而不是自我的坚定信念,因此,规训意味着对服刑人员行为必须持续维持高压强制,否则,服刑人员的违规违纪行为随时可能发生——当服刑人员觉察到强权的压力时,他们就服从;当他们认为做某件违规事件不会有被逮住的风险或者相较于收益风险可承受时,他们就会去做。

因为认知偏差、好逸恶劳等方方面面的原因,一些服刑人员放弃通过积极改造这一途径获得成就感、心理满足与自我尊严。为缓解挫败感及随之而来的紧张感,他们将目光投向积极改造的另一面——对抗改造。服刑人员的对抗哲学包含两种最为重要的取向:及时行乐和恶意。前者包括快乐和兴奋需求的短暂、冲动性满足,后者涉及伤害他人的欲望,甚至以此为乐、以此为荣。服刑人员的这种对抗哲学会产生或者说想产生两种

---

[1] Marvin Wolfgang., Patterns of Criminal Homicide [M]. Philadelphia: University of Pennsylvania Press, 1958:329.

作用:一是试图维持、强化自我认同,彰显自己在服刑人员群体中的独特性;二是通过嘲弄、挑战甚至颠覆监狱民警权威的行为,在心理层面否定被他人支配的现状。

二、服刑人员展示"肌肉"以获取特殊地位

功利主义,是服刑人员亚文化的核心指向。为了夺取和巩固在犯群中的"老大"地位继而操纵监狱生活,一些服刑人员不择手段,包括攻击监狱民警和其他服刑人员。这些服刑人员一般有着长期或多次的服刑经历,"先进庙门三日大"意识根深蒂固。也有一些曾遭遇其他服刑人员暴力侵害的服刑人员"多年媳妇熬成婆"之后,在补偿心理的作用下,为实现个人利益最大化,成为新的施暴者。

信奉"拳头才是硬道理"的服刑人员大多自命不凡,他们为了小群体的利益冲锋陷阵,并通过打打杀杀表达对小群体的忠心、获得小群体成员的认同。为了证明自己对其他服刑人员够义气,有的服刑人员不仅乐于为小群体成员利益冲锋陷阵,有时即便当事服刑人员不希望把事情闹大,他们也会争着大显身手。

让我们再看一个典型案例:

> 有一次同监舍一名犯人因生活琐事与我争执骂了我,我当时也很生气,想冲上去揍对方一顿,但被我的一名老乡及时制止了。本来这也就没事了,后来,这事不知怎么让其他两名老乡知道了,第二天他们各自去把那个犯人教训了一顿,还到我这里说他们怎么不服气,又是怎么教训他的。所以,老乡有时也会多事的。①

三、服刑人员缓解改造"竞争失败"的消极情绪

因为诸多主观或客观的原因,有的服刑人员难以获得服刑改造中的优势地位。在"改造竞争"中处于弱势地位的服刑人员,体验到深刻的挫折感、强烈的遗弃感和严重的紧张感。遭受迫害的妄想与自我防卫的本能聚结,这些服刑人员产生一种类似偏执狂的反应。由于不能达到监狱的衡量标准和要求,无法获得期望中的(减刑)成功,他们还会蔑视、拒绝、抵触监狱倡导的主流价值,采取敌对态度发泄自己的愤怒情绪。科恩借用精神分析学中的"反向作用(reaction formation)"②概念来描述这种现象。与此同时,为了获得一种代偿性的成功和安慰,这些服刑人员还会结成帮伙,另辟蹊径创造为他们自己

---

① 狄小华.冲突、协调和秩序:罪犯非正式群体与监狱行刑研究[M].北京:群众出版社,2001:131.
② 反向作用(reaction formation)是一个精神分析学术语,又被译作"反应形成"、"反相形成",指以性质相反的方式表达某些不能接受或者无法实现的潜意识愿望或目标的现象。"矫枉过正"、"此地无银三百两"、"欲盖弥彰"等成语所表达的意思,就属于这种现象的范畴。

认可的人生目标和价值标准;这些目标和标准往往是消极的、破坏的。

✻ 链接 5-12

反改尖子钟某某鼓动钟山籍囚犯与其他县籍囚犯斗殴

罪犯钟某某(笔者注:原文使用了服刑人员的真实姓名,引文隐去。下同)投入改造初期,由于恶习较深,脾气暴躁,厌恶劳动,服刑意识极差。他经常与一些改造态度不端正的罪犯勾结在一起,以地域为界拉"老乡"关系,在监区刻意制造事端,搞改气焰十分嚣张。钟犯还常以自己敢与管教民警"顶牛"而洋洋自得,一副玩世不恭的样子。由于钟犯的种种抗改表现,很快便在监狱成了出名的"刺头"。2001年10月被监区认定为危险分子、反改造尖子。

一次,钟犯煽动钟山籍罪犯与其他县籍的罪犯斗殴,大声叫嚣:"谁跟钟山籍的罪犯过不去就是跟我钟某某过不去!""要搞就搞大点!"等等。这时,另一名改造较好的钟山籍罪犯劝告他:"钟某某,算了吧,有什么事找警官处理,你这样下去对大家都不好,会害了大家的,对自己也没有好处!"钟犯不但不听劝告反而大骂这名罪犯:"你还是钟山人吗?惹我火了连你一起收拾!"

(资料来源:宁辉. 标本兼治克顽制胜[A]. 司法部监狱管理局. 罪犯个别教育工作典型案例[C]. 内部资料:11.)

四、服刑人员寻求身份认同以获心理慰藉

同我们每一个人一样,服刑人员内心深处也渴望得到他人的关爱。在监狱这样一个没有别的支持系统(譬如亲朋、邻居、同事)的环境中,非正式群体的成员资格能够为服刑人员提供一种认同感、归属感和安全感。这也是服刑人员加入非正式群体的最初动机。

这不是一个新鲜的观点。"人类很早就发现,如果我们把憎恨的目标转移,使之远离我们的群体(生理上或心理上),那么我们的生活就会轻松很多——更自然,更有支持感。"①霍曼斯(George Homans)的群体互动理论(group-interaction theory)对此作出了明确的解释:群体内的人际关系是建立在个人需要和社会互动的基础上,一个人的行为越符合群体规范,他在群体间的人际压力就越缓和,被群体接纳的程度就越高。因此,服刑人员非正式群体中的成员往往会表现出更加一致或者符合团体认同的行为,譬如与其他服刑人员打架斗殴、对抗民警管理,以维护自己在所在群体中的地位和归属,避免自己被排斥在群体之外。有时候,尽管服刑人员非正式群体倡导的类似与其他服刑人员打架斗殴、对抗民警

---

① 劳伦斯·莱尚. 战争心理学[M].林克,译.北京:中国人民大学出版社,2001:105.

管理等行为不符合自身意愿时,由于作为个体的服刑人员难以改变群体的决定,面临着违背自己意愿或被群体成员疏远两个选择,先是几番衡量得失,后是习惯成自然——大多都会选择遵从非正式群体的行为准则。

❋链接 5-13

陈犯替张犯出头被处罚　张犯对抗民警管理求平衡

2008 年 9 月 4 日上午 7 时 30 分左右,北京市监狱三分监区六班罪犯陈某(笔者注:原文使用了服刑人员的真实姓名,引文隐去。下同)听到七班罪犯吴某和罪犯张某某因琐事发生争吵,陈犯和张犯私下关系较好。陈犯认为张某某都这么大岁数了,吴犯不应该欺负他,遂于 11 时 10 分左右罪犯下学习之后去了七班,径直走到吴犯床下,当时吴犯在其铺上(张某某的上铺)躺着,上去就拉正躺着的吴犯,并抬手打了吴犯一拳,吴犯用胳膊挡开,后被他犯拉开。陈犯因殴打他犯受到记过处分。

当日 17 时 30 分许,罪犯张某某得知罪犯陈某被惩教后,向分监区领导强烈提出要去集训队。该犯认为罪犯陈某对罪犯吴某殴打,是替其出头才受到处理。该犯讲:"陈×帮我打了吴×受到处理,所以我也要去集训队,这样我心里才平衡,此事因我而起,如果只关陈×不关我,我在队里也没法过了,如果不关我,我不保证今后会出什么问题。"干警向其明确指出:你这样的言行就是威胁干警、不服从管理,是要受到处理的。该犯讲:"您愿意怎么说就怎么说吧,反正这就是我的想法。"并扬言和罪犯吴某没完。后经干警反复谈话教育,该犯态度仍比较嚣张,拒不服从干警教育和指令。张犯因不服从管理受到禁闭处分。

[资料来源:2008 年三季度狱情动态. 北京市监狱管理局(内部资料)]

第七节
生理因素：物质前提与外在环境交互作用

我完全不相信人类会有那种哲学意义上的自由。每一个人的行为不仅受着外界的强制，而且要适应内在的必然。

——[美]爱因斯坦（Albert Einstein）·《我的信仰》(What I bilieve)

　　作为一个有限自然存在物,服刑人员的主体身份不论从空间或时间上看,都来源于并从属于无限的物质本体及特定的物质存在形态。简言之,服刑人员的所思所为皆源自并受限于其生理基础。

　　生理因素是服刑人员暴力存在的物质前提,尽管有时候它起的作用比较隐晦和间接。如同本书第三章所提及的,半个世纪以前,洛伦兹(Konrad Lorenz)就借助动物行为学来解释人类的攻击行为,明确提出受生物学驱动的暴力理论。现代遗传学和进化生物学领域研究的快速进展,赋予这种视角以新的支持。

一、身体特征

　　对人偏差行为身体特征的探究,最早可以追溯到十六世纪意大利自然哲学家波尔塔(G.D. Porta)创立的观相术。十七世纪以来,随着医学等生命科学的发展,颅相学(phrenology)在观相术的基础上产生并发展起来——颅相学相信人的颅骨与脑的生理结构及人的心理活动有着一定的联系,可以通过分析人的头颅来预判人的行为。

　　德国解剖学家高尔(Franz Joseph Gall)等人认为:"大脑是思维的中枢,特定的大脑区域控制着不同的行为活动。进一步讲,具有重要作用的大脑区域,就是那些在体积和面积方面更大的区域;由于颅骨精确地覆盖着大脑皮层,异常重要的大脑区域就会引起颅骨的相应隆起。"①

　　受过系统医学教育的龙勃罗梭(Cesare Lombroso)通过对士兵、精神病人、犯罪人等

---

　　①　维莱拉(Vilella)是意大利伦巴第(Lombardy)省的一个江洋大盗。时任佩萨罗(Pesaro)精神病院院长的龙勃罗梭在监狱中与他有过频繁接触。维莱拉在狱中死后,龙勃罗梭对他进行了尸体解剖。当打开维莱拉的颅骨,龙勃罗梭发现一个明显的凹陷,他称之为"中央枕骨窝(median occipital fossa)"。在维莱拉的大脑中,龙勃罗梭还发现中央枕骨窝附近的小脑蚓部肥大(发育过度),这两种特征是众所周知的低等灵长目动物(例如类人猿)的特征,在低劣的人种中都很少见。

的颅相学观察、身体测量、尸体解剖等方法，发现正常人和具有暴力倾向的人不仅在性情方面，而且在身体解剖特征等方面，都有明显的差异。受维莱拉（Vilella）解剖①的启发，龙勃罗梭提出天生犯罪人论（theory of born criminals）：犯罪人代表了一种遗传学上的原始、低劣人种。龙勃罗梭认为，可以通过诸多异常生物特征将高暴力倾向的人区别出来，即他们无论在体力、神经和心理上与正常人相比，都有种种反常现象，而这些反常现象是隔代遗传（atavism）的结果，是返祖现象。龙勃罗梭对天生犯罪人特征的描述，大体上可以分为身体、感觉和功能、感情、道德感、心理和其他智慧表现六个方面：②

1. 极少体验到自然感情（natural affections），往往用一些包括虚荣心、冲动性、复仇心和放荡性（licentiousness）的激情来代替家庭和社会感情。

2. 缺乏辨别是非的道德感，似乎认为自己有权力攻击他人；尤其是在复仇动机的支配下更认为自己的行动是绝对正确的。

3. 不能区别美德和邪恶，少有悔恨和自责；骄傲自满，或者更确切地说是虚荣心、夸大自己重要性的心理特别强烈；冲动性是他们所具有的、几乎是病态的特征；与冲动性和夸大的个人虚荣心密切相连的，是一种超常的复仇欲望；极其残酷，他们不可能感觉到痛苦，对别人遭受的痛苦也漠不关心；被难以救药的懒惰所支配，在一些情况下，这种不可改造的懒惰使他们在饥饿时宁愿饿死，也不愿劳动；这种难以救药的懒惰与猛烈的冲动交替出现，在产生冲突时，他们会表现出极大的力量。

4. 一般缺乏小心谨慎和深思远虑，草率鲁莽，赌博冒险的欲望相当强烈。诸如此类的"退化特征（stigmata of degeneracy）"，都可能导致服刑人员的暴力攻击行为。

虽然龙勃罗梭的人类学研究受到一部分人的攻击，"但是一般似乎都承认，在犯罪人中，枕骨部位显然比额骨部位更发达……这种特征意味着枕部机能占优势——枕骨机能可能与冲动感受性有联系——额部机能在今天被认为是一种纯粹智力性和反射性的机能。"③

二、遗传条件

遗传条件（genetic condition），指的是人从上一代继承下来的生理解剖学上的特征，主要表现在身体结构、感官能力和神经系统等方面。遗传条件是服刑人员心理发展和行为养成的物质前提，也是"狱内冲突"这一现象得以存在的物质前提。学术界关于人的遗传条件与暴力行为关系的考察论证，集中在以下三个方面：

---

① Gina Lombroso-Ferrero., Criminal Man：According to the Classification of Cesare Lombroso [M]. Montclair，NJ：Patterson Smith，1972：20-48.

② Savitz，Leonard，Stanley H. Turner & Toby Dickman., The Origin of Scientific Criminology：Franz Joseph Gall as the First criminologist[A]. R. Meier & Beverly Hills., Theory in Criminology[C]. CA ：Sage，1977：43.

③ Raffaele Garofaro., Criminology[M]. NJ：Reprinted Montclair，1968：67.

(一)孪生子研究

孪生子研究主要通过区分同卵孪生子与异卵孪生子成长过程的比对,来确定遗传条件对人暴力行为的影响。由于同卵孪生子具有相同的基因,而异卵孪生子间仅有一半基因是相同的,所以,如果遗传对于人的暴力行为有着决定性的影响,那么,就会出现同卵孪生子暴力行为的一致性及异卵孪生子暴力行为的不一致性。

以此为依据,国外学者进行了大量的实证研究。

德国精神病学家朗格(Johannes Lange)的研究涉及30对男性孪生子。朗格研究发现,在其中的13对同卵孪生子(identical or momozygotic twins,MZ)中,10对有监禁记录,犯罪一致率为76.92%;剩余的17对异卵孪生子(fraternal or dizygotic twins,DZ)中,双方有监禁记录的仅有2对,犯罪一致率为11.76%。据此,朗格得出结论:遗传条件对于人的偏差行为起着决定性的影响。

达尔加德(Odd S. Dalgard)和克林莱恩(Einar Kringlen)从挪威全国的登记犯罪人中,抽取出139对孪生子进行研究。他们发现,同卵孪生子登记的犯罪行为一致率略高于异卵孪生子。根据他们所使用的一种宽泛的犯罪概念(犯罪登记簿中报告的法律上应受惩罚的行为),同卵孪生子的犯罪一致率是25.8%,异卵孪生子为14.9%。达尔加德和克林莱意识到,他们的研究结果像以前的研究者那样支持遗传假设。

(二)基因研究

最新研究结果表明,基因Nr2e1(nuclear receptor sub family 2,group E,member 1)、儿茶酚氧位甲基转移酶(COMT)、单胺氧化酶(MAO)、5-羟色胺(5-HT,又称“血清素”)及多巴胺(DA)与个体的暴力行为可能相关。

✲链接 5-14

科学家发现两个“暴力基因”或致极端暴力行为

法媒称,暴力犯是天生的还是儿时经历和环境造成的?在深入探究这个心理学中最古老的问题之一后,一些科学家认为,基因可能对此大致产生了一半的影响。

据法新社10月28日报道,欧美国家的科学家10月28日称,在暴力犯罪分子身上发现了两个“出现频率极高”的突变基因。通过对近800名因暴力罪和非暴力罪入狱的芬兰人进行研究,并在与普通人进行对比后,科学家发现了两个突变基因,分别叫作MAOA和CDH13,“均与极端暴力行为有关”。

这篇发表在英国《分子精神病学》杂志上的研究报告说:“在那些非暴力犯的身上没有发现任何可观的MAOA和CDH13的信号,这表明这两种基因仅出现在暴力犯罪分子身上。”

MAOA基因一直与多巴胺的新陈代谢有关,这是一种影响成瘾和感受快乐能力的神经传递素。据信,CDH13涉及脉冲控制,并一直与注意缺陷障碍有关。

研究报告作者之一、瑞典卡罗琳医学院神经系统科学系的亚里·蒂霍宁说："我们发现了两个对攻击行为影响最大的基因，并发现还存在其他数十或数百个影响较小的基因。"

他表示，这一研究结果不应影响我们对犯罪责任的看法。

（资料来源：科学家发现两个"暴力基因"或致极端暴力行为[EB/OL].http://science.cankaoxiaoxi.com/2014/1030/546920.shtml. 2014-10-30.）

(三)染色体研究

正常情况下，人一般有 23 对染色体，其中的 22 对常染色体，1 对性染色体。性染色体又分为 X 染色体和 Y 染色体，决定着人的性别特征：正常女性的性染色体补体(sex chromosome complement)表现为 XX，正常的男性染色体补体表现为 XY。20 世纪 60 年代以来，一些研究者使用实验室技术和统计学方法来确定人的暴力倾向是否与某些染色体异常有关，发现：有的男性有一个多余的 X 染色体，有的则有一个多余的 Y 染色体；染色体补体表现为异常 XYY 的男性，在监狱中的数量明显多于一般人口中的数量，而且他们实施的又往往是暴力犯罪。研究者得出结论，是这个多余的 Y 染色体使 XYY 男性具有实施暴力行为的倾向。[1]

现在一般认为，早期进行的将人的暴力倾向与 XYY 染色体补体联系起来的研究，是有缺陷的。因为后期的研究[2]表明，监狱中 XYY 男性的数量和通常人口中的 XYY 男性数量没有显著的差别。

三、生理病变

生理病变，指服刑人员生理功能因为受到疾病侵袭而受到破坏，不能正常地发挥作用。洛克(John Locke)表示：眼、耳、鼻、舌等感觉器官以及各种神经，"只要有一种失调不能执行其职务，则各种观念并不无旁门可以进入人心，并为人的理解所观察、所知觉"，就可能扰乱人的理智，使人的认识发生纷乱和错误。[3]

(一)脑器官病变

脑成像技术给科学家研究人的行为变化提供了一个实证的视角。人的大脑皮层中央有一个被称作杏仁核(anygdala)的区域，它与人类及动物的暴力行为有关。当该区域受到电击时，即使驯服的动物也会变得粗暴，反之，当该区域受到抑制时，那些凶暴的动物也会变得驯服。调控暴力行为的人脑神经环路非常复杂，且与控制动物情绪的环路相

---

[1]　Price William H. & P.B. Whatmore., Criminal Hehavior and the XYY Male [J]. Nature.1967(213).

[2]　Jacobs Patricia A., Wilfiam H. Price, Shirley Richmomd & R.A.W. Ratcliff., Chromosome Surveys in Penal Institutions and Approved Schools [J]. Journal of Medical Genetics.1971(8).

[3]　洛克. 人类理解论[M]. 关文远，译.北京：商务印书馆，1983：86.

似,包括皮层额叶前部、杏仁核、海马、视前区中部、下丘脑、纹状体腹部等区域;任何一个相关区域出现生理缺陷或功能异常,都可能影响个体对刺激的加工和反应能力,导致暴力行为发生。譬如,大脑颞叶病变可导致个体的三类认知错误:听觉错误、语义错误和无关错误(把本来无关的事件看作相关联的东西);大脑左半球部位的病变或引起语言障碍、抽象思维功能衰减、易产生对事物的判断偏差;下丘脑系统受损,可产生心理错乱,不能预见行为可能的后果,或者虽能估计和认识自己行为的不当,但难于通过适当的言行反馈来纠正自己的不当行为,从而导致人际关系紧张。

雷恩(Adrian Raine)认为,脑损伤(head injury)在一定程度上是暴力攻击实施的原因。雷恩分析了脑损伤可能会引起暴力攻击的几种途径:[1](1)增加了对酒精效力的感受性;(2)削弱了认知和社会技能;(3)引起头痛和易激惹性(irritability),这两种状态又会增加暴力行为发作的可能性;(4)损害大脑的额叶和颞叶,增加焦虑、愤怒和敌意。还有若干晚近的研究发现,服刑人员及其他有暴力行为的病人中,很多人患有脑功能失调,特别他们的额部和颞叶部受的损伤。

✤ 链接 5-15

前额叶皮层受损与行为异常之实例

一个 25 岁的佛蒙特州建筑工头叫菲尼亚斯·盖奇,他在拿铁棍把炸药塞进岩石缝的时候,不小心引爆了,结果那条有一码长的铁棍飞出来从他的左脸颊和头部穿了过去。昏倒几分钟后之后,盖奇奇迹般地生存了下来,可是他的个性受到了极大的影响。出事前,他是个精明强干、勤勉可靠的人,可后来一直追踪治疗的医生这样形容他:"喜怒无常,粗野无理,有时痴迷使用粗野的禁忌语……当与内心欲望有冲突时,对任何约束和建议都不耐烦……反复无常,游移不定。"盖奇还变得酗酒和夸夸其谈。

盖奇 12 年后去世了,展现出了很多精神变态的特征,而这都是因为脑部的伤害。他的头骨被安东尼奥和汉娜·达马西奥医生保存下来做仔细研究,他们发现,除了被弄瞎左眼外,盖奇两边的前额皮质都受到了破坏。最近,盖奇的头骨经过另外一些医生检查之后,结论是他的损害只集中于左边的前额皮质。准确来说盖奇是大脑正中前额叶皮层受损,这下我们明白了这一区域在日常决策中非常重要。

(资料来源:迈克尔·赫·斯通. 剖析恶魔[M]. 晏向阳,译. 南京:译林出版社,2011:283.)

20 世纪 40 年代,脑电图(electroencephalogram)开始在犯罪学领域应用。

有关高暴力倾向者脑电图异常的个案报告,在很早以前就已经公开发表。1942 年,

---

[1]　Adrian Raine.，The psychopathology if crime：Criminal Behavior as A Clinical Disorder［M］. San Diego：CA：Academic Press，1993:194-195.

希尔(D. Hill)和沃特森(D. Watterson)调查了 15 名英国男性军人的脑电图模式；这些军人不能适应军队生活并且被怀疑是精神病患者。根据调查结果，他们将被调查者分为三种类型：攻击型精神病态者(曾有不顾后果对别人施暴、反复破坏财物等冲动性行为者)；混合型精神病态者和不适当型精神病态者(inadequate)。这其中，攻击型精神病态者。希尔和沃特森报告[①]说：65％的攻击型精神病态者显示出异常的脑电图，对照组的"正常"人中，仅有 15％的人显示出异常的脑电图；大多数异常脑电图是慢波活动——δ 波和 θ波，对照组则表现出通常成年人所具有的 α 波和 β 波。

在另外一项研究中[②]威廉斯(D. Williams)从送到他那里检查的 1250 名暴力型少年服刑人员中，随机抽取出 333 名进行研究。这些研究对象被分为两组：一组是习惯型暴力犯罪者，另一组为一次型暴力犯罪者。威廉斯发现，有脑电图异常的百分数，在第一组人中为 64％，在第二组人中则为 24％。去掉那些可能受到器质性损伤的研究对象后，两组的差异增大：有脑电图异常的百分数，在第一组中为 57％，第二组中则为 12％。

(二)激素失调

个体激素失调(hormonal imbalance)和暴力行为之间的关系，也是国外很多研究的探讨对象。有一定的证据表明，暴力攻击与睾酮(testosterone)分泌过多有联系。

克罗兹(Kreuz Leo E.)和罗斯(Robert M. Rose)考察了一组由 21 名男服刑人员构成的同质群体(homogeneous group)，发现：在有暴力型犯罪和攻击型犯罪的历史的 10 名男性犯人中，睾酮水平面要高于没有这类历史的 11 名男性犯人。[③]

通过测量 52 名强奸犯和 20 名非暴力型儿童性骚扰者的睾酮水平，拉德(Richard T.)等人发现：[④]最具有暴力性的强奸犯的睾酮水平，显著高于其他强奸犯和非暴力型儿童性骚扰者。

(三)其他部位病变

除脑器官病变外，其他部位生理病变产生的肉体上的痛苦，会使服刑人员心情烦躁，易对他人作出攻击性的言行。

四、人格障碍

在临床知识中，与暴力最有关系的类型是人格障碍。人格障碍患者的感知、情感和

---

① Hill D. and Watterson D.，Electroencephalographic studies of psychopathic personalities[J]. J Neurol Psychiat，Vol. 5，1942 ;47-65.

② Williams David，Neural Factors Related to Habitual Aggression ：Consideration of Differencess Between those Habitual Aggressives and Others who have Committed Crimes of Violence[J]. Bran, Vol. 92，1969 ;503-520.

③ Kreuz L.E. and Robert M.R.，Assissment of Aggressive Behavior and Plasma Testosterone in a Young Criminal Population[J]. Psychosonatic Medicine，Vol. 33，1971;470-471.

④ Rada R.，Laws D. and Kellner R.，Plasma Testosterone Levels in the Rapist[J]. Psychosonatic Medicine，Vol. 28，1976;257-268.

思维明显异于常人,主要表现为冲动、自私自利和不安全感。这种人缺乏对他人的真实情感和共情(empathy),极少能够体验暴力的罪恶感。

国内外都有大量研究表明,人格障碍在监狱服刑人员中普遍存在。且不论人格障碍在服刑人员群体中多发是由于监禁环境造成的还是服刑人员入狱前自身就存在此症状,有一点毫无疑问——人格障碍比精神病带来更大的暴力危险。

人格障碍的表现复杂,进行准确、恰当的分类非常困难;我们结合研究主题介绍几种可能诱发服刑人员暴力的人格障碍。

(一)偏执型人格障碍(paranoid personality disorder)

偏执型人格障碍的定义特征是对他人的普遍和无根据猜疑。患者深信他人长期试图欺骗或利用自己,过分关注他人的忠诚度和可依赖度;他们非常排斥对他们疑虑的合理反对,认为反对者也是陷害自己的阴谋的一部分。

(二)冲动型人格障碍(impulsive personality disorder)

有学者认为,"冲动有时引起肉体和精神发展的不协调,这可能容易受到消极影响的实施某些形势造成的犯罪"[①]。具体地说,暴躁冲动的个性不仅是造成服刑人员实施暴力的直接因素,也是妨碍其个人内化过程(具有暴躁冲动个性的服刑人员较他人更不易将社会道德内化,妨碍了道德修养的改善),从而会引起一系列与他人的矛盾:制约了言语表达能力发展,不能用恰当言语表达自己情绪和愿望,更容易使用暴力行为方式解决问题;阻碍了对监规纪律的接受与学习,对个人的改造产生广泛消极影响,进而影响到对拘禁环境的快速适应。

(三)表演型人格障碍(histrionic personality disorder)

患者情绪变化迅速、强烈,人际关系不稳定;为得到他人注意,可能表现得极具表演性、诱惑性。

(四)反社会型人格障碍(antisocial perxonality desorder)

又称悖德型人格障碍,是与自杀、暴力、冒险性行为相关的一种精神疾病,主要特征包括缺乏建立积极人际关系的能力以及违反基本社会规范和价值观的行为倾向,冷酷无情,习惯通过与他人争斗或者对他人进行侮辱获得快感。

已有统计数据虽然不尽一致,但是都说明反社会人格障碍在服刑人员中有很高的发生率:外国78%的男性服刑人员是反社会人格障碍患者;国内调查结论是男性服刑人员中人格障碍发生率13.87%,在所有罹患精神障碍的服刑人员中所占比例最高,达81.93%;[②]反社会人格障碍在服刑人员中的阳性率最高,占31.60%;[③]在美国男性中,反

---

① B.K.兹维尔布利,H.Φ.库兹涅佐佳娃,Γ.M.明科夫斯基.犯罪学[M].曾庆敏,等,译.北京:群众出版社,1986:116.

② 陈立成.罪犯心理障碍:识别与处置[M].北京:群众出版社,2008:346.

③ 曹广健.服刑人员团体心理辅导策略[M].北京:中国财政经济出版社,2013:8.

社会人格者占 3.4％至 4.9％,而在监狱服刑的服刑人员中这一比例则约为 10％至 30％之间。[①]

(五)被动攻击型人格障碍(passive-aggressive personality disorder)

患者性格固执,内心充满愤怒和不满,但又不直接将负面情绪表现出来,而是表面服从,暗地敷衍、拖延、不予以合作,常私下抱怨,却又相当依赖权威。在强烈的依从和敌意冲突中,难以取得平衡,常以被动方式表现出强烈暴力倾向。

五、精神疾病

很多精神疾病患者会表现出暴力攻击行为,福柯也坚持这样的观点。[②]

2005 年在北京召开的中英监狱管理研讨会上,伦敦大学国王学院国际监狱研究中心顾问科林·艾伦介绍说:[③]英国监狱有很高比例的服刑人员有精神上的疾病,这种状况仍将继续。很多学者对艾伦的结论给出了实证描述:莫汉纳(J. Monaham)和斯特德曼(H. J. Steadaman)1983 年对美国监狱服刑人员的调查,发现有精神疾病症状的约为 15％～20％;冈恩(Gunn J. Maden)等人 1991 年的调查,表明英国监狱服刑人员精神障碍者高达 34％。[④] 辛格尔顿(N. Singoeton)和梅兹(H. Meltzer)等 1998 年在英国监狱中随机调查 16 到 64 岁的 1121 名男性服刑人员和 584 名女性服刑人员后得出结论:精神病障碍中男性比例为 6％,女性为 13％。[⑤]

国内学者对于服刑人员精神疾病的实证研究也有进行:吕成荣在对某监狱 3142 名服刑人员进行调查后,对外公布服刑人员中各类精神障碍患病率为 10.93％的结论;[⑥]黄东生等人对 356 名男性服刑人员进行的问卷调查发现:服刑人员心理问题检出率高达 40.67％。[⑦]

可能导致服刑人员个体实施暴力可能性的精神疾病因素,主要体现为心境异常、精神分裂和智能低下。

(一)心境异常

心境异常被称为情感性精神疾病,这类服刑人员的症状以情感障碍为主,表现为情

---

① 杨士隆. 犯罪心理学[M]. 台北:台湾五南图书出版公司,2002:108-117.

② Foucalt M., About the concepet of the dangerous individual in 19th century legal psychiatry[J]. International Journal of Law and Psychiatry, Vol.1, 1978:1-18.

③ 邵雷,主编. 中英监狱管理交流手册[M]. 长春:吉林人民出版社,2014:123.

④ Gunn J. Maden and Swinton M., Treatment needs of prisoners with psychiatric disorders[J]. British Medical Journal, Vol.303, 1991:338-341.

⑤ Singleton N. Meltzer H. Gatward R. Coid J. &Deasy D., Psychiatric Morbidity of Prisoners in England and Wales [M]. London: ONS, 1998.

⑥ 吕成荣. 服刑罪犯精神障碍患病率调查[J]. 临床精神医学杂志,2003(4).

⑦ 黄东生,黄宁生. 服刑人员心理问题及其相关因素和对策的调查研究[A]//闽南师范大学,福建省漳州监狱.福建省服刑人员心理矫治理论与实践研究专辑[C].2013:70.

感或过于高昂,或过于低落,亦可能同时伴随认知、生理和行为方面的异常。美国精神医学会（American Psychiatric Association）《诊断与统计手册：精神障碍-Ⅳ》（TheDiagnostic and Statistical Manual of Mental Diasorders）界定:心理异常可分为两极型心境异常和单一型心理异常两大类。前者患者周期性的呈现狂躁或周期性地出现狂躁忧郁症状,他们在临床上带有明显的情绪高昂、扩张、易怒的情感持续至少一星期。后者偏向忧郁、情绪低落,少现狂躁症状。

（二）精神分裂

精神分裂症是精神病中最复杂最严重的一种,其症状包括感知、思维、情感、自我意识与行为等方面的障碍,呈现状态性的精神错乱及幻觉、妄想。由于前述症状,患有精神分裂的服刑人员极易衍生暴力行为。若根据精神分裂症的类型分析,妄想型较容易从事杀人、伤害行为;僵硬型容易从事暴力行为;青春型则以纵火、强奸居多。

（三）智能不足

之所以认定暴力行为与低智力之间有显著联系,原因在于,首先,高暴力倾向服刑人员已经显示出在明确情境中不能准确地解释同伴意图的倾向,并且在有消极结果的含糊不清的人际情境中,对敌对意图的认识方面有偏向;其次,高暴力倾向服刑人员对人际问题情境的解决办法更少,他们更易采取富有攻击性但缺乏效果的解决办法。

✳ **链接** 5-16

李丽等人对 262 名男犯攻击行为与气质、心理健康、人格、防御方式相关分析

项目	身体攻击	言语攻击	愤怒	敌意	总分
胆汁质	0.304**	0.277**	0.266**	0.264**	0.342**
多血质	0.238**	0.202**	0.226**	0.137*	0.248**
黏液质	−0.240**	−0.106	−0.184**	−0.147*	−0.223**
抑郁质	0.138*	0.111	0.265**	0.262*	0.240**
躯体化	0.242**	0.239**	0.282**	0.314**	0.329**
强迫症状	0.292**	0.319**	0.266**	0.367**	0.376**
人际敏感	0.346**	0.345**	0.357**	0.475**	0.465**
抑郁	0.305**	0.271**	0.330**	0.392**	0.401**
焦虑	0.335**	0.310**	0.348**	0.450**	0.444**
敌对	0.546**	0.368**	0.531**	0.436**	0.3595**
恐怖	0.224**	0.231**	0.258**	0.321**	0.315**
偏执	0.399**	0.338**	0.371**	0.462**	0.487**
精神病性	0.277**	0.337**	0.287**	0.383**	0.384**

续表

项目	身体攻击	言语攻击	愤怒	敌意	总分
其他	0.222**	0.260**	0.287**	0.305**	0.322**
精神质	0.517**	0.271**	0.468**	0.449**	0.552**
内外倾	0.163**	0.189**	0.3070	0.006	0.125*
神经质	0.409**	0.345**	0.437**	0.502**	0.525**
掩饰性	−0.431**	−0.221**	−0.342**	−0.353**	−0.438**
不成熟防御机制	0.490**	0.318**	0.564**	0.572**	0.615**
成熟防御机制	−0.022**	0.176**	0.051	0.090	0.064
中间型防御机制	0.259**	0.265**	0.332**	0.411**	0.386**
掩饰因子	0.469**	0.283**	0.405**	0.422**	0.506**

注:* $P < 0.05$,** $P < 0.01$。

(资料来源:李丽,席焕久,牛志民,温有锋. 辽宁省男犯攻击行为心理探析[J]. 现代预防医学,2011(12).)

第八节

结构互动：狱内冲突发生机制的系统分析

要真正地认识事物，就必须把握住，研究清楚它的一切方面、一切联系和"中介"。我们永远也不会完全做到这一点，但是，全面性这一要求可以使我们防止犯错误和防止僵化。

——列宁·《再论工会、目前局势及托洛茨基同志和布哈林同志的错误》

恩格斯断言:"运动本身就是矛盾。"①狱内冲突的发生、发展和消亡,同样是一个充满矛盾的运动过程。毛泽东指出:"一切事物中包含的矛盾方面的相互依赖和相互斗争,决定一切事物的生命,推动一切事物的发展。"②狱内冲突的矛盾运动,亦呈现错综复杂、交叉重叠的关系,它们相互作用、相互影响,共同构成狱内冲突的矛盾体系。

任何问题的妥善解决,都是在两个极端答案中寻求平衡。笔者尝试解释狱内冲突的发生,但简单的理论往往不够完美(美国和英国的研究人员曾力图提出解释监狱服刑人员暴乱根源的一个单一理论,不幸的是,直到今天也没有令人信服的答案);如果理论过于复杂,又不易为人们所理解和接受。

为避免用过于简单或过于复杂的理论解释狱内冲突,有必要引入"结构互动"的概念。英语中,"结构(Structure)"的词源是拉丁语的"Structura",它由"Struere(构成)"一词演化而来,其原意是"部分构成整体"。笔者借用"结构互动"一词,强调一系列具体矛盾(因素)于狱内冲突发生的有机联系及它们间的相互作用。

✹ 链接 5-17

内蒙古呼和浩特 4 服刑人员越狱案

人民网北京 10 月 19 日电　17 日下午,呼和浩特第二监狱发生越狱事件,4 名重刑犯利用凶器绑架、杀害一名狱警后潜逃。接到消息后,中央批示全力缉拿内蒙古 4 名杀害狱警越狱犯。

4 名逃犯均系"80 后",年龄最大的 29 岁,最小的只有 21 岁。逃犯董佳继因犯抢劫、盗窃罪被判处死缓;逃犯高博犯故意伤害致人死亡罪被判处死缓;逃犯李洪斌

---

① 恩格斯. 反杜林论[A]//马克思恩格斯选集(第3卷)[C]. 北京:人民出版社,1972:160.
② 毛泽东. 矛盾论[A]//毛泽东选集(第1卷)[C]. 北京:人民出版社,1991:305.

犯抢劫、盗窃罪被判处无期徒刑；逃犯乔海强因犯抢劫罪被判处无期徒刑。

董佳继，1982年生，汉族，内蒙古商都人，身高1.75米，山西大同口音。因犯抢劫、盗窃罪被判处死缓。

乔海强，1981年生，汉族，内蒙古临河人，初中文化，身高1.72米，普通话口音。因犯抢劫罪被判无期徒刑。

李洪斌，别名李志平，1988年生，蒙古族，辽宁省阜新县人，小学文化，原呼和浩特市北垣街浪中浪洗浴城服务员，身高1.73米，东北口音。犯抢劫、盗窃罪被判处无期徒刑。

高博，别名刘心，1982年生，汉族，河北省玉田县人，身高1.72米，脸型狭长。犯故意伤害致人死亡罪被判处死缓。

据警方介绍，在成功越狱后，4名犯罪分子抢劫一出租车向西逃窜，后由于车辆无燃气，又打另一辆出租车逃跑。目前，第一辆抢劫车辆已经找到，停放在呼市公安局车库，另一辆出租车还未找到。

案件发生后，内蒙古自治区公安厅和呼市公安局紧急调集警力，进行查控，对呼市所有出城车辆进行严密排查，同时对市区内所有小旅馆、浴池、网吧等复杂场所进行搜查。

呼市公安局局长颜炳强介绍，该案件已经接到了中央政治局常委周永康的批示，要求全力缉拿犯罪分子。

呼和浩特市公安局指挥中心主任刘海东在接受记者采访时表示，4名重刑犯在劳动改造时，杀掉一个监管民警，穿上民警衣服混出大门。在大门口又捅了看门的一名警察一刀。

据刘海东介绍，监狱大门一般是三道岗，在前面走着一个民警，他们跟在后面。民警出去的时候，他们用脚垫了一下门，门没有关死，越狱犯就这样出了第一道门；第二道门管大门的民警发现这个"民警"没有见过，正在询问当中，据说逃犯身上有铁器，给了这个民警一下，他们就冲出去了。

昨日下午，记者专程驱车来到呼和浩特第二监狱，看到监狱正门口多名武警站岗。记者注意到，监狱外围只有东南侧有村落，其余位置显得十分开阔，多是池塘和荒地，附近的村民很少在监狱附近出现，周边的村民的生产生活并未因为越狱事件而受到影响。"希望警方尽快将逃犯抓捕归案，将其绳之以法。"一村民告诉记者。

据了解，遇害狱警是专门分管生产劳动的第二监区副分监区长兰建国（音），30多岁，在该监狱工作10余年。兰建国的妻子是一家医院门诊的医护人员，有一对两周岁的双胞胎女儿。

附："10.17"越狱案大事记

2009年10月17日下午，呼和浩特第二监狱4名重刑犯利用凶器绑架一名狱警、杀害另一名狱警后潜逃。（据内蒙古自治区呼和浩特市中院审理查明，乔海强于

2008 年 3 月产生脱逃念头,遂与同监区服刑的囚犯董佳继预谋绑架监狱民警夺取警服和出门卡后实施脱逃。同年 9 月,乔海强在劳动工地上发现两把尖刀并藏了起来。考虑到绑架民警两人的力量不足,2009 年 8 月至 10 月,二人又串通了同在监狱服刑的囚犯李洪斌和高博。经预谋和准备,4 人于 2009 年 10 月 17 日绑架 1 名狱警杀害 1 名狱警,并从被害狱警身上搜走出门卡和所有现金越狱潜逃。)

2009 年 10 月 20 日上午,警方在呼和浩特市和林县发现 4 名越狱囚犯。在抓捕过程中当场击毙 1 名囚犯,抓获 3 名囚犯,其中 1 名囚犯在抓捕中受到重伤。

2010 年 6 月 9 日上午,内蒙古自治区呼和浩特市中院一审宣判:被告人乔海强、董佳继、李洪斌 3 人因暴动越狱罪被判处死刑,剥夺政治权利终身。呼和浩特第二监狱原党委书记、监狱长张和平因涉嫌玩忽职守罪被内蒙古自治区小黑河地区检察院依法逮捕。

(资料来源:综合门户网站报道)

虽然警囚冲突可能是某一特定事件或情绪催化的结果并且不排除警囚一方或双方性格上的缺陷,但是大多数的警囚冲突是一系列复杂因素共同作用的结果。源于警囚冲突背后错综复杂的起因,完全洞悉和把握警囚冲突显然不是一件容易的事。

也正是因为如此,任何简单化、想当然的处置不仅无益于警囚冲突的化解,反而会导致警囚关系愈加紧张,会造成新的、更激烈的冲突出现。

"10.17"越狱案四名服刑人员从预谋到实施袭警越狱的整个过程,清楚地反映了一起服刑人员袭警事件的动力机制:服刑人员内部的反社会人格与监狱外部的刑罚环境的相互作用。如图 5-8 所示。

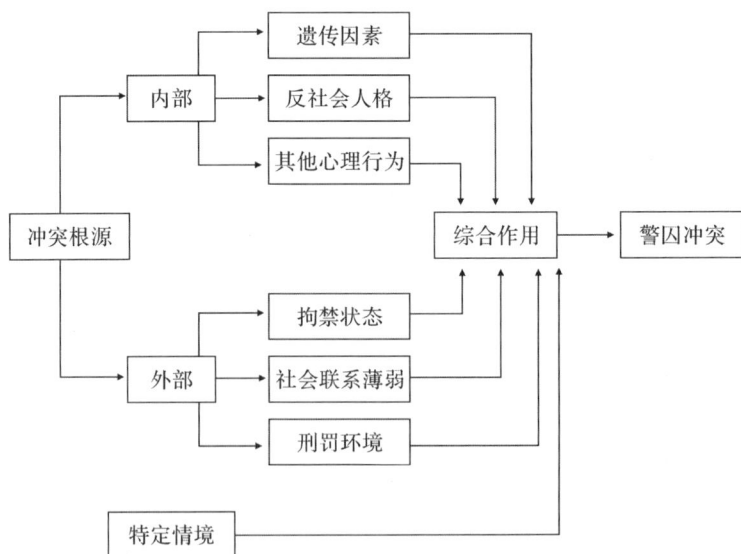

图 5-8 警囚冲突发生机制

服刑人员的反社会人格及其他一些不良心理行为,是警囚冲突形成的内在根源;国家对服刑人员的刑罚实施及包括监狱民警个人特质在内的外在环境是警囚冲突形成的外在影响因素;情境事件可能导致服刑人员个体持续不断的暴力行为,甚至改变原来服从监规纪律的习惯。在内外因素的共同作用下,经由特定事件诱发,警囚冲突事件产生。

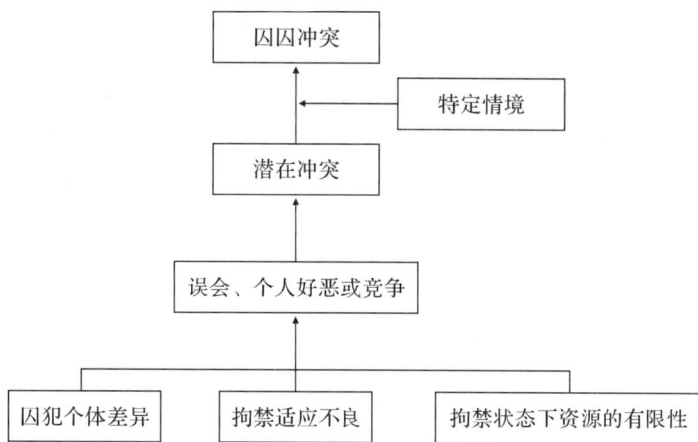

图 5-9 囚囚冲突发生机制

任何一个人都是一个具有生物属性的个体,生而具有某些生物特性;同时,"人是最名副其实的社会动物"①。置身特定拘禁环境中,家庭、同改、大众媒介、社会文化与亚文化等,构成服刑人员个体生活的背景或生态。此外,在心理与行为发展上,服刑人员还是一个能动的个体,基于一定生物基础并在外在环境影响下发展形成的认知、人格及行为特性构成其自身发展的动力,与服刑人员的生物学特性、生态背景因素等一起影响和决定着服刑人员的进一步发展。警囚冲突、囚囚冲突同样是这些因素共同作用的结果。

服刑人员的某些生物性特性可能在暴力行为的最初实施中发挥作用,譬如对施暴者而言,先天性气质暴躁、神经系统较强的兴奋性和较低的抑制性、较明显的反社会人格障碍等都会促使他们表现出暴力攻击行为。服刑人员内在的暴力攻击行为倾向与外在的拘禁环境还时时发生着互动,譬如在服刑人员实施暴力行为时,监狱民警采取简单、粗暴的方式打压,非但不能有效遏制、纠正服刑人员的行为,反而会强化他们"弱肉强食"、"拳头就是硬道理"的错误观念;或者民警鉴于这样或那样的原因,对服刑人员的某些暴力行为视而不见,他们借此收益某些好处和利益,甚至赢得一些服刑人员的认可及在犯群中较高的地位,那么,他们的暴力攻击倾向也会得到强化。

暴力行为是一个受多种因素综合影响的极其复杂的现象,并不能为传统意义上简单的"原因—效果—机制"理论所完全解释。无论具体到服刑人员实施哪一种暴力行为,其影响因素不仅源于服刑人员的内在个性特征,还受制于外在环境条件。

---

① 马克思.1857—1858 经济学手稿[A]// 马克思恩格斯全集(第 12 卷)[C].北京:人民出版社,1962:734.

　　狱内冲突是一种系统发生的复杂现象,其产生、维持和终止是服刑人员个体与拘禁环境间相互作用的结果,并不能为传统意义上简单的"原因—效果—机制"理论完全解释,也并非可以单纯地由服刑人员个体或拘禁环境的某一种或几种因素所决定。冲突,作为一种社会性行为,其实质是监狱民警、服刑人员与所处拘禁环境交互作用的产物。在彼此互动中,民警、服刑人员个体自身行为与人格倾向在很大程度上决定着他们对待外部世界的基本行为方式,加由特定环境或情境的影响,狱内冲突的发生成为可能。

　　监狱的拘禁环境常常是服刑人员实施暴力攻击行为的外部诱因或说条件;服刑人员的反社会人格倾向以及其他心理行为特点,才是内部原因。这两种因素的相互作用,就是服刑人员暴力行为形成与发展的主要动力机制。

　　在进行相关研究时,盖斯特(Gest S.D.)提出累积危险(cumulative risk)的概念。盖斯特说:关于确定冲突诱发因素的研究,提供了"对于特定经历结果的深入见解,但对其解释却有争议,因为许多不幸是相关的,并具有累积的非确定效应"[①]。狱内冲突诱发因素具有这种非确定性和累积属性,导致一些人得出这样的结论:可能会有多种不同的方式导致狱内冲突的发生;狱内冲突诱发因素的数量可能比结构更为重要。基于这一结论,笔者建立的警囚、囚囚冲突特定因果模型可能不会尽如人意(实际上,没有任何一个单一的模型可以包罗万象);但这并不妨碍我们从宏观方面对狱内冲突发生机制的理解和把握。

　　暴力就像平静了一段时间的水突然沸腾起来所引起的化学变化。如果我们没有看到底下一直在加热的燃烧器,就会误以为暴力是一个不连续的偶发事件。在一个压抑、无助的环境中,服刑人员为了对抗可能发生的事情而使用暴力,是完全可以理解的结果。

　　有时候,可能根本就不存在一种完善的理论能够帮助我们来解释一场狱内冲突的发生。关于这一点,我们来看约翰逊(Samual Johnson)的一个著名寓言吧:

> 　　两只秃鹫发现了一个奇怪的现象,那就是人类彼此间时时刻刻在大批大批地进行彼此屠杀,却不吃这些尸体,扔下成堆的尸骨就走。不是为了食物而杀人,这太奇怪了,它们对此是无法理解的,所以它们也无法为这种行为找到理由。有一只年老睿智的秃鹫一生都在思考这个问题。它最后得出结论:人类根本就不是动物,而是一种具有行动能力的蔬菜,就像风会摇动橡树,有些看不见的风也在时刻摇动着人性。当这种情况发生时,人类就会彼此残杀,这种行为没有什么意义,就像橡果从树上掉下来也没有什么意义一样。

---

　　① Gest S.D., Reed M.J. and Masten A.S., Measuring developmental changes in exposure to adversity: A life chart and rating scale approach[J]. Development and Psychopathology, Vol.11, 1999: 171-192.

下篇

"我们的目标是通过管理避免狱内冲突发生！事前预防永远比事后处置重要。"在一次访谈中，一位资深监狱管理者旗帜鲜明地阐述他的观点。笔者对这句话的后半段并无异议，对前半段却不以为然。如果"避免"包含了解决隐藏在狱内冲突中的诸如权力滥用等等问题，那么它毫无疑问是个值得大家追求的目标，但这个说法或说概念是模糊不清的。作为结构性或结构内冲突的一种，狱内冲突往往涉及若干有争议的目标，这需要长时间的不懈努力才能产生积极、明显的变革。

　　在接下来的三个章节，我们要一起讨论的是狱内冲突的"预防"和"管控"；而不是"避免"和"消除"。

第六章

Chapter 6

警囚冲突预防与管控

我们终究被赋予了理性,作为实践能力,亦即作为一种能够给予意志以影响的能力,所以它的真正使命,并不是去生产完成其他意图的工具,而是去产生在其自身就是善良的意志。

——(德)康德(Immanul Kant)·《道德形而上学原理》(*Grundlegung zur Metaphysik der Sitten*)

　　基于产生背景和处置方式等多种因素的作用,警囚冲突中民警和服刑人员间的互动可能是积极的、建设性的,也可能是消极的、破坏性的。如果问题一直无法得到正确认识和妥善解决,随着彼此敌对情绪愈来愈严重,民警和服刑人员蒙受的损失都终将超过获益,这其中当然并不排除行凶袭警、越狱脱逃等恶性监管事件的发生。

第一节
端本澄源:正视警囚冲突

　　我们应对暴力失败的根源,在于我们不肯勇敢地去面对它。我们否认有攻击的

嗜好;我们谴责暴力并压抑它的出现——而不是试图去应对它、接受它和修正它,使

它以一种有害性较低的形式融入我们的生活。

　　　　——[美]贝特海姆(Bettelheim B.)·《犯罪被害人学导论》(*Survival and Other*

Essays)

　　警囚冲突的真正问题,并非冲突本身,而是当事者对冲突的错误认识和消极态度。面对警囚冲突,许多监狱民警明确表示不喜欢它,甚至害怕它。由此出现警囚冲突处置效果最差,也是最常见的方式:漠视、逃避、隐瞒、否认或是强硬压制。这种错误认识和消极态度,可能会使警囚双方都产生诸如冷淡、疏远、漠不关心等心理退缩症状,进而发展成为憎恨、对峙和报复的敌视行为。就此而言,一次警囚冲突的后果,往往比冲突事件本身更麻烦。

　　"冲突导致的分裂的威胁的强度和对社会体系的公认基础的破坏程度,与这处社会结构的僵化程度有关。威胁这样一个社会结构内部平衡的不是这样的冲突,而是这种僵化本身。"[①]培养监狱民警直面警囚冲突的开放心态和多元观念,正视并允许适度警囚冲突的存在,是制定、施行科学有效警囚冲突预防策略和缓冲机制的基本前提。

一、警囚冲突是必然的、不可避免的,也是合理的

　　警囚冲突的不可避免,是一种不以人的意志为转移的客观事实。因为"不同文化之间只要有着目标、资源、价值规范、分配等方面的差异,冲突就是无法避免的"[②]。从现在向可以预见的未来展望,任何一个国家、任何一个地区的监狱都不可能杜绝警囚冲突的发生。警囚冲突的根源在于警囚双方存在着的诸多不可调和的差异,诸如意识形态、社会基础和扮演角色等等。在某种意义上说,当前警囚冲突频率高发且数量不断上升,与社会转型相伴相生且不断累积的矛盾不无关系。

　　监狱负责刑罚执行和矫正教育的社会分工,通过强制弥补服刑人员社会化的缺失,提高他们适应社会、完善自我的自觉和能力。显然,服刑人员于这样的强制有着本能的

① 刘易斯·科塞. 社会冲突的功能[M]. 孙立平,译. 北京:华夏出版社,1989:33.
② 乔.H.特纳. 社会学理论的结构[M]. 杭州:浙江人民出版社,1987:900.

反感、排斥和挣扎,甚至在某种特定情形下企图通过对抗的方式"摆脱"。

　　监狱内具有冲突滋生的天然土壤。冲突,是警囚互动中的一种必然平衡机制。局部的、可控的警囚冲突,完全可以比拟为一个人的发烧或是刺痛,可以作为一个预警信号提醒监狱服刑人员的愤怒和诉求;还可以比拟为预防疾病的免疫接种,通过接种病毒疫苗,防范严重疾病的发生。虽然警囚冲突当时令人沮丧,但是从长远来看,它于警囚间紧张关系的释放、缓解是有益的且必需的——只要事后用积极的情绪表达来加以修补,尤其是施以同理心接纳而非排斥,真诚倾听而不是自我防卫。当某一特定监狱内警囚间冲突发生频度或数量明显低于一般水平时,那不但不是一件值得庆贺的事,而且可以肯定,与这种表面的稳定同时出现并密切相关的是监狱管理的某种紊乱。

　　　　冲突和意见不是人际关系不可缺少的组成部分,但这并不是不稳定以及决裂的标志。①

　　　　科斯林(Randll Collins):冲突并不意味着单纯的对立斗争,它始终包含着对立、争论、协调、交接意见、沟通、对话、建立关系和调整关系的一系列过程。②

　　莎士比亚(William Shakespeare)笔下的约翰王咏叹:"阴沉的天空是必须等一场暴风雨来把它廓清的;把你的暴风雨倾吐出来吧。"(《约翰王》·第四幕第二场)对警囚冲突必然性、合理性的充分认识,能够帮助我们冷静地对待警囚冲突和冲突的参与者——承认、正视和容忍,改变、控制和引导,而不是害怕和枉然地致力根除。也唯有如此,才能让警囚双方坦然地承认彼此的差异和存在的分歧,而后通过相互妥协或对问题的重新定义,缓和紧张关系。

二、警囚冲突的产生并非源自民警和服刑人员个体

　　警囚冲突虽然多表现为监狱民警和服刑人员个体间的隔阂或对抗,但是从更深刻的层面分析,是矫正教育者代表一定社会或阶级所提出的矫正要求与矫正对象身心发展水平间矛盾的客观反映。毫无疑问,作为矫正教育互动的双方,民警和服刑人员彼此是异质的,他们在所处的社会角色、拥有的身份地位、追求的目标、遵守的规范、掌握的资源等诸多方面,都存在着巨大差异。从某种意义上说,民警和服刑人员背后是两个截然不同的社会,是两个社会在冲突。

---

　　①　鲁思·华莱士,艾莉森·沃尔夫. 当代社会学理论:对古典理论的扩展[M]. 刘少杰,等,译. 北京:中国人民大学出版社,2008:107.
　　②　高宣扬. 当代社会理论[M]. 北京:中国人民大学出版社,2005:982.

三、警囚冲突在一定条件下也有积极意义

由于种种主客观因素影响,监狱民警自觉不自觉地把警囚冲突看成是监管改造秩序失去应有控制的表现,是反常的、越轨的、具有破坏性和分裂性的。这一观念的形成是功能主义(Functionalism)社会学假说影响的作用结果。功能主义社会学假设社会是一个和谐、稳定的机体;和谐统一、稳定有序、良性发展是社会的本质和主流,社会完全应该也能够协调好机体的各个部分,使之永远保持一种稳步发展、不断前进的态势;冲突只是社会这个和谐机体发展过程中的插曲、片段,就像人有时会生病一样,属于特殊情况,并非社会的主流。基于功能主义社会学的理论框架,冲突就是不和谐、不稳定、不正常的表现;要想保持社会和谐就必须消灭冲突,杜绝冲突的发生。与功能主义社会学持不同观点的冲突社会学认为:冲突是社会与生俱来的特征,社会产生的同时冲突也随之而来,没有冲突的社会是不存在的,避免、回避冲突只是人的主观愿望,在现实生活中根本不可能达成;既然冲突不可避免,人们就不要奢望一个没有冲突的社会,现实可行的做法是接受冲突、正视冲突。

"要强调的是,对冲突本身来说,它无所谓好或坏、(用价值术语来说)它是中性的。它对组织和组织成员的行为的影响主要取决于人们看待它的方式。"①欧文斯(Robert G. Owens)这句话明确告诉我们:警囚冲突带来的不全是破坏作用,在一定条件下,警囚冲突也能发挥建设性的作用。

(一)冲突是维护警囚关系的"安全阀"

着眼群体内良好人际互动,冲突并不总是消极的;恰恰相反,冲突经常是维护这种关系所必需的。如果没有表达意见和发泄不满的适当渠道,群体成员就会感到不堪重负,也许就会被动采用敌对的手段作出反应。

同处监狱这一特殊环境中,监狱民警和服刑人员都承受着常人难以想象的巨大压力,双方也都有表达的渴望和释放的需要——不表达会掩饰问题;不释放会累积矛盾。一定程度的、不触及原则问题的、处于可控状态的冲突恰恰发挥了出气孔、减压阀的功能。一些警囚冲突事件的发生,使得问题、矛盾得以暴露,引起注意并加以协调,成为维持和重构警囚关系的重要契机。民警若能从这样的角度认识警囚冲突,就会提高自己的承受力与自信心,应对和处置警囚冲突的手段和策略也会更丰富、灵活和稳妥。

(二)冲突是深化警囚互动的"润滑剂"

警囚冲突是深化监狱民警和服刑人员互动,强化彼此了解的有效途径。经由适度的警囚冲突,监狱的规章制度和民警意图愿望得以清晰地传达给服刑人员,让服刑人员认

---

① 罗伯特·G·欧文斯. 教育组织行为学[M]. 窦卫霖,等,译. 上海:华东师范大学出版社,2001:407.

识到他们与民警时时刻刻都共属同一个(道德)世界。

警囚间分歧消融、对立缓解的过程,往往也是服刑人员顿悟、成长的过程。面对冲突时,民警完全没有必要紧张,也不必愤怒,要慢慢学会保持一种接纳、自信的态度;倘若民警能够做到心平气和、细心体会、用心研究,冲突事件就会转化为一种积极的、建设性的矫正教育资源。

(三)冲突是促进变革的"激发器"

有时候,解决警囚冲突的最有效办法可能是让冲突显现出来,这样监狱决策者就能意识到问题的存在,就会促动管理方式变革。有时候,警囚冲突的升级(不是失去控制的升级,而是将负面情感强烈释放出来)是不可避免的,如果民警惧怕、回避、掩饰或是强力抑制反而会破坏关系(服刑人员的憎恨、沉默对峙、绝望、拒绝执行指令;民警的漠视、放任)。

❋链接 6-1
···

攻击是可以与他人建立联系

攻击(aggression)的两面性,可以从这个词的拉丁字根 aggredi 看出,其字义是"向前走,接近"。它的主要意思是"接近某人以得到咨询或建议"。它的第二层意思是"行动起来反对"或"行动带有伤害的意图"。换句话说,从起源上看,攻击是一种纯粹的联结,是一种向外的伸展,是为了得到对自我及他人的友好肯定,或为了敌意的目的(比如作为拳击手技术一部分的熊抱)而与他人建立联系。攻击的反面不是爱好和平、体贴、友谊,而是孤立,即与他人完全没有任何接触的状态。这就是这种人的实际状态(我们可能只要自省一下,便能理解这样的人,而不一定要到精神病院观察):他无法忍受任何对其所思所为的指责;很快,他便无法接受任何的纠正;最后连一丁点的批评都无法接受。他与他人完全隔绝了。

在心理治疗中经常会发生以下的情况:当患者表达某种否定的意见,如"我觉得你在攻击我。我无法忍受这一点……"或者,当治疗师说"你的话让我非常生气,让我们来看一下为什么会这样",这时双方都可以去探究一下被撞击到的敏感点是什么。处理好攻击的这些方面,不仅可以真相大白,而且双方对彼此也会有更深入的全新了解。

〈资料来源:[美]罗洛·梅,著.权力与无知:寻求暴力的根源[M].郭本禹,方红,译.北京:中国人民大学出版社,2013:131.〉

四、引导服刑人员对"公正执法"的正确认识

我国现代化进程的不断深入和市场经济的快速发展,不可避免地引起大墙内服刑人

员价值理念的巨大变化,个性意识以及与之密切相关的平等意识开始形成。同时,又由于处于转型期的社会政治氛围、文化观念乃至个人思想意识不可能一步到位地适应社会的发展,致使包括服刑人员在内的许多社会成员处于一种弱势的状态中,对公正执法的诉求表现得也就尤为迫切。相当一部分的警囚冲突事件,其诱发原因就是服刑人员感受自己遭受到了不公正的对待,对民警心生怨恨。在矛盾激化的条件下,怨恨可能转化为憎恨——一种敌对性情感,风险由此产生:心理失衡和伴随而来的压力加剧最终导致服刑人员反社会的破坏心理,并可能在合适的外在条件下力求采取行动改变他们认为的不公平关系,表现为与民警的激烈冲突。

在社会学习理论中,"认知(cognition)"被认为在个人的社会学习过程中扮演了一个相当重要的角色。日常社会生活的许多经验或现象对于每个个体均有不同的意义,个体在社会学习过程中会根据自身的独特情况与认知结构,对各类不同的社会接触作出不同的解释与判断。诱发服刑人员对民警执法不公的"认知"因素有很多,"实质公正"与"程序公正"之间天生存在的距离便是其中之一。

引导服刑人员厘清并逐渐适应、认可实质公正与程序公正之间的距离,对于他们认识、判断监狱民警的执法公正问题有着重要的启示意义。它要求服刑人员结合我国基本国情和发展实际,将理想与现实明确区分开来,亦即不宜用过于理想化的眼光来看待服刑改造生活中的"公正"。否则,便易于陷入误区:不满足并轻易否认现实中的民警执法行为,甚至有可能因过于理想化的诉求而转为反改造、反社会的态度。

服刑人员是在思想意识、个性特征和行为习惯等方面有缺陷的人。他们对自己的社会角色、应遵循的社会规范都存有一定程度的模糊认识,往往从负面来看待一些社会现象,或只选择社会的阴暗面看问题。无论"受到不公平待遇"是否属实,只要一个人相信他受到了不公平待遇或受害,就会产生挫折感、义愤感,唤起愤怒情绪。愤怒是驱动器,是兴奋剂——感到愤怒的服刑人员通常会感到被赋予了某种神秘力量,他们不再对民警心存敬畏。换言之,因对情境的认知评价(cognitive appraisals)而知觉到外在的情境威胁,或以为他人意图对自己作出肢体或言语的屈辱,可能才是引发服刑人员攻击行为的主因。基于这一状况,再加上服刑人员很少会主动地进行自我反省、自我教育,这也就决定了监狱民警必须在日常监管和矫正教育工作中提高辨别是非的能力与警惕性,保持批判和进攻意识。

五、建立冲突缓冲和平衡机制

既然警囚冲突是不可避免的,那么,我们就应该抛弃一劳永逸地把警囚冲突根除的想法,进而建立长效的冲突缓冲和平衡保障机制。表面、暂时平静的警囚关系并非意味着没有冲突,有时甚至正在孕育和潜伏着更大的破坏性冲突。

由于特殊的身份和经历,服刑人员认识问题有失偏颇甚至错误是客观的也是可以理解的。在遵守监规、服从管教的前提下,服刑人员只要不是公开与监狱民警为敌,完全可以向他们提供正常渠道,让他们将自己的意见、建议、不满情绪表达出来。对某一个民警有意见,可以向他的领导反映,甚至越级反映,还可以控告、举报。服刑人员这样做,不但不能打击报复,还要予以保护、肯定。服刑人员通过正常渠道表达意见、发泄情绪,并不可怕;怕就怕有话不敢说,怨恨、不满情绪日积月累,最终在沉默中爆发,这才是危险的、可悲的。

已经介入冲突事件的警囚双方,很容易因情绪上的对立而产生沟通上的困难。此时,民警作为绝对的强势一方,往往已不再有耐心同服刑人员心平气和地交流沟通,而是习惯成自然地采取强硬的打压手段。在此情况下,服刑人员迫于强硬打压的暂时"屈服"当然不是内在的真正"折服"。强硬打压从来就不会从根本上消除已有的冲突,结果往往是压而不服,不但不能使服刑人员明辨是非、纠正恶习,反而可能会引起服刑人员新的思想认识问题,激化原有矛盾。

警囚冲突的缓和、解决,只是暂时的平衡状态,并不是一劳永逸的、绝对的和永久性的——旧的冲突解决了,新的冲突又会不断产生。因此,警囚冲突的管控不应是一个短期行为,而应该从长远考虑,建立长效冲突防御和处置机制。缓和与平衡警囚间的冲突,完全可以通过建立包括服刑人员狱内申诉机制在内的各项规章制度和专门制造各种各样的问题解决机会,为服刑人员提供释放不满情绪和公开表明态度、发表意见的制度性保障,进而达成警囚冲突的处置理性化、规范化和常规化的理想状态。

第二节
守经达权：保障服刑人员合法权益

　　基于有罪并作为拘禁刑的内容所科处的对自由的剥夺,应限制在法律明确规定的范围内,即使是受刑人,对其所进行的自由剥夺也应只是法律特别明确规定了的具有必然性和关联性的自由。受刑人享有除此之外的作为一般公民所应享有的所有权利。

　　——美国联邦第六巡回法院 1944 年对克芬诉瑞查德案的判决书(Coffin v. Reichard，143F. 2d 443，6th Cir.1944)

服刑人员权利（权益）保障既是一个事关法治的大问题（离开权利去谈法治是荒诞的），是管控狱内冲突的根本所在，也是一个老生常谈却又屡被漠视的问题。

早在人民民主政权时期，陕甘宁边区高等法院在《1948 年下半年监狱工作总结报告》中明确指出："今后，监所不管教员医生，都应加强负责态度，丝毫不能有所松懈，要认识清楚。对犯人服务，就是对群众服务。"这里，"为犯人服务"被当作"对群众服务"的一个组成部分；尽管现在看起来，"服务"一词的使用有待商榷。新中国成立后，孟昭亮（时任劳改局长）在全国监狱管教工作座谈会上强调："犯人是一个罪犯，但还是一个公民。犯人在依法判刑后，依法剥夺了或在实际上不能行使他的政治权利，但没有剥夺他当作一个公民所享有的宪法上规定的其他权利。他应享有的这些权利，有的因他在执行监管期间不能享受到或应当有所限制，但他还可以要求享受这些有一定限度的权利。那种认为既是罪犯，便不是公民；既被判刑劳改，便只有义务，没有任何权利的看法，对实际工作是极端有害的，因之，是错误的，应当加以纠正。"[①]

当今社会法制化、文明化进程的稳步持续推进，使得我们对"树立服刑人员基本权利保障理念"这一命题有了更充分的勇气和底气。虽然此种局面的形成依旧是一个缓慢的过程，但是可以肯定：除了一般意义上的主动作为，外在环境的挤迫逼压必将会促成这种局面早日形成。

近些年来，有关服刑人员权利保障研究的论文、著作非常之丰富。笔者仅就以下三个方面进行补充性论述。

一、关注和满足服刑人员的基本需求

基本需求又被称为"第一需要"、"自然需要"，是指个体维持生存而自然产生的不可

---

① 孟昭亮 1956 年 5 月 29 日在全国管教工作座谈会上的总结报告［A］//公安部十一局.劳改工作文件汇编（第 2 册）［C］.内部资料，1982：151-152.

缺少的基本需要,包括饥渴、保暖、睡眠及回避伤害等方面的物质需求和包括"归属和爱"、"自尊"等在内的精神需求。

服刑人员并不会因为犯罪而减少基本需要的内容,也不会因为服刑而在基本需要方面发生根本性的变化。当服刑人员基本需要受挫时,强大的力量就会产生,暴力就有了展现的舞台:每一次警囚冲突事件似乎都是有一定事先计划的控诉或者示威,目的只是引起监狱管理者对服刑人员需求的注意——充足的休息、更好的饮食、及时的医疗和相对宽松的管理等等。

(一)物质需求之"食"和"住"

存在主义哲学以"存在先于本质"为核心命题;马克思主义者提出"生存是创造历史的第一前提"①。作为一种实然的存在,服刑人员同样有这样或那样的物质需要和诉求。先行解决好衣、食、住等"生存"问题,才有了谈及将服刑人员改造成为新人的"前提"。

> 尽管所有的计划都会影响服刑人员的生活,但是饮食服务可能有最大的直接影响。犯人可以去教堂、参加普通同等学历证书(GED)课程学习、会见他们的个案工作者或者监狱医生,也可以不去进行这些活动,但是,他们每天要三次(早餐、午餐和晚餐)受到所供给的食物的影响。差的食物是服刑人员投诉和控告的首要目标;事实上,差的食物也一直是大多数服刑人员暴乱(riot)和骚乱(disturbance)的一个因素。②

> 食堂是监狱中最关键的区域之一;如果工作人员不能正确地和按时地做他们的工作,服刑人员就可能作出消极的反应。③

西尔弗曼(Ira J. Silveman)和约翰逊(Lavinia Johnson)概括的这两段话,已然清晰表明了"食"与警囚冲突的密切关系。

"住",我们略加笔墨进行讨论。

服刑人员居住空间狭小,是一个相当普遍的现象。在我国,1982 年在押服刑人员为 62 万人,到 1999 年增至 141 万,17 年增加了 1 倍多,监狱变得更加拥挤,1997 年我国监

---

① "我们首先应当确定一切人类生存的第一个前提也就是一切历史的第一个前提,这个前提就是:人们为了能够'创造历史',必须能够生活。但是为了生活,首先就需要衣、食、住以及其他一些东西。"{文见马克思,恩格斯.德意志意识形态[A]//马克思恩格斯全集(第 3 卷)[C].北京:人民出版社,1960:31.}

② Ira J. Silverman and Manuel Vega, Corrections: A contemporary view[M]. Minneapolis/Saint Paul: West Publishing Company,1996:428.

③ Lavinia Johnson., Correctional food service[A]. Peter M. Carlson andJudith Simon Garrett, Prison and jail administration: practice and theory[C].Gaithersburg, Maryland: Aspen Publishers, 1999:134.

狱的设施超押率已达 30%。① 近些年来,监狱硬件设施相较于以往虽然改善明显,但是服刑人员"住"的问题还未得以根本缓解。以 FJ 省 ZZ 监狱为例,不足 40 平方米的空间满满当当地塞进了至少 12 人,这个不足 40 平方米的空间还包括总共约 9 平方米的洗漱(卫生)间。另外,之所以说是"至少 12 人",是因为有的房间里时常会超过 12 人;不得已,多出来的人晚上只好睡在高度不足 50 厘米的床铺底下。

从服刑人员方面分析,个体有领域性方面的要求,即每个服刑人员都自然而然地需要一定面积的生活空间。当可支配空间过小,或者领地意义上的空间受到他人侵犯的时候,服刑人员就要采取包括暴力在内的一切可能手段捍卫自己的"领地"。自监狱层面观察,"过度拥挤会导致不人道的条件、减少积极的监狱管理制度、增加发生暴力和混乱的危险性"②。

拥挤的监狱空间,还严重妨碍服刑人员分类关押——拥挤不堪的监狱,使得分类分押仅仅停留在制度设计上而几乎不可能实施。暴力性服刑人员与非暴力性服刑人员监禁在一起,增加了监狱暴力的紧张程度和潜在可能。

在处理服刑人员过度拥挤问题方面,监狱的备选方案非常有限。从长远规划来看,可通过修建新监狱、改建老监狱等途径,增加监狱关押容量;从眼前措施来说,可以在现有空间充分利用的基础上,辅以光线、色彩等"软"资源安抚服刑人员情绪。

(二)精神需求之"自尊"

精神需求是与物质需要相对的另一类需要,是个人对意识产品的需要。人之所以为"人",关键在于人不仅是一种事实的存在,而且是一种超越事实而成为价值的存在,一种蕴涵可能性、理想性的存在,一种有着人格尊严的存在。

> 值得注意的是,在监狱里度过余生的人往往会仅仅通过自己的行为,试图保护他的自我形象、声誉或权利。几乎所有的人都会以某种形式,努力地建立或保护自己的自尊,以及作为一个人的意义感。③

> 犯罪人的虚荣心超过了艺术家、文学家和那些喜欢排场的女人。……这种虚荣和自我感受的自然结果就是容易因一点小事而进行报复。④

服刑人员自尊满足不仅与个体身心特点有关,也取决于周围人的态度。监狱民警在

---

① 陈志海.监狱拥挤问题刍议[J].犯罪与改造研究,1998(1).

② Irena Kriznik. "12th Conference of Directors of Prison Administration(CDAP)", Penological Information Bulletin (Council of Europe), No.21, December 1998:100.

③ 罗洛·梅.权力与无知:寻求暴力的根源[M].郭本禹,方红,译.北京:中国人民大学出版社,2013:15.

④ 切萨雷·龙勃罗梭.犯罪人论[M].黄风,译.北京:北京大学出版社,2011:67-69.

引导服刑人员自尊自爱的同时,也要改变生硬的执法态度、偏激的执法方式。漠视服刑人员人格尊严,不仅与法律法规要求相悖,也会诱发他们的抵触情绪。

在过去,很多监狱的围墙上经常可见十分刺眼、醒目的巨幅标语:"这是什么地方?"、"你是什么人?"、"你应该怎么做?"等(在实地调研过程中,笔者发现在一所监狱现在还存在类似的标语)。这些做法有个貌似冠冕堂皇的理由:强化服刑人员身份意识。在笔者看来,除了强化服刑人员的抗拒心理外,于监管执法和矫正教育无丝毫价值可言。

✱ 链接 6-2

2007 年 12 月 31 日德国监狱容纳能力和容纳人数

州	监狱数目	容纳能力			容纳人数			容纳比例		
		总计	单独	共同	总计	单独	共同	总计	单独	共同
巴符	19	8418	4500	3918	7625	3423	4202	91	76	107
拜仁	36	11671	7537	4134	12282	6841	5441	105	91	132
柏林	10	5141	4140	1001	5022	3720	1302	98	90	130
勃兰登堡	6	2389	1590	799	1862	1324	538	78	83	67
不莱梅	1	748	623	125	592			79		
汉堡	5	3180	2707	473	2017	1658	359	63	61	76
黑森	17	6004	3995	2009	4987	3621	1366	83	91	68
梅前	6	1661	1160	501	1411	900	511	85	78	102
下萨克森	14	7464	5278	2186	6239	4753	1486	84	90	68
北威	37	18496	12042	6454	16964	10021	6943	92	83	108
莱法	10	3881	2765	1116	3659	2360	1299	94	85	116
萨尔	3	904	753	151	743	578	165	82	77	109
萨克森	10	4413	2297	2116	3581	1632	1949	81	71	92
萨安	8	2565	1482	1083	2222	964	1258	87	65	116
石荷	6	1734	1355	379	1455	1140	315	84	84	83
图林根	7	2039	800	1239	1995	716	1279	98	90	103

[资料来源:德国联邦统计局(Statistisches Bundesamt)2008 年统计年鉴。]

1971 年,美国纽约阿提卡(Attica)监狱发生暴乱事件。在这场暴乱当中,2200 名服刑人员集体反叛,并且抓住监狱的 33 名员工作为人质。事件最终导致 39 人死亡。阿提卡监狱"带头暴乱的服刑人员声称:'我们再也不想被当作统计数字、号码来对待……我们要求被当作人来对待,我们将会被当作人来对待。'另一个服刑人员比前面一个年长些,他的观点更为现实:'如果我们无法活得像个人,那么,我们至少会尽力地死得像个人。'"。①

法律可以修正,制度可以健全,但监狱民警长期形成的漠视服刑人员人格尊严的思维惯性不可能在短时间内消除。监狱惩罚机能的天然扩张性,又决定了民警在行刑实践中很容易突破服刑人员的人格底线。为避免本可避免的警囚冲突,民警必须提高反思、反省意识,从自我开始、现在开始,逐渐改正最终杜绝损害服刑人员自尊、侮辱服刑人员人格的惯常行为。

二、关注服刑人员挫折事件

挫折是个体从事某一活动过程中遇到的阻碍以及伴随的消极情绪状态。当需求不能获得满足、行动不能顺利进行、目标不能如期实现或是遭受损失时,都可以认为个体遇到挫折。在此情况下,个体体验到沮丧、愤怒等情绪,可能导致攻击他人、自我毁灭等行为倾向。

与普通人相比较,服刑人员遭受的挫折表现出两个显著特征:

(一)挫折的次数更多、频度更高、强度更大

服刑人员身处自由受限、行动受管的拘禁状态。监狱民警以国家强制力为后盾,在任何地方、任何时候、任何情景下都可以给服刑人员下命令,可以不加解释地要求或制止服刑人员从事某一特定活动。这些命令往往与服刑人员的主观愿望相悖,必然会导致服刑人员的挫折感受。况且,由于身份地位的绝对不对等以及认识体验上的巨大差异,民警在命令、要求服刑人员时,很少或根本不考虑、不顾忌服刑人员的感受。还有,家人的不理不睬、不管不问,以及在家庭出现变故时的无力、无能、无助感。这一切一切,让服刑人员体验到深刻挫败感之外,还会引发难以形容的痛苦感。

(二)服刑人员可以宣泄消极情绪的途径太少

对普通人而言再平常不过的情绪宣泄渠道,对服刑人员来说却如"痴人说梦"一般。譬如,普通人可以通过与配偶、朋友等倾诉来宣泄挫折情绪。身处监狱的服刑人员,不可能向配偶倾诉;由于"耳目"的存在,服刑人员间相互戒备,使得他们缺乏一般意义上的朋友。又譬如,游览、运动、书写、K歌等,是普通人宣泄情感最为普通的方式,于严密监控情境中的服刑人员而言,"最为普通"的方式也不再"普通"。凡此种种,使得服刑人员的负性情绪无法宣泄、不断积聚。

"为什么一丁点儿不足为道的琐事,都会引发并演变成恶劣的警囚冲突事件?"对这一点,有些人可能一直有疑惑,认为有的服刑人员简直不可理喻。实际上,这种现象背后

---

① 罗洛·梅.郭本禹,权力与无知:寻求暴力的根源[M].方红,译.北京:中国人民大学出版社,2013:16.

隐藏的心理发生机制,就是长期聚积的消极情绪造成的高度紧张而导致的服刑人员不理智。长期处于紧张、狂躁状态,服刑人员慢慢变成一个个一点就炸的"火药桶"。

言语顶撞监狱民警,有时仅仅是服刑人员自主性和独特性的体现。服刑人员若如提线木偶般完全按照民警指令被动、机械地行事,反而是极不正常的——民警通常希望并致力追求的服刑人员"服从管教",是以长期压抑服刑人员本来情绪和情感为代价的,也是以民警漠视服刑人员中普遍存在的个别差异为前提的。

为避免因"芝麻绿豆"的琐事而引发警囚间恶性冲突事件的发生,其中的可行之道:一是创造良好的监狱环境,特别是创造良好的"软环境",减少服刑人员产生挫折的外在条件;二是为服刑人员提供适当的情绪宣泄机会,包括心理咨询、文体活动以及可能的个人自由与个别差异等。鼓励和支持服刑人员向监狱民警以倾诉的方式表达自己对某一事件的切身体验和真实感受,也不失为一个简单易行的好办法。

✹ **链接** 6-3

北京市女子监狱监区文化建设活动

北京市女子监狱位于首都的南郊,绿地、花蕾和喷泉让这个"没有自由的女人世界"多了几分柔和。

4年前,许英(化名)因贩毒被判刑15年。入狱前,她以为监狱意味着镣铐和又脏又臭的大铁笼。入监后,她看到事实并非如此。每天清早,许英醒来的第一件事,是看一眼摆在床头的小镜框里妈妈的照片;起床后,她要给窗台上的两盆万年青浇水。

"监狱允许服刑人员在床头摆放最思念的亲人的照片,在监舍里种花和养鱼,这对于女人很重要,因为我们容易受情感的支配。"她说。

许英住的监房的墙脚被涂上了浅蓝色油漆——一种代表平和与安静的色调,走廊里则挂着象征喜庆的串串塑料鞭炮,窗户和门框上贴着大红剪纸。每到周四,许英还可以轻松怡然地欣赏她最喜欢的《天鹅湖》音乐片段,"那是枯燥的监狱生活中最惬意的事"。这天,在北京市女子监狱,是犯人们心理"宣泄日"。女犯被允许在特定的场所自由地跳迪斯科和交谊舞,唱卡拉OK、打乒乓球等,尽情地"发泄"。

2002年12月24日晚上7点,她们没有想到自己会在酒吧内度过平安夜。北京市女子监狱第二分监区主办的"萤吧"第一次"开张"了,数十名女犯齐聚会议室,她们坐在监狱统一购置的塑料小方凳上,拿着自制的茶水、饮料,还有监区特别为她们购买的水果、瓜子和各种小吃。

"萤吧"改变了"有关规定"——监狱根据服刑人员的犯罪类型,将她们分到不同的监区不同的班组进行管理,服刑人员的所有活动都以班为单位。一般情况下服刑人员不得随意串班,即使是同一班的服刑人员互相之间也不能交换食品和饮料,更不能随便交流。当晚则一改这种惯性状态,她们不仅能够打破原来班组的局限,自由地结组坐在一起,还可以分享每个人带来的食品小吃,海阔天空地聊天。活动期间,女犯可以唱、可以叫、可以狂舞、可以不喊报告,尽情地娱乐、交流、发泄自己。

在女犯们尽情发泄的同时,女子监狱值班的副监狱长亲自坐镇,二分监区的监区长、管教几乎全部停休,他们紧张地注视着每一名服刑人员的情绪变化。因为一旦有服刑人员触景生情,控制不住情绪,就会给监管安全带来威胁,监管安全的要求是绝对不允许出现意外的。管教人员说:"直到活动结束,我们心里的石头才算落了地。"

女子监狱副监狱长周瑛称,"茧吧"是该监狱二监区为教育改造服刑人员尝试的一种新形式,是融心理咨询、情感教育、娱乐于一体的主题活动。之所以称为"茧吧",是因为"茧"字象征服刑人员因犯罪而入狱的状态,同时也表示她们的自我反省。"吧"则表示借用一种类似酒吧的非常自由松散的形式,在特定的时间特定的地点给予服刑人员一定的自由度。

这种形式被公认为一种"非常大胆"的新尝试。二分监区张成梅监区长说,她曾经参加过相关的心理咨询培训,多年的一线管教工作经验让她觉得对服刑人员尤其是女性服刑人员的心理调节在管教工作中非常重要,所以,当监区里负责教育的民警黄菲提出"茧吧"的创意后,监区领导给予了大力支持。

(资料来源:秦立东.监狱拆"墙"[J].新闻周刊.2003 年 1 月 27 日.)

三、对服刑人员的要求保持适度

监狱民警不能向服刑人员提出超过合理限度的、过分的要求:普通人能够做到的事情,可以要求服刑人员做到(服刑人员也能做到);不能仅仅因为服刑人员是"服刑人员"而对其提出一些过分的、理想化的要求(服刑人员也不可能做到)。对于民警提出的过分要求,服刑人员可能会采取阳奉阴违的消极态度,也可能实施直接的对抗行动。一些服刑人员之所以"自不量力"地与民警对抗,其中一个重要原因,就是民警不能恰当拿捏分寸,向服刑人员提出"难以做到"甚至"不可能做到"要求并强令服刑人员满足这些要求催生的结果。

监狱民警特别是监狱决策者应当经常思考这样一些问题(之所以特别提及这些问题,是因为实践中这些问题确实存在并颇具普遍性):

对服刑人员作出的某项规定是否过严? 提出的某项要求是否"过分"?

这些规定或要求是否确有必要?

这些规定或要求仅仅是基于监狱管理方便,还是综合考虑到"改造人"的根本宗旨并符合服刑人员"人"的属性需求?

第三节
省察克治：内省民警权力

找到生命，我便找到了权力意志。

——（德）尼采（Friedrich Nietzsche）·《查拉图斯特拉如是说》（*Thus Spake Zarathustra*）

暴力与权力共生,是权力的一种功能性运作。国家赋予监狱民警的执法权力带有某种暴力威慑成分。这本身并没有什么问题。否则,民警权力就失去为服刑人员遵从的可预见性和有效性。问题在于,在"刑罚的所有形式中,监禁是最常见和最容易导致滥用刑罚的一种方式。表面上它缓和了问题,但是,如果我们考虑到以下这一趋向:我们都会滥用权力;如果我们记得当被赋予任意一项权力时,我们中的大部分人都会突然改变;记得对暴政的检查只是宣传;记得在监狱内部每一件事都是处于秘密和阴暗之中的,那么我认为对监狱中任何恐怖的想象都不为过分"①。珀蒂(Jacques G. Petit)的上述论断再次涉及这一事实:"监狱是权力最赤裸裸地、最肆无忌惮地表现出来的地方。"②

"温而厉,威而不猛,恭而安"(《论语·述而》)。强制力量在破旧立新的矫正教育中显然有着不可替代的独特作用,然而,任何事物皆过犹不及,如若权力被绝对化,监狱民警迷恋、依仗"高压控制",权力就成了专制;服刑人员一旦受制独裁式的管理,就会与民警产生疏离感,形成敌意。作为一种极端化的权力表现方式,民警诉诸暴力是服刑人员抗拒改造的源起与催化,也是民警权力失去控制的明证。以暴力强制为标志的民警权力全面动员、全力实施,也许确能立竿见影地抑制服刑人员的违规违纪行为(因此也就不难理解它为什么会得到如此广泛的运用),但在表面的、暂时的警囚冲突缓和背后蕴藏的凶险,正如点燃的炸药引信一样在吱吱作响。

一、吉登斯权力控制的辩证法

既然要就监狱民警的"权力"展开论述,自然绕不开吉登斯(Anthony Giddens)关于权力关系建构的二重性理论:权力是主体自主性的表现,即转换能力(transformative ca-

---

① Jacques G. Petit, Ces peines obscures: La prison penale en France [M]. Paris: Fayard, 1990: 545.

② 刘北成.福柯思想肖像[M].上海:上海人民出版社,2001:271.

pability），另一方面，权力是主体在互动过程中存在的依赖性表现，即支配能力（domination capability）①；"权力是一个具有关系性的概念，只有透过对支配能力所共生的转换能力加以利用，才如是地运作着"②。

吉登斯所说的"转换能力"和"支配能力"并不是两种权力，而是权力的两个方面。前者体现为行动者本身与生俱来的自主性，后者体现为行动者得以存在的依赖性。在吉登斯的权力二重性理论中，任何行动者都具有能动性且能够调动所需资源实现特定目标，这是行动者自主性的基本体现。与此同时，任何行动者的自主性又都不是无源之水、无本之木，而是取决、依赖于特定资源。换个说法，即行动者的权力都是转换能力与支配能力的有机统一，即使在资源分布极度不均衡的情况下也是如此。打个比方，一个被处死刑在监牢等待执行的服刑人员，表面上看来被剥夺了一切权力，但他仍然可以用绝食、自残等方式表达不满和抗议。这表明，转换能力与支配能力的存在是互为前提、互为支撑的。吉登斯称存在于转换能力和支配能力间的辩证关系为"控制的辩证法（dialectics of control）"，它是行动者——行动——结构之间的辩证关系在权力上的反映：结构赋予行动者实施权力所需的资源，使他们的行动成为可能；行动又不断再生产出资源的结构特征，对行动者形成支配。③

作为监狱这一特定组织结构中的行动者，民警和服刑人员的言行举止同样体现了吉登斯的权力结构二重性关系。关于等待死刑执行服刑人员的比方，提醒我们，服刑人员作为一个人，一个社会人，在资源的占有上同样不是一无所有。警囚间在资源的占有方面虽然存在着明显的多寡、强弱，但是并不存在"有"与"无"的区别。资源占有的绝对性，保证了服刑人员同样具备转换能力，亦即"换一种方式行事的能力"。

监规纪律的出台，极少顾及服刑人员的感受，也不会给他们表达意见的机会和渠道。为此，服刑人员经常使用的方法是"创造"出一种新的方式，逃脱监规纪律限制的范围。譬如，面对不切实际的劳动定额，万般无奈，服刑人员只好"生病"。再譬如，遭受监狱民警不公正对待但又无处申诉，服刑人员就"搞出点大动静"，借以引起监狱层面管理者的注意和介入。凡此种种，既是服刑人员的抵抗，也是服刑人员行使权力的方式。为堵塞漏洞、严明纪律，监狱又出台更多更详尽的规则条款；服刑人员则再行转换一种方式继续与民警斗智斗勇。长此以往，周而复始，不明缘由的民警往往被服刑人员的"转换能力"搞得疲惫不堪、恼羞成怒。因为能够与民警"斗智斗勇"的服刑人员往往不是"顽固"就是"危险"，你来我往几个回合，警囚双方最终都失去耐心，矛盾激化。

---

①　安东尼·吉登斯.社会学方法的新规则：一种对解释社会学的建设性批判[M].田佑中,译.北京：社会科学文献出版社,2003:210.

②　Anthony Giddens, Central Problems in Social Theory：Action, Structure and Contradiction in Social Analysis[M]. Berkeley：University of California Press, 1979：92.

③　安东尼·吉登斯.社会的构成：结构化理论大纲[M].李康,李猛,译.北京：生活·读书·新知三联书店,1998:78.

两个要重申的问题：

(一)面对监狱民警的强权，服刑人员并非"别无选择"

毫无疑问，在特定区域、组织里，个体权力受到一系列具体境况的必然限制。但这不能妨碍我们在考察个体"别无选择"的必须行动的具体情况时，将必然限制径直理解为个体行动的必然终结。吉登斯一再提醒："别无选择"并不等于说行动已完全被反应替代……"别无选择"并非就此仿佛成了被机械压力所驱动，即不可抗拒，又无法理解[①]。吉登斯的提醒极为重要——面对名目繁多的监规纪律和无时不在的民警监控，服刑人员从来都不是"别无选择"的；恰恰相反，服刑人员总会想出各种匪夷所思、变幻莫测的办法，钻空子、找窍门、软磨硬顶。

(二)警囚冲突维护转换能力与支配能力的均衡

在从社会学的视角对警囚冲突进行分析时，笔者已经提到：适度的警囚冲突会发挥建设性的作用。吉登斯的权力二重性关系论同样印证了这一观点——权力的转换能力与支配能力互为基础、互为前提。监狱民警支配能力对应的就是服刑人员的转换能力；如若没有服刑人员的转换能力，民警的支配能力也就不再有存在的意义。恰恰是因为服刑人员"匪夷所思、变幻莫测"的转换能力，才需要民警采取多种多样富有针对性的措施予以管控。反之亦然，正是为应对民警的支配能力，服刑人员才采取"匪夷所思、变幻莫测"的手段，不断改变，时时转变。这是一个凸显张力的过程：权力、能力的相互牵制转化为民警管教和服刑人员改造不断发展的推力，警囚任何单独一方都不足以保持这种力量的持久、强劲运行；也唯有通过警囚双方的不断纠缠、撕扯互动形成一股动态的、饱含生机的张力，才给矫正教育活动提供了源源不竭的动力。

二、宽严相济：权力内省的重要途径

成都武侯祠诸葛亮殿堂前正中有一副楹联，向被推崇为武侯祠诸联之冠，联曰："能攻心则反侧自消，从古知兵非好战；不审视即宽严皆误，后来治蜀要深思。"

这副对联为云南剑川人赵藩于清光绪二十八年所书。上联言诸葛亮的军事成就，其主要特点是"攻心"。赵藩认为：自古以来，那些真正懂军事的人并非在于"好战"而是注重从精神上或心理上摧毁敌人，也只有这样，才能有效地解除敌对双方对立情绪，从而保持长久的安定局面。诸葛亮"七擒孟获"便是"攻心"——孟获心悦诚服，说："公，天威也，南人不复反矣。"(《三国志·蜀书·诸葛亮传》)更有意思的是，孟获此后担任蜀国的御史中丞，孟获手下的一些将领还参加了由诸葛亮领导北伐魏国的战争。

下联言诸葛亮治蜀策略，其主要特点是"审势"，即对具体形势的准确把握。诸葛亮

---

① 安东尼·吉登斯.社会的构成：结构化理论大纲[M].李康，李猛，译.北京：生活·读书·新知三联书店，1998：76-77.

入川后之所以重典治蜀,因为前代太宽①。赵蕃告知后人,不能盲目学诸葛亮一味用严,也不能盲目反对诸葛亮一味用宽,而应审察当时的形势,当宽则宽,当严则严。

"攻心为上、宽严相济",赵蕃是就治国方略而言。这八个字于监狱民警执法工作而言同样具有很强的现实意义:如若过分强化权力控制功能,就会用主观的臆断替代客观的判断,用简单的命令代替细致的引导,用严厉的训斥代替耐心的沟通,用外界的强制抑制服刑人员的自我教育。

为了实现监管安全稳定,监狱人防、物防和技防并举,尤其是管理信息化、精细化的实施,让监狱基本上达成固若金汤的理想境界。这样的结果,无疑是监狱民警权力资源全面动员、全力实施的成效。民警权力的全方位实施,也是服刑人员全面屈从的明证。但即便如此,服刑人员的暴力抗改事件仍时有发生,这说明依靠权力强制而来的监管安全稳定,只能是表面的、不可持续的。

绝对的权力强制使得监狱民警永远是话语的主导者,服刑人员永远是被动的接受者。对立向度的消失,民警的权力行使哲学演化为一种"霸权"。长此以往就有滑向极权主义的危险,导致服刑人员更强烈的反抗也成为必然。面对服刑人员的反抗,民警觉察到对事件或服刑人员本身失控的威胁,这让他们焦躁不安、恼羞成怒。诉诸暴力可以使服刑人员屈服,但绝不能维护民警的权力存在。因为"权力和暴力是截然相反的,在其中一个绝对统治的地方,另一个就不存在了。暴力出现在权力出现危急的地方,但是一旦听任暴力自行发展,最后的结果只能是权力的消失"②。

在《三国演义》中,张飞死得憋屈不憋屈?听到好兄弟关羽被害,他首先抑制不住哀伤,血泪粘襟;随后借醉鞭打士兵,要他们日夜赶造兵器,要为兄弟报仇。最后,部下范式疆与张达忍无可忍,趁张飞再次醉酒时,杀了他。没人否认张飞的勇猛,但这么一个驰骋疆场的猛将,最后却毁在不能控制好自己的情绪上,为自己的情绪所害。

"身有所忿懥,不得其正"(《礼记·大学》);"轻则失根,躁则失君"(《道德经·第二十六章》);"夫怒者逆德也,兵者凶器也,争者末节也"(《资治通鉴·第十八卷·汉武帝元朔元年》);"善士者不武,善战者不怒,善胜者不与"(《道德经·第六十八章》)。为了防止矛盾激化,更是为了保护自己,面对服刑人员的非难和挑衅,监狱民警务必保持冷静、克制,要积极寻求建设性方式获得对局面的掌控,切忌为图一时的痛快而气急败坏地辱骂、殴打服刑人员。事实一次次证明,许多已经发生的恶性服刑人员暴力抗改案件,就是民警以过激言行来对待服刑人员违规违纪行为的结果。

"抗拒是颂扬人类行动力的辩证特质,正好彰显支配作为一种过程是永远不安全的;权力被各个不同脉络中的人们使用,因而产生种种支配与自主的交互关系。权力绝非单

---

① 在《答法正书》中诸葛亮说:"刘璋闇弱,从焉以来有累世之恩,文法羁縻,互相承奉,德政不举,威刑不肃。蜀土人士,专权自恣,君臣之道,渐以陵替;宠之以位,位极则贱,顺之以恩,恩竭则慢。"(文见《三国志·蜀书·法正传》)

② 史蒂文·卢克斯.权力:一种激进的观点[M].彭斌,译.南京:江苏人民出版社,2008:21-23.

向的,它可作为支配形式,亦可产生抗拒的行为;抗拒的内在含义应是一种渴望转化和充满希望的表达。"①如果能够对吉鲁(Giroux H.A.)的这段论述有着清醒的理解,能够认识到抵触抑或对抗不过是服刑人员表达权力诉求的方式,是刑罚执行和矫正教育权力运作的必然,那么,对于警囚冲突我们可能也就不会反应过激了。

✱ **链接** 6-4

··

"宽"与"严"的转换与平衡

　　民警 L 在晚间收封时发现罪犯陈 M 头朝监房里部,且在床头挂了一件衣服,当即要求陈 M 将衣服放于木凳上,并将头调整于监房外部。陈 M 在依照民警命令纠正的同时小声嘟囔了一声:"这个人事情真多。"民警 L 责问陈 M 为何出言不逊,没想到陈 M 隔着铁门继续顶撞民警。此时,民警 L 没有与陈 M 再作纠缠,而是将所有的监门收封完毕。收封完毕后,民警 L 将陈 M 违纪的经过向值班领导作了汇报,并在值班记录上做了有关陈 M 违纪的记录。

　　从民警 L 纠正罪犯陈 M 违纪的情境来看,晚间值班警力有限,且又在罪犯收封的重要时刻,民警 L 不能因为与陈 M 的口舌之争影响收封的进行。假如陈 M 顶撞民警是假,拖延收封为越狱等犯罪创造条件。即使陈 M 没有其他动机,民警隔着铁门与陈 M 争吵,反而使其更加有恃无恐,打击民警的威信。鉴于当时的情境,民警 L 采取了"宽"的执法策略,用他的话说就是:"我先放他一个机会,明天自会处理。"第二天正常上班后,民警都已到岗到位,处理陈 M 违规的情境已经成熟。民警 L 首先将陈 M 违纪情况向其主管民警反映,同时了解到,陈 M 违纪当天收到妻子要求与其离婚的来信。因为受挫,陈 M 当晚将衣服挂在床上遮挡灯光,并在情绪失控时顶撞民警。依照陈 M 当晚违纪的恶劣程度,民警 L 完全可以对陈 M 作较为严厉的行政处罚。如此一来,民警的怨气是消了,但刑期长达十五年的陈 M 将会与"改积"失之交臂,这无疑会使深陷离婚困扰的陈 M 对改造更加失望。再者,处理罪犯违纪的最佳情境是违纪发生的时刻。就本案来说,违纪行为已经消除,加之顶撞事出有因,并不是蓄意为之,而且陈 M 认错态度积极,愿意在罪犯小组作出公开检查消除影响。最后,民警 L 取下限作计分考评扣一分处理,既给陈 M 一次教训,又为他争取"改积"留下了余地。

　　在这个案例中,民警最初对陈 M 作了"宽"的让步,是出于"囚"的身份的考虑,更是出于收封这一特殊情境考虑,提防违纪向深度发展。民警采取当下的"宽",是为了实施后续的"严"——待民警全部到岗后再作正式处理。但最后还是采取了"宽"

────────────

①　Giroux H.A., Theories of reproduction and resistance in the new sociology of education: A critical analysis[J]. Harvard Educational Review, Vol.53, 1983:257-593.

的策略,是因为民警从人道关怀出发,从"人"的角度考虑陈 M 的家庭和未来。总之,如果能将"人"与"囚"的界限、"宽"与"严"的转换和平衡置于具体情境中考量,执法将体现出最佳的合理性,取得最好的效果。

[资料来源:刘磊,胡海华.情境执法探析[J].中国监狱学刊,2013(1).]

三、反思意识:权力内省的根本驱动

"好恶无节于内,知诱于外,不能反躬,天理灭矣"(《礼记·乐记》);"反身而诚,乐莫大焉"(《孟子·尽心上》);"见贤思齐焉,见不贤而自省也"(《论语·里仁》);"知人者智,自知者明"(《道德经·第三十三章》)。相对于以理论学习、培训观摩为主的外在培养,以自我质疑、自我觉察为主的内在反思是一种思想上的自信和实践上的自觉,是一种更有深度和广度、更可持续的监狱民警职业成长方式,它可以把我们从纯粹冲动的常规活动中解放出来,可以帮助我们把盲目冲动转换为明智行动,可以让我们通过深思熟虑的行动指向达成未来目标或者说逐渐掌握现在看来还遥不可及的东西。

(一)以德性为导向

人存在的本来意义是什么?

如何能使人的存在更有意义?

矫正教育的质的规定性是什么?

如何表达和实现矫正教育的本来目的?

这统统是价值性而非技术性的问题,是关乎人走向哪里的哲学问题。监狱民警要通过自觉反思,对矫正教育的本来目的、本来价值和本来态度发问,用心灵去感悟,用对生命的理解去回应。这绝对不是一个敲敲打打、修修补补的活动,而是触及心灵、撩拨心弦的深思。这期间,民警对自己世界观、价值观和道德感的省察,不可回避。

(二)以批判为方法

在试图分析、解构警因冲突问题时,首先必须超越"先见"、"偏见"的陷阱。超越"先见"、"偏见"的决定性因素,是批判精神和反思意识。没有批判的反思,是停滞不前的;没有反思的解释,是独断狭隘的。批判不是漫无边际的探讨,也不是无病呻吟的言说,它更多是对现实问题的发问、拷问和追问。监狱民警的批判性反思,是对执法行为进行的自我关照,即通过对自己和同事言行举止的回顾和审视,以一种积极、健康的问题意识、批判意识观察问题和分析问题;勇于自我否定,克服思维定式和行为惯性,完成对执法行为的持续评价和改进。这期间可能会遭遇困顿或挫折,但终究是一个不断发展、持续提升的过程。

(三)以自省为动力

对生命意义的追问,建立在个体自我认识基础之上。在省思自我、理解自我、超越自我的过程中,我们每个人才能获得生活的意义。每一位监狱民警都不能等到别人指出自己的错误或是自己遭受挫折时,才想到反思自己的行为,而是应该每时每刻地对自己的理念、行为进行检查、对照、批判和衡量。持包容的态度不断学习,是民警自省的基本前提:保持思考的开放和思维的碰撞,让全新的观念、对立的观点激荡大脑,重新判断、选择和建构个人价值取向和行为方式。

(四)以自我改变为开始

相当数量的警囚冲突表现出"替罪羊"现象的典型特征。"在群体关系中,找替罪羊是指这样一种情况,一个人不能发泄对真正存在问题的群体的不满,而是把这样一个替代群体作为发泄不满的对象。这样的非现实性冲突是剥夺和挫折的结果。"[1]压抑、焦躁,不喜欢干、硬着头皮干、疲于应付、得过且过,是当下监狱民警的一种普遍状态。试想下,民警每天带着一脸的不情不愿走进监区,服刑人员又会有怎样的感受?民警的日常工作是与服刑人员打交道,面对的是一个个活生生的人,一个个有血、有肉、有情感的生命。民警向服刑人员传递积极的、健康的情感,也会引起服刑人员正向的反应。反之,民警烦躁不安、情绪无常,自然也会导致服刑人员心神不定、提心吊胆。如若服刑人员长时间处于看民警脸色行事的应激状态,就有可能随时爆发冲突。

诚然,警囚冲突既有深刻的制度性原因,更有受制度制约的结构性因素的影响,但每一个监狱民警都应该清醒地认识到:制度的变革不是一朝一夕能完成的事情,结构的调整也不可能一蹴而就;我们都不能消极地等待制度变革了再行动,更不能以被动的方式参与制度的变革,而是要积极行动起来。

---

① 玛格丽特·波洛玛.当代社会学理论[M].孙立平,译.北京:华夏出版社,1989:82.

第四节
本末相顺：尊重服刑人员在改造中的主体地位

　　人不仅仅是经验所抛出的一连串目标、属性和追求的一个被动容器，并不简单地是环境之怪异的产物，而总是一个不可还原的、积极的、有意志的行为者，能从他的环境中分别出来，具有选择能力。

——[美]桑德尔（Michael J. Sandel）·《自由主义与正义的局限》（*Liberalism and the Limits of Justice*）

　　矫正教育是改造人、挽救人的一种社会实践活动。在这一实践中,既要体现国家和社会减少或遏制违法犯罪的需要,又要实现服刑人员的自我救助,它是一个统一的过程。如若监狱民警漠视服刑人员"人"的属性,无视服刑人员在改造中的主体能动作用,将矫正教育完全演变为一个技术充斥、操作主导的过程,"国家和社会减少或遏制违法犯罪的需要"有可能会实现,但"实现服刑人员的自我救助"绝无可能。因为,是否具有主体能动地位及具有多大的主体能动地位,决定着罪犯在改造实践中能否以及在何种程度上确立基本的主体—对象关系,即能否以及在何种程度上将矫正教育内容作为自己改造活动的真正对象予以认识并加以作用;能否以及在何种程度上将矫正教育进程作为自己认识与作用的对象予以定向、调控和推进。

　　"我的对象只能是我的一种本质力量的确证,也就是说,它只能像我的本质力量作为一种主体能力自为地存在着那样对我存在,因为任何一个对象对我的意义(它只是对那个与它相适应的感觉说来才有意义)都以我的感觉所及的程度为限。"①

一、矫正教育活动的主客体关系

　　矫正教育是一种特殊的实践活动,包括"教育"和"改造"两个截然不同却又互相依存的活动,是民警的"教育"和服刑人员"改造"的对立统一;矫正教育的实践对象,不是通常意义上的"物",而是马克思所说的"肉体的、有自然力的、有生命的、现实的、感性的、对象

---

　　①　马克思.1844 年经济学哲学手稿[A]//马克思恩格斯全集(第 42 卷)[C].北京:人民出版社,1979:126.

性的存在"①。从哲学层面分析,毫无疑问,民警是教育活动的主体,他们是矫正教育的实施者、主导者和规范者,是进攻的一方;服刑人员处于被教育的客体地位,是矫正教育的接受者、从属者和受动者,是相对被动地承受教育影响的一方。和民警的教育在时间空间上相互交融、在逻辑上相互连结、在效果上相互影响的矫正教育的另一个方面,即服刑人员改造。在改造活动中,服刑人员理所当然——却为大多数人忽视、漠视——作为实践的主体出现,实践的作用对象则变成服刑人员的消极思想意识和行为恶习。

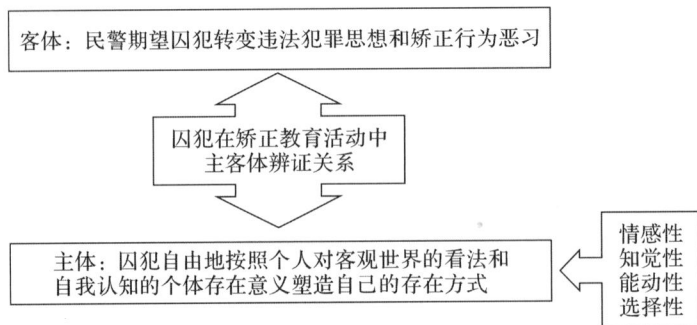

图 6-1 服刑人员在矫正教育活动中主客体辩证关系示意图

对矫正教育活动主客体及其辩证关系的讨论,并不是简单地用主体、客体这对概念来替代"教育者与受教育者"的称谓,更不是故弄玄虚地套用哲学认识论概念将问题复杂化,而是试图通过这一途径说明矫正教育活动主客体的特殊性②,试图让每一位监狱民警知晓并明确:作为教育的主体,不能想当然地把服刑人员当成一般实践活动的对象,即一般的客体去对待,而应该把服刑人员当作如同自己一样的具有实践(改造)能力的主体来对待。民警只能"教育"而不能随心所欲地去"改造"服刑人员;服刑人员也不可能如同一般的客体一样,任由民警支配和改造——他们会竭力展现、发挥自己在"改造"中本来的主体地位,或参与改造,或对抗改造。在矫正教育活动中,民警只能是苏格拉底(Socrates)所说的"助产婆"③——民警(主观上)不能(客观上)也不可能如同强令一个人"生孩子"那样强令服刑人员改造;强制措施,不是最佳选择,只是引导服刑人员参与改造

---

① 马克思.1844 年经济学哲学手稿[A]//马克思恩格斯全集(第 42 卷)[C].北京:人民出版社,1979:168.

② 在一般的社会活动中,由于主体的实践对象是不具有主体性的客体,所以主体可以从"我"出发,把主体的需要同客体的属性有机结合起来,以"我"为主去改造客体,并有机会、有可能在改造客体的过程中逐渐地认识客体。

③ 苏格拉底的母亲是一位助产婆,这对苏格拉底的哲学思维产生了一定的影响。苏格拉底承认他自己本来没有知识,而他又要教授别人知识。这个矛盾,他是这样解决的:这些知识并不是由他灌输给人的,而是人们原来已经具有的;人们正在心上怀了"胎",不过自己还不知道;要做的,就像一个"助产婆"一样帮助人们"生产"知识。苏格拉底教授别人知识的"助产术",集中表现在他经常采用的"诘问式"的形式中,以提问的方式揭露对方提出的各种命题、学说中的矛盾,以动摇对方论证的基础,指明对方的无知;在诘问中,苏格拉底自己并不给予正面的、积极的回答,因为他承认自己无知。这种方式一般被称为"苏格拉底的讽刺"。

的最后保障。一厢情愿、急不可待地强令,生不出孩子,只会生出矛盾和对抗。

必须又一次不厌其烦地强调:服刑人员是人。这似乎是一个没有价值的命题。然而,正是因为没有把服刑人员当成一个有血、有肉、有情感的人来对待,漠视服刑人员人之所为"人"的基本属性,"以管代教"、"以罚代教"现象才会大行其道,警囚关系紧张也才会成为必然。

不愿意明白的人是不可能明白的。[①]

蜘蛛的活动与织工的活动相似,蜜蜂建筑蜂房的本领使人间的许多建筑师感到惭愧。但是,最蹩脚的建筑师从一开始就比最灵巧的蜜蜂高明的地方,是他在用蜂蜡建筑蜂房以前,已经在自己的头脑中把它建成了。劳动过程结束时得到的结果,在这个过程开始时就已经在劳动者的表象中存在着,即已经观念地存在着。他不仅使自然物发生形式变化,同时他还在自然物中实现自己的目的,这个目的是他所知道的,是作为规律决定着他的活动的方式和方法,他必须使他的意志服从于这个目的。[②]

列宁和马克思的上述经典论述,为人的主观能动性提供了最好的注脚。

人的能动性,彰显人是能够觉知事物、具备反省和行动能力的主体,亦为服刑人员的改造实践提供了理论依据——服刑人员总是从自己的具体历史境遇和现实环境出发,对矫正教育内容进行有选择的理解和接受。笔者并不打算否认以国家机器为后盾的强制措施在矫正教育活动中的必要性和重要性。然而,强制措施的刺激不可能像物理或化学反应那样直接导致变化的产生,从强制措施刺激到服刑人员恶习改善,还必然经由一个加工处理的心理发生机制。况且,"我们必须承认每个具有意志的东西都是自由的,并且依从自由观念而行动"[③]。就此而言,唯有承认和尊重服刑人员在改造中的主体地位,服刑人员才能作为一个能动的主体融入矫正教育活动中去,也才容易在矫正教育实践的主客体两极之间寻求平衡。

二、服刑人员改造主体地位的实现路径

在论述矫正教育"质的规定性"时,夏宗素教授说:"矫正教育是把社会共同遵守的道德伦理、法律规范和人类积累的知识经验转化为被矫正人员德行、智慧和能力,帮助他们

---

① 中共中央马克思恩格斯列宁斯大林著作编译局编译.列宁文稿[A]//列宁文稿(第 5 卷)[C].北京:人民出版社,1978:419.

② 马克思.资本论[A]//马克思恩格斯全集(第 23 卷)[C].北京:人民出版社,1979:202.

③ 康德.道德的形而上学原理[M].苗力田,译.上海:上海人民出版社,1986:102.

养成遵纪守法的习惯,促使他们身心健康发展,把他们塑造成为社会所需要的人。矫正教育是一种促进转化活动。这个转化过程,也就是促使被矫正人员个体再社会化和自我救助的过程。"①矫正教育之"质的规定性",从根本属性和内在联系层面再次彰显了服刑人员在改造实践中的主体地位。

那么,如何促成服刑人员在改造实践中主体地位的实现呢?

(一)唤醒服刑人员参与改造的主体意识

"有了人,我们就开始有了历史。动物也有一部历史,即动物的起源和逐渐发展到现在这个样子的历史。但是这部历史是人替它们创造的,如果说它们自己也参与了创造,这也不是它们所知道和希望的。相反地,人离开狭义的动物愈远,就愈是有意识地自己创造自己的历史,不能预见的作用、不能控制的力量对这一历史的影响就愈小,历史的结果和预定的目的就愈加符合。"②马克思这段论述表明:人与动物区别之根本,在于人是自觉的有意识的存在物,人的活动是有意识的自觉活动。人的这种自觉意识是一种自我意识、主体意识,即作为活动主体的人对自身主体地位、主体能力、主体价值的意识;是主体自主性、能动性、交往性的表现。主体意识愈强,主体在参与自身发展、在活动中实现自己本质力量的自觉性就愈大,从而也就愈能在活动中充分发挥主体自身的能动力量。

监狱民警习惯强调矫正教育的法定强制性,漠视服刑人员作为人的能动性,将服刑人员当成类似于黑格尔辩证法中被异化了的奴隶③;带着强烈的灌输意识,寄希望于通过"反复强化"、"轮番轰炸",使服刑人员接受传达的教育内容。

服刑人员亦有本性和存在的区别,有作为客体的自我和作为主体的自我的区别。作为客体,社会期望服刑人员转变违法犯罪思想,矫正行为恶习;作为主体,服刑人员又可以自由地按照自我对客观世界的看法和自我认知的存在意义塑造其存在方式。服刑人员的重新社会化过程,正是由于他们努力平衡主客体两极之间的辩证紧张或"对立",平衡隐含在其中的自由的过程。实际上,也正是这种辩证关系给矫正教育提供了动力与深度。

在当前的矫正教育实践中,服刑人员更多是作为道德理念、守法意识、文化知识和劳动技能的"反复灌输"对象而存在。服刑人员被想象成绝对的失败者,这是专制压迫的一

---

① 夏宗素,主编.矫正教育学[M].北京:法律出版社,2002:23-24.
② 马克思.自然辩证法[A]//马克思恩格斯全集(第42卷)[C].北京:人民出版社,1979:123.
③ 在《精神现象学》一书中,黑格尔把"异化"当作重要的哲学范畴加以研讨。《精神现象学》的"自我意识"一节谈到主奴关系时,黑格尔认为,主人借助锁链取得对奴隶的支配权,主人为了得到物的享受和满足,自己不直接同物发生关系,而是通过奴隶对物发生关系,即通过奴隶的劳动达到自己对于物的享受目的。如此,主人失去对物的主动权,必须依靠奴隶作中介才能使自己同物发生关系,这就使自己处于依赖地位,于是主人从独立意识走向它的反面:依赖性。另外,对奴隶来说,最初曾对主人发生恐惧,对自己的存在怀着恐惧,死的恐惧浸透他的灵魂,震撼他的躯体。在这种恐惧中,奴隶没有意识到他的"自我存在",只是感到"自我存在"只是外在的、与自己不相干的和潜在的东西。{详见黑格尔.精神现象学[M].贺麟,王玖兴,译.北京:商务印书馆,2009:144-145.}

个特征——它否认改造的探究过程——监狱民警在服刑人员面前以必要的对立面出现；民警认为服刑人员的被动是绝对的并时时以此来证实自身存在的合理性。在这样的矫正教育模式下，服刑人员充其量只是以一半的"人"而存在——作为人的主体感被漠视，能动性被压抑。既然矫正教育活动是"教育"和"改造"的辩证统一，那么，作为"教育"活动主体的民警就要摒弃传统的"填鸭式"模式，实现对服刑人员方方面面的关心，包括对他们知、情、意、行的肯定和引领，通过有目的、有计划地组织、实施教育活动，启发、激励、引导服刑人员内在的改造需求，力求把服刑人员作为"改造"实践主体的能动性、自主性和创造性充分挖掘出来并加以调节和督导。作为客体的教育内容，离开服刑人员主动地理解、接受并纳入生命经验之中，根本就无法完成其意义的传递和再造。

唤醒服刑人员参与改造的主体意识，就短期目标而言，是调动服刑人员内在本有的自我反思、自我教育和自我完善能力，达成改造活动中积极能动和自我发展的主体。远期目标是让服刑人员成为主体性的社会成员，即把服刑人员培养成为"社会新人"，成为创造和推动历史进步的主体。

唤醒服刑人员参与改造主体意识的关键，在于服刑人员有被尊重、被重视和被信任的切实体验。

（二）以情感为纽带，实现情通理达

人本主义人格理论家和心理治疗学家罗杰斯（Carl Ransom Rogers）认为，涉及改变自我组织（即改变对自己看法）的学习是有威胁性的，往往受到抵制。就此而言，当自己原有的价值理念遭受怀疑时，服刑人员往往会采取防御机制①（defense mechanism）和抵制心理。如若监狱民警以情感为纽带，通过自己的真情实感和模范行为去关心、帮助、感染和启迪服刑人员，就相对容易与他们建立起彼此理解和信任的和谐关系；服刑人员就会比较容易在没有心理阻抗的情况下觉察、理解和同化那些威胁到"自我组织"的矫正教育内容。

情感和认知在服刑人员的精神世界中不可分割，彼此融合。排斥右脑情感参与的矫正教育对服刑人员而言毫无意义。在矫正教育活动中，监狱民警应弱化管理者和观察者的立场，转而从服刑人员本身的立场和角度出发，通过民警和服刑人员两个完整精神世界的相互沟通、理解来开展教育活动。可以断言，知情剥离的，仅仅限于向服刑人员提供知识材料的刺激，并控制这种刺激呈现的次序来期望服刑人员原有认知结构和认知水平得以改善、提高的教育，对服刑人员的生活态度、行为方式以及人生观和价值观根本起不到任何实质的作用。如果一定说会产生作用，也只有导致反感和抵触。

情感不同于认知的相对稳定和意志的相对持续而富有感染性、变化性和倾向性，是人心理诸成分中最易受影响和被突破的。罗杰斯特别强调情感于教育的重要性，认为：

---

　　①　防御机制（defense mechanism）是弗洛伊德精神分析学说中的一个基本概念，是个体应对体内外各种紧张性刺激、维护康宁（well-being）的无意的心理上手段，可理解为个体为应对挫折和适应环境而使用的一种策略，并且大多数是在不知不觉的情况下运用。

"多少年来教育只是强调认知,摒弃与教育活动相联系的任何情感。我们否认了自我最重要的部分。"①监狱民警完全可以以情感作为突破口,以情动情,循序渐进地实现服刑人员由情通到理达的转变。

(三)明确民警矫正教育活动中的角色和定位

既然"每个人在内部都有一种自我实现的潜能",而且作为成人的服刑人员还具备了进一步展现这一潜能的现实条件(成人较强的逻辑思维能力和问题解决能力),那么,矫正教育活动的重心自然应当转移到服刑人员身上。监狱民警要注意纠正和更新观念,在对服刑人员"自我成长、自我发展"能力信任的基础上,变知识、技能和思想道德的灌输者为改造活动的引领者,引导服刑人员学会改造、参与改造,而不是越俎代庖。在作为矫正教育活动的管理者和控制者的同时,民警还要意识和明确自己的如下角色:

1. 改造方案的设计者

针对不同类型服刑人员乃至每个服刑人员个体的个性特点和罪错性质,监狱民警选择相应的内容和方法设计教育方案,实施教育。教育服刑人员就像治病救人一样,只能一人一个处方。

能够切实反映服刑人员个体差异的矫正教育方案,才是真正能够取得实效的好方案。

2. 改造目标的设置者

目标是人要达到的预期行为结果,它既具有期望的价值,又具有认知的价值。针对服刑人员的个体情况并照顾到他们的认识水平,为他们设置分阶段的、细化的改造目标,能够有效提高服刑人员的改造动力,能够时刻提醒服刑人员当前应做什么不该做什么。

3. 改造过程的引导者

监狱民警放下冷峻的面孔、高高在上的姿态,试着作为服刑人员改造路上的朋友和参谋出现,通过真诚的交流沟通帮助服刑人员纠正恶习、消除困惑、展望未来。

(四)激发服刑人员改造热情

改造热情是服刑人员接受改造、参与改造的原动力,是开展矫正教育活动不可或缺的前提和基础。服刑人员改造热情的激发,是指在强调服刑人员是自我成长、自我发展的主体的前提下,监狱民警充分信赖、尊重服刑人员内在的改造需求,让服刑人员潜在的自我调整、自我完善能力充分调动起来。对犯罪行为的悔恨、对家庭亲人的思念和牵挂、对早日得到减刑或假释的渴望等内心感受,会强化服刑人员对改造的欲望和需求,这表现为服刑人员改造热情的实在性;原有的心理缺陷、行为恶习和人身的被动监禁对改造热情的压制、排斥和对抗,表现为服刑人员改造热情的内隐性。正是这一主观情感状态的实在性和内隐性,决定了服刑人员内在改造热情激发的可能和必要。

1. 充实和完善入监教育内容,强化改造目的教育

---

① 车文博.人本主义心理学[M].杭州:浙江教育出版社,2003:463.

改造目的是社会和监狱希望服刑人员经教育改造后所要达到的结果。在入监教育期间，通过选调人员、配置设备、强化教育，务求服刑人员认同：监狱拘禁他们不是单纯为了制裁惩罚他们，而是为了挽救他们，为了把他们造就成社会新人。不难理解，当服刑人员真正接受了这一矫正教育目的，实际上就把社会和监狱的要求和希望转化为个体的内在需要，服刑人员的改造行为也就自然而然地由"被动"转为"主动"了。

2. 适时关注服刑人员积极行为

按照罗杰斯的"人格自我"理论，个体根据直接经验和评价经验形成自我观念时，对别人怀有一种寻求积极关注的心理倾向，即希望得到别人对自己的注意和好评。监狱民警要善于观察、发现、收集服刑人员爱（亲情）、自尊、（对美好生活的）希望等良性情感和改造行为中的"闪光点"，并及时对这些"闪光点"予以肯定评价，强化服刑人员在积极改造中产生的美好、深刻的情绪体验。

3. 发挥改造典型的榜样示范作用

服刑人员改造典型的模范行为和先进事迹，形象生动、亲切可信，具有很强的说服力和感召力。通过树立典型引导和调动服刑人员的改造积极性，可操作性强，并能够在一定程度上减弱服刑人员的消极体验。

FZ省ZZ监狱在服刑人员中深入开展"身边人讲述身边事，身边事教育身边人"活动，充分发挥"省改造积极分子、监狱先进学员"的示范带动作用，教育活动成效明显。服刑人员黄亚明（化名）在参加完"省改造积极分子演讲报告会"后说：听同改讲他们的改造经历，我深深感受到，改造路上人人平等，不管你有没有'天线'，不管你是外省的还是本省的，只要通过自己的努力就能取得好的改造成绩，就会早点多减刑早回家。

第五节

神流气鬯：畅通警囚沟通渠道

一切都是手段，对话才是目的。单一的声音什么也结束不了，什么也解决不了。

两个声音才是生命的最低条件，生存的最低条件。

——［苏］巴赫金（Ъахтинг Михаил Михайлович）·《诗学与访谈》

人是社会性的动物。人与人之间需要交流，人与人之间也渴望沟通，这是生命存在的一种基本诉求。服刑人员同样是一种历史与精神的存在物，同样经由与外界的相互交流，表达自我存在的状况与需要，体悟自身存在的意义与价值。如果对此能够有深刻的理解，那么再看到"彼此沟通是警囚冲突预防与管控的关键所在"这一论断时，我们就不再会感到惊诧、突兀或说匪夷所思了。

　　人与人的交往是双方（我与你）的对话和敞亮，这种我与你的关系是人类历史文化的核心。可以说，任何中断这种我和你的对话关系，均使人类萎缩。①

　　唯有言说使人成为作为人的生命存在。②

"至诚而不动者，未之有也；不诚，未有能动者也。"（《孟子·离娄上》）警囚间的有效沟通是消除彼此误解，促进服刑人员对民警执法工作理解、配合和支持的有力措施，也是管控、缓解警囚冲突的关键环节。服刑人员如若有同民警沟通的诉求而不得其道，就会变得愈加沮丧，无奈之下转而诉诸暴力抗争。警囚间的有效沟通，起码可以起到两个作用：第一是沟通本身的作用，即及时提供服刑人员所需信息，引导舆情、展示作为、取得主动；第二是沟通的附带作用，即在帮助服刑人员辨清是非、解除困惑的同时，让他们感到被重视、被关心。

----

① 卡尔·雅斯贝尔斯.什么是教育［M］.邹进，译.北京：生活·读书·新知三联书店，1991：2.
② 海德格尔.诗·语言·思［M］.彭富春，译.北京：文化艺术出版社，1991：165.

✳ **链接** 6-5

接触与沟通是摆脱冲突困境的有效方法

敌对双方的直接接触,以及伴随而生的沟通过程,具有很多益处。首先,接触与沟通使冲突一方有机会解释己方的行动和提议,否则会招致对方的防御反应或报复行动。第二,接触与沟通有助于冲突一方了解另一方的动机、耐性等特点;这不但能增加信任,而且能让冲突一方在行动时不再打扰另一方。第三,接触和沟通允许双方采用问题解决策略,因而实质问题和程序问题都能得到解决。如果缺乏这样的讨论,那么为了达成双方能共同接受的方案,冲突双方必然不断尝试,也会犯很多的错误,这就造成了诸多意想不到的困难。第四,接触与沟通有助于除去人性化的面纱。冲突一方不再将另一方视为邪恶的敌人,热衷于给己方制造痛苦,而是视为和自己同样饱受冲突之苦的同类。这种"人性化"能培养对另一方的同情心,创造机会将另一方纳入己方的道德社区(moral community)。最后,接触和沟通有助于增长人际吸引力,有助于积极关系的发展。

(资料:[美]狄恩·普鲁特,金盛熙,著.社会冲突:升级、僵局及解决[M].王凡妹,译.北京:人民邮电出版社,2013:219.)

"聆听是不易达成的一门艺术"[①],况且"不受愤怒驱使,以简单真诚的方式和他人沟通自己最深刻的想法,是需要极大勇气的。通常情况下,我们只有跟自己权力相当的人,才能非常坦诚地沟通"[②]。基于角色身份、生活经历、行为旨趣与观念思路等方面的差异,警囚间交流沟通的障碍是显然的。所以,对"畅通警囚沟通渠道",短时间内我们也不能抱有过多的幻想。如此说,并不意味着可以无所作为,我们完全可以从以下几个方面作出尝试。

一、以真诚态度表达自己的意图

服刑人员违法行为改善、健全人格养成,不仅涉及"对不对(理)"的客观事实,而且牵扯到"好不好(情)"的主观评价;主观评价与服刑人员的情感体验密切相关。因此,作为一种实践智慧,矫正教育离不开服刑人员情感体验的积极参与。"道始于情"、"动之以情,晓之以理",都强调"理"的接受建立在"情"的认同基础之上。监狱民警的真诚态度,

---

① 克里希那穆提.生命之书:365 天的静心冥想[M].胡因梦,译.南京:译林出版社,2012:5.
② 罗洛·梅.权力与无知:寻求暴力的根源[M].郭本禹,方红,译.北京:中国人民大学出版社,2013:222.

是引起服刑人员情感共鸣进而达成"理由情生"的有效途径,是警囚间彼此理解、相互接纳的重要前提。

　　一个较强壮心灵施加给一个较虚弱心灵的强制力是何种强制力呢？——还有,或许有可能,表面上对更高级心灵的"不顺从"是以对其意志的不理解为基础的,例如,一块岩石是不能被命令的。①

　　交流自由将不仅仅依赖于适当的交流机制的有效性及敏感性的解释,而且也依赖于交流过程的权力关系以及确立的态度。②

　　同一件事情、同一个服刑人员,不同的监狱民警与其沟通可能会得到完全不一样的结果。为什么会是这样？将原因全部归咎于具体的方法,显然不够严谨和客观。与服刑人员的有效沟通,首先是民警一种精神、一种态度、一种思维方式,其次才是方法、形式和技能。"不受嗟来之食";一个人明明是在乞食,但碰到口气不好的施舍者,他宁愿饿着肚子也要顾全自尊。警囚间的沟通,同样如此。如若民警基于身份上的优越感"屈尊俯就",表现为高姿态或强势的"你必须……否则……"、"你必须……才能……",那么,服刑人员表面上可能也会唯唯诺诺,但不可能发自内心地接受。这种情形并非负责任的沟通,只是硬邦邦的命令;这种情形也不利于问题的解决,只是威胁或欺骗。

✸链接 6-6

交流沟通的现象学意义和辩证结构

　　虽然我们说我们"进行"一场对话,但是实际上越是一场真正的谈话,它就越不按谈话者任何一方的意愿而进行。因此,真正的谈话绝不可能是那种按我们意愿进行的谈话。一般来说,也许这样说更正确些,即我们陷入一场谈话,甚至可以说,我们被卷入一场谈话。在谈话中某个词如何引出其他的词,谈话如何发生其转变,如何继续进行,以及如何得出结论等,虽然都可以有某种进行的方式,但是在这种进行过程中谈话的参与者与其说是谈话的引导者,不如说是谈话的被引导者。谁都不可能事先知道在谈话中会"产生出"什么结果。谈话达到相互了解或不达到相互了解,这就像是一件不受我们意愿支配而降临于我们身上的事件。正因为如此,所以我们

---

① 尼采.权利意志[M].孙周兴,译.北京:商务印书馆,2008:108.

② Detheridge T.，Research involving children with severe learning difficulties [A]. A. Lewis and G. Lindsay(Eds.)，Researching children's perspectives[C]. Buckingham：Open University Press，2000：112-121.

才能说,有些谈话是卓越的谈话,而有些谈话则进行得不顺利。这一切都证明,谈话具有其自己的精神,并且在谈话中所运用的语言也在自身中具有其自己的真理。这也就是说,语言能让某种东西"显露出来"和涌现出来,而这种东西彼此才有存在。

(资料来源:伽达默尔.真理与方法[M].洪汉鼎,译.上海:上海译文出版社,1999:489.)

"被别人所相信,劝服别人、教导别人的欲望,是我们有生以来最强烈的欲望之一。人类所独有的语言能力,或许就是建立在这一本能之上的。"①如果能够对照佩罗曼(Michael Perelman)的这段话深刻反思自己的言行,监狱民警应该不会再理所当然地视自己为服刑人员的救星——以一种舍我其谁的姿态把自己的道德理想强加给服刑人员;不再会用高尚的意图遮蔽手段的不合理——矫正教育实践中只有规训没有引导(强硬要求服刑人员做什么、如何做,而不是引导他们知道为何做、学会如何做)。

"科学的态度是'实事求是','自以为是'和'好为人师'那样的狂妄态度是决不能解决问题的。"②监狱民警在审视服刑人员言行时,也应该时时反问自己,反思自己言行的依据与缺失:

我们凭什么来教育服刑人员?

我们教育服刑人员的答案是否合理且合情?

我们会不会因为拥有话语的权威而成为新的压迫者?

虽然警囚间在身份上有着区别,在权力上有着差异,但是在人格尊严、生命价值上是平等的。真诚的对话关系不仅消解了人对人的统治,而且还超越并扬弃了人的自我中心结构,使人的存在获得开放性和创造性。以真诚态度表达自己的意图,而非"图一时痛快"发泄对服刑人员的"愤怒",是监狱民警管控警囚冲突的一种特殊形式,它是消极的两端——"气急败坏"和"漠不关心"之间的桥梁。如此,既能向服刑人员传递自己的不满,又不会丧失权威。

这听起来好像有些一厢情愿,但事实就是如此。

如果监狱民警能够坚持以真诚态度表达自己的意图,那么,他必将发现服刑人员身上逐渐发生的微妙变化——改造意愿及践行能力的积极改善。最终,这种变化还会弥漫、扩散开去,一如在空中随风飘舞的蒲公英种子——你事先并不会知道它会落到哪里、以什么样的方式生长;倘若恰好落在合适的土壤中,它就会扎根、发芽、开花、结果。如果暂时没有发现服刑人员的变化,也不必泄气,因为这并不代表变化不会发生。

---

① 迈克尔·佩罗曼.资本主义的诞生[M].斐达鹰,译.桂林:广西师范大学出版社,2001:181.
② 毛泽东.新民主主义论[A]// 毛泽东选集(第2卷)[C].北京:人民出版社,1991:662-663.

✹ 链接 6-7

有效沟通的十二种障碍及导致沟通无效的原因

类型	障碍表现	原因
评判型	评论	不恰当且过度的评论常被称作批判，它导致防御性的及（或）进攻性的反应。
	谩骂/扣帽子	扣一顶"帽子"给对方，结果往往是离间彼此间的距离。
	吹毛求疵	一种更加复杂的扣帽子形式，它往往是各种各样的专业人员所为。
	品头论足	无休无止的肯定，不诚实且空洞，结果常常是让对方恼羞成怒。
提供解答型	命令	强制性命令会引起对方的阻抗和愤怒，导致的反应可能是从破坏到屈从。
	要挟	要挟的影响与命令相同，但它表现得会更显著些。
	说教	说教会引起许多问题，如对方的愤慨、忧心忡忡，它使沟通变得虚情假意。
	过度/不恰当的提问	提问是沟通不可避免且有价值的工具，但用得过多会引起厌烦和不必要的距离感。
	告诫	告诫有时候很有价值，但运用不当（常常如此）会损害对方的信心或妨碍对方解决问题能力的提高；告诫往往有碍对问题进行全面的解释。
缓和气氛型	转移话题	话题转移常用来避免不愉快、不适宜或不舒畅的感觉，但它确会引起紧张。
	逻辑矛盾	逻辑不可或缺，但当情绪达到高潮时，运用逻辑可能不恰当，因为它会造成距离感。
	千篇一律	有时重复刺激是避免争论的方式，它提供舒适的气氛，但有的情况下，它也会使被重复刺激者产生挫折感。

（资料来源：Bolton R.，People Skills：How to Assert Yourself，Listen to Others and Resolve Conflicts[M]. Brookvale，NSW，1987：15-26）

二、放下身段学会倾听

"communication"，是由拉丁语 communis 蜕变而来，有"to share"与"to make something common"之意，即传递或交流信息并使之达成一致。在我国，"沟通"最早见于《左传·哀公九年》："秋，吴城邗，沟通江淮。"杜预注："龄邗江筑城穿沟，东北通射阳湖，西北至末口入淮，通粮道也。今广陵韩江是。"（明·丘浚·《大学衍义补·卷三十三》）显然，

"沟通"不是把自己的立场强加给对方,而是双方的一种信息交流互动,其终极目的在于克服彼此头脑中预先存在的偏见,促成彼此理解。

警囚间的顺畅沟通,不同于两台智能设备间简单的信息传输;必须再一次提及,服刑人员也是一个个积极的、独立的主体——即使是最卑微的诉说也有理性闪现的一面。在沟通过程中,如果监狱民警只是想把自己的观点灌输给服刑人员,或者戴着有色眼镜看待服刑人员的言说——固执己见,管你服刑人员诉说的是否有道理,那么,真正意义上的沟通根本无法进行。正确的做法,是先行暂时超越作为民警的身份束缚,置身服刑人员所思所想之中,倾听获取全面信息后再回到自己的角色中去判定服刑人员的情况,分析服刑人员的动机。

"我与你"而非"我与他/它"的关系,是沟通的基本特质。换个说法,沟通意味着双方不是一种相互依附性和被动性的对象式存在,而是一个与"我"相同的"你",即双方都具有同等的对话权利和能力。《论语》记载的孔子师生对话以及古文中为人熟知的"对曰",都反映了沟通的上述特征。简单地说,"我与你"意义上的沟通,是双方在开放与负责的氛围中,双向互动,彼此尊重,双方皆"有我"的言说。

"对话不能被简化为一个人向另一个人'灌输'思想的行为,也不能变成由待对话者'消费'的简单的思想交流。"①在"我讲你听"、"我说你做"、"我打你通"的对话模式中,监狱民警把服刑人员变成客观的第三者,而不是相互对等的第一者或第二者;忽视来自服刑人员的讯息,是一种表现出设计、占有、控制、利用特征的裁决,根本就不能称之为沟通。在这种所谓的沟通中,既没有情感也没有理性、既没有直觉也没有感觉,警囚间也就无法达成相互理解和双向互动。于是,问题的出现便不可避免。对此种现象,福柯连续发问:②

> 谁在说话?
>
> 在所有说话个体的总体中,谁有充分理由使用这种类型的语言?
>
> 谁是这种语言的拥有者?
>
> 谁从这个拥有者那里接受他的特殊性及其特权地位?
>
> 反过来,他从谁那里接受如果不是真理的保证,至少也是对真理的推测呢?这些个体享有——只有他们——经法律确定或被自发接受的讲同样评语的合乎规定的传统权利,他们的地位如何?

按照安德列耶娃(Galina M. Andreeva)的说法,一方面,"沟通是为了交流思想、传递信息。传递者将自己的知识、经验、意见等内容告诉对方,影响对方的知觉、思维和态度体系,进而改变其行为;另一方面,沟通是为了表达情感,解除内心紧张,求得对方的同情和理解。这样的沟通对于个人的社会化以及再社会化都有积极的意义"③。就此而言,警囚沟通不是没有反馈的单向活动,而是相互间的沟通和对话,是一种双边过程而不是僵

---

① 保罗·弗莱雷.被压迫者教育学[M].顾建新,等,译.上海:华东师范大学出版社,2001:38.
② 米歇尔·福柯.知识考古学[M].谢强,等,译.北京:中华书局,1993:205.
③ 时蓉华.现代社会心理学[M].上海:华东师范大学出版社,1989:307.

化的强制过程。因为，服刑人员同样是能动的信息交换者、是有意识的信息传递者，他们同样有参与警囚互动的主动意志——且不论客观条件是否许可。

✳链接 6-8

沟通的希望破灭时，暴力攻击便会发生

处于一个剧烈变迁的时代，最先瓦解的通常是语言。奥登说得好，这往往会直接导致暴力的风起云涌。比利·巴德（Billy Budd）一拳打死了大副，他在受审时大声地说："如果用语言可以解决问题的话，我就不会动手打他了……我只能用拳头来表达我要说的意思。"就是因为舌头不溜（他严重口吃），所以他只能用猛烈的肢体方式来表达他要说的意思。

暴力与沟通是互相排斥的。简单地说，只要某人是你的敌人，你就不可能和他交谈，而一旦你能够和他交谈，那么他就不再是你的敌人。这个过程是交互的。当某人想对他人施暴时，比如怒火翻腾或自尊受到伤害，身体释放出肾上腺素，并将能量转移到肌肉中，随时准备打一架。有些人可能会快速地来回踱步，直到可以控制自己的暴力，并用语言表达为止；有些人则很可能就一拳挥了过去。

当人与人之间的联结被摧毁时，也就是说，沟通的希望破灭时，攻击和暴力便会发生。对语言的不信任，以及暴力和攻击，是在相同的情境中产生的。

（资料来源：罗洛·梅.权力与无知：寻求暴力的根源[M].郭本禹，方红，译.北京：中国人民大学出版社，2013：49-51.）

"人之患在好为人师。"（《孟子·离娄上》）单向、静态的说教无助问题的解决，但在警囚互动中普遍存在：话语权上的绝对优势地位，让监狱民警在与服刑人员的交流中，完全控制着话语的物质生产、表达和传达，因而统治了整个话语；他们只强调或考虑一己意志的贯彻，忽视服刑人员的感受、意图、期望与文化独特性；他们带着"圣人般的严肃"，要求服刑人员无条件地承认其言说的真理性。既然"真理"在手、大权在握，民警自然决定正确与错误、真实与虚伪，自可大肆压抑、排斥、修正服刑人员的"谬误"，自可"我讲，你听"。这是一种"自我意志贯彻"的形式，其本质是"自我中心"，是一种彻头彻尾的自私行为。

美国《矫正简论》（*Introduction to Corrections*）作者史丁许坎（Jeanne B. Stinchcomb）和福克斯（Vernon B. Fox）直白地说："很简单，一个好的服刑人员管理者就是一个好的服刑人员聆听者。"[①]因为倾听可以帮助我们预防潜在的暴力，并了解沉默所反映的感受和需要。既然让监狱民警真正做到"我与你"的沟通尚有难度（起码对大部分人而言是这样），那么就暂且先从"你（服刑人员）讲/我听"开始吧。我们在这里所倡导的

---

① Jeanne B. Stinchcomb & Vernon B. Fox., Introduction to corrections [M]. New Jersey: Prentice Hell, 1999: 300.

"你讲/我听",不是"听听"就算,而是"倾听":真正附下身来,站在服刑人员的角度和立场了解他们的处境和想法;是通过敞亮胸怀实现思想共振、情绪互染、意义共有,沉浸与吸纳服刑人员的感受;是将自己的视域移植到服刑人员与自己相异的视域中,重新审视自我、发现自我。

✱ **链接** 6-9

倾听的含义

倾听与听是两个互相联系又有区别的概念。听是人体器官对声音的接受和捕捉,听是人对声音的生理反应,是人的本能,带有被动的特征。只要你的听觉器官是完善的,你就能听,你就不得不听——有是被噪音干扰的心烦意乱,想不听还不行,你得关上窗户,堵住耳朵。倾听必须以听为基础,但是,是一种特殊形态的听。国际倾听协会提出,倾听是接受口头及非语言信息,确定其含义并对此作出反应的过程。一个"倾"字,包含了"主动"和"专心"的含义。第一,它是人主动参与的听。人必须对声音有所反应,或者详细地说,在这个过程中人必须思考、接收、理解,并作出必要的反馈。第二,它是一种全身心的活动,是一种心、身、眼、耳的统整活动。因此,倾听包括了"听",以及敏锐地寻找声音中隐含的线索,观察当事人肢体的动作与评估当事人说话内容的前后关联性。在倾听的过程中,必须理解别人在语言之外的手势、面部表情,特别是眼神和表达方式。听与倾听的差异如下表所示。

听与倾听的差异对照表

听	倾听
纯粹是身体本能的反应	心智与情绪上的感受
与生俱来的简易的活动	具备分析解释能力的复杂的活动
自然,不必借助外力	需要专心、长时间的能力
本能	通过学习才能掌握
同时间可以听到很多声音	只选择特定的意义与概念声音
人人都有听见声音的能力	优秀的听众只占少数

依据这种理解,倾听是一个接受语言和非语言信息,进而通过思维活动达到认知、理解,并作出必要的反馈的过程,这个过程包括五个方面的活动:预言、感知、解码、评价、行动。因此,倾听不同于听,它不是人的本能,只有通过后天的学习才能获得。

(资料来源:倾听的含义[EB/OL].http://doc.mbalib.com/view/72bd0f96607cf4341f507cda3a3dc086.html.2014-04-14.)

"强者虽会从中胜出，但强者未必正确；甚至没有任何人是正确的。"[①]监狱民警要辩证地看待在与服刑人员沟通中遭遇的抵制，深入认识与服刑人员发生观念碰撞的不可回避和现实意义；在此基础上，注意并善于倾听、试着理解（不等于赞同）服刑人员的观点和看法。必要时，可以通过伯姆（Bohm David）倡导的"思维悬置（thought suspending）"[②]方法，引导冲突向着创造性的方向转变。

三、非暴力沟通

警囚间顺畅的沟通可避免或减少冲突事件的发生，这一论断并不是那么的让人难以理解和接受。然而，一个普遍的情况是：警囚间能称之为"顺畅"的沟通极为罕见。之所以如此，除去对服刑人员固有的偏见、怀疑、隔膜和敌视态度影响之外，监狱民警对同服刑人员"顺畅"沟通所需要把握原则和运用方法的缺失，也是一个重要因素。

"留意发生的事情，清楚地表达观察的结果，而不是判断或评估"；"表达自己的感受"；"说出是哪些需要导致那样的感受"；"明确告知对方自己期待他采取何种行动"，这四个基本要素是卢森堡（Marshall B. Rosenberg）博士提倡的非暴力沟通模式的一个重要方面。

非暴力沟通的精髓在于对上述四个要素的觉察，而并非在于使用什么字眼进行交流。我们来看一个民警与服刑人员成功沟通的简单案例：

> 民警张：李某某，我刚查看了上个月你的劳动产值，你在分队排名第十七[要素1]，我有些不安[要素2]。我和曾经你聊过，上次会见日，你的父亲和我在一起聊了好半天。父爱真的很伟大，我被深深感动。当时，我和他承诺，只要你好好改造，明年你肯定能回家过春节[要素3]。这几天你的活干得真不咋地。你有什么事吗？需要我来和你一起解决吗？
> 服刑人员李：我挺好的。
> 民警张：没什么事就好。好好干，考核要拿到一级嘉奖，你在分队劳动产值的排名这个月起码要进入前十[要素4]。有什么事需要我帮忙解决，随时找我。你看怎么样？

按照卢森堡博士的说法，强调非暴力沟通的四个要素，并不是说一定以固定的公式生搬硬套；根据不同的具体情形，我们完全可以根据个人风格及文化环境作出适当调整。

---

①　戴维·伯姆.论对话[M].[英]李·尼科，编.王松涛，译.北京：教育科学出版社，2004：13.

②　李·尼科编著的《论对话》(On Dialogue)，是迄今为止记录戴维·伯姆对话论的一部最为详尽的著作。在其中，伯姆提出了"思维悬置"的概念。伯姆认为人类冲突的根源在于思维的紊乱和分裂；他倡导人们不要在固有思维的指示下即刻作出反应，而是把思维暂时搁置起来，把个人的主观观念（opinion）暂时搁置一边（既不让它们发挥作用，也不要刻意去压制它们的出现），在思维的"分裂性（fragmentation）"、"紊乱性"和"自毁性"充分暴露、展现出来后，再重新认清思维、审视观念。与此同时，他还倡导我们认真倾听他人的观念和想法，并同样暂时将其搁置起来，以便我们弄清它们背后的真正意图、意义所在。{详见戴维·伯姆.论对话[M].李·尼科.王松涛，译.北京：教育科学出版社，2004：85-91.}

✳ **链接 6-10**

美国全国矫正研究所(NIC)倡导的监管人员与服刑人员沟通的基本技能

1. 位置(positioning)

(1)尽可能靠近服刑人员,以便听清服刑人员的话。同时,双方之间又要确保一定的安全距离。

(2)直接面对服刑人员(facing the inmate squarely)。

(3)保持警惕(staying alert)。

(4)不时地变换位置,使服刑人员不能很容易地预测监管人员的行动。

2. 姿势(posturing)

(1)身体站直(standing erect)。

(2)稍微前倾(inclining slightly forward)。

(3)保持眼睛接触。

(4)避免出现分散注意力的姿势。例如,摇手、跺脚。

3. 观察(observing)

(1)观看、聆听和解释(interpreting)所发生的事情。

(2)观察服刑人员的身体语言。

(3)根据所观察到的情况进行推理。例如,确定所观察到的事情是否背离常规模式。

4. 聆听(listening)

(1)暂缓作出判断。例如,在对服刑人员所的事情作出判断之前,要听服刑人员把话讲完。

(2)抓住关键词。例如,集中注意力听服刑人员所讲的话,而不是考虑如何作出反应。

(3)判断服刑人员的心境或情感强度(intensity)。特别是在服刑人员表现出可能发生麻烦或者危险的信号时,更要如此。

(资料来源:National Institute of correction., Interpersonal communicationc in the corretional setting. Boulder,CO:National Institute of correction,1983:21-27.)

四、第三方介入

我们已经阐述了警囚双方应该如何通过顺畅的沟通彼此交换意见,避免误判,以减少冲突事件的发生。然而,倘若警囚双方已经身陷冲突之中,那么顺畅的沟通就只能是一种美好但不切实际的愿望了——这和常在电视上看到的大学辩论赛不同,作为冲突当事者，警囚双方的沟通很少能平静、理智地进行——沟通的过程模糊、混乱，没有目标和重点。随着冲突愈来愈严重，警囚双方都变得缺乏客观的判断和起码的信任，而这些因素对于他们走出困境非常必要——不是因为他们没有走出困境的动机，而是因为他们不知道方法。这时候，由与冲突事件无关而且有意愿有能力帮助警囚双方结束冲突的第三方（主要是民警）的介入，或许是一个好办法。如果第三方平时一贯在服刑人员中有较高的威望，那就是最好不过了。

第三方介入的目标主要有两个：

（1）给陷入困境的警囚双方提供一个表述发生了什么及此中感受的机会；

（2）防止冲突扩大化。

多数情况下（第三方的干预也并非总能缓和冲突双方的对峙，他们有时反而会促使一方或双方的情绪愈发激动。譬如指责一方："你也是你，你就不该把他的侮辱当回事。"），"第三方"的出现是有益的，起码会使升级中的冲突至少暂时偏离破坏路径。作为准备介入冲突的"第三方"，必须对冲突本身保持清醒、全面、辩证的认识（包括冲突的客观性、合理性及存在的积极意义等等），不仅要让服刑人员充分地表达意见——不是愚蠢地让他们感到威胁，还要从中挖掘有关监狱管理、矫正教育的深层次问题，为寻求一种长久的途径或方式控制冲突中产生的负向能量作出努力。

链接 6-11

汤某某为何会行凶

昨天下午，在车间劳动现场，汤某某因与同犯发生矛盾用劳动工具实施行凶，未能得逞，便企图自杀，被现场的民警和服刑人员控制。……今年 31 岁的汤某某，初中文化，1997 年因盗窃罪判处死刑，缓期两年执行，剥夺政治权利终身。入监以后汤某某的改造表现一直比较稳定，究竟是什么原因使他突然实施如此严重的违规行为？

……

：我本来身体不好，在 12 监区改造（12 监区是该监狱的一个半老残犯监区），后来我主动要求到服装厂，就是想多劳动多拿分，去年年底我就减了一年刑（在旁边的监狱管教部领导负责刑罚执行和减刑假释工作，对我点头表示属实）。今年我仍然非常努力，平均每个月可得分都超过 10 分，半年下来我又累计达到 67 分了，可以拿一个监狱表扬（管教部民警说正在公示，汤的名字在其中），下半年再努力一点就又能获得一个监狱表扬，两个表扬换一个省改造积极分子就又能减刑一年。我是这样计划好的，要不是昨天的事我肯定能完成的。……其实我昨天之所以走极端，就是担心自己的改造计划因为一点小事而落空。后来干部要给我做材料（监区准备将他严管或禁闭的材料）我就更加不满了。下午我父亲来接见时，我说的许多话其实是说给周围的民警听的（据调查，那天下午正好是该犯所在监区的接见日，汤父也来了。接见时,汤对他的父亲说,以后你不用来了,也不要问为什么,要不要来听通知就好了,如果以后听到些什么也不要觉得奇怪。当时他的父亲听完后也是莫名其妙,但汤没有提供更多的情况给他父亲。所以他父亲也没有转告给我们干警),我希望干警听到后能来制止我,但干警似乎没有注意。

在整个事情的演变过程中,如果说"监区做汤的材料"导火索的话,那么"接见时的谈话"是避免这次事故的最后时机,但在我们身边溜走了。我们姑且不说汤讲的话是否属实,即使他没有故意讲给我们干警听,但对于这样一个当时有着强烈对抗情绪的人,在接见等这样一些重要活动中却仍然按照正常情况对待,这本身就说明我们是不够细心不够用心的,说习以为常、麻木不仁也不为过。后来监区在做事故分析时,首先认为是民警对汤犯如此强烈的报复心理的预见性不够。这其实是不同的表达方式而已。预见来源于判断,判断来源于经验情况的了解与掌握程度。如果情况不明,再加上见怪不怪的侥幸心理,当然就不可能有"预见性",就是"预见"了也是不准确的。

"愿望达成"是人类的基本心理。公权救助是最后的救助。对于汤犯来说,既然自己的愿望落实,年内减不了刑了,既然自己的"冤屈"得不到周围所有人,特别是民警的理解和重视,他就只能用最原始的本能的私权来保护自己。最后,汤犯终于以极端的方式铤而走险——向报复的对象举起了利器。

……

? 家里还有哪些人?

:父亲母亲,两个姐姐。

? 他们关心你吗? 是否经常来看你?

:(提到亲人,汤某某把头低了下去)细声说,他们每个月轮流来看我,我进来10年了从来没有断过。

? (我听了也有些感动)你家里的亲情关系很好啊。这很难得啊。你们中间很多人是得不到家庭温暖的(汤某某点头),你的亲人对你这么好你该好好珍惜。后面虽然还有较长的刑期,但凭你这几年的改造成绩,只要好好努力还是很快的,争取在三十六七岁出去,到那时候你的父母都还健在,你成个家,再尽尽你的孝道,报答他们的养育之恩好吗?

汤连连点头。

? 我听说你是江宁谷里的?

:是的。

? 那里我以前去过,风景很好。再过几年那里的变化更大,很可能变成南京的近郊了,将来的生活是很美好的。

:(汤的脸上露出了笑容)张监,你放心,我会勇敢面对现实的,明天我就出操。

(资料来源:张建秋.个别谈话:沟通心灵的艺术[M].北京:法律出版社,2014:177-182.)

第六节
慰荐抚循：拓展服刑人员社会支持系统

　　个体是社会存在物。因此，他的生命表现，即使不采取共同的、同其他人一起完成生命表现这种直接形式，也是社会生活的表现和确证。

——马克思·《1844 年经济学哲学手稿》

社会支持(social support)是来自他人的一般性或特定的支持性行为,其概念最早出现在二十世纪七十年代的精神病学文献中。研究者①②③④⑤⑥⑦普遍认为:社会支持一方面对压力状态下的个体提供保护,即对压力起到缓冲作用,另一方面可以维持个体良好的情绪体验。

总结已有研究,可以把社会支持归纳为四种类型:

(1)信任支持

信任支持是关乎个体被信任和接受,它会提高个体自信心。因为信任支持传达:无论遇到什么困难,无论个人特质如何,个体的价值经验总会得到承认。换言之,通过向他人提供情感支持、鼓励,表达关心与爱意,信任支持使其感到温暖、同情与信任。

(2)信息支持

信息支持利于帮助个体对问题事件进行说明、理解和应对。

(3)社会成员身份

社会成员身份是能够与他人共度时光,从事消遣或娱乐活动的资格。社会成员身份能够通过正向的社会互动满足人际关系需要,转移对压力问题的忧虑或者通过直接带来正面的情绪影响来降低压力反应。

---

① 王雁飞.社会支持与身心健康关系研究述评[J].心理科学,2004(5).

② Kanisty and Norris,A test of the social support deterioration model in the context of natural disaster[J]. Journal of personality and social psychology,Vol.64,1993:395-408.

③ Sarason B. et al.,Interrelations of social support measures:Theoretical and practical implications[J]. Journal of personality and social psychology,Vol.52,1987:813-832.

④ [4]Wills and Cleary,How are social support effects mediated? A test with parental support and adolescent substance use[J]. Journal of personality and social psychology,Vol.71,1996:937-952.

⑤ Becky L. Tatum,Family support and African American delinquency[J]. The justice professional,Vol.14,2001:287.

⑥ Coyne J.C. and Downey G.,Stress,social support and the coping process[J]. Ann Rev Psychology,Vol.42,1991:401-426.

⑦ Thoits P.A.,Dimensions of life events that influence psychological distress:an evaluation and synthesis of the literatuerl[M]. NewYork:Academic Press,1983:33-103.

（4）工具性支持

工具性支持，是指提向个体提供物质资源或所需服务等帮助。

一、社会支持是服刑人员应对压力的重要策略

社会实践中的个体，时时处在与外界不断进行信息交换的过程中。个体从外界获取信息，也向外界表达自己。也唯有如此，个体才能维持身心的动态平衡。对服刑人员而言，社会支持是一种极具建设性的暴力防控途径，它强调保护性因素，其核心是依恋、成就、自主、利他，能够帮助服刑人员更好地适应拘禁生活。

如同我们渴了要喝水饿了要吃饭，人与人之间有相互依恋的根本取向。因为拘禁而丧失与亲朋好友间维持密切关系，会使服刑人员感到孤独和寂寞，觉得遭受到极大的剥夺或感到焦虑。蔡晓领和许宏对 198 名男性服刑人员的研究[①]表明：服刑人员的人身危险性和主观支持、客观支持以及对支持的利用度三者之间均存在显著的负相关。反过来，当社会支持资源发挥作用，服刑人员的心理就容易达成一种新的平衡和稳定。上海师大孙圣涛[②]、中南大学张四美[③]、华南师大黄勤锦[④]等人的研究同样支持上述结论。社会支持最终能否为服刑人员个体所运用，成为压力应对或危机解决的资源，取决于服刑人员的"危机感受—认知评估—资源运用—策略选择—适应状态"这一途径是否有效。社会支持可能以积极或消极的方式，与服刑人员个体知觉到的压力、所做的二级评估、实施的应对行为以及积极的结果相关联（如图 6-2 所示）。

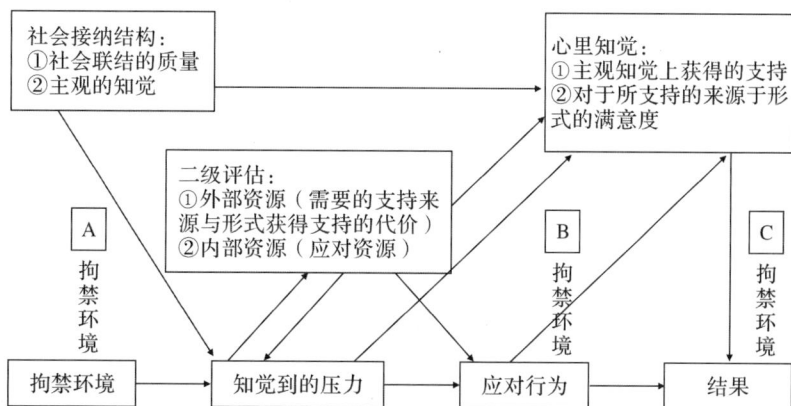

图 6-2　社会支持与服刑人员心理行为间的相互作用

A：个体具备的社交资源（"社会接纳"）可以缓解服刑人员拘禁压力；

B：个体差异（人格、压力应对偏好、信念或期望）可能影响服刑人员如何建构和体验社会支持；

C：个体对社会支持的满意度，可能影响到社会支持对服刑人员最终产生影响的程度和方式；

---

①　蔡晓领,许宏.男性罪犯人格——社会支持和人身危险性关系的研究[J].犯罪研究,2009(3).

②　孙圣涛,丁洁.男性服刑人员社会支持和应付方式的研究[J].中国特殊教育,2006(2).

③　张四美.男性青少年暴力犯罪相关因素研究[D].长沙:中南大学,2009.

④　黄勤锦.青年男性服刑人员的自我效能感——社会支持——人际信任和应对方式的关系[D].广州:华南师范大学,2003.

二、服刑人员的社会支持系统

人的存在,本质上是关系的存在。即使漂流到荒岛的鲁滨孙,也逃脱不了与自然界、与自身的固有习性发生关系。也只有在社会关系中从事一定的社会实践活动,"人"的本质才得以生成和彰显。

> 人的本质并不是单个人所固有的抽象物。在其现实性上,它是一切社会关系的总和。①

> 人不仅是自然性的、生物性的存在,也是社会性、实践性的存在,是"现实的人",而"不是抽象的蛰居于世界之外的存在物"②。

建立在社会性基础之上的人的表意性需要,譬如温情、关爱、惦念、期望、依恋和归属感等,对每一个人来说,都像阳光、空气和水一样至关重要。就服刑人员而言,这些又显得更为重要和迫切。因为,被拘禁后产生的失落、沮丧情绪,会造成一些服刑人员无法正确应对压力;周围人(监狱民警、同改)也会觉得与他们的交流令人不快,以致开始回避他们。如若服刑人员与家人联系紧密,对家人的依恋有可能在服刑人员与周围人的交往中形成正向循环——与家人建立起的依恋关系,为服刑人员与他人的积极互动做了充分的准备。

服刑人员的社会支持系统得以发挥作用,取决于两个基本条件:一是服刑人员平时有意识地储存了可利用的心理资源;二是社会支持或心理资源已然内化为服刑人员个体的一种主动需求(有些服刑人员虽然可以获得社会支持,却拒绝别人的帮助)。

(一)亲情慰藉

亲情是人类最原始、最自然的情感,也是最基本、最重要的情感。

赞布尔(E. Zamble)等人的研究发现,"想念家人"是加拿大服刑人员最频繁提到的问题。③ "家庭提供的社会网络可以保护服刑人员个体免受各种压力刺激(stressfulstim-uli)的侵害;被家庭遗弃会使服刑人员的监狱经历更加消沉(demoralizing);以家庭为主的外部社会网络(outside social network)可以给服刑人员提供切实的资源,例如,提供所需物品及可以在监狱中购买东西的资金,这可以让服刑人员的监狱生活变得相对容易忍

---

① 马克思.关于费尔巴哈的提纲[A]//马克思恩格斯全集(第 3 卷)[C].北京:人民出版社,1972:5.

② 马克思.《黑格尔法哲学批判》导言[A]//马克思恩格斯全集(第 1 卷)[C].北京:人民出版社,1995:47.

③ Zamble E. and Porporino F.J., Coping, Behaviorand Adaptation in Prison Inmates[M]. Berlin: Springer-Verlag.

受一些。"①1975年3月至1978年10月期间,人文学者王学泰曾作为"现行反革命",被北京第一监狱关押。对家人的会见,王学泰感慨颇深:"对于犯人来说,监狱生活中最大的事件就是家里来人接见。"②他蛮有感触地写道:"出了问题,朋友远去,老婆离婚,儿女划清界限,唯有老母,儿子还是她的儿子,不仅心里想着,接见日还要来看,哪怕经历千山万水。"③

在《世界人权宣言》(*The Uniersal Declaration of Human Rights*)、《公民和政治权利国际公约》(*International Covernant on Civil and Political Rights*)、联合国《服刑人员待遇最低限度标准规则》(*Sandard Minimum Rules for the Treatmant of Prisoners*)、《联合国少年司法最低限度标准规则》(*United Mations Standard Minimun Rules for the Administration of Juvenile Justice*)和联合国《关于女性服刑人员待遇和女性服刑人员非拘禁措施规则》(*United Nations Standard Minimun Rules for Treatment of Women Prisoner and Non-custodial Measures for Women Offenders*)等诸多国际规则中,都有保障服刑人员与家庭保持联系权利的原则性条文。这些条文不但能够帮助服刑人员重新回归社会,也有利于缓解服刑人员的"监禁之痛",而这种痛苦会导致罪犯自残、不守规矩等行为,并最终带来监狱体系的不稳定。

1969年,美国社会学家、犯罪学家赫希(Travis Hirschi)在进行详尽调查④和理论研究后,提出一种全新社会控制理论(social control theory)。赫希的社会控制理论中有一个重要观点:依恋(attachment)"可能是最为重要的社会纽带因素。它指我们在意包括父母等他人的意见的程度。因为爱他们或者尊重他们,或者感觉到与他们的其他纽带,所以我们可能关心他们的意见。越是在意他们的观点,我们越可能更少地违反规范。既是因为我们已经内化了这些规范,也是因为我们不想让他们失望或受伤害"⑤。服刑人员与亲人的情感联系,在抑制他们实施违规违纪行为方面,无时无刻不在发挥着积极作用。与家人的情感联系越强烈,在打算实施暴力侵害时,服刑人员就越有可能考虑自己的行为会对这种联系造成的损害——亲人的埋怨、失望和疏离。

✳链接 6-12

归属感、价值感的缺失是大多数暴力的潜在原因

在我们这个时代,一种比暴力更为悲惨的处境是,太多人觉得自己没有权力,也无法拥有权力,甚至连自我肯定也被否认,他们再也没有什么东西可以坚持,因此,除了宣泄暴力之外,别无他途。我们来看一看哥伦比亚大学某位激进的学生老做的

---

① Hairston C.F., Family ties during imprisonment: Do they influence future criminal activity? [J]. Federal Probation, Vol.52, 1988:48-52.

② 王学泰.监狱琐记[M].北京:生活・读书・新知三联书店,2013:204.

③ 王学泰.监狱琐记[M].北京:生活・读书・新知三联书店,2013:226.

④ 赫希从美国加利福尼亚州旧金山湾区(San Francisco Bay Area)抽取5545名初中和高中学生进行问卷调查,并对回收的4077份完整的问卷(占样本总数的73.5%)进行了整理分析。

⑤ 巴坎.犯罪学:社会学的理解[M].秦晨,等,译.上海:上海人民出版社,2010:239.

一个噩梦。在梦中，这个学生卡尔是这样的：

（他）放学回家，按响了家里的门铃。他母亲说不认识他，他也不属于那里。他去了亲戚家，他们也跟他说了同样的话。最后，他横穿美国，到了加州父亲的住处，他父亲也说不认识他，说他不属于那里。梦的最后，他消失在太平洋中。

根据这种类型的梦境——"父母亲不认得我，他们当着我的面把门关上"，"我不属于任何地方"——在治疗中出现的频率来作出判断，似乎是理解我们这个时代的一个重要线索。做这个梦的学生曾是革命运动的成员，这绝非偶然。暴力或类似暴力的行为会赋予当事人某种重要感、成就感和权力感（此刻这种感觉是真是假，并不重要）。而这转而会让个体产生价值感。

没有价值感的人是无法长久生存的。不论他是通过随意射杀索然无辜路人、从事建设性的工作、参加叛乱、在医院提出精神病性质的要求，还是用沃尔特米蒂的幻想来获得这种意义感，都必须能够产生这种"我有点价值"（I-count-for-something）的感受，并且能够活出那种价值感来才行。

这种意义感的缺乏，以及为获得这种意义感而作出的努力，正是大多数暴力的潜在原因。

（资料来源：罗洛·梅.权力与无知：寻求暴力的根源[M].郭本禹，方红，译.北京：中国人民大学出版社，2013：20-21.）

因认识不足以及可操作性差等诸多原因，监狱开展亲情帮教的积极性向来不高。在实践中，亲情帮教一直处于较低形式层面，未能实现制度化和经常化，广度和深度更是远远不够。至于以取消或限制"亲情会见"作为对服刑人员违规违纪一种惩罚措施的做法，不客气地说，这是一种十分愚蠢的行为——明明知晓父母妻儿就在会见室"眼巴巴"等着，自己却不能和他（她）们见面，服刑人员此时会想些什么?! 他们会反思自己的违规违纪行为吗?! 毫无疑问，除了愤怒就是仇恨! 不管是"马上"还是"以后"，毫无疑问，这种愤怒、仇恨迟早会表现出来。

在一个益智故事里，一个伊斯兰教苏菲派（Sufism）传教者对信徒说："看那个砍柴人肩上新砍的树枝，叶子还很鲜嫩，看起来娇翠欲滴。砍柴人不知道这么做是断了自己的生路。但是慢慢地他们会知道的，会知道的。"

（二）服刑人员扶持

本节开端之所以对社会支持的分类作以说明，是因为实践中我们对于服刑人员社会支持系统存在狭隘的认识——提及服刑人员"社会支持"，一脑门子只是"亲情帮教"。实际上，服刑人员间的相互扶持，也是服刑人员社会支持系统中不可或缺的有机组成部分。

被排斥，对每个人而言都是痛苦不堪的。我们渴望可以与周围的人彼此毫无障碍地直接表达心境和情感，那是一种体现自己存在的与他人的直接关联，譬如与他人的眼神交会，或者静静地站在他的身边。已有研究发现，社会隔离之痛可以通过服用麻醉药、兴奋剂等得到缓解，而这些药通常是用来止血镇痛的。也就是说，在社会交往中被排斥者与遭受生理疼痛者的感受非常类似。

支持性的人际关系是提升自尊与自我效能的最重要因素。在特定情境下，服刑人员相互间的情感支持可能会超过亲属或是民警的影响。究其原因，在于他们可以自由选择交往对象,有很高的心理认同感;基于独特的语言、行为方式,服刑人员相互间获得的安全、尊严和优越感的满足,是自然而然实现的。

让我们一起读一个故事:

> 因为妻子有婚外情,银行家安迪醉酒后本想枪杀妻子和她的情人。巧合的是那晚刚好有人枪杀了他的妻子和情人。最终,他被指控谋杀罪,判处无期徒刑,关押在肖申克监狱。

> 瑞德因谋杀罪被处无期徒刑,数次假释都未获成功。他已以成为肖申克监狱中的"权威人物",只要付得起钱,他几乎有办法搞到任何服刑人员想要的东西。

> 每当有新服刑人员到来,大家就赌谁会在第一个夜晚哭泣。瑞德认为弱不禁风、书生气十足的安迪一定会哭,结果安迪的沉默使他输掉了两包烟。瑞德自此对安迪另眼相看。

> 安迪自入狱后几乎不和任何人接触,在大家聚在一起相互抱怨的同时,他在院子里悠闲地散步,就像在公园里一样。一个月后,安迪请瑞德帮他搞到一把石锤,他想雕刻一些手工品以消磨时光。为了想办法逃过狱方的例行检查,安迪又搞了一幅巨幅海报贴在了牢房的墙上。

> 一次,在和几个犯人外出劳动时,安迪无意中听到监狱长聊有关税收的事。安迪说他有办法可以使监狱长合法地免去一笔税金,作为交换,他为和自己一起劳动的狱友赢得两箱啤酒。安迪的做法赢得了狱友和狱警的友谊和尊重。安迪听说瑞德很喜欢吹口琴,就买了一把送给他。自此,夜深人静之后,经常可以听到悠扬而轻微的琴声在监狱上空回荡。

> 临近故事结尾,已得到灵魂救赎的安迪成功越狱;瑞德发现了石堆下安迪留给他的糖果盒,这让他有了继续活下去的勇气。

> 最终,在墨西哥阳光明媚的海滨,安迪和瑞德两个好友重逢。

没错,这个故事来自美国经典影片《肖申克的救赎》(*The Shawshank Redemption*)。安迪最初刚进监狱时,大家都想看他的热闹,看他这样文质彬彬的人最后会被监狱折磨成什么样子。不过,安迪的表现与大家的想象截然不同,他沉默、无求,对一切逆来顺受。渐渐地,大家失去看他笑话的兴趣。电影中的另一个角色瑞德,是服刑人员中的一个"老大"。虽然安迪无助于瑞德巩固在服刑人员中的地位,但安迪能够带给瑞德其他服刑人员无法给他的东西——大量有关希望的信息。就这样,安迪和瑞德的友谊在锤子、石头、海报以及漫不经心的话语中萌生,他们成了相互的一种依靠。在准备越狱的时候,安迪还给瑞德留下希望的种子。在失去自由的日子里,安迪和瑞德之间的友谊,源于所有人都在追求的东西——情感的支持。

在一个有趣的实验中,鲍姆(Andrew Baum)和戴维斯(Glenn Davis)发现,仅仅通过给长长的走廊添加了两个门以及将三个宿舍改装成公共休息室,就可以减少舍友间的摩擦①(见图 6-4)。

---

① 道格拉斯·肯里克,史蒂文·纽伯格,罗伯特·西奥迪尼.自我·群体·社会:进入西奥迪尼的社会心理学课堂[M].谢晓非,刘慧敏,胡天翊,等,译.北京:中国人民大学出版社,2011:39.

　　鲍姆和戴维斯实验的本意是验证情境会深刻地影响人们思考、感觉以及行为的方式。笔者更愿意将其解读为情境为人们提供了更多的交流机会；伴随彼此间交流、扶持的增强，发生冲突的机会随之减少。从表面上看，服刑人员间"几句话"的简单交往似乎无关紧要，实际上，这远比我们能够想象得到的要多得多。扶持是一个相互的过程——帮助他人的同时，某个服刑人员也为获得别人的帮助奠定下了良好基础。这一如我们前面提及的安迪和瑞德的故事。让我们一起读读一个服刑人员的诗（节选）作为本节的结束，他在监狱中已经度过了二十多年：

> 我坐着，
> 很久很久。
> 孤单一人，
> 在沙滩上。
>
> 除了海水的喧嚣，
> 我只是听着，等着，期盼着。
> 泪水斑斑点点地洒在沙滩上，
> 连海潮也放弃了死亡，
> 海也放弃了她的生命。
>
> 我们沙滩上的这些生灵，
> 你，
> 我，
> 等着那个人，
> 一直一直。

第七节
扼亢拊背:遏制极端警囚冲突

外科医生动手术的时候最需要的是冷静,而不是激情。

——[法]雨果(Victor Hugo)·《九三年》(Quatre-vingt-treize)

警囚冲突的频繁发生以及管控失灵,让监狱民警正变得愈来愈士气低沉。一名民警深有感触地向笔者描绘了这种感受:随着铁门"咣"的一声在身后关闭,迈进监区如同坠入深渊;走出监区,阳光灿烂,心情大好,脚步轻快。

即使在管理最好的监狱,也会出现服刑人员袭击民警的情况——以前肯定发生过并且以后肯定还会发生。鉴于此,监狱民警不仅要力避警囚冲突发展到"不可收拾"的极端局面,也要明确极端警囚冲突事件的应急处置原则和预案。

一、冷静对待服刑人员的挑衅

服刑人员实施极端暴力的原因可简单分为两类——倾向性因素和促发性因素。前者是警囚冲突的背景特征,譬如服刑人员认为自己长期受到监狱民警的不公正对待;后者是导致警囚冲突事件的直接原因但非根本原因,一般表现为特定偶发事件。理解两者的区别很是重要。

我们来看一个案例:

> 一天傍晚,FJ 省 ZZ 监狱四监区在进行服刑人员劳动收工后的搜身检查时,服刑人员张某没有按规定双手抱头等待民警检查。在民警小何走到他前面,责令他蹲下时,张某还是一动不动。小何骂了一句:你他妈的耳朵聋了!张某当即还口:你他妈的还眼睛瞎了呢!小何当即从队形中揪出张某,一个耳光扇了过去。张某亦毫不含糊,随即一拳打了过来。两人滚作一团。

"虽然敌处劣势,我处优势,然而仍适用'执行有利决定,避免不利决战'的原则,直至打到鸭绿江边,都是如此。这样,我们可始终立于主动,一切敌人的'挑战书',旁人的'激将法',都应束之高阁,置之不理,丝毫不为所动。抗日的将军们要有这样的坚定性,才算是勇敢而明智的将军。那些'一触即跳'的人们,是不足以语此的。"①毛泽东是就对日斗争而言;这段话于监管执法工作同样具有深远的指导意义。

民警小何面对张某的"挑战书","一触即跳",想当然地认为张某是因为自己太年轻而"不把自己当回事";情绪化的举动非但直接促成激烈的对抗,而且不能排除演变为群体性骚乱的可能。究其原因,当是民警小何没有意识到张某"拒绝接受检查"和"出言不逊"这一行为背后可能存在的"倾向性因素",犯了毛泽东同志所说的"主观地看问题"的错误②。事后的调查结果也证实了这一点:张某刚收到家里来信,说母亲去世了。因为这件事,这两天张某的情绪很不好。也就是在这个时候,民警小何向他妈"表示问候",说"你妈的"如何怎样;张某当然不干了。如若小何当时并未"一触即跳",而是在掌握了张某挑衅的"倾向性因素"后再着情按照规定从严处置,即能够达成"打击一个,威慑一群"的效果,又能够通过疏导教育从根本上消除安全隐患。

对服刑人员不服管教乃至挑衅民警的行为,监狱民警不能一概不分青红皂白地以"抗改"看待,更不能因为头脑发热而怒由心头起,恶向胆边生。"息却雷霆之怒,罢却虎狼之威"(明·《增广贤文》),始终保持清醒的头脑,是民警恰当处置警囚冲突事件的最基本前提。

处置此类事件的关键可能是获得服刑人员的顺从,避免造就一个"抗改英雄"。具体的解决办法有很多种,其中一种"教科书"式的思路,是将肇事服刑人员带离现场加以控制;如果他耍赖,躺在地上不起来,就把其他服刑人员带离现场。一旦脱离现场环境,许多搞造型的服刑人员也就失去了"表演的舞台"。

如果确要实施武力的话,当事民警必须保证自己拥有绝对的、压倒一切的优势。民警"绝对的、压倒一切的优势",给服刑人员提供了合理的可选行为方向——既服从民警武力又不会在其他服刑人员前丢了面子。倘非如此,当事民警将面临将服刑人员逼向墙角的难堪境地——此时,服刑人员除却对抗,已经再无第二条路可选。必须特别说明:监狱民警在任何情况下使用武力的行为——包括"拥有绝对的、压倒一切的优势"——都会增加暴力和伤害的可能。如此之类的事件,在每个监狱的每天都随时可能发生。

处置服刑人员挑衅,"教课书"式的思路不失为一个选择;更为稳妥的"实践式"的方法,是发挥集体合力——除日常性且有明确条款依照应由个人临机断然处置的情形外,监狱民警相互支持,用一个声音说话。之所以说"发挥集体合力"的方式更为稳妥,是因为有几个明显的好处:

(1)增强民警气势,强化对服刑人员的震慑;

(2)集思广益,提出稳妥处置方案;

① 毛泽东.论持久战[A]//毛泽东选集(第2卷)[C].北京:人民出版社,1991:509.
② 毛泽东指出:"我们反对主观地看问题,说的是一个人的思想,不根据和不符合于客观事实,是空想,是假道理,如果照了做去,就要失败,必须反对它。"文见毛泽东.论持久战[A]//毛泽东选集(第2卷)[C].北京:人民出版社,1991:477.

（3）统一认识，实施一致的管教措施；

（4）避免服刑人员怨恨——以集体名义宣布处理意见，矛盾不会集中于民警与服刑人员个人之间。

为做到对"倾向性因素"心中有数，监狱民警必须对各种情况保持高度的敏感，譬如尚未解决的囚因矛盾、服刑人员认为违规处罚过于严苛、服刑人员娱乐活动不足、"耳目"提供虚假情报。列举这些状况，只是其中的一小部分，凡此种种不可能穷尽。当然，民警对其中的许多状况也许不可能直接改变多少——譬如服刑人员拥挤的居住环境——但如若能够施以尽可能的措施，确能起到缓和警囚间紧张局面的积极效果。因为，服刑人员当然知晓许多状况是民警个体无权改变的；他们会普遍尊重民警在职责范围内为改善这些状况所做的努力，有些服刑人员甚至会为此而给予不同形式的报答。反之，如果对服刑人员的合理诉求不予理会或是以机械、生硬的方式来对待，那么，某一特定的促发性因素出现时，倾向性因素就会造就极端对抗事件。

二、极端警囚冲突的应急处置

极端警囚冲突的最终解决，大致有三种可能形式：

（1）当事民警通过武力手段取得绝对控制；

（2）服刑人员迫于压力表示妥协；

（3）第三方介入（协助控制当事服刑人员、喝阻冲突一方或双方）。

面对警囚冲突事件，监狱民警处置的基本原则是及时、有效地管制局面——矛盾不蔓延、不扩大、不升级。局面的有效管控不仅能够减少冲突的来源、范围和负面影响，而且能够为最终成功处置冲突赢得时间和条件。譬如，民警可以严肃、坚定地命令服刑人员返回指定位置——不必提高声调，也无须对服刑人员提出的具体问题作出明确的回答。如若服刑人员继续发难，可请求其他民警援助或是命令"维规组成员"先行控制；不计后果、单枪匹马地蛮干，问题从来都不能得以妥善解决。

（一）防范准备

1. 民警培训

通过应急处置培训和周期性演练，让每一个民警都熟练掌握应对服刑人员袭击时应该采取的技术性措施。

2. 应急计划制定

制定适合本监狱具体实际的服刑人员袭警应急处置预案，具体包括指挥者、职能部门的分工和联络、现场民警的紧急措施等等。

3. 成立常备战术小组

常备战术小组，是处置极端警囚冲突事件的重点依靠力量。在经过专门的强化训练掌握更多的专门知识与技术后,常备战术小组的成员可以作为现场临时指挥人员,在监狱指挥者到达现场前协调事发现场的应急处置。

(二)临场处置

1. 现场急救

在极端警囚冲突事件中,可能会造成人员的伤亡。能否做到及时、正确、有效的现场急救,直接关系到伤亡人员的生命安危以及事件善后。现场急救的基本内容,包括:立即强行解除对伤员的继续伤害;固定骨折部位;止血;人工呼吸和体外心脏按压。

2. 控制现场

控制现场,可根据事件的性质、类型、规模和发展态势等具体情况,酌情采取强制和非强制手段。

(1)设置外围警戒

(2)隔离其他服刑人员

在押服刑人员是一个危险的群体,极端事件的发生对他们来说是一种严重的刺激因素,可能导致他们的若干激烈反应。因此,必须通过隔离措施切断其他服刑人员与涉事服刑人员的消极互动。极端警囚冲突事件发生在生活区,可将其他服刑人员隔离在监舍内;发生在劳动车间,可将其他服刑人员疏散到监舍。如果是群体性暴力袭警事件,要及时从外层向内层分离刚刚卷入或尚未卷入事件的服刑人员,防止事态升级失控。

3. 控制行凶服刑人员

对涉事服刑人员的控制,是极端警囚冲突事件处置最为关键的一个环节。涉事服刑人员一时不能有效控制,危险因子就一时没有消除,事件就随时可能恶化。

对于依仗某个监狱民警强壮的身体优势制伏涉事服刑人员的通常做法,笔者也只能表示"呵呵"了。人员的专门培训,是极端警囚冲突事件处置的必选途径。通过专门培训,让每一个民警熟练掌握使用最低限度武力制伏服刑人员的专业技能——能做到既不伤人也不伤己自是最好。在此基础上,还要保证有足够数量的民警掌握更高级别的技巧,譬如谈判——使用暴力来制服暴力终归不是一个最佳选择。

(1)隔离

在极端警囚冲突事件发生时,涉事服刑人员一般难以取得恰当的作案工具,也难以逃离现场。因此,采取断然措施及时将涉事服刑人员隔离,即可以防止无关人员受到伤害,又能够让涉事服刑人员处于孤立无援的境地。

(2)强制约束

强制性约束的实施,一是要有足够的警力保障,通过展示警力给涉事服刑人员以震慑;二是注意避免出现战术性失误而造成事态升级。在特殊情况下(譬如警力不足、事态紧急),也可以发动"骨干犯"协助对涉事服刑人员进行约束和控制。

(3)使用武器

涉事服刑人员一旦处于极度紧张、狂躁的危险状态,简单的强制约束极有可能难以发挥作用或是无法实施。这时,监狱就要配合武警适时准备使用武器。使用武器的最终目的是制止事态恶化;只有涉事服刑人员危及他人生命时,才可以考虑将其击毙。

✳链接 6-13

英国劳莫尔(Low Moor)监狱制伏控制服刑人员的一个记录系统实例

制伏方案编号___1___

1.	关押场所	Low Moor 监狱
2.	时间发生地点	第 1—07 号监舍
3.	参加制伏的人数	3 名看守官组成的一个小组
4.	制伏地点	监舍入口

5. 制伏方式(包括罪犯的评估和处置):

①持有武器扔出窗外,安防人员保存证据。

②战术反应小组对制伏过程录像。

③罪犯双手抱头,朝门方向走,然后命令其停下,转身对门退出门外。

④罪犯开门后,介入小组以盾牌防护进入,命令罪犯靠墙并将双手置于墙上。

⑤监狱工作人员对其实施 A 级搜身,反手戴上手铐押至禁闭室,由警方对此拍照。

⑥救护小组救护人质,警方对被害人进行拍照,医护人员在其送离监舍前对其进行检查。

⑦对罪犯进行彻底地搜查,其衣物打包并标记供现场取证人员取证,并为罪犯提供最简单的衣物。

⑧警方封存监舍(收集证据)。

6.	在制伏之后是否就处置罪犯和证据向警方咨询过	是/否

7. 搜查程序:

1 级搜身,在制伏地点以金属探测器探测手部。在禁闭室彻底搜身并收集证据,向罪犯发放一次性白色囚服。

8. 将该罪犯安置到何地?

禁闭区

介入方案编号 1

1.	关押场所	Low Moor 监狱
2.	时间发生地点	第1—07号监舍
3.	参加管控人数	9人(3组)
	支持人员	30人
4.	Sp 特种设备操作	门:JAVCK 金属探测器:SLEDGEHAMMERS

5. 进入方式(包括事件现场略图)

6. 暗号:……MAGPIE……l 备选1 第一小组为第2、3小组进入掩护,将门打开后向外开,运用技巧转移注意力。

备选2 使用快速开锁顶撑将门顶开,并置入隔护栏,为第2/3小组进入开道。

①第2小组越过隔护栏进入监舍,并控制肇事者。

②第3小组越过隔护栏进入监舍,并保护受害人。

③第1小组清除隔护栏。

④第2小组将肇事者押至禁闭区,在监舍外实施A级搜身后反手铐上。

⑤医护人员对受害人进行检查照料并有护理小组送到护理中心。

⑥负责安全的人员对介入和转移过程进行录像。

⑦监舍封存备警方查验。受害人衣物保存备取证之。

7. 转移注意力的策略:应急反应小组在发布暗号后在监舍外施放烟幕。

a.搜查程序(略)

b.在监舍外实施A级搜查,以金属探测器探测手部。

在禁闭室彻底搜身并收集证据,向罪犯发放一次性白色囚服。

狱官将肇事者转移至禁闭区。

警方对证据进行记录和监督。

警方/地方安全人员保存武器。

8.	在制伏之后是否就处置罪犯和证据向警方咨询过	是/否
9. 将该罪犯安置到何外	禁闭区	

(资料来源:邵雷.中英监狱管理交流手册[M].长春:吉林人民出版社,2014:150-152.)

4. 现场保护

事件现场反映着服刑人员狱内犯罪的各种信息,是狱内侦查人员获取证据的重要途径之一。及时保护事件现场特别得犯罪现场,尽量减少人为因素的破坏,可以保证极端警囚冲突事件处置后进行的调查能够客观真实地反应事件的本来面目;对于提高现场勘查效率、保证现场勘查质量同样也很重要。

✳ **链接 6-14**

服刑人员袭警事件应急处置实例剖析-1

（一）事件经过

2008 年 9 月 25 日 8 时 20 分左右，某监狱四监区罪犯周某（男，29 岁，累犯，2007 年 10 月 23 日因虚开增值税发票罪被判有期徒刑 11 年，2008 年 6 月 19 日送某监狱服刑）向本监区民警支某（男，33 岁，1997 年参加工作）谎称知道在监舍储物架的包裹内藏有一部手机；警察支某随即带其前去搜查。在监舍库房内，周犯趁民警支某检查包裹之际，用木凳猛砸其头部。民警支某迅即与周犯展开搏斗，后被打昏倒地。周犯趁民警支某昏迷之际盗穿其警服，企图混出监狱脱逃。9 时 15 分左右，监舍区大门值班民警发现周犯面孔陌生，形迹可疑；正在查问确定真实身份时，恰逢四监区民警路过，认出周犯，现场警察立即将周犯控制。经突审，得知民警支某身受重伤仍在四监区监舍，监狱立即派人护送民警支某到鹿泉人民医院进行抢救。12 时 05 分，警察支某经抢救无效牺牲。

（二）危急处置

1. 前期处置。监区民警马上报告给狱政科、侦察科、总值班室。相关科室和监狱领导对这一事件及时作出反应，对现场进行控制和侦察，将受伤民警及时送医院进行治疗。

2. 现场处置。监门民警及时对现场进行控制，防止罪犯的脱逃；先期到达现场的民警与监门民警共同制伏袭警罪犯；监狱指挥人员在对周犯控制后，要求对其第一时间马上进行了突审，及时了解案发现场的情况，为有效处置赢得了时间。

3. 善后工作。

（1）清理袭警犯罪现场，恢复正常的监管秩序。

（2）提取袭警犯罪现场上的痕迹物品等相关的证据，为后续的刑事诉讼活动做准备。

（3）加强对民警教育培训，培养民警自我保护意识和良好的心理素质。特别是在暴力袭警犯罪案件中，遇有民警自己受伤或目睹战友伤亡等重大事故时，应及时安排其接受必要的心理辅导、矫治、缓解民警的内心压力。

（4）总结袭警发生的原因，发出预警信息，以有效防范此类案件的再次发生。

（三）失误与教训

1. 缺乏自我保护意识，民警敌情观念淡薄，警惕性不高，对狱情处置不当，疏于防范。

2. 违背警力优势原则。监狱民警在执行任务过程中，必须保持对罪犯的优势警力，确保民警的安全。

3. 危险评估不够,安全意识差。监狱人民警察在执法过程中应掌握保证安全的三要素:戒备要素(思想和身体)、距离要素、位置及掩护要素;应掌握抗拒和武力使用的手段、对抗的形式和特、武力使用的相关法律规定和使用等级情况。

4. 民警的装备较差。监狱人民警察在正常工作时应配备必要的防暴装备,以应对各种突发情况。

5. 民警擒敌技能不强。袭警案件的发生表明,除防范意识不强外,监狱人民警察的擒敌技战术能力还不过关。监狱平时应加强民警应对突发事件处置的各种能力的培训与演练,切实提高民警擒敌能力。

(四)成功经验

监狱管理工作扎实有效。监区大门值班民警严格执行相关规定制度,工作认真,及时发现并控制罪犯,防止脱逃事件的发生。

(资料来源:李全军等.监狱突发事件应急处置[M].石家庄:河北人民出版社,2010:248.)

服刑人员袭警事件应急处置实例剖析-2

2007 年 8 月 11 日 8 时 30 分许,良乡监狱罪犯石磊趁干警组织罪犯收看教育录像,监舍内人少之机,撞坏监舍内窗户玻璃。事务罪犯发现后向干警修俊涛汇报,修俊涛立即向监狱处置突发事件小分队及分监区长骆刚进行报告,随后赶到五班,发现罪犯石磊双手各持一块玻璃条(均长约 30 厘米、底部宽约 8 厘米的楔形玻璃条)架在自己的脖子上,干警修俊涛让其放下,石犯不听从,并大声喊叫:"我要见监狱领导。"分监区长骆刚接报后,考虑到罪犯石磊对其责任干警李伟比较信任,便直接叫回下夜班刚出监狱大门的干警李伟。

监狱处置突发事件小分队接报后,4 名成员携防割手套、电警棍等装备迅速到达现场。值班监狱长在安排医院医生到位待命的同时,迅速赶到六分监区值班室现场指挥,要求"一是攻心劝降,由其信任的干警主谈,争取通过谈话教育解决问题;二是做好强攻准备,伺机而动,果断处置"。干警李伟赶到现场后,规劝石犯放下玻璃条,并对其询问摸底,与其周旋、僵持一个多小时。小分队队员及分监区干警轮番对其劝说。经长时间对峙,石犯情绪有所缓和。干警李伟让他坐一会儿,石犯拉过身旁的一个凳子坐下,将右手的玻璃条立在卫生纸上。干警李伟又劝其喝点水,就在此刻,石犯右脚挪动一下,把架在卫生纸上的玻璃条碰到地上。干警李伟抓住时机,跃过桌子,扑向石犯。石犯见状,用右手又抓起玻璃条,要往自己的脖子上扎,于警李伟用左手死死抓住玻璃条,无名指被划伤(约 1 厘米),依然抓住不放,右手攥住石犯右手腕。同时,在场的 6 名干警一起冲进监舍,将其制服。

良乡监狱罪犯石磊手持玻璃自伤威胁干警的事件虽然结果比较圆满,但是其中指挥的不到位、随时可能恶化的事态还是应该引起重视。主要不足有:一是对谈判过程中对罪犯的真实动机没有掌握清楚,造成了双方的僵持。二是当时的情境要求指挥者直接到场与罪犯对话解决实际问题,但指挥者没有在现场直接解决。三是虽明确了主要对话谈判干警,但对话没有收到明显的效果。四是准备的防护物资(手套)未完全发挥作用,干警还是付出了流血的代价。

(资料来源:季锋.北京市监狱系统监管安全事件应对机制研究[D].北京:中国政法大学,2011.)

三、国外新型防暴制暴技术

武装暴力性,是警察权力区别于其他国家行政权力的最重要特征;能够合法使用警械武器,是警察区别于其他公职人员的最典型标志。当前,监狱民警警械武器的配备和使用问题没有受到应有的重视,非但配备种类和数量明显不足[①],其使用也受到极为严格的限制。正是因为如此,才会出现在警囚冲突处置案例中,有的是民警与服刑人员"两人滚作一团",场面不堪;有的是民警一哄而上,手忙脚乱;有的是民警近身徒手突袭控制凶器,场面紧张。在美国、英国等西方监狱的发展史中,监狱管理人员与服刑人员的对抗事件一直持续不断,而且有愈来愈严重的趋势。为了应对这些复杂的情况,各种新型防暴制暴技术和装备应运而生。

(一)电击武器

电击武器包括电棒、高压电棍、电击手套和电击枪等。这些武器的基本构造相同,内置的电磁高压感应圈最高可以产生上万伏的高压,能够在接触服刑人员的瞬间将其击昏。

电棒、高压电棍类似于电警棍。

电击手套是一种形似手套的警用器械,手套中装有电池,可以通过手掌心部分的电极触及服刑人员,在服刑人员身上产生 15000 伏以上的电击电压。与此同时,电击手套还可以通过复杂的电子装置产生一种与人脑相近的脉冲波,让服刑人员大脑出现暂时性脑震荡,瞬间失去知觉而瘫倒在地。

电击枪的发射原理与一般手枪相似,不同的是电击枪弹头的速度较慢,不会造成服刑人员内伤。电击枪弹头的尾部拖着一根细长的电线,弹头一触及服刑人员,枪体内的

---

① 2006 年 8 月,公安部制定出台新中国成立以来我国第一部《公安单警装备配备标准》,规定了全国各级公安机关民警个人的基本装备配备。其中,十件必配装备:警服、伸缩警棍、手铐、催泪喷射器、强光手电、警用制式刀具、警用水壶、急救包、多功能腰带、防割手套。五件选配装备:防刺服、对讲机、警务通、警用装备包、转轮手枪。除警服和警用装备包外,其他装备放在大小不同的皮套内,由一条多功能警用腰带串起,伴随民警执法执勤。由于职能和工作环境有所区别,我国监狱民警单警装备标准有别于公安民警,司法部规定单警装备内容包括警服、警棍(普通警棍、警拐和伸缩警棍)、手铐、催泪喷射器、强光手电及对讲机。

电池即刻发出近 5000 伏高压并通过电线传导至弹头,使服刑人员立即失去抵抗能力。这种威力颇强的警用武器,可以接连扣动扳机,形成连续电击。

(二)视觉武器

视觉武器主要包括强光手电筒、强光闪射器、防御电筒等。

强光手电筒是一种利用生物效应的武器,特别适用于夜间场合。只要将电筒对准服刑人员眼睛,然后猛喝一声以吸引其注意,电筒的高压强光经聚集在产生极为强烈白色弧光的同时,还能产生频闪,在 4 至 7 米的有效射程内瞬间破坏服刑人员眼底视网膜上的黑色素,致其暂时失明、昏眩。

强光闪射器形似手枪,能突然产生比 100 瓦白炽灯强 2500 倍的闪光,在发生爆炸声的同时可使服刑人员眼睛暂时失明。

防御电筒形似普通的手电筒,由两个容腔组成,一个装 3 节 1.5 伏特的电池,另一个装有一个 CS 气雾喷射器。CS 是一种无毒的高强度失能剂。

眩晕手榴弹使用无声引信系统,在弹药爆炸后发生的响亮声音和强烈闪光,能够让近处或室内的服刑人员遭受强烈震撼并迷失方向。

(三)特种枪弹

特种枪弹包括特种弹和特种枪。特种弹分作橡皮子弹、木栓子弹和麻醉子弹三种。前两种子弹是由一种特制的来复枪作为发射用枪,其大小与真子弹相差无几,只是弹速较慢,肉眼几乎能看到其行进过程。它们可以将服刑人员击昏,但极少能够突破皮肤,因而不会致命。麻醉子弹可以在普通枪械上使用,其主要构造是在一种特制的微孔塑料中注入速效麻醉剂。当子弹谢入服刑人员身体后,麻醉药剂迅速发挥作用,让服刑人员在 5 至 10 秒内即失去知觉。

专题研究

惩戒教育下的服刑人员行为模式和惩戒教育反思

惩罚攻击者的效果不那么稳定。只有当惩罚措施强大，及时并且确定；当它和对期待的行为进行奖励结合起来；而且接受者不愤怒这样的理想条件下，威胁惩罚才能消除攻击行为。

——[美]戴维·迈尔斯(David G. Myers)·《社会心理学》(*Social Psychology*)

　　服刑人员原来固有的错误观念、偏激个性以及行为恶习，不会因被判刑拘禁而凭空消除，服刑生活中具体表现为改造的被动性、消极性、脆弱性和摇摆性。由此而来，就是时有发生的服刑人员违规违纪乃至对抗民警管理。打击违规抗改行为，创建良好的改造风气和积极的改造氛围，有赖于监狱全方位、多层次手段的综合运用。作为服刑人员违规行为"警戒灯"和"矫正器"的惩戒教育，无论从适用广度、使用频率，还是从服刑人员行为控制的客观要求来看，都是刑罚执行工作中不可或缺的重要手段。

一、惩戒教育的概念与适用

　　惩戒教育，顾名思义，即监狱民警通过采用惩戒手段试图达成矫正教育服刑人员的目的。目前，理论文献和部门规章对惩戒教育的概念暂无明确界定。笔者认为，惩戒教育是监狱民警依据相关法律法规和方针政策，对服刑人员违规违纪的过错行为，通过诸如批评、训诫、考核扣分和从严管理等方式，给服刑人员身心施加影响，使其感到痛苦和羞耻，产生悔改之意，最终达成认知改善和行为矫正的目的。

　　《中华人民共和国监狱法》第五十八条规定，对服刑人员偷窃赌博、哄监闹事等重大破坏监管秩序的情形，可给予警告、记过或者禁闭处罚。从监管实践来看，服刑人员的违规违纪行为更多表现为"大错不犯，小错不断"。为维护监管改造秩序，加强服刑人员日常管理和行为引导，司法部先是出台了《监规纪律》、《犯人守则》、《囚犯改造行为"十不准"》，后来又颁布实施更加具体的《监管改造环境规范》和《服刑人员改造行为规范》等规章制度。惩戒教育，是对服刑人员违反生活、学习、劳动和文明礼貌等具体行为标准和规则,尚未造成恶劣后果和严重影响的过错行为的惩罚教育措施①。简单地说,惩戒教育适用于对服刑人员相对轻微的过错行为的处置。

二、服刑人员应激行为模式

应激(Stress),原是心理学领域的专有词汇,指在外部事件施加压力时,人们表现出诸如紧张、担忧、烦乱、恐惧等精神挣扎或内心冲突的一种主观反应。处于应激心理状态下,人们会采取积极或消极的行动以寻求身体机能的重新平衡。不同情形下,对于监狱民警实施的惩戒教育,不同服刑人员的应激行为模式也表现出明显差异。研究分析服刑人员在惩戒教育下的不同行为模式,有助于民警准确把握服刑人员的内在心理活动,正确认识惩戒教育实践中的偏差和不足,不断完善、充分发挥惩戒在矫正教育中的"行为修正(behavioral modification)"作用。

(一)服从

社会心理学意义上的服从,即"公开表示接受某种观点与态度,但内心并未真正接受"②。警囚双方在身份和地位上的绝对不对称,导致彼此权利和义务的绝对不对等。面对监狱民警的强权和惩戒,服从,成了更多服刑人员的习惯性选择。就此而言,服从是服刑人员在强制力量压制下,从表面上转变自己的态度,具体表现为对民警惩戒的外在接受和行为改善;但这种接受和改善并不是真心实意的行为,而是避免受到更严厉惩罚的不得已的权宜之计。服刑人员阳奉阴违的服从结果可能事与愿违——表面虚假的现象掩盖了实质内容,无时无刻不在酝酿可怕的风险和危机。

> 民警:张某某,这次的监区队列考核,又是你影响了整个中队的荣誉,你说该怎么办?
> 张某某:我太紧张了,平时我的队列动作还是蛮标准的。
> 民警:紧张,现在说紧张有什么用。这个周每天晚上"立正定型"两个小时。
> 张某某一言不发。(暗想:两个小时?鬼才能站得下来)
> 民警:听到我的话了没有?(语气严厉地)
> 张某某:是。

---

① 从监管实践看,《监狱法》中所界定的警告、记过或者禁闭区区三种行政处罚手段,显然不能满足服刑人员管理需要。国外监狱对服刑人员违规违纪的行政处罚手段更为细密、严谨:日本《监狱法》中对服刑人员的行政处罚种类有12种;韩国《监狱法》中对服刑人员的行政处罚有8种;德国《刑罚执行法》中的纪律惩戒措施主要有3大类,综合起来有14种之多;美国《监狱法》有6大类对服刑人员行政处罚手段;意大利对服刑人员的处罚手段有22种;台湾对罪犯的处罚手段也有6种。

② 何为民.罪犯改造心理学[M].北京:法律出版社,2002:60.

服刑人员对惩戒的服从极少是内心情感上的"折服",外在行为和内在认识相差甚远,常常表现为"口服心不服"。善意(教育),是监狱民警对服刑人员实施惩戒时始终要保持一个基本态度。倘非如此,就容易引起服刑人员反感,也会给自己惹来一身不快。尽管就服刑人员行为改善的"服从——同化——内化"三阶段历程而言,服从是服刑人员改造从被动到主动的必经阶段。然而,如若服刑人员仅仅是出于趋利避害的本能,告诫自己不要再犯类似错误,那么,他们对民警惩戒选择服从模式的同时,惩戒本应激发的服刑人员自我反省、自我教育效果也就大打折扣,服刑人员改造从被动到主动的跨越随之而变得相对漫长了。

(二)讨好

对更严厉惩罚的下意识规避极易导致服刑人员的习惯性服从;当走向极端时,服刑人员的服从也就演化成了讨好。讨好民警并不是真正意义上的服刑人员认知水平的提高,服刑人员的行为取向只是一个——减少遭受惩戒的可能。

> 陈犯:报告干部,今天王某在跟别人讲……我感觉他不能讲这些不利于改造的话。
>
> 民警:你知道他说得不对,还能马上报告,很好。
>
> 陈犯:报告干部,我还有件事。昨天内务检查,我的衣柜有些乱,我知道是我不对,我以后肯定会改正,你放心,看我以后的表现好了。我以后不但把内务整理好,其他方面我也会好好表现。

由于讨好监狱民警能够得到这样或那样的实惠,所以,只要有机会,服刑人员不管不顾自己的行为性质,甚至会无中生有地捏造乃至纵容其他服刑人员的违规行为,而后再以告发者的姿态出现。这些服刑人员的言行具有一定的伪装性,他们善于揣测民警心理,在民警面前唯唯诺诺,想方设法投其所好。在参与改造方面,他们善于做表面文章,典型的"只做眼皮子事","表面一套,背后一套"。

(三)合理化

人趋乐避苦的本性,在服刑人员身上表现得淋漓尽致;入狱前长期的不良生活方式,更是养成他们自我放纵、好逸恶劳的恶习。这与监狱要求的"遵守监规纪律、服从民警管教、认真'三课'学习、积极劳动生产"之间,形成难以调和的矛盾。如何既能恣意妄为、得过且过,又能让自己的违纪行为免受惩戒成了服刑人员的难题。服刑人员比较惯用的应对模式就是"合理化",即给自己的违规违纪行为披上貌似合理的外衣。

> 民警:赵某某,昨天为什么没有完成定额劳动任务?
>
> 赵某某:缝纫机坏了。
>
> 民警:坏了多久?

赵某某:机修工一直没过来,按照规定我又不能随便离开自己的位置。所以,缝纫机很长时间不能用。

"缝纫机坏了"、"机修工一直没过来"、"不能随便离开自己的位置",这三个原因成为服刑人员赵某某逃避劳动堂而皇之的理由。也正是因为如此,赵某某逃避劳动的真实意图也就没有引起民警的警觉。反过来,如果赵某某不加掩饰地直接抗拒劳动,其结果自然不必言说。类似的部分服刑人员从表面上看安分守己、遵规守纪,实际上,他们只是善于从自我的角度,为免遭惩戒而进行必要的行为控制和"合理"规避。

伪病,是服刑人员"合理"逃避改造和惩戒的一种典型和常用行为模式。

(四)投机

"合理化"的违规行为有一定的欺骗性,一旦被监狱民警识破,涉事服刑人员难免遭受更严厉的惩罚。相较而言,"投机"行为是完全隐蔽的,似乎更安全些。面对繁杂的工作,民警的注意力不可能时时指向服刑人员,更不可能时时指向每一个服刑人员。此外,民警的"领土观念"也极大地限制了他们的观察范围。服刑人员会趁民警注意力没有指向自己时,实施违规行为,逃避改造。

周某某:你怎么傻傻地干那么多?

吴某某:做得太少,干部能饶了你。

周某某:屁! 他一双眼睛能时时盯着你? 盯着你的时候你卖力点儿不就得了? 再说,整个监区就我俩做一样的工序,我俩都做得少,干部肯定以为这道工序就是不好做。到月底,我们还不是照样拿高达标。

服刑人员的"投机"行为,经常是预谋型的,手法更像是游击战,而不是正面交锋;因为隐蔽性强,破坏性也更持久,而且极具传染性,容易诱发犯群不良风气。

(五)抵抗

合理化和投机具有一定的伪装性,抵抗则是服刑人员对监狱民警管理的公开对抗。从影响程度上看,没有伪装的对抗通常被认为比伪装的偏差行为更为严重,因为伪装可以被当作是对管理的服从。

对民警惩戒采取抵抗模式,有服刑人员主观意识方面的原因——认知偏激、自控力差、情绪不稳且外露等等,也可能是客观刺激方面的原因——服刑人员合理诉求得不到满足、民警惩戒不当或者惩戒过度、惩戒只是单纯的惩罚缺少必要的教育等等。

民警:你的劳动产值一天不如一天,什么意思?

肖某:我现在正在被从严管理,晚上休息不好,白天干活没精神。

民警:从严管理期间更应该好好表现! 好好反省自己的行为!

肖某:反省! 反省什么? 已经从严管理了,大不了你再关我禁闭好了。

惩罚有时会引起消极情绪及攻击反应。在戈夫曼(Erving Goffman)的编剧理论①看来,抵抗可以被看成为保护自我免受外来攻击的一种方式。一般说来,如果监狱民警惩戒强度超过服刑人员的忍耐力就有可能发生抵抗;如果民警控制强度高,即使在服刑人员的忍耐力之上也不易导致服刑人员的抵抗。这有点类似于镇压的效用,因为服刑人员的抵抗也只是出于本能的自我保护需要。民警的惩戒出乎服刑人员预料,譬如服刑人员认为不会招致惩戒的行为而受到了惩戒,又或者认为不会招致严厉惩戒的行为而受到了严厉的惩戒,也是服刑人员对惩戒采取抵抗行为的原因之一。

三、惩戒教育存在的若干问题

随着"规范执法行为,促进执法公正"活动的深入开展和"教育"、"人道"理念的广泛传播,监狱民警的管教行为正日渐规范。不过,一些监狱民警对惩戒的本来意义存在模糊认识,将惩戒与惩罚混同,这势必影响到惩戒作为教育手段在服刑人员管理中的合理运用。如此,出现像上文描述服刑人员采取消极甚至过激模式应对民警惩戒的现象,也就没有什么好惊讶的了。

(一)手段单一、生硬

监狱民警完全依靠强制力量实施惩戒,不管不顾服刑人员的感受,让本应讲究方式方法、追求矫正效果的惩戒教育在实施过程中变成为了惩罚而惩罚。

(二)惩戒过度

身处绝对的主导地位,极易造成监狱民警对惩戒的过度实施。调查表明,诸如面壁反省、取消会见、拍头打耳光等过度惩戒行为,几乎每隔几天就会在某个不特定的服刑人员身上发生。很多民警自己也坦言,在惩戒"度"的把握和方式的运用上,总也找不到准点。

(三)惩戒不公

对服刑人员不公正的惩戒,在部分监狱民警身上时有体现。譬如,当"表现好"的服刑人员和"表现差"的服刑人员犯有同样的错误时,民警往往对前者视而不见而严厉责罚后者。

有服刑人员向笔反映,若是一个"表现好"的服刑人员和一个"表现差"的服刑人员争吵,即使过错在前者,被批评或受责罚的也往往是后者。这种不公惩戒的存在,不但使得惩戒的教育意义荡然无存,而且极易诱发服刑人员的对立情绪和对抗行为。

---

① 欧文·戈夫曼是社会学领域现代象征互动论的代表人物,他的编剧理论认为:人们以多种方式向他人表现自己,目的在于影响别人对他们的印象和相互间的行为。

(四)滥施惩戒

不同于警告、记过和禁闭处罚有着明确的适用范围和严格的审批手续,目前还没有具体的实施细则对监狱民警的惩戒行为加以规范,这在一定程度上导致了惩戒的泛滥。滥施惩戒直接表现为民警惩戒的随意性。正如有服刑人员所言:惩罚是基于犯错误的人是谁,是哪位干部逮住了犯错误的人以及当时这位干部的心情如何。

四、惩戒教育的教育原则和基本要求

惩戒,是为了促使服刑人员在外部力量作用下警醒,促使服刑人员在痛定思痛过程中的反省和改过。然而,事与愿违——惩戒非但未达成预期的教育效果,反而往往与监狱民警的本来意图背道而驰,导致警囚关系紧张。为保证惩戒教育在服刑人员认知改善和行为矫正方面功能的充分发挥,在提高民警整体素质和执法水平的同时,必须确立惩戒教育的教育原则并遵循若干基本要求。

(一)教育原则

惩戒既不是服刑人员肉体上的虐待,也不是人格的侮辱或精神的摧残。惩戒仅仅是教育的手段,教育才是惩戒教育的根本目的——真正能使服刑人员外现为违规行为的内在思想认识发生根本转变并心悦诚服的只能是教育。

惩罚使人顺从,但却不会使人善良。[①]

暴力是一种物理的力量,我无法看到暴力可以产生在道德方面的影响。[②]

作为生物,人可以被强制,即他的身体和他的外在方面都可以被置于他人暴力之下;但是他的意志是绝对不可能被强制的。[③]

单纯惩罚哲学的有效性远远低于教育康复哲学带来的益处,后者在当前刑罚思想中应该占据不容置疑的优先地位。[④]

确立惩戒的教育原则,民警在对服刑人员实施惩戒后的及时疏导、启发,有以下几个不可替代的作用:

---

① 尼采.论道德的谱系:善恶之彼岸[M].谢地坤,等,译.桂林:漓江出版社,2000:60.
② 卢梭.社会契约论[M].施新州,编译.北京:北京出版社,2007:8.
③ 黑格尔.法哲学原理[M].范扬,等,译.北京:商务印书馆,1961:96.
④ Robert J.P and Susan J.M., Psychology for Correctional Education: Facilitating Human Development in Prison and Court School Settings[M]. Illinois: Charles C Thomas Publish. 1992:19.

1. 消除服刑人员可能出现的悲观失望、自暴自弃等不良情绪。因为对自己和周围事物持消极态度,部分服刑人员遭受惩戒后不是从惩戒中反省自己的言行,而是得到错误的经验和体验,对以后的改造生涯作出暗淡预期,丧失改造信心。

"应该让每一个人都认识到,惩罚不仅是理所当然的,而且是符合他自己的利益的;应该让每一个人都在惩罚中看到对自己的好处。"①监狱民警通过引导和教育,让服刑人员知晓他们为什么会受到惩戒,让服刑人员明确惩戒不是单纯由于他们犯有过错,更多是为了让他们不再犯类似的过错。如此一来,服刑人员自然就会打消顾虑,也就能够正确地辨别和评价自己的过错行为并承担惩戒后果。

2. 消除服刑人员对民警的隔阂和怨恨

通过交谈,监狱民警可以了解服刑人员对惩戒的切身感受,也让服刑人员通过倾诉释放部分张力。为了保证服刑人员的安全感,让谈话能够顺畅进行下来,在谈话初始阶段,民警不宜过多干涉、左右服刑人员认识和情感的真实表述,即使那是错误认识和负性情感。谈话后期,民警可以通过讲解监狱严格管理的目的以及服刑人员遵规守纪的必要性,讲明惩戒的具体理由和原因,纠正服刑人员在言行上的偏差,取得服刑人员对严格监管的认同。

(二)基本要求

1. 最少

惩戒,特别是与服刑人员身体相关的惩戒,同体罚或变相体罚之间并没有明确的"分水岭",是一种不易把控的教育手段。所以,监狱民警使用时有必要采取审慎的态度,特别要注意克服"情绪化"惩戒,更要防止出现"以管代教"、"以罚代教"的现象。如果确有必要实施惩戒,也应在规定的标准和范围内实施,并在惩戒的同时让服刑人员知晓、理解惩戒的原因。

边沁(Jeremy Bentham)在《道德与立法原理导论》(*An Introduction to the Principles of Morals and Legislation*)一书中提出的不应当施加惩罚的四种情况,②对监狱民警运用惩戒手段教育服刑人员应该会有所启示:

(1)惩罚无理由,即不存在要防止的损害,行动总的来说无害;

(2)惩罚必定无效,即不可能取得防止损害的作用;

(3)惩罚无益,或者说代价过高,即惩罚造成的损害大于它要防止的损害;

(4)惩罚无必要,即损害不需要惩罚就可以加以防止或自己停止。

2. 规范

惩戒教育是一种以法律强制力为后盾的严肃执法活动。很显然,这样的一项特定活动不应该是随意进行的,它的实施应当有严格的规章制度加以规范。没有实施规范的参

---

① 福柯.规训与惩罚:监狱的诞生[M].刘北成,杨远婴,译.北京:生活·读书·新知三联书店,1999:122.

② 边沁.道德与立法原理导论[M].时殷弘,译.北京:商务印书馆,2000:217.

照,惩戒就会走样,不仅于事无补反而容易诱发服刑人员的抵触。

鉴于惩戒教育的重要性和敏感性,制定操作性较强的惩戒教育细则是当务之急。

3. 准确

惩戒,是监狱民警对服刑人员行为的明确否定,直接关系到服刑人员的切身体验和行为控制,所以,对服刑人员的惩戒一旦偏颇或者颠倒,不仅会影响服刑人员对民警的信任,而且很容易导致服刑人员认识和判断上的混乱,造成服刑人员"失去改造方向"。

唯有全面掌握服刑人员违规行为的前因后果及危害程度,监狱民警的惩戒处罚才能做到事实清楚、定性准确、处罚得当。

4. 及时

放纵自己后可以获得这样或那样的愉悦体验,就服刑人员实施违规行为人心理动力之一。按照行为主义心理学认知失调论的说法,服刑人员实施违规行为后,实施行为——获得愉悦的暂时神经联系还很不巩固;及时给予惩戒,可以相对容易地动摇、瓦解服刑人员暂时建立的愉悦体验条件反射系统。此外,及时的惩戒刺激还能够把服刑人员的违规行为与惩戒所引起的焦虑、羞耻等负性心理体验相联结,给服刑人员以暗示:与沉重的负性心理体验相比,违规违纪带来的暂时愉悦根本就得不偿失。

5. 适度

惩戒的适度,是指批评和惩罚的恰如其分。一般而言,轻微、适度的惩戒会起到更大的作用,而且更经济。如果某个服刑人员只是因无意或疏忽造成轻微过错行为而被严厉惩戒,他自然会有遭受到不公正待遇有感受,心怀愤愤。反过来,如果某个严重违规的服刑人员只是受到轻描淡写的批评,他就会得意忘形,愈加肆无忌惮。另外,如若惩戒面过大,"法不责众"、"人多不丢人"心理会让惩戒于服刑人员"痛苦和羞耻"的体验和刺激作用大打折扣;如若某个服刑人员在短时间内遭受惩戒的次数过多,他又极易产生"破罐子破摔"的想法,最终发展成为改造的"刺头"。

专题研究
服刑人员违规处罚的法理审视和程序保障

一切有权力的人都容易滥用权力，这是亘古不变的一条经验。有权力的人使用权力一直遇到有界限的地方才休止。

——[法]孟德斯鸠(C.L.Montesquieu)·《论法的精神(*The Spirit of the Laws*)》

本节试图从法理角度审视监狱对服刑人员违规违纪行为进行处罚(以下简称服刑人员违规处罚)的本来属性,提出服刑人员违规处罚应遵循的基本原则和正当程序,希望能够帮助监狱民警正确认识、准确把握服刑人员违规处罚的内涵和外延,避免因处罚服刑人员不当而导致警囚冲突事件发生。

一、概念界定与基本属性

服刑人员违规处罚的概念,目前在理论文献和法律法规中均无明确的界定。结合监狱执法工作实践和本节研究方向,笔者尝试作出如下定义:监狱为维护正常的监管教育改造秩序,依据法律法规授权对违反监规纪律的服刑人员进行的一种否定性强制惩戒与制裁,具体体现为对服刑人员一些需要和利益的限制或剥夺(批评训斥、口头警告等不直接产生限制或剥夺服刑人员权益的处分,不在本节讨论之列)。

服刑人员违规处罚不是监狱民警采取简单、机械的方式对号入座般将监规纪律适用于事先设计好的某种确定情形,而是一种创造性的矫正教育实践活动。准确认识服刑人员违规处罚的本来属性,是强化民警法治观念和理性思维,发挥服刑人员违规处罚本来功效的前提和必须。

(一)服刑人员违规处罚是监狱依法行使的行政处罚手段

行政处罚是指具有法定权限的行政主体,对违反法律规范的公民、法人或其他组织实施的一种行政制裁。服刑人员违规处罚完全符合行政行为成立的四个要件:监狱作为"国家刑罚执行机关"具备行政主体资格(主体要件);对违规违纪服刑人员实施具体处罚行为(权力要件);处罚决定通过处罚决定书的形式告知服刑人员后生效(形式要件);处罚行为产生特定的法律效果(法律要件)。行政行为单方性、强制性等的法律特征,服刑人员违规处罚亦实质具备:处罚的实施,由监狱单方面作出和执行,不需要事先征得服刑人员同意或与其进行协商;即使允许服刑人员对有异议的处罚提出申诉,但是因为处罚实施主体和申诉处置主体合二为一,除非有明显的过错,否则监狱一般不可能对先前作出的处罚行为进行纠正。

综上所述,服刑人员违规处罚体现的是一种管理与被管理、支配与被支配的关系,完全具备行政权力表现的法律性、执行性、强制性和不可处分性四个特征,是监狱依照法律法规对违规违纪服刑人员作出的具体行政处罚行为。

(二)服刑人员违规处罚源于国家公权

服刑人员违规处罚的法律依据,主要来自三个层面。《中华人民共和国监狱法》(以下简称《监狱法》)规定:"监狱的人民民警依法管理监狱、执行刑罚、对服刑人员进行教育改造等活动,受法律保护"(第五条);"服刑人员必须严格遵守法律、法规和监规纪律,服从管理,接受教育,参加劳动"(第七条);"监狱应当建立服刑人员的日常考核制度,考核的结果作为对服刑人员奖励和处罚的依据"(第五十六条)。不过,《监狱法》没有也不可能对服刑人员违规处罚的具体内容做出详尽说明。实践中有关服刑人员违规处罚的具体内容,由司法部以部门规章的形式体现,这构成服刑人员违规处罚法律依据的第二个层面。《司法部关于计分考核奖罚服刑人员的规定》(以下简称《计分考核规定》)第四条明确:"对有违纪行为者给予扣分,并以奖分、扣分的累计分数作为行政奖罚的依据,实行不同的处遇。"各地监狱管理局和监狱自行制定的具体的服刑人员考核奖惩实施细则、监规纪律等,实际构成服刑人员违规处罚法律依据的第三个层面。

从表面上看,服刑人员违规处罚是监狱依据法律法规授权对服刑人员实施的管理行为;从根源来看,服刑人员违规处罚源于国家和监狱间的权力再分配,是一种根据公认的基本原则行使的公权力。

区别和强调服刑人员违规处罚的公权性与民事权利的私权性具有十分重要的意义,因为它直接关系到监狱(民警)应如何行使这一权力,以及这一权力应受到如何的监督与控制。

> 一个人可以订立遗嘱按照自己的意愿处理自己的财产,只要保证了被赡养和被抚养的人的权利就行。他的遗嘱可以出于恶意或报复心理,但在法律上,这并不影响它行使权力。同样,个人有绝对的权利允许他喜欢的人使用其土地,赦免债务人,或在法律允许时驱逐房客,不考虑其动机。……但是一个公共权力机关就不能做其中的任何事情,它只能合理地、诚实地行事,只能为了公共利益的合法目的行事。①

(三)服刑人员违规处罚的自由裁量权是"有限的"

《监狱法》第五十八条规定,监狱可以给予服刑人员"违反监规纪律的其他行为"以处罚。《计分考核规定》第三十三条明确:"各省、自治区、直辖市司法厅(局),可根据本规定

---

① 威廉·韦德.行政法[M].徐炳,等,译.北京:中国大百科全书出版社,1997:69,63.

并结合本地区情况，制定实施细则。"这实际上是国家赋予监狱在服刑人员违规处罚方面一定的自由裁量权。

服刑人员违规处罚的自由裁量权是"有限的"。之所以特别强调这一因为理所当然而看似并无价值的命题，是因为实践中的服刑人员违规处罚存在如下普遍性的不良现象：(1)类似"面壁"、"抄规范"、"取消接见"和"禁止购物"等名目繁多的，有别于"体罚和变相体罚"的"创造性"处罚泛滥；(2)服刑人员违规处罚的随意性和不规范性。一如有服刑人员所言："惩罚是基于犯错误的人是谁，是哪位民警逮住了犯错误的人以及当时这位民警的心情如何。"不客气地说，上述现象正是部分监狱民警对法律法规赋予监狱自由裁量权扩张和滥用的明证。服刑人员违规处罚虽属监狱自由裁量范围，但自由裁量亦要根据公认的合法合理、公平公正原则做事，而不是全凭个人好恶。自由裁量权不应是专断的、含糊不清的、捉摸不定的权力，而是法定的，有一定"限量"的权力。①

《监狱法》开篇明义："为了正确执行刑罚，惩罚和改造服刑人员，预防和减少犯罪，根据宪法，制定本法。"在行使服刑人员违规处罚自由裁量权时，监狱民警同样也必须是基于"惩罚和改造服刑人员"的根本目标，在法律授权范围内严格执法、"有限"自由。

(四)服刑人员违规处罚是监规纪律发生效力的必需措施

社会规范之所以能够在社会生活中发挥规范个体行为、调整社会关系的作用，其中一个重要原因，在于社会规范中的强制性因素督促人们按照其指引的方向或提供的模式来作出或抑制自己的行为。同样，为维护监管改造秩序，强化服刑人员日常行为引导，诸如《服刑人员改造行为"十不准"》、《监狱服刑人员行为规范》等监规纪律的实施，也必须有包括违规处罚在内的若干强制力量的保证。

> 为纪律赋予权威的，并不是惩罚；而防止纪律丧失权威的，却是惩罚，如果允许违规行为不受惩罚，那么纪律的权威就会逐渐为违规行为所侵蚀。②

服刑人员违规处罚对监管改造秩序的保障作用体现在三个方面：一是约束和规范，让服刑人员自觉或不自觉地将其行为纳入秩序的范畴，逐渐养成良好行为习惯；二是制裁和预防，对服刑人员特定的违规违纪行为及时予以惩戒，在防止违规违纪行为恶化的同时让被处罚服刑人员获得负向刺激，不至重犯；三是警示和教育，对有着同样或类似违反监规纪律行为倾向的服刑人员以震慑，使之抑制自己的不良行为而不至于被效仿蔓延。

---

① 威廉·韦德.行政法[M].徐炳，等，译.北京：中国大百科全书出版社，1997：69,63.
② 爱弥尔·涂尔干.道德教育[M].陈光金，等，译.上海：上海人民出版社，2001：162.

二、服刑人员违规处罚基本原则

服刑人员违规处罚基本原则,是其基本属性或者说内蕴价值的具体体现,是监管改造实践经验的科学总结,是民警运用处罚手段处置服刑人员违规违纪行为所必须遵循的准则和规范。唯有在准确把握服刑人员违规处罚基本原则基础上,监狱民警才能破解法律法规稳定性、一般性和服刑人员违规违纪行为动态性、特殊性这一对无法回避的矛盾,才能充分发挥服刑人员违规处罚"警戒灯"和"矫正器"的独特作用。

(一)处罚与教育结合原则

和正常人一样,服刑人员具有主动性、能动性、选择性和表演性,他们并不是被动地接受处罚影响,而会进行"选择"和"表演";和正常人不一样,服刑人员在意识、认知方面存有缺陷,他们往往从负面来看待监狱民警的处罚,很少会主动地进行自我教育。所以,欲达成服刑人员违规处罚的教育目的就必须与教育相结合。这一点,我们也可以从佩莱格里尼(Robert J. Pellegrini)和迈耶斯(Susan J. Meyers)的论断中得到证明:"单纯惩罚哲学的有效性远远低于教育康复哲学带来的益处,后者在当前刑罚思想中应该占据不容置疑的优先地位。"①

强调处罚与教育相结合,并不是要以教育代替处罚——与处罚一样,单纯的说服教育,其作用也是有限的。打击服刑人员违规抗改行为,创建良好改造风气和积极改造氛围,有赖于全方位、多层次矫正教育手段的综合运用。

(二)法定原则

刑罚执行和矫正教育,是一项法律性、政策性很强的工作。尽管监狱(民警)有权对违规违纪服刑人员进行处罚,却不能以一种违法行为去制止另一种违纪行为。包括违规处罚在内的任何狱内强制措施,其使用最基本的要求是法治而不是任性,否则,不但于事无补,而且还会增加服刑人员抵触情绪。

1. 处罚设定合法

服刑人员违规处罚的形式和幅度,必须有依据。服刑人员违规处罚的设定依据,可以是法律、法规、部门规章以及规范性文件。《监狱法》、《计分考核规定》和地方监狱管理局、监狱自行制定的规范性文件明确的服刑人员违规处罚,仅由警告、记过、禁闭以及考核扣分四项构成。监狱民警不能在这四项之外另设处罚的种类和肆意扩大其适用范围。当然,上述处罚种类设定与监管实践需求相比还是有些距离,但我们也只能从立法(包括部门规章)层面解决,在"法无明文规定"前不能恣意"独创"。

2. 处罚行为合法

---

① Robert J. Pellegrini and Susan J. Meyers,Psychology For Correctional Education:Facilitating Human Development in Prison and Court School Settings[M]. Illinois:Charles C Thomas Publish. 1992:19.

服刑人员违规处罚是建立在对服刑人员违法、违纪事实认定基础上,具体适用法律法规作出处罚决定。这一处罚活动的每个环节、每个过程都必须符合法律的规定。具体说,一是对服刑人员违法、违纪事实的认定准确无误;二是证据收集客观、真实;三是不得超越职权或滥用职权。

3. 处罚主体合法

我们已经在前文界定:"服刑人员违规处罚是监狱依法行使的行政处罚手段";《行政处罚法》规定的行政处罚实施机关为"具有行政处罚权的行政机关"或"法律、法规授权的具有管理公共事务职能的组织"(《中华人民共和国行政处罚法》第十五条)。所以,唯有监狱才是服刑人员违规处罚实施的合法实施主体。《计分考核规定》第十三条规定的"加、扣分的审批权,根据分数多少,分别由中队、大队、支队(监狱)行使",也只能理解为监狱监区可依规定拥有"加、扣分的审批权",而非拥有"加、扣分权的决定权"。监狱监区针对服刑人员违规违纪行为的扣分处罚,同样要以监狱的名义作出才具有法定效力。换个说法,监区、某个或某几个监狱民警皆不具备处罚主体的正当性,也就无权作出服刑人员违规处罚决定。

(三)公平公正公开原则

"凡为法律视为相同的人,都应当以法律所确定的方式来对待,相同的人和相同的情形必须得到相同或至少是相似的待遇,只要这些人和这些情形按照普遍的正义标准在事实上是相同的或相似的。"[1]监狱民警必须保证监规纪律的统一适用和同等对待;只有在具有合理依据且能得到客观证实时才可以区别对待。坚持服刑人员违规处罚的公开原则,不但有利于监督和制约民警的执法行为,而且能够利于服刑人员违规违纪行为的积极预防。

服刑人员违规处罚的公平公正原则具体可以概括为以下两点:(1)一视同仁。处罚违纪服刑人员时,并不要求监狱民警对每个服刑人员、每件违规事项都采取同一种处置方式,但切忌从个人角度讲亲疏和好恶,不能因为民警主观因素而放宽或加重处理尺度。从监管执法实践来看,服刑人员违规处罚尺度不统一是诱发警囚冲突的一个重要因素,也是影响到民警执法威信的一个最大因素。(2)过罚相当。过罚相当是对《刑法》"罪刑相适应"的借鉴,具体指在法律法规规定范围内,综合服刑人员主观过错和违规行为性质、情节以及造成后果确定处罚种类和幅度。严格地讲,在监管实践中常见的"专项整治"、"抓典型"等服刑人员违规处罚方式,与公平公正原则相悖,带有很强的随意性。

(四)权利保障和有效救济原则

法的根本目的(至少是根本目的之一)是保障和实现人的权利。包括服刑人员违规处罚在内的监狱执法活动,如果离开了对服刑人员权利的辨认、尊重和保障,就会异化为

---

① 博登海默.法理学法律哲学与法律方法[M].邓正来,译.北京:中国政法大学出版社,1999:286.

权力的滥用。由于深受"特别权力关系理论（The Theory of Special Power Relationship）"①影响和以住行为方式惯性作用,监狱民警在处罚违规违纪服刑人员时恣意限制、剥夺或侵犯服刑人员合法权利的现象,至今时有发生。

"有权利必有救济"。《行政处罚法》第三十二条规定:对认为不当的处罚"当事人有权进行陈述和申辩……不得因当事人申辩而加重处罚。"《计分考核规定》第十一条也有"犯人对加分、扣分不服时,可以提出申辩"的条款。有学者认为,服刑人员申诉（诉冤）制度的确立,是一种具有建设性的积极举措。这种机制可以产生多方面的积极效果:可以改善监狱管理,帮助监狱发现问题;可以降低服刑人员的挫折感,从而减少监狱中的暴力行为;可以帮助服刑人员改造;可以将"正义"（justice）带进监狱。② 实际上,由于服刑人员在狱中的绝对弱势地位以及法律法规中关于服刑人员申诉受理对象、处置时限等规定的缺失,包括服刑人员申诉在内的救济措施难以操作（笔者还从没见过或听说过因服刑人员不服扣分决定提出申辩而更改扣分决定的先例;服刑人员申辩被定性为"不服管教"的现象却屡见不鲜）。这也是在此特别提出服刑人员违规处罚权利保障和有效救济原则的原因所在。

三、服刑人员违规处罚的程序保障

《监狱法》、《计分考核规定》等法律法规只是笼统地将"服刑人员违规处罚权"授予监狱,并没有具体规定监狱应当遵循何种处罚程序（现在监狱普遍施行的服刑人员违规处罚层层审批制,并非严格意义上的程序而更像是一种行政手续）。通过恰当、合理的服刑人员违纪处罚程序保障,可以在实践层面更好地推动监狱民警遵循服刑人员违规处罚应有的基本原则,防止权力运行的无序性、偶然性、专断性和随意性,改观服刑人员对违规违纪处罚的本能排斥。

笔者设想了服刑人员违规处罚操作层面的几个应然环节:

1. 监规纪律公布

用简明易懂的用语表述服刑人员必须遵守的禁止性规定,保证每个服刑人员熟悉监规纪律诸项条款,明确监狱对违反监规纪律行为的态度以及自己必然承担的后果。

2. 处罚启动

监狱民警发现服刑人员应当遭受处罚的违规违纪情形,以书面形式及时报知监区,监区审查后认为符合处罚条件并决定着手处理,服刑人员违规处罚程序即启动。处罚启

---

① 特别权力关系理论认为:在特别权力关系中,无论该关系是强制形成的,还是当事人的自由选择,当事人均不得利用普通的法律救济渠道寻求救济。行政机关可以在没有法律授权的情况下,直接根据自己管理的需要,发布规章或命令,安排或规范这种关系,不受法律约束。二战后,因有碍人权保障,特别权力关系理论因受到广泛和激烈的批判而逐渐衰落。

② 吴宗宪.西方犯罪学[M].北京:法律出版社,2006:489.

动须具备两个基本条件:明确的违规违纪行为或后果;来源可靠的事实依据。

3. 调查取证

服刑人员没有认定自己违规违纪行为的义务;服刑人员违规违纪行为的认定,由监狱指定专人收集证据——不仅要收集应给予处罚的证据,还要收集反证,切忌主观、片面。经过调查取证,未取得充分证据证明服刑人员有违规违纪行为的,应当终止违规处罚程序。通观现有的服刑人员违规处罚规章制度,几乎都涉及证据方面的规定,这不能不说是监狱"法治"的一种缺失。

调查取证不是所有服刑人员违规处罚的必经程序,对于事实清楚的违纪行为,违纪行为人对违纪事实又承认的,可以不经过调查取证环节。

4. 提出处罚建议

考虑到实际管理需要,对服刑人员的处罚建议可由服刑人员所在监区提出后报狱政管理科复核。除日常性且有明确条款规定应由监狱民警个人临机断然处理的情形外,对服刑人员的违规行为尽量由监区集体讨论后提出处罚建议。

5. 复核

服刑人员违规处罚复核的内容主要包括:认定的证据是否客观真实;证据与事实是否存有联系,各证据是否相互印证;适用处罚条款是否正确。经过复核,视不同情况作出处理决定:(1)违规违纪事实清楚、证据确凿,适用处罚条款正确,符合法定程序,作出处分决定;(2)违规违纪事实清楚,情节显著轻微或影响不大,服刑人员认错态度诚恳,可以酌情免于处分;(3)查无实证,不予处罚。

6. 决定

监狱制定的处罚决定书应载明下列事项:服刑人员的姓名、年龄、罪名、刑期、所属监区等基本情况;认定的违反监规纪律事实;适用处罚的理由和依据;监狱作出的处罚决定。

7. 申诉处理

确立服刑人员违规处罚中申诉处理环节的主要目的,是为服刑人员提供通过合法方式解决自己认为不公平待遇的合法途径,而不必采取顶撞民警、自伤自残等极端方式来摆脱困境或解决问题。

服刑人员申诉处置,涉及这么几个问题:(1)申诉处理至少应该包括两个层次,较低的一个层次是监区,应当尽可能地在这个层次解决服刑人员的申诉请求;高一级的申诉层次通常是分管狱政业务的副监狱长。(2)明确服刑人员申诉处理时间限制,督促相关人员(部门)及时处理服刑人员申诉请求。(3)为便于清楚表述问题和确定责任,服刑人员要用书面材料提出正式的申诉请求,申诉处置结果亦要有正式的书面答复。(4)保证服刑人员有通畅的申诉实现渠道——无论服刑人员处于什么样的处遇级别、受到什么性质的处罚。(5)明文规定并强调避免报复的防护性措施,让服刑人员可以丝毫不必担心因提出申诉请求而遭到打击报复。

8. 执行

服刑人员违规处罚决定一旦作出,即具法律效力,不管被处罚对象是否表示接受或是否提出申诉。

9. 个别教育

富有针对性的个别教育理应贯穿服刑人员违规处罚的整个过程。

结束语

进行服刑人员违规处罚调研,本来目的是研究服刑人员违规违纪处罚与警囚矛盾之间的紧密联系。随着调研的深入,笔者愈来愈明确:服刑人员违规处罚具有构建、维护和保障正常的监管改造秩序的重要功能和作用。这一功能和作用的最终实现,又完全取决于监狱民警处罚理念、处罚方式和处罚程序的实际情形。当然,有时在错位的处罚理念、粗暴的处罚方式、漠视服刑人员权益的简单快捷处罚程序下实施的处罚行为,也可能构建、维护和保障某种有条不紊的监管改造"秩序"。但这种"秩序"只能是暂时的,最终必将因服刑人员的不满和怨气爆发而终结。

专题研究
狱内申诉机制创建的理论和实践

公民的基本权利是一个潜在的独一无二的资源,尤其对那些缺乏其他种类资源的人来说,这一问题更加突出。

——[美]伦斯基(Lenski G.E.)·《权力与特权:社会分层的理论》(*Power and Privilege:A Theory of Social Stratification*)

　　尊重和保障包括申诉权在内的服刑人员基本权益,是严格要求和教育改造服刑人员的必要前提和基础,也是缓解警囚冲突的必需途径之一。

一、服刑人员狱内申诉的基本含义

　　一般意义上的申诉,作为一种正式的法律救济手段,是指公民或国家机关工作人员对国家机关作出的涉及个人权益的处理决定不服,依法向原处理机关或者上级机关或者法定的其他专门机关声明不服、述说理由并请求复查重新处理的行为。通常提及服刑人员申诉,我们首先想到服刑人员对已生效的判决不服,认为认定有误或量刑过重等,依照《中华人民共和国刑事诉讼法》和《中华人民共和国监狱法》等法律法规的规定,向人民检察院或是人民法院提出异议并要求给予调查纠正。

　　本节所说的服刑人员狱内申诉,特指服刑人员在服刑改造过程中,就监狱民警在日常监管改造中侵害其合法权益的事项,或认为监狱作出的日常考核、纪律处分不当,依照规定程序向监狱专门机构述说理由,要求给予负责任的答复或重新作出公正处理。

二、服刑人员狱内申诉的来源和性质

　　《宪法》第 41 条规定的公民申诉权,是服刑人员狱内申诉制度建立的宪法依据和理论基础。从法理视角解读,《宪法》规定的公民申诉权可分作两个方面:一是监督权意义上的申诉权,即公民通过申诉方式监督国家机关和国家工作人员公务活动。这一申诉权无主体、受理机关、时限、程序等方面的限制。二是请求权意义上的申诉权,即公民在遭到国家机关或国家工作人员违法失职行为侵害自己的合法权益时,享有申诉和请求取得国家赔偿的权利。这一申诉权有明确的主体、受理机关、时限和程序等方面的严格限制,如行政申诉。作为国家的根本法,《宪法》意义上的申诉是一个大概念,既包括民主意义上的申诉(监督权),也包括程序意义上的申诉(请求权),且更多地观照前者。

服刑人员在法律身份上首先是公民,而后才是危害了社会,触犯了刑法的犯罪人。树立权利至上理念,切实保障服刑人员合法权利,这是现代法治对服刑人员的终极关怀和必然要求。然而,监狱民警与服刑人员身份、力量对比的绝对不均衡,导致了民警的绝对权威和主导地位。如此一来,在监管执法实践中,民警过度或不当处分服刑人员以及恣意限制、剥夺或侵犯服刑人员合法权益的现象时有发生,也就不足为怪了。《监狱法》的立法者显然也意识到这一问题。为此,《监狱法》总则第七条中明确规定:"罪犯的人格不受侮辱,其人身安全、合法财产和辩护、申诉、控告、检举以及其他未被依法剥夺或者限制的权利不受侵犯。"《司法部关于计分考核奖罚囚犯的规定》第十一条也有提到:"犯人对(考核)加分、扣分不服时,可以提出申辩,考核评审组或考核领导小组应当认真复查,并及时给予明确答复。"

如果说作为公民基本民主权利在《宪法》出现的公民申诉权,其政治意义更甚,那么,《监狱法》第七条规定的服刑人员申诉权,其法律意义更强。不过,无论是《宪法》从公民基本权利角度出发对申诉的原则性规定,还是《监狱法》从服刑人员权益角度考量对申诉的笼统性阐明,都具有最普遍最一般的适用性。恰恰是这种"最普遍最一般",在监管教育实践中"最随意最模糊"——当前的监管执法实践中,并未实际存有专门的服刑人员申诉保障制度或者是途径。

三、建立服刑人员狱内申诉机制的意义

服刑人员狱内申诉机制,是一种具有建设性的积极举措,它通过监狱内部救济的方式,使服刑人员申诉权由应然转化为实然,为服刑人员提供了释放不满情绪和公开表明态度、发表意见的制度性保障。

(一)降低服刑人员挫折感

服刑人员如若受到不公正待遇或是自己认为受到不公正待遇,就会产生挫折感、义愤感和怨恨乃至仇视敌对情绪,风险就会从这一群体中产生:心理失衡和伴随而来的压力加剧最终导致服刑人员反社会的破坏心理,并可能在合适的外在条件下力求采取行动改变他们认为的不公平关系,直接表现为不服管理、自伤自残、行凶袭警等激烈冲突。

安全稳定是监狱工作的首要任务。服刑人员狱内申诉机制的运行为服刑人员提供了让监狱领导层了解问题、解决问题的载体和平台,让他们可以通过合法方式解决自己认为的不公平待遇,而不必采取极端手段。

(二)转化服刑人员思想认识

相当数量的服刑人员狱内申诉并不是由于监狱民警执法不公或服刑人员合法权益受到侵害引起的,而是由于服刑人员对于正常的分级处遇、合理合法的违规违纪处分在心理认知上出现偏差,单方面地认为监狱侵害到自己的合法权益或是民警执法不公。监

狱按照既定程序处置服刑人员狱内申诉的过程,实际上也是与服刑人员平等沟通、耐心交流的过程——通过摆事实、讲道理,让服刑人员分清是非、提高认识。

服刑人员狱内申诉机制的建立,在客观上以一种规范性的制度形式体现出监狱对服刑人员权利的尊重,使服刑人员拥有了对加于自己的不公平或不应有的伤害进行反抗和辩护的权利与机会,让服刑人员产生被尊重、重视和信任的切实体验,与监狱民警容易建立相对稳定的关系。

(三)畅通服刑人员诉求渠道

服刑人员狱内申诉机制为服刑人员提供了一条表达观点和宣泄情绪的畅通渠道,提供了可控的潜在冲突解决机会,是化解矛盾、缓和警囚冲突的重要手段。

(四)规范民警执法行为

对监狱民警的执法行为而言,服刑人员狱内申诉机制是一种潜在的监督和制约,可以有效约束民警权力的无限扩张。如此一来,既能提高监狱执法的规范性和公信力,又能增强民警依法保障服刑人员合法权益的内在意识。

(五)帮助监狱发现问题,改善监狱日常管理

四、狱内申诉机制处置一般流程

(一)申诉受理

服刑人员申诉须以书面形式提出。申诉申请书应写明申诉的请求、事实与理由,投放在监狱设置的服刑人员申诉箱内。服刑人员书写申诉材料有困难的,可以请其他服刑人员代写。服刑人员也可以通过“监狱长接待日”、“纪检接待日”的方式当面递交申诉申请书。监狱收到服刑人员狱内申诉申请书,视情书面向服刑人员下达狱内申诉受理书或驳回申诉请求。

(二)正式处置

对服刑人员狱内申诉申请作出受理决定后,正式启动狱内申诉程序。专(兼)职人员在规定工作日内向服刑人员狱内申诉委员会递交服刑人员狱内申诉受理申请书。服刑人员狱内申诉受理申请书应当载明下列内容:申诉服刑人员的姓名、所属监区、罪名、刑期、余刑及其他基本情况;申诉的事项、理由、要求;提出申诉的日期。

服刑人员狱内申诉委员会处理事实清楚、证据充分、争议不大的简单申诉时,可以采取书面审查方式进行。服刑人员狱内申诉委员会认为有必要通过会议方式进行研究的,可以召开全体委员会议进行研究并在规定工作日内作出申诉处理决定。因故确需延长申诉处理决定时间的,应提前告知申诉服刑人员。服刑人员狱内申诉委员会受理服刑人员狱内申诉,按照下列规定作出处理决定:原处理决定认定事实清楚,使用依据正确,程序合法的,维持原处理决定;原处理决定有下列情况之一的,撤销原处理决定:(1)主要事实不清,证据不足;(2)适用依据错误;(3)程序不符合规定;(4)有证据证明作出处理决定的部门超越或滥用职权,或相关人员有徇私枉法行为。

(三)事后跟踪

对服刑人员的申诉,押犯监区应予重视,由职能科室协助押犯监区做好服刑人员的思想教育工作,及时找服刑人员谈话,掌握服刑人员思想动态。对服刑人员的申诉情况应作具体分析,不能一概认定为不服从管理,并做好相应的思想教育工作。

第七章

Chapter 7

囚囚冲突预防与管控

哲学家们只是用不同方式解释世界，而问题在于改变世界。

——马克思·《关于费尔巴哈的提纲》

尽管服刑人员暴力行为管控是本章的主题之一（这也反映了当前监狱在处置囚囚冲突上的重点），事实上，预防更重要。区别于管控，囚囚冲突预防立足管控但关注"暴力行为"与"可能的暴力行为"间的界限。

接纳而非消除，是预防的潜台词。服刑人员间暴力事件数量下降或是增长趋势放缓，又或是暴力侵害程度的减弱，可以看作是囚囚冲突预防成功的标志。面对根本就无法避免的囚囚冲突，有限度地接纳，是唯一现实的做法。接纳囚囚冲突，并非是为了平息，而是为了避免让它们以更强烈、更残忍的形式出现。

第一节

多措并举：服刑人员暴力三级预防

其安易持，其未兆易谋。其脆易泮，其微易散。为之于未有，治之于示乱。

——李聃·《道德经》

预防聚焦的是囚囚冲突发生的先行条件,而不是它的后果。囚囚冲突事件已经发生再作出反应,这是犹如亡羊补牢的事后救济措施。囚囚冲突事件的事后(惩罚)措施,不仅大多功效有限,而且往往还伴随着负面效应的产生。

强调预防,是公共健康领域的一项重要共识——仅仅通过治疗患有某种疾病的人群而不探究疾病背后的发生原因并作出预警,这种疾病肯定会继续蔓延。公共健康领域强调三级预防模式:初级(primaty prevention)、次级(secondary prevention)和第三级(ter-tiaty prevention)。初级预防努力防止疾病和伤害发生的一切可能,关注可能导致疾病的社会和自然环境的所有方面;对象是"健康的"人,即通过设立积极屏障力图消除疾病发生的一切可能。次级预防强调识别个人处于疾病危险时的行为与环境;目标转向疾病易感染人群,试图将他们隔绝于危险情境之外或尽可能改善他们本身的适应力(防止轻微病症发展成为严重疾病或是慢性疾病,也是其努力方向)。第三级预防发生在疾病已经出现之后,努力减少健康问题可能给患者带来的长期影响;目的在于防止疾病恶化,其改善不被期待。

流行病学家斯拉金(Gary Slutkin)是传染病控制方面的专家,也是暴力行为预防的创新者。他明确提出"暴力也是一种传染病"[①]的论断,认为暴力行为的表现和传染病如出一辙,完全可以把暴力当作疾病对待。"虽然公共卫生工作不能完全解决暴力这一复杂的问题,但还是必须在全世界内尽最大的努力来预防暴力行为。对于暴力,重点在于预防,其出发点不是简单地接受或对暴力作出反应,而是相信暴力行为及其后果是可以预防的。"[②]世界卫生组织(World Health Organization,WHO)总干事特兰(Geneva Switzer-land)博士如是倡议。

---

① Slutkin G., Istitute of Medicine and National Research Council[M]. DC:The National Academies Press,2013:57.

② [2]Geneva Switzer-land. Multicountry Study on Womens'Health and Life Experiences Questionnaire[M]. Geneva:World Health Organization,2000.

借助公共卫生领域经常使用的框架设计,我们也完全可以将囚囚冲突管控途径分作三个阶段:初级预防(广泛预防)、次级预防(针对性早期干预)和第三级预防(救助和治疗)。

本章各节的阐述,基本上是围绕这三个预防层次展开的。医生为患者开的处方,有时候并不能马上治愈疾病,甚至有时候根本就不能治愈。同样的道理,我们即将讨论的囚囚冲突预防措施,也并非每一条都可以实现预期效果。不回避地说,笔者的一些建议,有的听起来好像白日做梦,具体操作起来也颇有难度或是根本就不可能实现。也许是因为我们没有动力或是决心去践行这些建议,也许是因为这些建议本身就难以驾驭。不过,即使这些建议的目标指向哪怕只有部分实现了,也肯定会为囚囚冲突管控带来希望。

一、初级预防

囚囚冲突初级预防的长期目标,是通过改善或消除诱发环境或条件以减少服刑人员间暴力事件的发生。初级预防能够运用相对低廉的成本对庞大的服刑人员群体施加影响;服刑人员群体也要求做到暴力行为预防低成本的全覆盖。因此,囚囚冲突初级预防不是一对一的为每一个服刑人员个体提供非暴力培训,而是通过大众化方式为服刑人员间暴力问题的解决提供基础性支持。

让人沮丧的是,即使《监狱法》中有明确规定的"三课"教育,在实践中也由于这样或那样的原因而处于边缘化的状态。所以,安排专门时间为服刑人员进行以课堂化集中教学为主的专门的非暴力教育显然不太现实。如何通过科学设计、统一协调将服刑人员间暴力预防元素融入矫正教育之中,还需要进一步的研究。

单就服刑人员非暴力教育课程的内容设计而言,笔者认为至少应该包含以下几个方面:

(1)暴力认知教育

(2)珍爱生命教育

(3)自我保护教育

自我保护教育的目的,是教会服刑人员让自己避免成为暴力"被害人"。其中很重要的一点,在于引导服刑人员在遭遇暴力威胁或侵犯时避免采取"以暴制暴"的激烈方式。当然,这并不意味着鼓励服刑人员采取"以德报怨"的怯懦方式屈服其他服刑人员暴力威胁。

(4)心理健康教育

心理健康教育的重点在于培养服刑人员驾驭自我、调控情绪的能力。

(5)人际交流技能

人际交流技能具体包括如何以积极的态度与他人交往,如何以诚恳、谦虚、宽容的态度对待他人,管控情绪和解决矛盾的技巧等等。真正存有偏激心理障碍的服刑人员毕竟只是相对少数,相当数量囚囚冲突的起源集中于服刑人员缺乏必要的社交技巧,不善处理人际关系。

二、次级预防

次级预防将注意力集中在极易卷入具体囚囚事件的相对小的服刑人员群体,旨在将他们隔绝于暴力情境之外或尽可能引导他们运用非暴力手段展示能力或解决争端。

识别、锁定暴力行为倾向相对较高的服刑人员群体,是囚囚冲突次级预防的重要前提。

对施暴高危服刑人员摸排识别之后,尽早介入干预至关重要。首先,明确"究竟是什么可能会导致他们的施暴行为"。而后,"视其所以,观其所由,察其所安","退而省其私"(《论语·为政》)。对"达成目的型"服刑人员,提供渠道实现其合理诉求;对"吸引关注型"服刑人员,通过直接或间接的方式向其表示关注;对"情绪型"服刑人员,进行必要的心理辅导,向其传授压力缓解方法和发泄渠道;对"报复型"的服刑人员,给予安抚调适。总体上,干预应遵循两个基本原则——及时性和针对性。

三、第三级预防

第三级预防已经处于囚囚冲突事件的反面,着力于具体施暴者与被害者的个体上,目的在于防止冲突事件恶化,施暴者的暴力行为改善并非关注重点。

第二节
囚囚冲突管控一般措施

物有自然，事有合离。有近而不可见，有远而不可知。近而不可见者，不察其辞也；远而可知者，近观往以验来也。

——《鬼谷子·抵巇》

自第一个关于吸烟有害健康的报告①发表后，公共卫生运动用了五十余年的时间旨在减少人们的吸烟行为。囚因冲突管控远较控烟更为复杂和艰巨，需要充分考虑服刑人员个体、监管环境及社会因素以建立和完善有效干预的全方位战略体系。

（一）改观对暴力的模糊态度和错误认知

（一）改观对暴力的模糊态度和错误认知，是预防和遏制服刑人员间暴力行为的基本前提。持久的、富有针对性的服刑人员暴力认知教育，内容起码包括暴力的表现形式及特点、暴力的一般诱发原因、暴力的可能严重后果、正确的暴力防范处置措施等等。有实证研究早就证明了"改观对暴力的模糊态度和错误认知"在控制和减少暴力行为中的重要作用——"在伊利诺伊州的芝加哥、纽约州的伊萨卡各地做的评估揭示：在一个减少暴力的课程中，让一个有能力、有同情心的教师教授这本书，课程实施 6 个月后，攻击性行为就下降了"②。

（二）监狱民警自身的榜样示范

监狱民警自身的榜样示范，是对服刑人员暴力行为进行正确引导、有效矫正的重要资源。"其身正，不令而行；其身不正，虽令不从。"（《论语·子路》）很难想象，民警一边要求服刑人员抵制暴力，一边又脏话连篇甚至动手动脚，会有什么样的教育效果。民警要言传身教，率先垂范，管理教育服刑人员时注意避免挖苦讥讽、节外生枝和无限上纲，坚决杜绝打骂、体罚行为，防止服刑人员在不自觉中习得或强化"弱肉强食"、"拳头硬就是老大"的错误信条。

---

① 1964 年 12 月，美国卫生总署（National Institutes of Health，NIH）发布《吸烟与健康：顾问团呈交给美国公共卫生服务总监的报告》（*Smoking and Health：Report of the Advisory Committee to the Surgeon General of Public United States*），称吸烟与肺癌间有因果关系。

② Bolger K., Collins C., Darcy J. and Garbarno J., Evaluation of a violence prevention program for children[M]. NY：Family Life Development Cenrer，1998：80.[笔者注：这本书是指詹姆斯（GarbarnoJames）在 1933 年出版的《谈暴力世界里的生活》（*Let's Talk about Living in a World with Violence*）]

（三）引导服刑人员正确应对困难和挫折

愤怒与敌意情绪易诱发冲突事件。长期的沮丧、愤怒或怨恨情绪累积至一定程度，服刑人员就会以暴力或对抗的方式发泄不满。监狱民警要有意识地引导服刑人员正确应对困惑和挫折，教会他们缓解消极情绪及冲动行为的技巧和能力。

（四）在矛盾化解中扮演更积极主动的角色

将暴力消灭在潜伏期或萌芽状态，是囚囚冲突防控的理想状态。监狱民警要时刻保持敏锐的观察力，根据暴力评估、信息报告及矛盾排查机制，及时发现并适时干预可能导致囚囚冲突发生的诱发因素。对已发生的服刑人员暴力行为，监狱民警要在缓和对立情绪、化解矛盾纠纷方面扮演更加积极主动的角色，防止因处置不及时而进一步恶化。

✳ 链接 7-1

....

本着执法经济和化解矛盾的善意进行情境执法

监狱环境封闭、狭小，罪犯刑期往往几年、十几年，民警与罪犯长期处于紧密互动中，这些特点使民警与罪犯间存在着典型的"熟人关系"。博弈论认为，熟人关系中的重复博弈极易产生报复。民警执法留有隐患就易遭到罪犯的报复，如破坏生产、自杀、袭警等。因为重复博弈的存在，民警处理罪犯间矛盾时习惯使用调解，而非严厉的行政处罚。民警在敷衍心态下习惯性地调解，即所谓"捣糨糊"执法，较易产生一些问题，如民警威信降低，罪犯矛盾被掩盖等。但如果调解符合情境，或适当创造情境，本着执法经济和化解矛盾的善意进行，则不失为情境执法，这就比习惯性的调解具有合理性。下面的调解案例是民警运用智慧作出的情境执法，而不是在陈旧思维和惯性行为作用下的习惯执法：

杜 YZ 和杨 CH 因为琐事发生纠纷，民警 W 处理二人矛盾。

民警 W 略带玩笑地说："你们还是小孩子啊，以前不是关系蛮好的嘛，怎么还吵架！要吵就到我面前吵，要吵就现在吵，不要我走开了再闹，现在就把话都说清楚。"

二人都扭着头，谁也不作声，调解似乎陷入僵局。

民警 W 仍不放弃，半开玩笑地说："你们怎么不作声，刚才吵得那么凶，怕我听到啊。"

此言一出，在场的民警都哈哈笑了起来。此时尴尬的场面得到了调节，杜 YZ 和杨 CH 也放松了许多。

杨 CH 首先开口说："我没什么好讲了，肯定是我不好，行了吧！"

杨 CH 首先开了口，僵局被打破。

杜 YZ 也顺着台阶下，说："我不知道那摞纸是你的，就是知道你也不能那么凶。过去一直客客气气，今天这么凶，谁受得了。"

......

民警 W:"好了,好了。我知道你们也不是结怨多深,我们从管理的角度讲也不是就为了你们,你们从自己的角度讲,也要约束自己,不要再搞到这个程度了,都不是小孩了。现在你们两个人握个手,你们看怎么样?"杜 YZ 和杨 CH 握手言和。

本案中,民警 W 并没有简单训斥杜 YZ 和杨 CH,而是以玩笑的方式调侃二人的纠纷,将刚性的矛盾情境转化为柔性的熟人情境,这是本次情境执法切入的第一步;其次,其他民警充当了戈夫曼所谓"剧班"的作用,营造一致的戏剧效果,共同推动调解完成;再次,"解铃还须系铃人",民警 W 不满足于二人口头和好,还安排二人握手。从社会学角度看,握手发挥了仪式的作用,增加了情境的真实感。正如戈夫曼分析互动秩序(interaction order)时指出的,当个体在不同的情境中彼此面对时,仪式能在人们实践的基础上,升腾起社会世界"为真"的感觉来。通过握手仪式,二人和好的感觉被确定为真实,即使二人日后在不同情境再次相遇,握手言和的真实仍被保留,二人因为积怨,现生矛盾的可能性被最大降低。

〔资料来源:刘磊,胡海华.情境执法探析[J].中国监狱学刊,2013(1).〕

(五)严格落实民警直接管理,坚决打击"牢头狱霸"

不必有具体内容,大家一看就懂。

(六)加强服刑人员心理问题的干预和疏导

调查数据和以往经验都表明,囚囚冲突事件的发生,往往集中在的心理存在问题或认知存在障碍的服刑人员身上。服刑人员以暴力方式来应对遭遇的问题,不是简单的言行举动,其背后必定伴随着在一定思维支配下形成的不当认知及情感、生理方面的功能失调。当心理问题得不到恰当的解决,或没有正当的解决渠道时,服刑人员就会谋求其他可能的解决途径。如此,包括暴力攻击在内的破坏性行为就出现了。从这个意义上说,对服刑人员心理问题的诊断、干预和疏导,也是预防和化解囚囚冲突的一个重要环节。

心理矫治专业人员要主动承担起常与他人发生冲突服刑人员的心理干预重任,在弄清冲突行为发生内在心理机制的基础上,通过临床训练或技术治疗,增强服刑人员对自身心理、性格及易发过激行为的了解,帮助他们纠正不当认知观念和认知结构,促动他们正确地看待服刑生活中发生的现象和遭遇的问题;为服刑人员提供一个解决心理问题的方便途径,使得服刑人员可以采用建设性的方式解决心理和现实问题。

第三节

团体辅导：服刑人员暴力干预有效途径

毛主席说："人是可以改造的，就是政策和方法要正确才行。"

——中共中央批转公安部党组《关于第六次全国劳改工作会议的情况报告》

　　二十世纪七十年代初,为改善攻击性、无效率、不快乐及其他障碍性个人行为,逐渐发展形成三个心理治疗学派:心理动力(psychodynamic)、来访者中心(client-centered)和行为科学(behavioural science)。虽然这三个不同学派在几个主要议题上各自有着不同的主张,但是它们又都有一些共同之处:相信来访者能够达到干预目标,表现出令人满意、不具攻击性的社会行为;辅助者从引导而非心理治疗的角度对待来访者,主要任务不是解释、反映情绪或增强,而是主动且刻意地去引导被期待的行为。

　　实践证明,这三个学派都可以使来访者实现某些积极潜能,只要辅助者具有足够技巧减少或去除实现过程中的障碍:心理动力辅助者所做的是唤醒与解释阻碍相关进展的潜意识;来访者中心辅助者特别相信来访者本身内在具有改变的力量,于是借由提供一个温暖、同理的以及最具接受性的环境来释放那股内在的力量;行为科学辅助者运用一个或多个关联处理法来确定当被期待的行为出现或差不多出现时,给予来访者适当的关联增强(contingent reinforcement)。不论是用解释的方法、提供具有疗效的气氛还是关联奖励,这三个方法都相信在来访者个体内在的某处,存有令人渴望的和符合期望的行为潜力。

　　心理动力、案主中心和行为科学这三个心理治疗学派的观点和方法,为囚囚冲突干预提供了充足的理论依据和实现途径。

一、服刑人员团体心理辅导的准备

　　团体心理辅导是在团体情境下进行的一种心理咨询形式,它是通过团体内人际交互作用,促使个体在交往中通过观察、学习、体验、认识自我、探讨自我、接纳自我,调整改善与他人的关系,学习新的态度和行为方式,以发展良好适应的助人过程,特别适用于人际关系不良的人,可用来干预服刑人员暴力,包括与之密切相关的抑郁、焦虑、痛苦、愤怒、成瘾、心理创伤、社交技能缺乏等。

服刑人员暴力问题团体心理辅导的准备工作包括以下几个方面：

（一）辅导民警挑选和培训

虽然学科背景和专业训练有助于培养一位优秀的服刑人员暴力问题团体心理辅导民警，但是某些特性，如敏感度性、弹性和天赋都比正规教育来得更为重要。实际上，很多成功的辅导民警的学历从高中到博士都有，教育背景也不尽相同。

带好一个服刑人员暴力问题团体心理辅导团体，辅导民警必须具备两种基本技巧。

1. 一般性的辅导技巧，包括：口语沟通和教学能力；弹性和应变能力；热情；在压力下工作的能力；人际敏感度；倾听技巧。

2. 特殊性的辅导技巧，这些技巧与训练的心理技能相关，包括：辅导目标、背景、程序或方法；引导受训服刑人员适应技能；模仿示范；带动且维持角色扮演；以具体的行为形式呈现辅导内容；有效处理团体管理上的问题；精确且敏感地提供反馈。

有辅导需求的高暴力倾向服刑人员人数多，辅导活动持续时间长，这客观上决定了单纯依靠聘请专业人员担任辅导民警和做法不太现实。"做中学"，是监狱民警成为合格辅导民警的适宜途径。

（二）辅导训练的内容

在查阅相关资料的基础上，笔者整理出与服刑人员暴力行为改善有关的 46 项[1][2][3]心理技能，详见下表 7-1。

表 7-1　46 项服刑人员心理辅导训练技能

第一组：基本技能		第二组：处理情绪的技能
1. 倾听；	8. 要求协助；	14. 知道自己的情绪；
2. 交谈；	9. 参与；	15. 表达自己的情绪；
3. 问问题；	10. 给指示；	16. 了解他人的情绪；
4. 说谢谢；	11. 遵守指示；	17. 应对他人的愤怒；
5. 自我介绍；	12. 道歉；	18. 表达情感；
6. 介绍其他人；	13. 说服他人；	19. 处理恐惧；
7. 赞赏；		20. 奖赏自己；

---

[1]　Goldstein A.P.，Sprafkin R.P.，Gershaw N.J. and Klein P.，Skillstreaming the adolescent[M]. IL：Research Press，1980.

[2]　McGinnis E. and Goldstein A.P.，Skill streaming the elementary school child：A guide for teaching prosocial skills[M]. Champaing：Research Press，1984.

[3]　McGinnis E. and Goldstein A.P.，Skill streaming in early childhood：Teaching prosocial skills to the preschool and kindergarten child. Champaign[M]. IL：Research Press，1990.

续表

第五组:暴理区外的技能		第四组:计划的技能
21. 抱怨;	32. 决定做什么;	38. 要求别人的允许;
22. 回应他人的抱怨;	33. 找出问题出现的原因;	39. 分享;
23. 处理尴尬的场面;	34. 设定一个目标;	40. 帮助他人;
24. 处理被忽略的情形;	35. 评估自己的能力;	41. 磋商谈判;
25. 为朋友出来讲话;	36. 按照问题的重要性安排顺序;	42. 自我控制;
26. 回应别人的游说;		43. 维护自己的权益;
27. 回应失败的情形;	37. 作出一个决定;	44. 回应他人的嘲弄;
28. 处理别人相互矛盾的信息;		45. 避免与他人之间的麻烦;
29. 处理别人的责难;		46. 避免打架。
30. 准备进行一场困难交谈;		
31. 处理来自群体的压力;		

(三)辅导注意的细节

为确保服刑人员暴力问题团体心理辅导平稳开始,以恰当的速度进行并最终达成相当的效果,活动组织者必须注意到一些看似简单却影响重大的细节。这些细节包括服刑人员参与人数、辅导时间和地点的选择等等。

1. 参与人数

虽然都是因为暴力行为问题而参加团体心理辅导,但是由于这些服刑人员的行为可能还是有相当大的差异,所以无法确定一个"最佳"的人数。理想状态下,应该保证每个服刑人员都有机会进行角色扮演,以使团体心理辅导的互动能达到理想程度,因为在此情形下,活动才能提供给服刑人员演练后的多样性反馈。如果由 5 至 7 名服刑人员组成一个辅导团体,通常比较合适。

角色扮演和反馈,占据了每一次服刑人员暴力问题团体心理辅导的大部分时间。它们是一连串的动作与反应,而且源于辅导对象的特殊性,有的团体肯定还少不了一些管理上的问题。因此,辅导民警在团体活动中不仅需要领导、观察,还需要花费精力解决管理问题。一名辅导民警同时做所有的事情是困难的。所以,建议每次活动由两名民警来担负辅导民警。一名民警通常可以特别注意主角,协助主角设定扮演情境并演练某项技巧的行为步骤;另一名民警则注意团体的其他成员并帮助他们观察评估正在进行的角色扮演。

2. 时间和地点

服刑人员暴力问题团体心理辅导通常用一到两次活动完成一项应用技能,主要考虑让每一位服刑人员至少有一次机会正确地扮演某项特定技能(当然最好是不止一次)。辅导的目标不仅仅是心理技能的学习与获得,更重要的是实际生活中的运用。服刑人员在活动中成功地进行角色扮演并接受演练反馈后,他要在真实的服刑改造生活中尝试完成在辅导中演练的技能。为了让服刑人员有充分的时间去完成这项任务,两次辅导活动的间隔至少要有那么三五天。

在大多数的监狱里,一般都有一幢独立的"教学楼"或是"矫正教育中心"。所以找到或是创造一个安静、舒适的场所(房间)为服刑人员暴力问题团体心理辅导所用,并不需要大费周折。笔者只是建议在活动的地方排除让人分心的事物,至少配有椅子和黑板并且光线充足。房间的布置没有所谓的固定模式;比较适用的安排是马蹄形或 U 字形,因为这样可以让角色扮演者和辅导民警在前面引导大家。

3. 让服刑人员知晓辅导内容

在服刑人员第一次参与辅导活动前,一项必备的步骤是让他们了解辅导内容,即让他人知道可以期待发生什么和他们应当作些什么。

(1)说明辅导目的

强调服刑人员参与辅导的益处,特别是那些服刑人员关心及急切希望改善的人际交往技能。辅导民警最好通过实例的方式说明精熟的技巧对服刑人员服刑生活各方面的正面效果。

譬如,可以这样和服刑人员说:

> 记不记得上次你被扣分处罚,是因以某某侮辱您,你就和他打了起来? 在将要进行的辅导训练中,你会学到再遇到类似的情形时,你可以怎么做。这样你根本没必要和他动手就可以处理得更好。

(2)简单描述辅导的方式及程序

模仿、角色扮演、演练反馈和训练成效转移与维持等后面提及的辅导活动专业方法,通常并不为服刑人员所了解。建议只需将专业术语转换到他们能听得懂的词语,如用"示范"、"尝试"、"讨论"和"练习"分别代替"模仿"、"角色扮演"、"演练反馈"和"转移训练"。也不指望服刑人员马上能够领悟,因为随着辅导活动的深入,他们自然会有所体验。

辅导民警可以这样介绍:

> 为了学会有效地处理与同改可能发生的冲突,我们会看到不同的人示范如何恰当地处理这些情形;大家可以在这里轮流试试这么方法,我会告诉你的做法是哪里好哪里不够恰当。

(3)说明必须遵守的规则

为了让服刑人员有参与决策的感觉,应当鼓励服刑人员接受并遵守那些他们同意的规则。如果可以的话,可以让服刑人员尝试讨论并修改那些想修改的规则。此时,也是排除服刑人员担心的好机会,譬如隐秘性、尴尬和害怕表演等。

二、服刑人员团体心理辅导活动的进行

1. 辅导民警和服刑人员自我介绍

辅导民警介绍自己,这不是个问题;让先前相互并不熟悉的服刑人员很自然地介绍自己,可能有些困难。一个可以让服刑人员放松并开始认识彼此的方法,是辅导可以依次问每个服刑人员一些较不私密的问题,如他们出生的地方,比较感兴趣的事情等。这两项内容的设计是为服刑人员创造一个不具威胁性的环境。同时,也借此暖身,让服刑人员慢慢适应与辅导民警及其他服刑人员的互动。

2. 模仿

先是以清晰而非模棱两可的言语教导服刑人员某一人际交往技能的行为步骤,而后由辅导民警以正确的顺序示范服刑人员服刑生活中真实事件应用此项技能的所有步骤。当然,示范也可由播放录像教材的形式完成。不过,后者效果稍差些。

服刑人员被要求在辅导民警示范技能时仔细观察。模仿示范前发给注明某项技能及行为步骤名称的小卡片,能够吸引、帮助服刑人员关注示范。辅导民警有必要明确告知服刑人员:为了表演的需要,示范者偶尔会"不礼貌地说话",但这只是为了帮助大家有身临其境的体验,平时不应该如此蛮横无理。

3. 角色扮演

在模仿示范后,团体辅导的讨论应集中在示范技能与服刑人员服刑生活的相关性上。辅导民警可以邀请服刑人员发表对示范演示的看法,请他们说说这些示范演示在实际服刑改造中可能会产生什么样的正面作用。一旦有服刑人员描述到他遭遇的某一麻烦情境可能会运用到此项技能,辅导民警就可以指定以他为主角并由他选出一位配角来扮演情境中的另一个人(同改或是民警)。在选择配角时,辅导民警要指导主角尽量选取一个在各方面都像真实服刑生活中的那个人,譬如年龄、面貌、性格等。为了角色扮演尽可能的写实,辅导民警应了解并尽可能还原事发场地的地景、配角呈现出来的态度以及其他任何可以增加情境真实感的信息。

主角遵循辅导民警先前示范的行为步骤极为关键,这也是角色扮演的重点所在。在开始角色扮演前,辅导民警有必要帮助主角复习在此特定角色扮演中要进行的每一个行为步骤,以便为主角准备一次成功的体验和经验。主角角色扮演时可以随时参考写在卡片上的行为步骤;行为步骤也可以写在黑板上,以便主角及其他服刑人员在角色扮演进行时都能够看到。在角色扮演正式开始前,辅导民警必须再次提醒所在参与者的角色和责任:主角必须严格按行为步骤要求进行扮演;配角必须待在另一个人的角色里;作为观察员身份出现的其他服刑人员必须仔细观察行为步骤演示。

为保证主角按照示范技能即定的行为步骤进行演示,辅导民警的教导和鼓励可随时视情出现:如果服刑人员离开角色开始解释他所做的活动或是发表类似于观察员的评

论,辅导民警要告诉他马上回到角色中去,解释可以等角色扮演全部完成后再进行;如果角色扮演明显远离行为步骤,可以暂停并给予指导后再行开始。角色扮演必须轮换进行直到所有服刑人员都有机会至少担任一次主角。有时候,这可能会花费较长活动时间。

4. 演练反馈

每完成一个角色扮演,接下来就是一段短暂的反馈,目的有二:(1)让主角知道他有没有按照技能的步骤做好;(2)探索辅导活动中教导的某项人际交往技能对配角的心理冲击,鼓励主角在真实的服刑生活中尝试角色扮演中的行为。

演练反馈首先安排配角表达自己的感受,然后观察员就示范技能行为步骤的表现以及其他相关部分发表意见。这时,辅导民警要求主角在听完每个观察员的意见后才可以作出自己的回应。辅导民警接着也作出具体的评论,指出某特定具体行为步骤的有无,对其中做得最为贴近的部分提供社会增强(赞赏、同意、鼓励等)。

为有效地使用增强技巧,辅导民警应该做到以下几点:

(1)只有在主角确实遵守行为步骤的角色扮演之后,再给予增强;

(2)在主角确实遵守行为步骤的角色扮演之后,把握恰当时机尽早给予增强;

(3)给予增强时,内容多样化,譬如夸奖表演时音调、姿势、遣词造句等一些特定方面;

(4)为每位参训服刑人员提供足够的角色扮演活动,让大家都有充分的机会被增强;

(5)给予增强的量应该和角色扮演的质一致;

(6)角色扮演偏离行为步骤较多时,不予增强;

(7)个别服刑人员如表现得比前一次要好,给予增强;

(8)对于配角的主动协助、合作等,一定注意给予增强。

不论是哪一种反馈,辅导民警都必须强调心理技能的行为取向。辅导民警和作为观察者的服刑人员的评论要指出某种特定行为的有无及好坏(具体好在哪里,哪里做得不够好),而非泛泛而谈。反馈的内容可以是正向的,也可以是负向的。如果是负向的评论,必须要求针对如何改进某个缺点,给予建设性的建议。辅导民警在指出一个"不好"的表演确实存在的问题时,可以同时嘉奖其尝试的精神。在角色扮演中没有遵守行为步骤的服刑人员,在接受修正的反馈之后,如果可能,可以安排机会让他们再行进行表演。

为所有的角色扮演录音或录像,也是给予反馈的另一种有效方法。服刑人员有机会在声像资料中观察他们自己,会对他们产生很大的帮助:让他们更好地思考自己口语和非口语的行为及这一切对他人的影响。

5. 训练成效的转移和维持

增加辅导内容转移到服刑人员真实服刑生活中并持续一段时间的可能性,是服刑人员暴力问题团体心理辅导的重点。下面这些建议可以用来增强服刑人员暴力倾向改善辅导内容的转移和维持。

(1)一般原则说明

向服刑人员解释演示人际交往技能的一般性概念、原则、策略及基本原理。

（2）刺激多样化

给予服刑人员多样化的刺激，更有可能实现成功的辅导强化。刺激多样化可通过多种途径施行：让服刑人员与几个不同的配角作某项技能的角色扮演；让服刑人员在不同的情境中通过角色扮演演示某项技能。

（3）实际生活增强

服刑人员新学到的辅导内容能否稳定持续地表现出来并发挥效用，还取决于在他们的实际服刑生活中的关联增强（reinforcement contingencies）。在辅导场所之外，民警可以另行实施几个措施，为服刑人员提供所需要的正向激励。这些措施包括提供外来激励（由他人提供）和自我激励（由服刑人员自己提供）。

这其中，一个特别有效的方法是安排课后作业。

在下表7-2所示的课后作业表中，服刑人员被要求记录每次尝试运用所学技能的时间、地点及发生了什么、遵守行为步骤的情形如何及评估自己的表现。

课后作业的讨论，应作为每一次辅导活动的第一部分内容。如果服刑人员尽力完成作业，尽管效果可能不尽如人意，辅导民警也要及时给予鼓励。反之，辅导民警则要表达明确的遗憾和失望，然后帮助他们克服在完成作业中遇到的困难。

表 7-2　课后作业报告表

学员姓名：	辅导民警姓名：	参加训练时间：
在课堂上填写	1. 所学技能：	
	2. 有在谁身上：	
	3. 什么时候用：	
	4. 在什么地方用：	
	5. 遵循的行为步骤：	
在下一课程前填写	6. 描述你所遭遇的事情：	
	7. 你当时确实实施的行为步骤：	
	8. 评估自己运用技巧的好坏（在后面打钩）：很好　　好　　一般　　差　　很差	

三、服刑人员团体心理辅导活动程序大纲

（一）课后作业讨论

（二）技能复习

1. 在模仿示范前先就技能再次进行简单介绍。

2. 以提问的方式帮助服刑人员用他们自己的话来定义这项技能。

范例：谁知道什么是××（技能）？

××(技能)是什么意思？

3．在服刑人员看过模仿示范后，安排时间进行讨论。

4．向每一位服刑人员发放技能卡片，请其中的一位大声地念出每一个行为步骤。

(三)示范模仿与讨论

1．按照行为步骤示范两个使用此项技能的范例。

2．邀请服刑人员就刚才示范的技能进行讨论。

范例：

你曾经遇到过类似的麻烦情境吗？

在应该使用××(技能)的情境下，你做了什么？

在运用××(技能)时，你有什么困难吗？

(四)准备角色扮演

1．请一位刚才谈起自己曾遭遇类似麻烦情境的服刑人员进一步详细描述此种情境，包括将来在何地、何时将这项技能运用到何种人身上。

2．请这位服刑人员担任主角并请他自己选择一位配角。

辅导民警可以提醒：

你说的这个人长得什么样子？

你看我们中有谁看起来最像这个人？

3．如果需要的话，请主角多提供些信息，然后为角色扮演设置舞台，包括道具及其他场景安排。

4．与主角排练角色扮演时说些什么和做些什么。

例如：

你们可能在哪里说话？那个地方都有些什么东西？你们是站着还是坐着？这件事发生在一天中的什么时候？

(五)指导角色进行扮演

1．一位辅导民警站在黑板旁边，当每个步骤出现时，就在黑板上将它标出来并在演员需要时给予提示和指导。

2．另一个辅导民警与作为观察者的服刑人员坐在一起，帮助他们专注于正在进行中的角色扮演。

3．如果角色扮演明显地脱离实际或是行为步骤，辅导民警则叫停；在给予必要的指示之后再行开始。

(六)征求反馈

1．让主角等到每个人都有机会发表意见后才发言。

2．询问配角：

当你在扮演配角时，主角所做的和所说的给你什么样的感觉？

你有什么样的反应？

3. 询问其他服刑人员：

主角行为步骤遵循的情况怎么样？

你喜欢或是不喜欢主角的哪里？

配角的哪些地方做得比较好？

4. 评价行为步骤的演出，给予适当的赞赏，指出哪里做得好，还要说明还要做些什么再能更完善。

5. 询问主角：

你已经听到了每个人的意见，现在谈谈你觉得自己在演出中的表现如何？

你认为自己的行为步骤遵循得好不好？

哪里好？哪里不好？

四、活动中可能出现的问题及处理

服刑人员团体心理辅导活动中出现的问题，表现为一个或多个受训服刑人员体作出对活动目标造成偏离、延缓或是限制、阻碍的任何行为。且不论具有暴力行为倾向的服刑人员，即便是一般的服刑人员表现出类似的问题也再平常不过。实际上，也正是因为他们具有类似行为，所以才将他们纳入团体心理辅导活动中来。

(一)可能出现的问题

就如同任何一项治疗、训练或是教学活动一样，服刑人员团体心理辅导也会发生这样或那样的管理问题。实践中，笔者发现每次以为已经发现和解决了所有的问题，但每次总又会出现新的和更具挑战性的问题。当然，我们也不必过于担心，因为大部分的问题只是出现在最初受训服刑人员产生阻抗(抵触情绪)时。当觉得所教授的人际交往技巧确实有价值、值得尝试或是在尝试后知晓确实管用后，他们便会接受并热情地投入其中。

1. 沉闷

服刑人员很少会认识到是因为自己的一些做法不妥而导致与他人关系紧张，这也导致他们很少是完全自愿地参与团体辅导活动。如此，不管辅导民警如何作出尝试，有的服刑人员的回应往往是漠然、勉强的回答。

2. 阻抗

有的服刑人员有参与团体辅导意愿，也很愿意参与到角色扮演中来，但他们又常不遵循辅导民警的指示而是按照个人意愿行事。有的服刑人员会表现出攻击性的孤立；通过言语和行为明显地表达拒绝参与和付出任何投入的意愿。譬如，双手抱臂，一幅"你搞你们的，这与我何干"的样子。

3. 垄断与中断

垄断是指服刑人员在活动中巧妙地或不是那么巧妙地取得超出公平参与的时间，其行为包括冗长的独白;不必要地一再要求进行再次的角色表演;过于仔细地反馈;"赖"在舞台中获取他人关注等。中断与垄断有类似之处,但它更具干扰性与持续性,表现为提问题、建议或其他的行为来打断正常的活动进程。

4. 认知缺失与情绪障碍

认知与情绪障碍对服刑人员掌握人际交往技巧的干扰最大(实际上,服刑人员之所以与他人关系紧张,就是因为他们大多存在认知与情绪方面的障碍),其情形表现为以下几种:

(1)无法专注

这和服刑人员的过度不安密切相关,起因通常源于分心、白日梦或是其他更加需要服刑人员关注的事情。除非短期出现,否则无法专注也可能是一种认知障碍。

(2)无法理解

服刑人员无法理解或误解辅导民警讲解的某些概念、过程,可能的原因是他们认知及智力发展上的不完善、缺乏经验、疾病或其他。当然,辅导民警表述不清也会导致此种状况出现。

(3)无法记忆

服刑人员在活动中有集中精力全程参与,也能理解民警所讲授的内容,但事过就忘。这不仅会致使技能转移和维持出现问题,也可能会导致民警团体管理上的困难,特别是当服刑人员不再记得参与活动的规则、程序和要完成的作业等。

(4)怪异行为

这种问题相对少见,不过一旦发生,可能会对活动造成极大干扰。它不仅会让其他服刑人员脱离主题,还可能使他们相当焦虑。

(二)问题处置

一位有经验的服刑人员团体辅导活动组织者,肯定是有备而来者:他了解活动中可能会出现什么问题并且知道如何恰当地采取措施加以处理。

1. 简化活动

(1)奖赏服刑人员的任何一点进步

服刑人员的问题行为有时候完全可以借由一种类似"行为塑造"的过程来改变。有时,奖赏服刑人员的哪怕细微的一丁点成就,也许就会产生意想不到的效果。譬如,尽管服刑人员的演出不是那么完整,但仍算是成功的角色扮演时,就给予肯定。再或者,即使他们只做对了一两个步骤。更极端的例子是,即使整个角色扮演做得都不合套路,甚至只是认真关注了别人的角色扮演,仍赞许他们的"努力"。

(2)缩短角色扮演

一种更直接也更有效的办法,是对他们的要求少一些。缩短角色扮演是其中之一:参训服刑人员被要求角色只扮演构成事项技能中的部分甚至是一个行为步骤。

(3)由辅导民警"喂"台词

对那些因为认知或是智力上存在困难而无法正常参与活动的服刑人员,辅导民警可以担任他们的教练或是提示者。这当然又有很多做法,其中最直接的是辅导民警站在服刑人员身后,在演出每一个行为步骤时,小声地告诉服刑人员该说些什么,然后由服刑人员大声地跟着说出来。还有一种折中方案,那就是让服刑人员直接念出事先在纸面上准备好的台词。这种方法可以免除服刑人员脑袋中必须时时想台词的负担,让他能相对轻松地站在大家面前演出技能的行为步骤。

(4)先担任配角

让参训服刑人员先担任配角,可以帮助他们慢慢适应站在大家面前说话,因为此时大家关注的焦点是主角。

2. 引发反应

(1)征求志愿者

在团体活动初期,服刑人员的参与肯定需要辅导民警的积极引导。等到服刑人员自己体验到团体辅导活动与他们的服刑生活息息相关且富有价值,也从民警和其他团体活动成员那里得到了支持与接纳时,他们自然也就不再需要辅导民警的引导了。

(2)明确说明将要讨论的主题

(3)指名明确某特定服刑人员

如果前述较不具指示性的引导方法无效,那么接下来就可能需要运用更积极与更具指示性的措施了。指名请某一位服刑人员参与,最好是一位注意力、面部表情、眼神或其他非语言方面都传达出参与兴趣者。

3. 降低威胁

(1)辅导民警多做现场示范

当辅导民警现场多次示范本次活动的技能时,服刑人员不仅可以从中学习技能,还可以营造出一种积极的氛围,从而比较容易鼓励他们"冒险"作出一些不太完美的表演。这对比较焦虑、害羞或是不愿进行角色扮演的服刑人员来说尤为关键。

(2)将某个服刑人员的角色扮演安排到最后

(3)为服刑人员一再提供保证

这个方法要求辅导民警为服刑人员提供简短、直接但又非常有效的鼓励与保证:你能做得到;你做的时候我们会帮助你;一次一个步骤。诸如此类。

(4)提供同理心鼓励

如果服刑人员不愿意角色扮演,辅导民警可依次按下面所列的步骤进行。这也是为实践证明确实有效的方法。

步骤一:给抗拒的服刑人员以机会,让他们说明他不愿进行角色扮演的理由;

步骤二:清楚地表达你了解抗拒服刑人员的感受;

步骤三:用恰当的语言告诉服刑人员,他的观点值得注意;

步骤四:再次详尽地向服刑人员陈述你的观点,明确指出支持这些观点的理由及可能的结果；

步骤五:鼓励尝试角色扮演某技能行为步骤。

4. 中止回应

(1)要求服刑人员继续原先的任务

辅导民警可以温和但坚定地将试图脱离团体任务的服刑人员引导回来,提醒、告诫或是哄骗都可以,只要是明白无误地指出服刑人员的错误并明确地告诉他你现在要做些什么。

(2)忽略服刑人员的行为

忽略某些"捣乱"行为可能是排除干扰的选项之一。这种手段最适用于那些对团体活动影响不大的问题行为:踱步、小声说话及偶尔地打断。

(3)打断服刑人员的持续行为

打断服刑人员会严重干扰团体活动或具有危险性的行为时,辅导民警的处置必须直接、坚决、明确。如有必要,可以将服刑人员隔离一段时间。建议在试过其他方法都无效时,再使用这一方法。

第四节
评估与测量：服刑人员暴力风险高效管控

在任何特定的群体中，重要的因子通常只占少数，而不重要的因子则占多数，因此，只要控制重要的少数，即能控制全局。

——（意）帕累托（Vilfredo Pareto）·重要的少数与琐碎的多数原理（Principle of "Vital Few" and "Trivial Many"）

　　聚焦高暴力风险服刑人员目标群体,充分利用现有资源提高服刑人员暴力监测和干预效率,历来是狱内侦查工作的重点和难点所在。应对服刑人员暴力风险,危险评估机制比传统方法更有效,这一观点在一些西方国家的监狱中得到普遍认同。也正是基于此共识,服刑人员危险评估(risk assessment)正在被越来越多地运用并逐渐出现了更多新的工具或量表。在这方面,国内理论研究和实践操作无疑非常尴尬。借鉴国外先进经验,构建和完善服刑人员暴力风险测量评估科学机制,不失为“洋为中用”的一个好办法。

一、暴力风险测量评估的历史脉络

　　暴力风险评估从早期的概念化到具体实施再到得以不断发展,也只有半个多世纪的时间。期间,围绕暴力危险性评估的问题将近每 10 年左右就发生一些变化。[①] 随着政治法律环境和相关科学的不断发展变化以及专业实践的不断深入,描述这些问题的语言也在发生着微妙的变化。

(一)第一阶段危险性评估(20 世纪 50 至 70 年代)

　　20 世纪 50 年代,第一代人身危险性评估工具出现,它是一种非结构的基于专业人员主观判断的临床评估。在斯戴德曼(Henry J. Steadman)和克卡扎(Joseph J.Cocozza)1974 年进行的一项“自然发生实验(naturally occurring experiment)”之前,由心理健康和矫正专业人士作出的哪些人有或者没有危害倾向的结论,被法官普遍采用。“自然发生实验”集中在伯克斯东(Johnny Baxstrom)事件[②]上,研究结果发现人身危害行为被过

---

①　宋胜尊. 罪犯心理评估:理论方法工具[M]. 北京:群众出版社,2005:216.

②　伯克斯东因患犯罪性精神病被监禁在纽约的达内莫瓦州立医院(Dannemora State Hospital)。因为当局不愿释放他,所以当伯克斯东监禁期满时,他被扣留在医院中并被提交延期监禁。伯克斯东不满这一附加的监禁,最后起诉到美国最高法院。最高法院命令医院立即释放伯克斯东及其他被延期拘禁的 966 名病人。

度预测,即出现了"假阳性"问题。70 年代,一个追踪了 4 年的宾夕法尼亚的预测事件[1]也表明对暴力的预测过了头,起码在某些情景中是过了头。此后,很多人在权威报刊发表文章,质疑运用临床经验评估人身危险的做法。比较有代表性的是恩尼斯(Kathy Ennis)和里威克(Liwack),他们毫不客气地讥讽法庭精神病专家和心理学家的暴力预测如同在法庭上投掷硬币。[2] 至此,人身危险性评测步入低谷期。

(二)第二阶段危险性评估(20 世纪 70 至 80 年代)

针对就危险行为评估的质疑,沙赫(Saleem Shah)在《美国心理学家》(*American Psychologist*)杂志提出全新的观点:"所有心理学家都不善于预测潜在暴力是不可能的";"说事情很难做和估计事情是不可能的或简单的禁止是不同的"。[3] 沙赫强调,预测一个出现概率很高或很低的事件的准确率很高,而预测一个不高不低的事件的概率比较难,暴力犯罪发生的概率是 10%～20%,暴力行为的预测是完全可行的,尽管有一定的难度。莫纳罕(Moanhan)无疑受到沙赫观点的影响,他提出暴力预测既要考查静态的人口统计学因素,也要评估某些统计变量,譬如年龄、性别、社会经济地位、酒精或药物滥用等。

为弥补临床法对个体危险性预测的不足,研究者开始尝试使用统计方程(statistical equations)技术。他们把若干危险因素结合起来作为预测个体未来实施暴力的依据,陆续发展出一系列量表,这其中,加拿大的再犯统计信息(The Statistical Information on Recidivism,SIR),是第二代精算评估手段的范例。

(三)第三阶段危险性评估(20 世纪 90 年代)

研究者意识到第二阶段个体危险评估只注重静态因素的弊端,认为个人动态因素于暴力再犯的发生也很重要。这尤以韦伯斯特(Webster C.D.)等学者先后研制的暴力危险评估指南(Violent Risk Apprised Guide,VRAG)、暴力危险评估方案(Historical Clinical Risk Management-20,HCR-20)及纳汉(Monahan)编制的麦克阿瑟暴力风险评估法(The MacArthur Violence Risk Assessment)为代表。

我们就麦克阿瑟暴力风险评估作简单介绍,因为它优于任何现有文献中出现的其他精算模式(actuarial formulas)暴力评估方法。[4] 麦克阿瑟暴力风险评估运用迭代分级树(Iterative Classification Tree,ICT)技术整合多个暴力风险预测模型,其优点表现在可以捕获标准化的风险因素与暴力行为的互动关系,而这种关系是暴力风险评估的最

---

[1] 索恩伯里(Thornberry)与雅格比(Jacoby)对 1979 年法庭释放的一大批人进行了跟踪调查,这批人早先因被认为由于精神疾具有暴力行为而被关押。就索恩伯里与雅格的对这批被释放的人的跟踪结果来看,鲜有在后来的四年中犯有暴力行为者。

[2] 黄兴瑞. 人身危险怀的评估与控制[M]. 北京:群众出版社,2004:190-191.

[3] 黄兴瑞. 人身危险怀的评估与控制[M]. 北京:群众出版社,2004:190-191.

[4] Steadman H.J., Silver E. and John Monahan, A Classification Tree Approach to the Development of Actuarial Violence Risk Assessment Tools [J]. Law and Human Behavior, Vol.24, 2000:83-100.

重要方面。麦克阿瑟暴力风险评估的预测变量主要涉及个性变量、经历变量、背景变量和临床变量四个方面。此评估法迭代分级上述变量,经过进一步选择有价值的暴力风险变量并重新组合,进一步把评估对象的风险等级作出区分,最后逐步确定高风险对象。

(四)第四阶段危险性评估

第四代人身危险性评估工具现已见雏形,它不仅关注危险评估、需要评估,而且与个案管理相联结,在科学评估基础上提供干预的结构性计划。风险管理与风险评估相结合,是第四代人身危险性评估工具的灵魂所在。

二、服刑人员暴力风险测量方法和工具

经过多年的实践和完善,研究者们建构了不少有关个体暴力评估预测量的方法和量表。这些方法和量表有的测量暴力行为,有的测量暴力意图。下面简单讨论几种适用于服刑人员暴力风险的评估方法和工具。

(一)投射测验(Projective Measures)

如果被试知道评估的是其暴力攻击倾向,很可能会伪装或掩盖其暴力攻击性。投射测量技术能够敏感地测量出被试行为的无意识内容或被试内心所隐藏的内容,可以在被试对测试目的了解很少的情况下引导出他们内心非常丰富而不同寻常的人格资料。投射测验有这么几种类型:罗夏墨迹测验(Rorschach Inkblot Test)、主题统觉测验(Thematic Apperception Test,TAT)、不完全语句完成测验(Wareham Incomplete Sentence Blank)、投身性绘画测验(The Projective Drawing Test)、逆境对话测验(The Rosenzweig Picture-Frustration Study)等。

1. 罗夏墨迹测验

罗夏墨迹测验由瑞士精神科医生、精神病学家罗夏(Hermann Rorschach)创立。该测验有十张墨迹图片,分别是五张浓淡不同的黑色墨迹图、两张红黑相间的墨迹图和一张几种颜色混合的墨迹图。在轻松舒适的情况下,先让被试自由地叙述他从每张图片上看到了什么、想到了什么,再通过询问了解被试的知觉过程,了解其人格特征。由于罗夏墨迹测验属于投射测验,目的性比较模糊,可以最大限度地消除被试的防御性反应和避免社会称许性[①]的影响,该测验自创立以来,在国外临床心理学界得到广泛应用。

---

① 社会称许性(social desirability),是指个体获得赞赏和接受的需要,并且相信采取文化上可接受和赞许的行为能够满足这种需要。

图 7-1　罗夏墨迹测验的十张施测图片

国内外不少实证研究支持罗夏墨迹测验在评估测量暴力行为方面的有效性,但由于其评价系统烦琐、缺乏系统性和结构化,评分结果因人而异,要求主试有丰富的施测和评分经验。

2. 主题统觉测验

主题统觉测验是美国心理学家默瑞(Henry Murray)于 1935 年发明。TAT 是一套共二十张的图片,画有人物和情节,其中有一张是无图的白片。TAT 的目的是唤起被试幻想,引起他们对生活中重要事件的联想。当他们猜想眼前的画面代表可能的事情时,被试人格特点就会在他想象的故事中流露出来。当他们认真地去理解这个模棱两可的情节时,防御就会更少,他们的内在倾向和欲望也更易表露出来。高桦用图片投射测验,考察了服刑人员的攻击性内隐心理特征,结果发现:服刑人员与常人的攻击性行为在内隐心理状态下表现相近,不具有显著差异,从而得出罪犯产生攻击性犯罪行为是由于对攻击性冲动的管理控制无效造成的,并非服刑人员与常人在心理深层上存在着攻击性差异的结果。[①]

(二)自评量表

欲对暴力风险作出相对准确的预测,收集待测服刑人员相关信息很是关键。服刑人员信息收集有两个主要来源:自我报告和专家评定。如果这两个方面的信息表现一致,那么作出暴力风险评估的准确性就高。

1. 敌意调查表(Buss-Durkee Hostility Inventory,BDHI)

巴斯(A.H. Buss)和德基(Durkee)于 1957 年编制的 BDHI 是目前世界上应用最为广泛的暴力攻击自评量表之一,在 1960 到 1989 年期间先后被引用了 242 次。[②] 问卷最初建立在对暴力行为概念化即行为定义的基础上,包括身体攻击(Assault)、间接攻击(Indirect Aggression)、兴奋易怒(Irritability)、违拗(Negativism)、怨恨(Resentment)、猜疑(Suspicion)以及语言攻击(Verbal Aggression)等 7 个分量表共 66 个条目,采用是/否式反应分类。该问卷的设计未经过因素分析,创建之初注重分量表和条目的表面效度,也没有有关重测检验的证据。1994 年,兰格(Alferd Lange)等采用因素分析的方法考察 BDHI 的因子结构,得到外显攻击(over aggression)和隐蔽攻击两个因子(overt aggression),两个因子仅解释了总差的 36.3%。[③]

2. 攻击问卷(Aggression Questionnaire,AQ)

AQ 是巴斯和俳瑞(Perry)于 1992 年对 BUSS-Durkee 敌对问卷(BUSS-Durkee Hostility Inventory,BDHI)修改而来。该问卷包含 4 个因子计 29 个条目:躯体攻击(Physical Aggression,9 个条目)、言语攻击(Verbal Aggression,5 个条目)、愤怒(Anger,7 个条目)、敌意(Hostility,8 个条目)。

因为 AQ 操作简单、容易记分和解释而且能在短时间内完成,所以问世以来在理论研究领域应用较广泛,信效度良好。国外有研究报告全卷 Cronbach α 系数为 0.94,躯体攻击、言语攻击、愤怒、敌意各个因子的 Cronbach α 系数分别为 0.85、0.72、0.83、0.77。;国内有研究报告全卷 Cronbach α 系数为 0.89。[④]

(三)他评量表

与自评量表相对应,由他人进行评定的量表称作他评量表。

1. 同伴提名量表(Peer-nominated Inventory,PNI)

PNI 是埃伦(Eron)采用社会测量方法,就暴力行为表现在同伴间提名评定。PNI 包括攻击、成功的攻击、活动、攻击焦虑和个人威望 5 个分量表。该量表有较好信度、效度,

---

① 叶茂林,彭运石. 内隐社会认知视野中的攻击性[J].心理学探新,2004(2).

② Alfred Lange, Psychometric characteristics and validity of the Dutch adaptation of the Buss-Durkee Hostility Inventory[J]. Behaviour Research Therapy, Vol.33,1995:223-227.

③ Lange A., Dehghani B. and Beurs E., Validation of the Dutch adaptation of the Buss-Durkee Hostility Inventory[J]. Behaviour Research Therapy, Vol.33,1995:229-233.

④ 冀云. 对暴力型未成年犯攻击性的团体心理干预研究[D].吉林:东北师范大学,2008.

在美国广泛使用。

2. 修改版外显攻击行为量表（MOAS）

MOAS 是凯（Kay）等在尤道夫斯基（Stuart C. Yudofsky）等编制的外显攻击行为量表（Overt Aggression Scales，OAS）的基础上修订而成，主要评定语言攻击、财产攻击、自身攻击和躯体攻击等四类攻击行为，具有良好的信度和效度。

（四）主体测量

主体测试注重以被试主体为中心，关注被试主体内心世界的认识和感受。在这一点上主体测试法与投射测量法类似，但两者具体使用的技术和方法有着根本的不同。主体测量法主要是运用一些对自我概念的测量技术以及一些会谈的技术来测量评估被试的人格倾向，主要有语义区分测验、会谈技术、分类技术等。目前在服刑人员暴力风险评估实践中应用得比较广泛的是会谈技术。会谈技术是以评估为目的，与服刑人员面对面地交流，从而引导出服刑人员的相关个人情况。会谈技术又分为结构性会谈和非结构性会谈两种，前者有固定的程序、事先拟定的提纲、准备好要问的问题；后者较为随意、自由，可以根据服刑人员的回答提出对其更为有意义的话题，从而引出服刑人员更为丰富的内心世界，了解其人格特征中的更为具体的细节。

三、服刑人员暴力风险测量问卷

当前，服刑人员暴力预测评估表的条目多数是建立在对暴力行为概念化的基础上，从经验出发，在实际应用中不断引进因素改良并进一步筛选条目。国外文献中，可以找到大批量关于暴力预测评估方面的问卷及使用情况分析。不过，有些问卷条目太多，测试的内容过于广泛，容易出现立意上的分歧。况且，由于文化习俗、制度观念等方面的差异，将翻译过来的国外有关暴力攻击行为自评量表中的某些条目直接应用于服刑人员暴力倾向预测可能不太适合[1]。

2005 年，黎玉河和孟宪璋根据以往研究成果，引进并修订了巴斯（A.H. Buss）等人在 1992 年构建的攻击问卷（AQ）。黎玉河和孟宪璋使用修订版 AQ 对服刑人员进行施测，考察项目鉴别指数和相关系数，结果项目的区分度是比较高的，与修订时所测结果相近，表明修订版攻击问卷确定的条目所表达的信息是比较全面的，适合在日常生活中和具有攻击行为的特殊人群中应用，对攻击性行为有预测作用[2]。

在黎玉河等人的修订版 AQ 基础上，笔者设计了如表 7-3 所示的《服刑人员暴力倾向

---

[1] 西方矫正发展历史和经验表明，服刑人员人身危险性程度评测是对其进行分类和处遇的基础，没有对服刑人员个体危险程度的评测和危险等级的评定，就无法进行科学分类并采取富有针对性的矫正。据闻，国内专门的服刑人员人身危险程度检测表（RW检测表），已由江苏省监狱管理局制定并通过实际检校和专家验收。

[2] 黎玉河,孟宪璋. 攻击问卷的修订[D]. 暨南大学硕士学位论文,2005.

自评量表》,供大家参考。

四、有关服刑人员暴力倾向评测量表"精确性"的说明

笔者在推行《服刑人员暴力倾向自评量表》时,其测量结果的"精确性"一直受到质疑。这并非个别现象,邱兴隆教授亦论述说:"与一般预防的需要难以测定一样,个别预防的需要即犯罪人的人身危险性或再犯可能性难以准确预测"[1];"蒙纳哈就 6 项有关测试对暴力的预测的精确性的研究做了比较,结果表明,预测中的虚假的肯定率高达 60% 乃至更高……可见,刨除虚假的否定与虚假的肯定,预测的正确率不到 1/3。"[2]

表 7-3　服刑人员暴力倾向自评量表

项目	对你的符合程度				
	完全不符合	有点不符合	部分符合部分不符合	有点符合	完全符合
1. 我觉得别人运气总是比我好					
2. 我觉得大多数人都不可信任					
3. 一点小事都会让我大发雷霆					
4. 曾经有一阵子,我控制不住想揍另一个人的冲动					
5. 当受到一定的刺激时,我可能会出手打人					
6. 人们总是不公平地对待我					
7. 如果有人逼我太甚,我会与他打起来					
8. 虽然别人没说什么,但是我知道他们都看不起我					
9. 周围的人说我是个急性子的人					
10. 有时我觉得自己就像个火药桶,一触即爆					
11. 如果有人打我,我会还手					

---

[1] 邱兴隆. 配刑原则统一论[J]. 中国社会科学,1999(6).

[2] 邱兴隆. 关于惩罚的哲学:刑罚根据论[M]. 北京:法律出版社,2000:227.

续表

项目	对你的符合程度				
	完全不符合	有点不符合	部分符合部分不符合	有点符合	完全符合
12. 面对不利的处境,我会设法扭转局面					
13. 我觉得别人老是针对我					
14. 当和其他人观点不一致时,我忍不住加入争辩					
15. 我很容易发火					
16. 如果必须借助武力才能维护我的权利,我会那么做					
17. 如果有人侮辱我,我才不去考虑什么后果,我会大打出手					
18. 我有时会无缘无故发脾气					
19. 对令我不舒服的人或事,我会一吐为快					
20. 我很容易嫉妒别人					
21. 我很难从情绪紧张状态恢复到平静					
22. 当人们对我非常好的时候,我想知道他们到底有什么意图					
23. 我找不出好的理由来解释我曾经为什么会打人					
24. 我曾经威胁过周围的人					
25. 当情绪激动狂热的时候,我忍不住会摔东西					
26. 我想知道"为什么时常会对事情感到苦恼"					
27. 提防那些对你过于友好的陌生人没什么错					

续表

项目	对你的符合程度				
	完全不符合	有点不符合	部分符合部分不符合	有点符合	完全符合
28. 我发怒快,但很快就能克制					
29. 我打架是比别人稍多一点					
30. 愤怒时我真希望有把棍棒或斧头之类的工具					
31. 和人发生矛盾后,长时间内我有逼真的复仇幻想					
32. 我专门向同改讨教过武力自卫的技巧					
33. 遇到意料之外的事,我比别人更容易激动					
34. 当我看到有人受到不公平对待时,我常常想为他打抱不平					
35. 我的心境容易受到外界干扰					
36. 我通常只跟那些能为我带来利益的人来往					
37. 周围的人说我是一个铁石心肠的人					
38. 我不愿意向别人说出自己的真实感受					
39. 我不能原谅那些有负于我的人					
40. 我不清楚我哪些方面是需要改善的					

　　自然科学追求、强调的"精确",确实是一件令人向往的事情。如果服刑人员暴力行为倾向可以借助精确的量化而呈现出来,那当然是再好不过的事情。不过,服刑人员暴力风险测量不可能也没有必要达到绝对"精确测量",因为服刑人员人格包含了许多主观

因素,不可能要求像测量客观物理物体的长、宽、高一样达到数学上的精确的地步。[1]

对笔者设计的《服刑人员暴力倾向自评量表》,做以下说明:

第一,《服刑人员暴力倾向自评量表》评测结果有失真(甚至是较大的失真)的可能,完全"由于预测是基于过去和现在的已知,而过去和现在毕竟还不是未来,因此,预测未来难免会出现某些误差"[2]。实际上,虽然国外学者也曾就暴力危险提出过很多不同的定量和定性的模式,但是,令人遗憾的是,无论是定性分析还是定量分析模式都是令人失望的模式。在目前的技术条件下,完全有理由断定:找到一套"精确"的服刑人员暴力风险评测模式,根本就是不可能完全的任务。

第二,自然科学的"精确"也并非绝对;随着技术水平的提升,以前的"精确"也在逐渐变得不精确。众所周知,量子物理中就存在测不准原理(Uncertainty Principle),即在描述微观粒子的量子力学中,一个可观测量的精确测定会产生别的可观测量的不确定。就此而言,精确的相对性需要我们客观地对"精确"加以重新审视,"精确"正在变成一个科学目标而不是具体的衡量标尺。有学者说:"就人们以约定俗成的概念信号系统去观照相应的客观事物的认识角度而言,模糊性并非是由人的认识能力局限而造成,而是事物在性质转化过程中自身呈现的一种属性。"[3]就此而论,经过人的主观加工的所有学科知识,都有一个相对精确或绝对模糊的结论;一味地强调服刑人员暴力风险要达到与自然科学一个重量级的"精确",显然过于苛刻。

第三,为何自然科学与社会科学会分成独立的学科门类?回答了这个问题,相当程度上也就能够理解服刑人员暴力风险评估的"难处"。社会科学研究的范畴主要是社会领域中的社会现象,它与以自然现象作为自己研究对象的自然科学存在很大的不同。虽然实证方法的运用可以解决社会科学的某些问题,但是社会科学的自身特性决定了它与自然科学的不可比拟性,决定了它不能被自然科学的全套思路所取代。服刑人员暴力风险属于社会科学的探讨范畴,它与社会科学的内在特性存在实质关联。因此,这决定了根本不能照搬自然科学的那一套标准来要求它,也不能用自然科学的眼光来打量它,更不能用自然科学的"精确性"来评价它。

第四,应该理性而辩证地看待前文提及的蒙纳哈"虚假的肯定率60%以上"的实证结论。这一事实说明的其实是两个问题:其一,测量水准有待提高;其二,尚有40%左右的正确率。我们不能只看到否定性的前者,而忽视肯定性的后者。撇开个人研究方法的正确与否不谈,如果蒙纳哈肯定他的60%这一数据是正确的,那么另外40%的结论得出就没有理由加以否定,更不能对此置若罔闻。因此,可取的态度和努力的方向应该是在原有的基础上提高测评技术,在信度与效度上更上层楼,而不是断然否定服刑人员暴力风险评估测量本身。

---

[1] 翟中东. 刑法中的人格问题研究[M]. 北京:中国法制出版社,2003:125.
[2] 陈兴良. 刑法哲学[M]. 北京:中国政法大学出版社,2004:129.
[3] 冯亚东. 干预应体现刑法宽容精神 [J]. 政治与法律,1995(2).

最后，建立高"精确性"的服刑人员暴力风险评估量表体系，这一目标无疑极具开创性和现实性，但其真正实现尚需假以时日。在现有的条件下，合适的方式应该是以事实材料的统计分析为主、量表为辅的方法。必要时，二者可以同时使用。如果二者的结果趋于一致，说明服刑人员暴力风险测量的效度较高，可以对测评结果无顾虑地使用；如果二者的结果有差异或差异较大，理应慎重对待，在排除了相关干扰因素的情况下，应该最终以事实材料的统计分析为准。况且，对服刑人员暴力风险评估测量的目的不是将特定服刑人员区分出来严加管束，而是缩小高暴力风险服刑人员目标群体范围以提高狱内冲突的干预和管控效率。如此说来，即使是"40％左右的正确率"，亦可以容忍。

✳ 链接 7-2

英国监狱服刑人员危险性评估系统(第二版)评估框架

A 部分：现行罪行		
A1　罪行被独立定罪的个数		
独立定罪的个数	1	2～3	4 及以上
分数	0	1	2
A2　罪行涉及因素		
		说明：打钩，每项 1 分
使用武器		
暴力威胁		
玩手段		
行为表现出一定的迷恋性		
行为表现出一定的装腔作势		
背信		
对财产造成一定的损失		
长时间策划行动		
有性的因素存在		
A3　罪行是否是其行为模式的一部分	否＝0	是＝2
A4　罪行是否是在其以前犯罪基础上有所发展	否＝0	是＝2
A5　被害人		
被害人数	0～1	2	3 及以上
分数	0	1	2
是否对同一个被害人侵害	否＝0	是＝2
被害人是否属老弱病残	否＝0	是＝2

续表

A 部分:现行罪行			
A1　罪行被独立定罪的个数			
被害人是否是陌生人 否＝0　　　　是＝2			
B 部分:犯罪史			
B1　18 岁前被定罪次数			
被定罪次数	0～1	2	3 及以上
分数	0	1	2
B2　成人后被定罪次数			
被定罪次数	0～1	2	3 及以上
分数	0	1	2
B3　第一次被定罪年龄			
年龄	18 及以上	14～17	14 及以下
分数	0	1	2
……			
B7　违反保释、保护观察规定　　　　　　　　　　　否＝0　　　　是＝2			
B8　是否有脱逃史　　　　　　　　　　　　　　　否＝0　　　　是＝2			
B9　在监禁期间有实施暴力与破坏的历史　　　　　　否＝0　　　　是＝2			
B10 罪行类型 说明:犯其中 3 种罪行＝0,犯其中 3 至 4 种罪行＝1,犯其中 5 种罪行及以上＝2			
故意杀人、故意伤害、故意杀人预备、故意伤害预备			
除上项外的其他暴力(包括攻击、持有武器等)行为			
性犯罪			
绑架			
夜盗			
盗窃			
诈骗、伪造			
除上项外的其他不诚实行为			
投毒			
进口、提供与拥有毒品			
交通犯罪			

续表

C 部分：认罪态度
说明：没有问题＝0，有些问题＝1，有严重问题＝2
C1　接受或者说拒绝自己的犯罪责任
C2　犯罪的动机
C3　对被害人的态度
C4　对量刑与法律程序的态度
C5　对管理人员的态度
C6　对假释等促进罪犯重返社会措施的态度
C7　对自己犯罪的态度（将来）
C8　对犯罪的一般态度（提供机会是否任何人都会犯罪）
C9　对社会的态度
C10 对自己的态度（是否有信心）
……
E 部分：家庭关系
说明：没有问题＝0，有些问题＝1，有严重问题＝2
E1　与家庭、孩子的关系，如是否能够经常关心孩子
E2　在未成年时期是否受到过虐待
E3　现在与最亲近亲属的关系
E4　过去与最亲近的亲属关系情况，如数量、满意程度等
E5　现在与配偶的感情情况
E6　家庭暴力情况
E7　为人父母角色下与孩子的关系
E8　亲近的家庭成员是否有犯罪记录
F 部分：接受教育与训练
说明：没有问题＝0，有些问题＝1，有严重问题＝2
F1　上学情况，是否逃过学、被学校逐出
F2　未获得文凭
F3　在阅读、写作与数学上存在问题
F4　在学习上有困难
F5　对学习与培训的态度
……

续表

L 部分:情感或心理问题		
说明:没有问题＝0,有些问题＝1,有严重问题＝2		
L1	有问题,如情绪不稳定、容易紧张焦虑	
L2	存在抑郁问题	
L3	儿童时存在问题,如破坏公物、残害动物、注意力不集中、其他不良倾向等	
L4	具有头脑被伤害的历史	否＝0　　　是＝2
L5	现在接受精神治疗	否＝0　　　是＝2
L6	曾经接受精神治疗	否＝0　　　是＝2
L7	因为精神健康问题有过"静默"治疗	否＝0　　　是＝2
L8	在特别的医院或地方安全机构待过	否＝0　　　是＝2
L9	具有自伤、自杀想法	否＝0　　　是＝2
L10	现在的心理或者精神问题	
M 部分:相互间行为		
说明:没有问题＝0,有些问题＝1,有严重问题＝2		
M1	交往技能水平	
M2	交往中的敌对态度,是否对他人总有疑心,是否有敌对态度	
M3	攻击性行为,有通过威胁或暴力解决问题的倾向	
M4	愤怒管理情况,如是否容易生气、不能管理自己的情绪、解决问题的能力差	
M5	存在歧视他人问题,如种族歧视、性歧视等	
N 部分:思维形式		
说明:没有问题＝0,有些问题＝1,有严重问题＝2		
N1	意识到问题的能力	
N2	解决问题的能力	
N3	对结果的判断与了解能力	
N4	确定目标的能力,是否确定不具有可行性的目标	
N5	解读环境,包括社会环境、人际环境,能否理解他人、体会他人的情感	
N6	是否容易冲动,是否倾向于无计划行动,是否倾向寻求刺激	
N7	抽象思维能力,如以刻板的思维思考、看待问题	
总分:		

（资料来源:Howard P.，Clark D. and Garnham N.，An Evaluation of the Offender［M］. London: National Offender Management Service，2006.）转引自翟中东.矫正的变迁［M］.北京:中国人民公安大学出版社,2013:227-234.

笔者注:该评估系统自 1999 年 4 月由英国监狱当局与社区矫正部门联合推出后,被许多机构认定为世界上同类再犯罪危险评估系统中最为先进的系统,也被许多国家的监狱广泛应用于服刑人员狱内暴力危险评估。因其设计着眼于再犯罪凶险评估,在此略去其中一些与"狱内暴力"评估借鉴无关内容。

第五节

救助与辅导：协助暴力被害人度过危机

"什么是被害人?"

这个问题看似平凡,但多数时间当我们听到它时,我们听到的其实是倡导一种

正义哲学的呼吁之声——解决被害人承受的痛苦和损失。

——(美)克利尔(Todd R. Clear)·《犯罪被害人学导论》(*Crime Victims：An*

Introduction to Victimology)

被害人(Victim)的概念,源自二十世纪中叶产生的一门边缘学科——被害人学(Victimology)①,它运用生物学、心理学、社会学、经济学以及法学的原理和办法,研究刑事被害人的特征及其相关问题。被害人学扭转了原先只关注犯罪人而忽视作为犯罪行为指向目标的被害人的局面,从国家——犯罪人的单一关系延伸到犯罪人——被害人的互动关系,也给狱内暴力的深入研究与防控提供了全新的视角和启发。

一、暴力被害人的不良反应

相较于显而易见的躯体上的伤害,狱内暴力事件会给服刑人员造成隐蔽但持久的心理影响——将受暴力侵害的痛苦感触内化或者是外化:内化则产生情绪障碍,如焦虑、抑郁、恐惧、无力感和低自尊等;外化则产生异常行为,如睡眠障碍、反社会行为、自杀②、行凶。"虽然攻击行为不包括在 DSN-III-R 关于 PTSD 的标准中,但它指出易激惹可能是

---

① 首先使用被害人学术语的是以色列律师、法学家门德尔松(Ben-jamin Mendelsohn),1947年,他在罗马尼亚的布加勒斯特(Bucharest)发表了题为"被害人学"的演讲。此后,德国汉堡大学教授亨蒂格(Hans Von Hentig)1948年在美国出版了《犯罪者及被害者》(*The Criminal and His Victim*)一书;1954年,德国精神病学家埃伦贝格(Ellenburger)在《国际犯罪学及警察技术评论》(*Revue Internationale de Criminologie et de Police Technique*)刊发《犯罪人与被害人间心理学关系》(*Relations Psychologigues entre la entre la criminal et la Victinle*);1956年,门德尔松在同一本杂志撰文《被害人学:生物、心理和社会学的一门新学科》(*A New Branch of Bio-psycho-social Science*:*Victimology*)。这两位作者的三个著作,被公认为被害人学诞生的标志。

② 受暴力威胁服刑人员的自杀危险性远高于普通服刑人员。这是因为他们不但具有独特的症状学特征,还常常伴有不同程度的焦虑、抑郁情绪。此外,由于受暴力威胁服刑人员警觉水平的提高,使他们对自身躯体健康状况的关注加强,伴发严重的睡眠障碍。同时,长期的精神紧张和失眠也会加重受暴力威胁服刑人员机体的生理负荷,增加诸如高血压、冠心病、消化性溃疡、肿瘤及其他身心疾病的发病风险。这些躯体因素与心理因素相互作用的结果,往往会进一步降低受暴力威胁服刑人员对心理创伤和改造生活压力的应对能力,加深他们的挫败感和绝望感,提高他们的自杀风险。

创伤后应激障碍的一个伴随症状,这种精神障碍有时与'无法预测的攻击行为爆发'有关系(美国精神病协会,1987)。"①

(一)短期内的不良反应

狱内暴力对服刑人员的短期影响显而易见。

1. 改造成效层面

已经取得的成绩成果,是衡量服刑人员改造成效的重要指标之一。施加于服刑人员身上的暴力,无论施暴者是民警还是其他服刑人员,必然会影响到受暴服刑人员的改造成果。这是因为,长时间与民警关系疏远或是经常受到其他服刑人员欺负的服刑人员,极易出现挫折感和不安全感,对周围的人和事表现出不信任、自卑、注意力难以集中等特点,使得他们不能够全身心地以积极的姿态投入服刑改造中。

2. 情绪人格层面

在遭受暴力侵犯又无力自卫时,受暴服刑人员的个人自我评价和自我价值感降低,常常把一些不确定的情境看成是具威胁的。长期的焦虑和不安全感,时常让受暴服刑人员深感自身的脆弱和无能,这又极易进入所谓的习得性无助(learned helplessness)②状态。

因习得性无助而产生的绝望、抑郁和意志消沉,是许多心理和行为问题产生的根源,而且不在少数。因为"个体作为人的存在的最根本价值受到威胁,自身安全受到威胁,由此引起的担忧便是焦虑。焦虑和恐惧与价值有着密切的关系"③。

服刑人员因为遭受暴力威胁而对周围人群产生敌意,在消极认知的支配下又会转向攻击他人。如此"被动"攻击他人的服刑人员的暴力行为一般不表现为工具性,只是因为不能控制自己的情绪和行为。这类服刑人员因为兼有受暴者和施暴者的双重角色,更可能受到犯群的排斥、难以得到民警的认可,孤立无助的状态又更加降低了其心理健康水平,增加了被卷入更多的狱内冲突事件中去的可能。

(二)创伤后应激障碍

精神创伤乃至创伤后应激障碍(Posttraumatic Stress Disorder,PTSD),被界定为"通过干扰性的记忆和梦,以及各种与焦虑相关的现象,对一件精神创伤事件进行持续的

---

① 布莱克本. 犯罪行为心理学:理论、研究和实践[M]. 吴宗宪,等,译. 北京:中国轻工业出版社,2000:230.

② 习得性无助,是指个体接连不断地受到挫折,发现自己无论如何努力,无论做什么,都以失败告终时,感觉自己控制不了局面,精神支柱瓦解,最终陷入绝望的一种心理状态。

③ 罗洛·梅. 权力与无知:寻求暴力的根源[M]. 郭本禹,方红,译. 北京:中国人民大学出版社,2013:22.

重新解释"①许多服刑人员在经历暴力事件后，在接下来几天或几周内表现出一些 PTSD 的症状。可提供的数据显示，8％的男性和 20％的女性会持续发展 PTSD，大约有 30％的这些个体会表现出持续整个后半生的慢性症状。② PTSD 通常在创伤事件发生一个月后出现（在这之前的被称为急性应激障碍），但也可能在事发后数个月至数年间延迟发作（delay onset）。

1. PTSD 的表现

韦弗（Weaver）总结过被害人经历暴力事件值得关注的十二项失常表现：

（1）焦虑及绝望的感觉延长；

（2）生活习惯改变；

（3）人格改变；

（4）退缩；

（5）对他人过分猜疑；

（6）相信他人都在议论、笑话或试图控制自己；

（7）听到或看到东西（幻听或幻视）；

（8）无名火或想要报复的心；

（9）夸大的恐惧；

（10）极度依赖；

（11）强迫症；

（12）有伤害自己或他人的想法。

如果被暴力侵害三个月后，服刑人员仍然出现以下症状：以噩梦形式反复出现暴力事件的画面，在目睹类似情境的时候产生精神痛苦；回避参与相关的活动，不愿意与他人交往；对他人的偶然行为表现出极大的警觉。这时需要考虑受暴服刑人员是否患上了 PTSD。

2. PTSD 的诊断

PTSD 的诊断标准，在美国的《诊断与统计手册：精神障碍，第四版修订本》（*Diagnostic and Statistical Manual of Mental Disorders，Fourth Edition TR，DSM-IV-TR*）、世界卫生组织的《疾病和有关健康问题的国际统计分类第 10 版修订本》（*The International Statistical Classification of Diseases and Related Health Problems* 10th *Revision，ICD-10-E*）和中华精神科学会的《中国精神障碍分类与诊断标准第 3 版

① Lurigio Arthur J. and Patricia A. Resick，Healing the Psychological Wounds of Criminal Victimization：Predicting Postcrime Distress and Recovery [A]. Arthur L. Lurigio，Wesley G. Skogan and Robert C. Davis.，Victims of Crime：Problems，Policies and Programs [C]. Newbury Park，CA：Sage Publications，1990：51.

② 创伤后应激障碍的诊断与治疗 [EB/OL]. http://www.haodf.com/zhuanjiaguandian/lczcy_101033.htm. 2009-11-22.

(CCMD-3)》中均有提及。因为三者基本一致,只介绍 CCMD-3 的诊断标准。

(1)主要表现

①反复发生闯入性创伤性体验重现(病理性重现)、梦境,或因面临与刺激相似或有关的境遇而感到痛苦和不由自主地反复回想;②持续的警觉性增高;③持续的回避;④对创伤性经历的选择性遗忘;⑤对未来失去信心。

可能因为人格改变或有神经症病史等附加因素,少数病人降低了对应激源的应对能力或加重疾病过程。精神障碍延迟发生,在遭受创伤后数日甚至数月后才出现,病程可长达数年。

(2)症状标准

①遭受对每个人来说都是异乎寻常的创伤性事件或处境(如天灾人祸)。②反复重现创伤性体验(病理性重现),并至少有下列一项:不由自主地回想受打击的经历;反复出现有创伤性内容的噩梦;反复发生错觉、幻觉;反复发生触景生情的精神痛苦,如目睹死者遗物、旧地重游,或周年日等情况下会感到异常痛苦和产生明显的生理反应,如心悸、出汗、面色苍白等。③持续的警觉性增高,至少有下列一项:入睡困难或睡眠不深;易激惹;集中注意困难;过分地担惊受怕。④对与刺激相似或有关的情境的回避,至少有下列二项:A 极力不想有关创伤性经历的人与事;B 避免参加能引起痛苦回忆的活动,或避免到会引起痛苦回忆的地方;C 不愿与人交往、对亲人变得冷淡;D 兴趣爱好范围变窄,但对与创伤经历无关的某些活动仍有兴趣;E 选择性遗忘;F 对未来失去希望和信心。

(3)严重标准:社会功能受损。

(4)病程标准

精神障碍延迟发生(即在遭受创伤后数日至数月后,罕见延迟半年以上才发生),符合症状标准至少已 1 个月(2008 年 6 月修订此条)。

(5)排除标准

排除情感性精神障碍、其他应激障碍、神经症、躯体形式障碍等。

二、暴力被害人救助

狱内暴力事件的发生,让服刑人员处于应激状态中,这时就需要监狱民警通过心理学方法甚至是医学技术,帮助他们处置混乱的情绪和行为,协助他们尽快恢复平静,度过危机。下面提及的几种方法或技术,貌似通俗易懂,但因为专业性强,还需要民警多加学习与练习,有的还必须由专业人员来完成。

(一)非批判性心理创伤辅导

"当看着日落时,我们不会想去控制日落,不会命令太阳右侧的天空呈现出橘黄色,也不会命令云朵的粉红色再浓些。我们只能满怀敬畏地望着而已。"①罗杰斯(Carl Ransom Rogers)的这句话,点明了心理辅导的非批判性态度。简单地说,"非批判性"就是监狱民警推迟评判受暴力侵害服刑人员的所作所为——在狱内冲突事件中,受暴服刑人员可能采取为民警不赞同的方式应对,此时,民警容易基于职业习惯对服刑人员进行传统意义上的教育,而这往往会使警囚双方的辅导关系疏远。反之,如果民警将受暴服刑人员看作是一个有价值、有尊严、独特的个体去倾听、理解、接纳,就会促进良好关系的建立。

1. 营造安全的支持性环境

营造一个安全的具有支持性的环境,意味着监狱民警透过语言或非语言的行为向受暴力侵害服刑人员传递信息,让他们感受到关怀、接纳和理解。这是受暴服刑人员能够直面那些令人恐惧情绪和感受的基本前提。很多时候,在受暴服刑人员经历伤心、难过、恐惧等情绪时,民警无须说太多,有时即使什么也不说,只是拍拍他的背,对他来说也是一种支持和安慰。

共情(empathy),是监狱民警为受暴服刑人员营造一个安全的支持性环境的一项有效技术,它应当贯穿受暴服刑人员救助辅导的始终。共情要求民警暂时抛开自我而与对方认同,设身处地地走进受暴服刑人员的内心世界体会他的情绪、情感。当民警准确体验受暴服刑人员的内心感受并给予准确表达时,受暴服刑人员就能感受到被理解,就会敞开心扉。

对受暴服刑人员诉说的简单总结,还不能称之为共情。真正意义上的共情,是监狱民警源源不断地对受暴服刑人员在表达中的瞬间感受作出反馈。在救助辅导中,民警要尽量做到"无我",不断地提醒自己放下"我"的想法,把受暴服刑人员放在核心位置上,并对"此时此刻,我的感受是什么"保持相当的敏感。以对在遭受暴力侵害后企图自杀服刑人员的救助为例,倘若民警的反馈是:"我可以理解你的这种心情……"那么,这种反应是以民警自身为参照系统的,是在与受暴服刑人员交流自身体验的水平上进行的。倘若民警采用的是另外一种反馈:"真的很痛苦,要是我,我也可能会想到死……"此时,民警设身处地地表明了自己的态度,服刑人员就会感觉到自己被理解了。要说明的是,在共情过程中,监狱民警认可的是受暴服刑人员的情感而非行为。当受暴服刑人员将那些不良的情感充分宣泄之后,民警有必要继续与其作进一步的探讨,帮助他们寻找积极生活的意义。

2. 引导受暴力侵害服刑人员全面地看待自己和周围环境

一般情况下,每个人都知道自己的所思所想、所作所为。在突然遭受暴力侵害后,一些服刑人员对一些不甚明了的东西一时内在反应不过来,表现为愤怒、害怕或烦躁等。

---

① 一个心理咨询师写给来访者的话 [EB/OL]. http://www.psy525.cn/special/14807-66058.html. 2014-03-04.

这就需要监狱民警在掌握冲突事件来龙去脉并与受暴服刑人员建立起良好沟通关系的基础上,引导他们冷静看待冲突事件双方当事者的心理、动机和行为的意义,进而找到解决问题的有效途径。

大多数时候,情绪是个体当时对某一事物的思维、观念和想法的反应。有时候,因为已经习惯了某种思维定式,以至于个体不能意识到自己正在体验这些思维。这就是所谓的"自动思维(automatic thoughts)"或称"习惯性思维"。其实,这些自动思维有时并不是那么的准确,甚至可能是无益的、负面的,即错误的认知过程和观念,是导致个体不适应行为和情绪的根本原因。在对受暴力侵害服刑人员的辅导救助过程中,民警有必要对服刑人员的情绪作出干预,引导他们正确认识当下情绪与这些无益思维方式之间的微妙关系,使得他们清晰地将主观想法和客观现实区分开来。

具体地讲,民警可以从四个方面对受暴力侵害服刑人员进行辅导帮助:

(1)识别自动思维

由于这些思维已构成受暴服刑人员思维习惯的一部分,他们不可能意识到在不良情绪反应以前会存在着这些思想。在受暴服刑人员情绪略有缓和后,通过提问想象冲突事件发生的场景或进行角色扮演等方式,民警可以帮助他们集中注意那些具体的问题和可以观察到的事实,让他们逐渐觉察和识这些"自动思维"及其作用过程。

(2)识别认知性错误

所谓认知性错误,即指受暴服刑人员在概念和抽象性上常犯的错误。典型的认知性错误表现为任意的推断、过分概括化及"全或无"的思维等等。这些错误相对于自动思维更难于识别。如受暴服刑人员常给自己下一个结论:"我就是一个废物"。类似的逻辑判断式的结论,一般是一种"主—谓—宾"式的语法结构。一旦有受暴服刑人员用这种结构来表达对自我的态度,他就有可能用这个判断来概括他的一切行为:"我就是一个废物",暗示他认为自己在很多方面都是"一个废物",意味着他准备自暴自弃,彻底放弃改造。这可不是一个好苗头。

因为受暴服刑人员的这些认知性错误的判定依据并非来自具体的事件,所以民警对其的纠正也就需要使用一些逻辑水平较高的技术。

从语言学的理论来分析,"我就是一个废物"意为与"我"有关的各种客体和行为都是"废"的,即无用的,这显然没有严格的逻辑上的意义。可以说在某件事件上"我"没有什么用处,但不用说我什么都不能做。还有,处于表语位置的上词不能被客观评定,那么这个词就没有什么意义。如"废"对应的"无用"。"无用"的含义是含混不清的,没有一个客观标准来衡量一个人是有用还是无用。因此,在救助受暴服刑人员的时候,民警要帮助他们认识到让一个有关自我概念的判断有意义,起码要做到两点:一是将主语的"我"换作一个与"我"有关的具体的事件或行为;二是表语位置上词必须能够根据一定的标准进行评定。通过语义的分析和转化,民警就可以帮助受暴服刑人员把代表他们深层次错误认知的全然没有什么意义的判断,逐渐转变为对自己具体的、客观的认识。

（3）真实性验证

将受暴服刑人员的自动思维和错误观念视为一种假设，然后鼓励他们在严格设计的行为模式或情境中对这一假设进行验证。通过这种方法，让受暴服刑人员认识到他原有的观念是不符合实际的，有必要作出适当的调整。这是对受暴服刑人员进行积极引导的核心所在。

（4）去中心化

很多受暴服刑人员总感到自己是别人注意的中心，自己的一言一行、一举一动都会受到他人的品评。为此，他常常感到自己的无力、脆弱。如果某个受暴服刑人员认为自己的行为举止稍有改变，就会引起周围每个人的注意和非难，那么，监狱民警可以让他不像以前那样去与人交往（即在行为举止上稍有变化），而后让他记录别人不良反应的次数。结果当然毫无悬念——他会发现很少有人会刻意注意他言行的变化。

（二）创伤后应激障碍的药物治疗

药物治疗是 PTSD 的重要治疗手段之一。药物治疗对 PTSD 病人至少有三种潜在的好处：改善症状、治疗共病疾患、减轻会干扰心理治疗和/或日常功能的相关症状。因其专业性极强，在此不再展开具体讨论。

第六节

治疗与康复：服刑人员暴力医学干预

自然不仅建立了平凡的肠胃工厂，也建立了头脑的庙堂。

——（德）费尔巴哈（Ludwig Andreas Feuerbach）·《黑格尔哲学批判》（*Zur*

Kritik der Hegelschen Philosophie）

　　针对可能诱发服刑人员暴力行为的生理性因素,下面几种治疗性干预手段可供选择。

一、药物治疗

　　药物治疗(drug treatment),是利用药物对高暴力倾向服刑人员的生理因素本身或其他因素进行的影响和干预。从已有研究来看,容易导致服刑人员暴力的"生理因素"主要是神经递质(neurotransmitters)分泌异常,"其他因素"是指与生理因素相关的其他问题或症状。这些"其他因素"的产生与容易导致服刑人员实施暴力的"生理因素"有关,但并不表现为异常的生理现象或生理特征。克洛宁格(C. Robert Cloninger)撰文[1]就曾将原发型反社会综合征(primary antisocial syndrome)或反社会行为综合征(antisocial behavior syndrome)进行治疗的目标症状(target symptom)分作四类(见表7-4)。

表 7-4　原发型反社会综合征治疗的目标症状

类型	具体表现
攻击行为	挫折耐受力低或应激性亢进(hyperirritability)
	掠夺型暴力或严重恃强凌弱
	冲动型伤害
	伴随社会分离(social detachment)的工具型伤害
	孤僻型伤害(dissocial assault)

---

　　[1]　Sarnoff A. Mednick,The causes of crime：New biological approaches[M]. New York：Cambridge University Press,1987：332.

续表

类型	具体表现
操作性条件反射与社会学习缺陷	回避学习能力差
	明显的自我中心性
	社交紊乱行为
注意和冲动控制方面的缺陷	寻求新奇(novelty seeking)
	注意力不集中(inattention)
	冲动性
	活动过度
脑电图异常	发作阈限低(low seizure threshold)
	不成熟的慢脑电波(immaturely slow EEG)

运用药物手段治疗服刑人员暴力恶习,只能是在服刑人员暴力行为倾向极其严重、确与服刑人员"生理因素"或"其他因素"密切相关、心理矫治等方式不能奏效时迫不得已而采用的最后方法。合法程序以及药物的副作用,也是药物干预服刑人员暴力倾向必须注意的问题。国外运用药物手段干预服刑人员暴力恶习起步较早;从已有文献来看,药物治疗往往只是作为辅助性手段出现,其作用在很大限度上是改善服刑人员的基础性身心缺陷,为心理层面的矫治创造必要条件。

1. 神经递质药物干预

有三种神经递质的分泌状况会对个体暴力的实施产生重要影响,它们分别是 5-羟色胺(serotonin,又名血清素)、去甲肾上腺素(norepinephrine)和多巴胺(dopamine)。

5-羟色胺是一种具有很强血管收缩作用的神经递质,其分泌减少或者活性降低,会导致抑郁;分泌过多或者活性过大,会导致偏头痛和恶心等症状。相关研究表明,在实施了暴力型犯罪行为的反社会者中,都会发现 5-羟色胺分泌减少的现象。[1] 20 世纪 70 年代中期,希尔德(M.H.Sheard)等人报告了碳酸锂(lithium carbonate)减少监狱中服刑人员攻击发作(aggressive episode)的做法[2]。

去甲肾上腺素是一种生理活性物质,能够产生兴奋情绪;过度兴奋又有可能导致躁狂与暴力。人们已经发现通过调整去甲肾上腺素分泌改善个体暴力倾向的规律:利用药物减少甲肾上腺素分泌时,可以减少个体暴力行为;反之,暴力攻击行为增加。

多巴胺是一种儿茶酚胺类物质,是激素肾上腺素和去甲肾上腺素的前体。在精神领域,利用降低多巴胺分泌的药物减少个体暴力行为早就不是什么秘密了。

---

① Adrian Raine, The psychopathology of crime: Criminal behavior as a clinical disorder[M]. San Diego CA: Academic Press, 1993:289.

② 吴宗宪. 罪犯改造论:罪犯改造的犯因性差异理论初探[M]. 北京:中国人民公安大学出版社, 2008:372.

2. 其他药物的治疗

除了上述几种主流的药物治疗方法外,还可以针对诱发服刑人员暴力行为的其他不同情况,进行相应的药物治疗。在这方面,罗伯特(C.Robert Cloninger)所做的研究①值得我们关注。

罗伯特认为,在暴力攻击等反社会行为的产生过程中,回避学习(avoidance leaning)②起着关键性的作用;回避学习能力强的人,具有预期焦虑强而冲动性弱的特征,当他们预感到可能会遇到厌恶刺激时,往往会产生焦虑,因而不会贸然进行可能招致惩罚、痛苦等消极后果的暴力攻击行为。罗伯特还提出针对不同类型暴力行为进行药物治疗的建议,见下表 7-5。

表 7-5　对不同类型的攻击行为者进行药物治疗的建议

类别	可选药物	禁用药物
焦躁型	锂(lithium);神经阻断剂(neuroleptics)	精神兴奋剂(psychostimulants)
不适当型	神经阻断剂(在脑电图异常时,更要使用这种药物);苯丙二氮杂卓类(Benzodiazepine)(在脑电图异常时,更要使用这种药物)	精神兴奋剂,锂(确切疗效待定,如果是精神分裂型反社会者,更要禁用)
多动欺弱型	帕玛啉(pemoline);锂	弱安定剂(minor tranquillizer),神经阻断剂(确切疗效待定)
单纯多动型	派甲酯苯丙胺(methylphenidate damphetamine)(不得滥用);帕玛啉;丙咪嗪(imipramine)(躯体焦虑强烈时更要使用这种药物)	弱安定剂,神经阻断剂(确切疗效待定)
冲动型	锂;血清素类(serotonergics)	弱安定剂,抗血清素类(antiserotonergics),类胆碱(cholinergics),神经阻断剂(确切疗效待定)
突发冲动型	苯妥英(phenyton);氨甲酰氮草(carbamazepine);苯丙二氮杂卓类(确切疗效待定)	神经阻断剂,精神兴奋剂,抗抑郁药
单纯外向型	神经阻断剂	弱安定剂

---

① Sarnoff A. Mednick,The causes of crime:New biological approaches[M]. New York:Cambridge University Press,1987:339.

② 回避学习,是指个体通过学习"正确的"反应而事先避开即将到来的打击之过程。回避学习能力在个体经受惩罚、痛苦等厌恶刺激作用过程中逐渐形成,其生理机制是经典条件反射和操作条件反射。

二、精神外科手术

精神外科手术（psychosurgery）由葡萄牙医生蒙尼兹（Egas Moniz）1936 年首创，是通过切断或者损毁脑组织的方法治疗精神障碍的外科手术。马克（Vernon Mark）和欧文（Frank Ervin）于 1970 年合著出版《暴力与脑》（*Violence and the Brain*）一书，在激发人们思考并将脑外科手术应用于暴力行为改善方面，发挥了关键性作用。在此书的前言部分，著者说：毫无疑问，暴力在美国人生活中是突出的和普遍的。1968 年，遭受谋杀和重伤害行为侵害的美国人，超过了在 7 年半的越南战争中伤亡的人数；几乎有 50 万的美国人遭受到杀害、强奸和伤害。有必要寻求"一种新的、生物学性质的方法来解释人类暴力问题"①。

扁桃体切除术被认为是可以成功降低个体暴力行为的精神外科手术之一。20 世纪 60、70 年代发表的 4 项研究，报告了 185 例这类手术的结果②（参见下页表 7-6）。奥卡拉汉（M.A.J.O'Callaghan）和卡罗尔（D.Carroll）在对这些手术的结果进行分类研究后，得到如下结论：暴力行为有显著改善的占 39％，有一定改善的占 35％，没有改善的占 21％，情况恶化的占 5％；如果对这些类型进行二分法划分，那么获得一定"成功"的占 74％；"失败"的占 26％。③ 奥卡拉汉和卡罗尔还报告了其他 15000 例类似手术的调查情况。他们发现，在这些手术中只有 2.5％（375 例）是为了控制个体暴力行为而进行的；"不过，这 375 例手术已经说明，这种技术是有效的"④。

向大家介绍国外精神外科手术于服刑人员暴力行为治疗的相关研究与实践成果，并不表明笔者对此持肯定态度。实际上，根据已知资料，很难得出一个精神外科手术是否可以有效改善服刑人员暴力恶习的确切结论：这类手术的积极效果往往是相对短暂的，而且成功案例缺乏可靠的评估。另外，无论是从伦理还是从人权方面考虑，此类手术结果的不可逆性也往往让人难以承认其正当性。即使在此领域研究相对较多的欧美国家的刑事司法部门，在使用此类方法管控服刑人员暴力时也是很谨慎甚至明确禁止的。譬如，美国《加州法规汇编》（*California Code of Regulations*）规定：不得对被拘留或监禁在本矫正局的人进行精神外科手术，包括脑白质切断术（lobotomy）、定向性手术（stereotactic sur-

---

① Vernon Mark and Frank Ervin，Violence and the brain［M］. New York：Harper& Row ，1970：3.

② Adrian Raine，The psychopathology of crime：Crimenal behavior as a clinical disorder［M］. San Diego，CA：Academic Press，1993：123

③ Adrian Raine，The psychopathology of crime：Crimenal behavior as a clinical disorder［M］. San Diego，CA：Academic Press，1993：123.

④ Adrian Raine，The psychopathology of crime：Crimenal behavior as a clinical disorder［M］. San Diego，CA：Academic Press，1993：122.

gery）、利用化学药物或其他方法对脑组织的破坏，或在脑组织中置入电极。[①]

表 7-6　扁桃体切除术治疗暴力行为效用统计分析

扁桃体切术数量（N）	手术结果分类（%）				研究者
	1[注]	2	3	4	
40	45	33	22	—	H.Narabayashi & M.Uno(1966)
115	38	37	17	8	V.Balasubramaniam et al(1970)
12	67	25	8	—	K.Vernet & A.Madsen(1970)
18	22	28	50	—	L.G.Kiloh, R.S.Gye et al(1974)

注：1＝显著改善；2＝一定改善；3＝显著改善；4＝恶化。

国外公开报道的研究数据表明，1971 年至 1978 年间，在接受精神外科手术的人群当中，服刑人员的数量很少——几位临床医生曾接受美国政府的资助，研究服刑人员的脑部异常并且在一些监狱中对服刑人员秘密进行了脑部手术[②]。国内尚未发现有对服刑人员进行精神外科手术治疗的报道。

有学者认为，虽然在服刑人员矫正（包括暴力等行为恶习改善）中使用精神外科手术医疗是值得探索和研究的方向之一，但是离合理的应用还有很长的路要走，还有很多的工作要做。吴宗宪提出应用精神外科手术于服刑人员恶习治疗的起码条件：[③]

1. 外科手术治疗高度发展和趋于成熟

只有到了科学技术高度发达，对于人实施暴力行为的生理机制科学认识，精神外科手术治疗的实施不仅能够保证预期的疗效，而且能够有效控制副作用的产生的成熟程度，才可以考虑对高暴力倾向服刑人员使用此项方法。科学研究和医疗技术水平的充分发展，是实施此类手术所必须具备的基本条件。

2. 接受外科手术治疗的服刑人员真正做到"知情后同意"

服刑人员作为刑罚执行的对象，处于一种很容易受到管理者强制的地位。如果缺乏一套行之有效的保障措施，服刑人员就有可能在监狱管理者的强制下，违心地接受疗效并不稳定、副作用难以预料的精神外科手术。这是对服刑人员合法权利的侵犯，必须坚决避免。在精神外科手术达到成熟水平后，为了真正使服刑人员能够在"知情后同意"的条件下接受手术，把这种手术作为改善暴力行为恶习方法的一种，可以考虑确立以下保障措施：（1）保证让服刑人员全面了解手术的原理、过程和可能产生的副作用，使其真正

---

　　①　Adrian Raine.，The psychopathology of crime：Crimenal behavior as a clinical disorder[M]. San Diego，CA：Academic Press，1993：122.

　　②　详见《脑外科手术在三个加州监狱服刑人员身上实施》（*Brain Surgery is tested on three California convicts*），文章刊发于 1972 年 2 月 25 日发行的华盛顿邮报（*The Washington Post*），作者艾伦斯（Aarous L.F.）

　　③　吴宗宪.罪犯改造论：罪犯改造的犯因性差异理论初探[M].北京：中国人民公安大学出版社，2008：367.

对精神外科手术有准确的认识；(2)鉴于服刑人员在拘禁环境中会受到多方面的强制和强迫，在进行这类手术前，还应让服刑人员的家属、法定监护人、律师等了解手术的情况；(3)在技术条件成熟的社会医院中由具备专业资质的医生实施手术。

三、休克疗法

休克疗法(shock therapy)始于二十世纪三十年代，是利用电极或药物作用于患者使其短暂意识丧失从而达到控制疾病症状的一种医疗方法。躁动、亢奋、冲动难控，是休克治疗的主要适应征之一。由于有不同程度的副作用，所以休克疗法于服刑人员暴力管控同样也存在一些法律和伦理问题。

第七节
生命教育：囚囚冲突干预新思路

世界是这样的美丽，

让我们把生命珍惜。

一天又一天，

让晨光拉着我，让夜露挽着你。

只要我们拥有生命，

就什么都可以争取，

一年又一年，

为了爱我们的人，也为了我们自己。

——汪国真·《生命最宝贵》

　　暴力滋生的土壤是对生命的漠视。

　　由于生命同时具有形而下和形而上的特质，所以它也成为既为人所共知又众说纷纭的不确定概念。从形而下的角度而言，生命与生存、平常生活相通；从形而上的角度来说，生命与信仰、终极关怀相连。现代社会，人们对生命教育(life education)的理解往往综合了这两个层面。具体到矫正教育领域，生命教育不仅呼唤服刑人员人性的回归，着眼于他们人格的完善与发展，而且致力提升服刑人员生命存在的意义和价值，力图让服刑人员明确"我是要求生存的生命，我在要求生存的生命之中。……善是保持生命、促进生命，使可发展的生命实现其最高的价值。恶则是毁灭生命、伤害生命，压制生命的发展"①。在某种意义上，我们完全可以说：生命教育既是对当今矫正教育取向功利化、工具化、理性化的一种有力批判与抨击，也是未来矫正教育理性维度上的一种价值取向和人文关怀。在服刑人员群体中广泛开展生命教育，不仅与"以人为本"的矫正教育基本原则②完全契合，而且有利于减少狱内暴力事件的发生。

　　服刑人员原本就存在不同程度的消极意识或心理缺陷，被判刑拘禁后，他们踌躇彷徨，心无所托，更容易失去生活的信心和生命的希望，愈发体验不到生命存在的意义和价值。遵循矫正教育的基本原则和要求，监狱可以富有针对性地将生命教育相关内容融入"三课"教育内容中，增强服刑人员教育的针对性和实效性。考虑到矫正教育的实际情况，我们可以从以下五个方面来丰富服刑人员生命教育内容：

一、珍惜生命教育

　　生命教育，首先要引导服刑人员意识到生命的可贵。

---

　　①　阿尔贝特·史怀泽.敬畏生命[M].陈泽环，译.上海：上海社会科学院出版社，1992：9.
　　②　在 2007 年第 12 次部长办公会通过的《教育罪犯纲要》中，"以人为本、重在改造"被正式确立为教育改造服刑人员的基本原则之一。

生命冲动,是人类发展的最强大原动力;生命存在,是一切意义的最基本前提。脱离开生命存在和延续这一基本过程来实现生命价值,显然是荒谬的。马克思、恩格斯对此有着明白的阐述:"任何人类历史的第一个前提无疑是有生命的个人的存在。"①对于每个人来说,维持生命存在都是最自然的、不可剥夺的权利。所以,对他人的尊重和对他人价值的承认,首先是对他人生命的尊重与承认。监狱民警要引导服刑人员充分认识、肯定、继而尊重自己和他人生命的存在;任何伤害自己和他人生命的行为,都是对"人"的亵渎和践踏。

二、苦难意识教育

增强服刑人员苦难体验,深化服刑人员生命情感,同样是服刑人员生命教育的应有之义。服刑人员的人生体验不仅有愉悦和幸福,还有挫折和苦难。后者虽为负性体验却也并非全然有害——通过面对挫折和苦难,服刑人员才能更好地体验到生命的脆弱和不可逆转,进而敬畏生命。曾在德国奥斯维辛(Auschwitz)集中营历经磨难的奥地利心理学家弗兰克(Victor E. Frankl)深有感触地说:"对于人生的绝大多数时光而言,生命是平淡的,这种平淡往往掩盖了生命意义的真实显现。因此对于一个一帆风顺的人而言,只有当他面临死亡、体验死亡、感知死亡时,才会从内心深处真正领悟到生命对自己的意义。所以启迪人的经验或令人发现生命的意义,常常是在生命受到威胁之时,或者是在经历极不平常的事件之时。"②"如果生活中确实存在着意义,那么,这一意义也必然存在于痛苦之中。痛苦是生活中不可或缺的组成部分,甚至就像生和死一样。没有痛苦和死亡,人的生命就是不完整的。"③

经由苦难意识教育,监狱民警尽量让服刑人员逐渐知晓:多一份苦难、多一份磨炼、多一种体验;苦难不是对生命的折磨,苦难、幸福感和成就感的相互交融方为生命一体。如果服刑人员在某一特定情形下,通过外加作用和主动作为最终选择了某种道德及利他行为,那么,他便把被拘禁的痛苦与灾难转换成某种人生的成就。因为有此成就,服刑人员便在痛苦与灾难之中获得了意义与价值;因为有意义与价值,他便愈加有了积极改造的愿望与追求。

为增强苦难意识教育的说服力和感染力,民警可以组织一些具体的活动,譬如邀请一些"劫后余生"和"历经苦难最终成就大我"的人谈谈自己对死亡的感受和苦难生活的感悟。通过这些喜闻乐见的活动,引导服刑人员认识到痛苦和苦难是生命的一部分,是无法选择的;生命只有在战胜苦难中才会有乐趣、才会有生机。民警还可以借由重大灾

---

① 马克思,恩格斯.德意志意识形态[A]// 马克思恩格斯全集(第3卷)[C].北京:人民出版社,1960:23.

② 刘翔平.寻找生命的意义:弗兰克尔的意义治疗学说[M].武汉:湖北教育出版社,1999:7.

③ 弗兰克.追寻生命的意义[M].何忠强,杨凤池,译.北京:新华出版社,2003:69-70.

害事件(诸如东南亚海啸、玉树地震、天津港爆炸等)报道的收看及讨论,让服刑人员意识到生命如此的脆弱,活着自当珍惜。

三、生命审美教育

生命审美教育既具有美育的一般作用,又具有区别于美育的独特价值。生命审美教育,是引导服刑人员用审美的态度对待生活。具体来讲,服刑人员的生命审美教育应包括以下内容:

(1)欣赏生命。生活中并不缺少美,缺少的只是发现美的眼睛。只有对美保持关注的人,才能体验到生活的真正乐趣。通过生命审美教育,帮助服刑人员认识生命、欣赏生命、尊重生命。

(2)敬畏生命。

(3)热爱生命。唤起服刑人员对生命的激情,积累对生命的感悟。

(4)美化生命。向服刑人员讲述生命为什么美、美在哪里及该如何美化生命,让服刑人员在此基础上,提升自我、美化自我。

四、生命意义教育

如若把视角放得再宽泛一些,我们完全可以说:服刑人员暴力不仅表现为心理层面的障碍,更触及精神层面的指向。生命存在意义的缺失和生命价值追求的失落,必然会造成服刑人员精神世界的失衡,继而导致处世(行事)态度的消极。

生命的意义是什么?

生命的存在对我有什么意义?

这是两个十分相似却又有着截然不同意蕴的命题。前者是一个绝对性命题——生命本身就是意义,活着就是意义;后者是一个相对性命题——生命不仅意味着生存、活着和代际延续,而且意味着人对物质生命的超越、对社会生命的发展、对精神生命的诉求。

"人除了通过发挥其力量,通过生产性的生活而赋予生命意义外,生命就没有意义"[①];"作为确定的人,现实的人,你就有规定,就有使命,有任务"[②]。这些"规定"、"使命"、"任务"的有意识表达,构成人的权利、责任和义务;要求多为社会和他人着想,而不是一心一意追求个人的利益得失。监狱民警要在尊重和保障服刑人员权益的基础上,启

---

① 弗洛姆.为自己的人[M].孙依依,译.北京:生活·读书·新知三联书店,1988:60.

② 马克思,恩格斯.德意志意识形态[A]// 马克思恩格斯全集(第 3 卷)[C]. 北京:人民出版社,1960:329.

迪其责任感,帮助其走出个人主义的小圈子,使其自觉以劳动者的姿态反观自己的生命,通过劳动和创造克服因人生短暂和社会变化无常而滋生的虚无感。

五、生命信仰教育

生命信仰重建,是服刑人员生命教育的一个至关重要的环节;尽管这确实极具理想主义色彩。

信仰是人的一种精神状态,虽然它属于一种精神现象,但是它终归是具有社会文化性的终极关怀,表征着人对终极关怀的追问。一些服刑人员常宣称自己什么都不信,是无信仰的自由人;实际上没有任何信仰的人是不存在的。这些号称什么都不信的人,只不过是放弃精神上的追求,把某种有限的物质神圣化,并以此作为自己的追求目标。也正是这种精神上的无力感和物质上的神圣化,让有些服刑人员无所畏惧。这既是他们违法犯罪的根源,也是他们视暴力为当然的症结。

第八节
系统整合：基于循证矫正的视角

缘循，偃佚，因畏不若人，三者俱通达。

——《庄子·列御寇》

循证矫正（Evidence - based Corrections），简单地说就是基于事实和证据的矫正。这一概念来自循证实践（Evidence - based Practice），其本意为"以证据为基础的实践"，引申为"遵循证据进行实践"。简言之，就是系统地确认并运用最佳证据作出实践决策。在循证实践中，"可得最佳证据（best available evidence）"这一概念承认更广泛研究证据所具备的潜在贡献——分组比较研究、纵向群组研究、定性研究以及所有系统收集的信息。如此，循证实践的观察部分来自下列思想：不确定性不能由单一的研究方法完全解决，证据会不断地以各种不同的形式出现。

简单的、成本低廉且一旦施行就立竿见影的狱内冲突防控措施是不存在的。笔者整本书阐述的，只能是建立在可得的最佳实践知识（循证矫正）基础上的狱内冲突防控理念和框架。这一理念和框架基于诸多学科知识，试图帮助监狱民警理解服刑人员暴力行为的产生根源以及评估和实施干预措施。虽然这种系统途径对于研究者和实践者而言似乎都不是一件容易的事，但是这可能也是唯一可行的。

以可得最佳证据为基础，狱内冲突防控必须做到以下两点：降低整体危险水平；强化保护因素和机制。到目前为止，最成功的基于循证实践的干预案例也许是欧洲国家旨在减少吸烟的历时五十多年的公共卫生运动。在其中，我们可以得到对狱内暴力防控的重要启发：

第一，狱内冲突防控必须建立在对"关键"影响因素和过程的清楚界定基础上。一些可能导致狱内冲突产生的因素具有普遍性，譬如压力没有适当渠道宣泄；还有一些因素不同程度地影响部分特定人们，譬如拘禁适应不良。在试图缓和狱内冲突时，监狱民警必须先行厘清影响因素的结构，因为干预措施的施行基于成本考虑必须有所侧重。

第二，狱内冲突防控应当能够降低服刑人员个体对"关键"影响因素的敏感度。鉴于狱内冲突影响因素具有不断发展变化且系统作用的特征，干预计划必须是持续的、多元的且针对服刑人员服刑改造生活中不同阶段可能遭遇的不同问题。由于狱内冲突影响因素敏感度取决于不同服刑人员个体、同一服刑人员个体的不同服刑阶段和不同监区文化环境等诸多因素,干预措施就必然建立在多种信息评估的基础上:一是狱内冲突影响因素敏感度的最佳可得信息——通常以研究为基础;二是狱内冲突影响因素敏感度的定性信息,这只能通过充分了解服刑人员个体特性来获得。

第三,狱内冲突防控必须打断危险链及其机制。在欧洲国家的戒烟运行中,一个重要的经验就是先确定危险链,然后将其列为打击目标。例如,其中一种危险链涉及烟草广告——为推广产品,烟草公司通过广告宣称:青少年吸烟显得成熟而独立;女人吸烟显得苗条、迷人且自信;男人吸烟显得阳刚且粗犷。烟草公司的广告促使更多的人尝试吸烟,而这种尝试一旦开始,尼古丁就会使人上瘾。要打断这一危险链,就必须制定公共政策禁止烟草公司做烟草广告。最终,包括展板、报纸和电视等在内的所有媒介广告都被彻底禁止。确定狱内冲突的特定危险链并制定相应的破解措施不可能一蹴而就,它需要时间,这其中可能会遇到方方面面的阻力,尽管这种阻力不大可能是有意为之。

第八章
Chapter 8

服刑人员暴力行为团体干预实验

禹之治水,水之道也。

——《孟子·告子》

　　团体心理辅导(group counseling)是在团体情境下进行的一种心理辅导形式。二十世纪四十年代,团体心理辅导在西方刑事司法系统最先得以应用,现在已经发展成为解决服刑人员心理问题的一种有效途径。借由团体心理辅导干预服刑人员暴力行为可行、可试,是因为:

　　首先,服刑人员容易找到归属感与安全感。身处心态放松、彼此信任的团体辅导氛围中,服刑人员会产生奇妙的归属体验,有助于他们充分表达困惑、分享感受,积极寻求稳妥合理的问题解决方式。

　　其次,利于创建积极的监狱亚文化环境。在团体辅导中,服刑人员容易以他人为镜产生移情感受,不但不会对辅导者的观察、建议进行习惯性的否定,反而会在自然而然的状态下倾向于寻找、接受与问题事件有关的非敌意线索。

　　再次,团体心理辅导比个体心理矫治经济,可以让多个有类似困惑的服刑人员同时受益。

　　最后,团体心理辅导为服刑人员提供了一种释放压力、表达不满的恰当方式。

第一节
服刑人员积极情绪干预实验

人不能没有希望而生活,那些没有了希望的人常常会变得狂野或者邪恶。

——[德]朋霍贲尔(Dietrich Bonhoeffer)·《狱中书简》(*Letters and Papers From Prison*)

　　尽管开端最早可以追溯到公元前①,在心理学长达数百年的大部分历史阶段,所有研究几乎都围绕诸如痛苦、抑郁、焦虑、敌意等消极情绪以及这些消极情绪可能诱发的各种糟糕后果。如今,愈来愈多的心理学家开始涉足一个全新研究领域——积极心理学(Positive Psychology)。与主要关注消极与病态心理的传统心理学不同,积极心理学主张以开放的姿态诠释与实践心理学,倡导心理学家用一种欣赏的眼光看待人类的潜能、动机和能力。

一、服刑人员积极情绪干预实验理论依据

　　拘禁服刑,无疑是服刑人员的一个困境。面对困境,懊恼、怨恨和不确定感会转化为服刑人员强大的心理压力。此时,一旦遭遇外界不良刺激,服刑人员会习惯性地采用情绪指向而非问题指向的方式应对。还有比这个更糟糕的:与压力相伴相生的绝望会抑制、扼杀服刑人员本有的一切形式的积极情绪。随着积极情绪火焰的慢慢黯淡直至完全熄灭,服刑人员内在的真挚情感、与他人的真诚联系最终亦将消失殆尽;暴力,成为解决问题的首选。当然,这并不代表服刑人员没有其他选择——放开消极情绪的自我钳制,重新发现并点燃积极情绪的焰火。

　　积极情绪不是无视现实的一种自我欺骗,而是个体在负性事件发生后的一种乐观态度。有研究②表明,通过“快乐训练”的个体,相较于没有受过训练者对问题事件更具有乐观解释、积极认知和自我效能感。

　　2005年,我国司法部监狱管理局、司法协助交流中心与英国司法部监狱管理总局、国际监狱研究中心达成并签订中英监狱管理交流合作项目意向。在英方提供的培训资料

---

　　① 古希腊哲学家亚里士多德(公元前384年—公元前322年)撰写的《灵魂论》(*Doctrine of Soul*),被公认为是人类文明史上有关心理现象研究的第一本专著。

　　② 段海军. 追寻生命的意义:积极心理学视野下的乐观主义价值[J]. 心理科学探新,2011(1).

中,有提及:"过度的安全和控制是危险的",相对于压倒一切的控制手段,监狱安全更有赖于服刑人员"保持心态积极"①。

强调积极情绪于服刑人员暴力倾向改善的作用,并不是要他们遵循诸如"逆来顺受"或"乐而忘忧"的格言。这一层面,简单且肤浅。监狱有组织的积极情绪干预活动带给服刑人员的愉悦状态虽说轻微短暂,但于服刑人员暴力行为改善的影响远比我们能想象得强大、深远,包括淡然、豁达的态度以及由此而来的肢体放松、面容平静、性情柔和、思想开放和人际关系融洽。有研究者②③甚至提出:积极情绪不仅是对抗生活挫折的缓冲剂,更是抵御当代社会人类疾病的一种有力武器。

二、服刑人员积极情绪干预实验实施

(一)被试

向随机抽取的 FJ 省 LY 监狱三个分监区计 608 名男性服刑人员发放 BPAQ(攻击问卷中文修订版)问卷,选取 BPAQ 得分相对较高的 100 名服刑人员参与被试筛选,最终被选定 39 名服刑人员作为被试。筛选项目如下:

1. 年龄。鉴于暴力行为在青壮年服刑人员中表现相对突出,被试年龄限定在 18 至 40 周岁之间。

2. 罪类。剔除过失及职务犯罪类。

3. 文化程度。被试文化限作初中及以上。

4. 刑释日期。基于研究结果后续跟踪考虑,被试刑释日期限在 2014 年 10 月以后。

5. 智力测验。对初步选出的 100 名被试进行瑞文标准推理测验(Raven's Standard Progressive Matrices,简称 SPM),测得智商最高分为 135 分,最低分为 54 分,平均分为 89.47 分,标准差为 18.02 分。考虑到被试学历普遍偏低,所以取平均分以下一个标准差为界,即要求被试智商分数均高于 71.45 分。

(二)实验辅导者

干预实验辅导者由 FJ 省 LY 监狱心理矫治中心专职民警担任,笔者仅作为观察者的身份出现。

(三)实验方法

最终选定的 39 名被试被随机分为三个小组,其中第一组作为实验组,实施积极情绪提升训练辅导;第二组作为安慰剂组,同期在教学楼观看心理健康教育教学录像;最后一组作为对照组,不接受任何实验影响。实验实施前,三个小组的被试在 BPAQ 及情绪智力量

---

① 邵雷主编. 中英监狱管理交流手册[M]. 长春:吉林人民出版社,2014:227-228.

② Scheier M.F. and Carver C.S., Effects of optimism on psychological and physical well: Theoretical overview and empirical up date[J]. Cognitive Therapy and Research, Vol.16, 1992:201-228.

③ Peterson C., The future of optimism[J]. American Psychologist, Vol.55, 2005:44-55.

表(Emotional Intelligence Scale,简称 EIS)上皆无显著差异表现,具体数据如表 8-1 所示。

表 8-1　干预实验前三组被试 BPAQ 和 EIS-33 得分统计表

量表	维度	实验组(13 人)	安慰剂组(13 人)	对照组(13 人)	F
BPAQ	身体攻击	26.3±4.1	26.7±3.9	25.8±3.5	.040
	语言攻击	24.5±2.6	24.2±2.6	24.7±2.9	.709
	愤怒	29.6±3.2	28.8±3.4	29.1±3.0	.526
	敌意	36.5±6.2	37.0±6.6	37.6±5.9	.312
	BPAQ 总分	116.9±16.1	116.7±16.5	117.2±15.3	.206
EIS-33	情绪知觉	25.1±3.2	26.8±2.9	25.7±3.4	1.26
	自我情绪管理	14.6±4.1	14.8±4.3	15.2±3.9	3.07
	他人情绪管理	13.8±3.7	14.1±4.1	13.6±3.5	1.82
	情绪利用	14.7±3.2	15.0±3.6	15.2±4.3	2.14
	情绪智力总分	68.2±14.2	70.7±14.9	69.7±15.1	1.16

(四)实验过程

干预实验自 2014 年 4 月上旬开始,6 月中旬结束。期间,实验组 13 名被试每周周三(监狱集中教育日)在教学楼活动室先后参加了 8 次团体辅导活动。因监狱组织服刑人员"五一"文艺会演,实验活动顺延一次。实验期间,"冥想放松体验"和"关注生活中的小快乐"作为课后作业由指定民警督促实验组被试每天进行。

(五)干预活动课程

活动课程一　大家走到一起来

1. 活动目的

营造相互信任、相互关心、相互支持的团体辅导氛围。

2. 活动过程

由于服刑人员习惯在公开场合掩饰自己的真实情感和想法,辅导者通过与被试共同讨论制定团体活动目标、规则以及参与小游戏的形式,营造平等、活泼的团体气氛,以期被试消除顾虑,融入团体。

(1)介绍(磋商)本次团体活动的总目标以及对被试的希望(要求)。

(2)每一个被试用"我是一个……(加三个形容词)的人"做自我介绍。

(3)做"棒打无情人"小游戏,让被试放松心情并互相熟悉。

(4)做"手有千千结"小游戏,强化团体凝聚力。

活动课程二　冥想体验训练

1. 活动目的

(1)被试学会通过冥想的方式体验以往的快乐情绪,提升当前积极情绪状态。

(2)被试学会冥想的方法和过程,以便他们可以每天自行放松心情。

2. 活动准备

选择一个相对整洁、安静的地方。

3. 活动过程

①引导被试像放电影一样,一幕接着一幕回忆自己过去经历过的一件最愉快的事情,越具体、越生动、越形象越好。譬如,小时候过生日,房间挂着五颜六色的纸带,桌子上摆满美味佳肴(对美味佳肴的回忆也要尽可能具体一些),亲朋好友围在一起唱生日歌,很热闹。

②引导被试回忆自己曾经去过的一个景色秀丽的旅游胜地,赏心悦目的景致在脑海中一幕幕浮现:绿树成荫、流水潺潺,小鱼在浅水处畅流,如此等等。让服刑人员逐渐融入自然景致,成为其中的一棵小树、一条小鱼、一片随风飘荡的树叶。

冥想放松,是积极心理学用于提升人积极情绪的主要手段之一。为提升效果,辅导者在运用专业言语引导服刑人员冥想放松的同时,可以播放一些舒缓、柔和的背景音乐作为辅助。

4. 课后作业

要求被试每天睡前做一次十分钟左右的冥想练习。

活动课程三 关注生活中的小快乐

1. 活动目的

训练被试提升对服刑生活中正性事件的关注。

2. 活动准备

水笔、A4 白纸若干,小礼品三份,多媒体设备一套。

3. 活动过程

(1)引导被试回忆这个周经历的让他们觉得精神愉悦的事情。这件事可以是很小很小的一件事,诸如,午饭时菜里的肉比平时会多一点。让被试尽可能多地把此类事件写在纸上,每个人至少写三个。

(2)在被试回忆的过程中,播放舒缓轻松的歌曲。

(3)请三个被试读出自己写的"快乐清单";读完后给他们每个人发放一份小礼品。

(4)组织被试讨论:写下这些日常生活中常见的当时给你带来小惊喜的事件后,你现在是否依然会感觉一种快乐的体验?你是否愿意和大家一起分享你的快乐?

4. 活动后作业

要求被试每天以日记的形式记录每天的快乐小事件。

活动课程四 笑容可掬

1. 活动目的

本次活动形式很热闹,目的在于增进被试人际交流意愿,体验积极情绪。

2. 活动规则和程序

(1)被试站成两队,两两相对(人数不足,辅导者加入),中间留出一个小通道。

（2）两队各派出一名代表，立于队伍两端。

（3）两名代表相互鞠躬，身体要弯腰成 90 度，高喊：某某某（对方名字），你好！

（4）两名代表走到队伍中央，相互鞠躬再高喊一次。

（5）鞠躬者与其余被试均不可笑，笑出声者即被对方俘虏，排至对方队伍最后入列（最终人数多者为胜）。

（6）两队依次交换代表人选。

3. 活动后讨论

（1）这个游戏给你最大的体验是什么？

（2）做完这个游戏之后，你有没有觉得心情格外舒畅？

（3）游戏给你日常与他人的交往会有什么样的启示？

4. 活动后辅导者总结

（1）当面对生活的时候，你实际上是在面对一面镜子——你笑，生活笑；你哭，生活也在哭。面对别人，与别人交往时也是这个道理，要想获得别人的笑容，你首先要绽放自己的笑容。所谓“己所不欲勿施于人”，既然你不想让别人对你绷着脸，为何要对别人绷着脸呢？

（2）不得已一起在这里待上几年，大家都不易。为了消除不必要的敌意，大家需要相互间主动地表示友好。

活动课程五　赞美反馈术

1. 活动目的

引导被试知晓赞扬式的回馈是建立良好人际关系的法宝，也是彼此间相互给予正面信息表示，实现顺畅沟通的有效手段。

2. 活动准备

水笔、简易记事本若干。

3. 活动规则和程序

（1）给被试每人发放一本记事本。

（2）将被试每两人一组分成若干个小组。

（3）向被试暗示，我们每个人都希望赢得别人的尊重。

（4）让每个被试写出 2 到 3 个他们注意到的自己搭档身上积极的、正面的特点，诸如：衣服很整洁、刚才对我笑的时候让我感觉很舒服等等。

（5）被试两两间自由讨论，每个被试都要告诉对方自己观察到的东西。

（6）建议每个被试把他的搭档作出的这些积极反馈信息记录下来，在自己感受沮丧的时候大声朗读。

4. 活动后讨论

（1）你觉得进行这个游戏愉快吗？如果是（不是），为什么？

（2）为什么对我们中的大多数人来说，赞扬别人是一件困难的事情？

(3)怎么才能让我们更加自然地给予别人积极、肯定的反馈信息？

活动课程六　一起来看快乐

1. 活动目的

浏览快乐情景图片,强化被试积极情绪体验。

2. 活动准备

水笔、彩色蜡笔、A4 白纸若干,多媒体设备一套。

3. 活动规则和程序

(1)使用 PPT 放映 100 张左右的图片,图片内容主要是各种快乐、幸福场景。

(2)让被试在看完图片后自选颜色用彩色蜡笔画一张"人的笑脸"。

4. 活动后讨论

(1)你画的这张人脸为什么在笑?

(2)和大家分享你经历过的一个让你印象深刻的快乐场景。

活动课程七　兔子舞游戏

跳舞娱乐的方式,能够舒缓压力,提升被试的积极情绪。此外,在参与"兔子舞"游戏时,被试全神贯注地听从口令作出统一的动作,利于他们体会沟通与合作的妙处。

1. 活动程序

(1)播欢节奏快的音乐。

(2)被试组成一个环形队列,后面的人双手搭在前面人的双肩上。

(3)辅导者站在一边依次发号施令:提起左脚跳两下;提起右脚跳两下;双腿合并向前跳一下;向后跳一下;向前跳两下;向后跳两下。

随着游戏推进,辅导者可以将发号施令的权力交给环形队列中的某个被试,让他左右大家的步伐。当这个权力转交给某个被试时,游戏难度增大,因为他不能像辅导者那样以旁观者的身份把握全局,只能凭感觉感受大家的需要,难免出现命令与大家步伐不协调的情况。这样,更有利于被试体会合作的重要性。

2. 活动后讨论

(1)大家玩得高兴吗? 是不是步伐一致时最兴奋?

(2)多久就出现了步调不一致的地方? 为什么会出现这种情况?

(3)你有没有什么好主意能够让大家的步调尽量保持一致?

(4)游戏进行到后面阶段,大家步调不一致的情况是不是有所改进? 你认为为什么会有改进?

活动课程八　明天的明天

1. 活动目标

(1)总结辅导活动的收获和体会。

(2)展望未来,播下幸福的种子。

2. 活动程序

（1）每个被试总结自己在团体活动中的收获和感想。

（2）每位被试拥抱他人，表达感谢、歉意或其他情感。

（3）通过"吃重生蛋糕"许愿的方式进一步激发被试改善暴力行为的动机。

（4）同在一个监区的被试建立互助小组，巩固在团体中所感受到的温暖和支持。

（六）实验效果评估

1. 定性评估

干预效果的定性评估，通过实验组被试在干预实验结束两天后所写的"感受和收获"获取。很多被试虽然文化程度较低，文字表达中有很多别字和语句不通顺的地方，但是笔者还是能感受到他们表达自己感受和收获的真情实感。对他们而言，这本身就是一个极大的积极转变。总结起来，实验组被试的暴力行为改善主要表现在以下几个方面：

（1）习得并尝试运用一些恰当的情绪宣泄方法；

（2）理性思考增多，自我控制能力增强；

（3）开始有对自身行为的主动反省表现；

（4）自尊、自信水平和安全感均有所提高；

（5）乐于与同改交往，愿意主动接近民警；

（6）不同程度地表现出积极参与改造的意愿和信心。

2. 定量评估

2014年9月底，再次完成38名被试（在实验进行过程中，对照组一名被试因严重违纪"严管"而被迫退出）的BPAQ和EIS-33测试数据的统计分析，数据统计分析结果见表8-2。

表8-2　干预实验后三组被试BPAQ和EIS-33得分统计表

量表	维度	实验组（13人）	安慰剂组（13人）	对照组（12人）	F
BPAQ	身体攻击	20.5±3.4	23.7±3.1	25.2±3.9	10.02
	语言攻击	19.3±3.1	21.1±3.6	25.0±3.6	7.36
	愤怒	22.8±3.9	25.0±4.7	27.6±2.7	19.94
	敌意	29.9±4.4	34.4±3.9	36.4±4.2	8.09
	BPAQ总分	92.5±14.8	104.2±15.3	114.2±14.4	23.15
EIS-33	情绪知觉	34.3±3.7	30.6±3.5	25.2±2.9	18.44
	自我情绪管理	23.8±4.3	18.2±3.8	15.7±4.6	33.36
	他人情绪管理	16.9±4.6	15.7±4.2	12.2±3.3	15.57
	情绪利用	18.1±3.9	17.3±2.9	16.0±5.0	5.05
	情绪智力总分	93.1±16.5	81.8±14.4	69.1±15.8	22.77

将实验前后三组被试的BPAQ和EIS-33测试数据采用相关样本T分析进行对比，

发现实验组被试前后两次测试数据在量表的所有维度上都存在显著性差异;安慰剂组被试在个别维度上有显著性差异;对照组被试仅在"愤怒"维度上前后有显著差异表现(统计分析数据见下页表 8-3)。

(七)实验结论

通过"积极情绪团体辅导"形式干预服刑人员暴力行为,效用明显。

表 8-3　三组被试实验前后数据在 BPAQ 和 EIS-33 得分上的 T 值分析

量表	维度	实验组 T 值(13 人)	安慰剂组 T 值(13 人)	对照组 T 值(12 人)
BPAQ	身体攻击	4.12	.71	0.86
	语言攻击	5.66	1.23	0.01
	愤怒	8.09	2.62	2.09
	敌意	4.43	3.67	−1.44
	BPAQ 总分	5.16	.92	0.53
EIS-33	情绪知觉	−9.01	4.12	−0.85
	自我情绪管理	−10.17	4.12	−0.33
	他人情绪管理	−7.20	4.12	−0.29
	情绪利用	−4.55	4.12	0.68
	情绪智力总分	−8.96	4.12	−0.20

(八)实验分析与讨论

我们实施的服刑人员暴力行为积极情绪团体辅导干预实验,采用的是"事前—事后测验"和"干预组—安慰剂组—非干预组对比"的程序设计,属心理干预实验的一种普适性设计模式。有学者曾对这种实验模式提出质疑,认为它缺乏实际的或者临床的应用效果评估。[①] 针对此项疑义,本次干预实验全部活动结束后,我们又对实验组 13 名被试做后续效果追踪测试。追踪测试数据结果表明,实验组被试在干预实验 2 个月和 4 个月后的 BPAQ 测试得分与干预实验刚结束后的得分仅在愤怒维度上存有差异,其他维度的差异表现均不显著(测试统计数据见下表 8-4)。究其原因,较相对稳定的情感而言,愤怒是个体的一种情绪,更易因外在因素影响而产生变化。也就是说,即使不参与相关的实验活动,这些服刑人员的"愤怒"也会在不同的时间表现出明显的差异。当然,从"愤怒"变化的程度上来观察,依然是实验组的 13 名被试表现的差异更明显。另外,还可以发现实验组 13 名被试"愤怒"维度的显著差异仅仅表现在实验 2 个月后的测试数据中;在实验 4 个月后的测试数据中,他们在"愤怒"维度的得分与实验刚刚结束后也并不存在显著的差异。这恰恰从另一个角度说明"积极情绪干预训练"对改善服刑人员的高暴力倾向是有效的,起码短期内是如此。

---

① 洪芳,骆宏. 国内心理干预效果评估现状分析[J]. 浙江理工大学学报,2009(2).

表 8-4　实验组 13 名服刑人员 2 次后续追踪 BPAQ 测试结果及 T 值分析

BPAQ	A	B		C	
	X±S	X±S	A 与 B 的 T 检验	X±S	A 与 C 的 T 检验
身体攻击	20.5±3.4	21.3±3.1	0.53	22.8±3.8	1.07
语言攻击	19.3±3.1	19.9±3.3	0.62	21.6±3.6	1.55
愤怒	22.8±3.9	30.4±4.4	2.23	30.0±4.5	1.86
敌意	29.9±4.4	35.2±4.7	1.82	35.3±5.3	1.91
总分	92.5±14.8	106.8±15.5	1.17	109.7±17.2	1.52

注:A,实验刚结束后的测试结果;B,实验 2 个月后的测试结果;C,实验 4 个月后的测试结果。

第二节
服刑人员自我控制干预实验

任何违反社会规范的行为都是"低的自我控制"和适宜的机会相结合的产物，缺乏自我控制的人遇到适宜的机会，就可能实施包括暴力在内的违反社会规范的行为。

——[美]戈特弗雷德森（Michael R. Gottfredson）/赫希（Travis Hirschi）·《犯罪的一般理论》（general theory of crime）

自我控制（self-regulation / self-control），是个体在无外界监督情况下有意识监控、调节自己的行为，使其符合社会期望、道德标准与个人价值的一种心理过程或心理特征。科普（Kopp）致力于研究个体的行为调节控制过程，他说："自我控制是个体自我意识发展到一定程度所具有的功能，是一种内在的能力，外在表现为一组相关行为，是个体自主调节行为使其与个人价值和社会期望相匹配的能力，它能制止或引发特定的行为，主要包括五个方面：抑制冲动、抵制诱惑、延缓满足、制定和完成行为计划、采取适应于社会情景的行为方式等。"[①]

低自我控制水平，是导致服刑人员屡屡与民警及同改发生冲突的重要原因——绝大多数的狱内冲突事件，都可以解释为由冲突情境机会和服刑人员个体自我控制不良的联合作用所致。

一、自我控制心理发生机制

弗洛伊德（Sigmund Freud）用内驱力（Drive）的观点说明自我控制的作用机制，强调自我控制是个体对本能（冲动）的管理。斯金纳（Burrhus Frederic Skinner）根据操作性条件反射（Operant Conditioning）原理，提出自我控制的"心理反应过程函数"：个体改变变量以改变某一反应发生的可能性（该反应是变量的函数）。[②] 班杜拉（Albert Bandura）认为，自我控制借助内部一系列子功能发挥作用：个体对经自我观察所得信息依据所选择的标准和采取的比较方式进行价值评价；根据不同标准进行的自我激励或者评价性的自我奖赏和惩罚又可以为自我控制行为提供动机性的来源，控制点和情

---

① Koop C.B.，Antecedents of self - regulation：A developmental perspective[J]. Developmental Psychology，Vol.18，1982:199-214.

② Mussen P.H.，Handbook of Child Psychology[M]. Cognitive Development，1983:339-369.

感对个人的行为起着关键的作用。[①] 吉福德（Giffoul A.）将个体的自我控制行为还原为一种选择行为，提出以生理因素为基础的自我控制模型：自我控制本质上是个体在具有不同价值的行为中进行选择的过程；在此过程中，工作记忆系统和情绪动机系统是个体在意识层面进行选择的主要机制，两种系统通过给可供选择的行为进行不同形式的赋值来发挥作用；工作记忆系统使个体有可能从行为即时报酬的显著特征中暂时分离开来考虑在将来发生的事情，出现一种延迟满足的现象；有时候，工作记忆系统的理智决策过程并不必然导致个体的行为，即出现情绪（knowing）和行为（doing）的分离；情绪系统将个体的行为和学习引向有利于自己生存和发展的方向，它对行为的赋值是以个体的特定经验为基础；在行为选择过程中，一方面是工作记忆系统使得个体有可能以抽象的方式考虑并倾向于选择将来价值更大的目标，另一方面是情绪系统倾向于选择更具情绪价值的即时满足行为，相互冲突的选择导致在特定情境中自我控制问题的产生。[②]

上述关于自我控制发生机制的观点，都涉及情绪和意志的作用。张灵聪认为，[③]除情绪和意志外，应该还有一种更为一般的机制在起作用——平衡需求对自控、控制失败和过分控制等心理现象有较高的解释度，是自我控制更为一般的机制。张灵聪论述说，个体主要有两种平衡类型，一种是客观的平衡，即个体自觉接受社会规范，使自己的观念与社会的要求一致，以此来调整行为方式；另一种是主观平衡（心理平衡），即个体通过归因、降低标准、改变观念等途径达到内心平衡。不管有没有意识到、自觉或不自觉，个体自控都是在追求这两种平衡；如果不能达到"平衡"，那么就会产生各种心理症状。因此，追求平衡成为个体行为的主要原因与动力，维持平衡也是有效的自我控制保证。

二、服刑人员自我控制干预实验实施

（一）实验对象

在先前进行的服刑人员积极情绪干预实验中，因为 39 名被试选自 FJ 省 LY 监狱的三个不同监区，实验组织者协调起来很是麻烦（主要体现在被试不能按约定时间准时到达活动现场，耽搁了本就紧张的活动时间）。在组织服刑人员自我控制干预实验时，组织者吸取了这一教训，只在 FJ 省 LY 监狱第五监区的押犯中选择被试。

2014 年 10 月 25 日，组织者向 FJ 省 LY 监狱第五监区的 186 名押犯发放《自我控制量表》，共收回有效问卷 182 份。在有效回收问卷名单范围内，按照刑释时间至少在 2015

---

① 班杜拉.思想和行动的社会基础:社会认知论[M].林颖,等,译.上海:上海华东师范大学出版社,2001:474-475.

② Adam Gifford Jr., Emotion and self-control[J]. Journal of Economic Behavior & Organization, Vol.49，2002:113-130.

③ 张灵聪.自我控制的一种机制:平衡需求[J].漳州师范学院学报(哲学社会科学版),2001(2).

年 4 月 30 日以后、有参与活动意愿等若干标准,筛选出 23 名被试进入实验范围,其中 12 名作为实验组成员,余者作为对照组成员(囿于符合条件人员数量,本次实验没有设置安慰剂组)。

(二)实验程序

第一阶段:前测验

国内外研究者从各自不同角度对自我控制进行研究,编有多个自我控制量表。坦尼(Tangney J.P.)等编制的自我控制量表,均衡地考察了个体的认知和行为方面,[①]能够比较全面地考察自我控制能力。本次实验使用的自我控制量表,是在坦尼等编制的量表基础上经适当修订而来。

在自我控制量表的三个纬度中,23 名被试的得分情况如下表 8-5 所示。

表 8-5　23 名被试在实验前的 SCS 量表中的得分统计分析表

	冲动冒险性	自我情绪性	简单化倾向
被试	3.26 ± 0.72	3.03 ± 0.79	3.20 ± 0.61
T 值	$3.422^{注1}$	$0.917^{注2}$	-0.950

注 1:$p<0.05$;注 2:$p<0.01$。

第二阶段:团体干预

按照自编的自我控制团体辅导方案,对实验组被试潜在暴力倾向进行干预;对照组被试未施加任何干预影响,按部就班地参与正常的教育改造活动。

第三阶段:后测验

干预实验结束后的第一个监狱集中教育日,实验组与对照组被试均再次参加《自我控制量表》的测验(为了避免顺序效应,对前后两个量表中的题目顺序进行了随机调整)。

(三)干预实验活动课程

干预实验团体辅导共设计了七个活动单元,除初始和结束阶段,中间的五个单元集中解决被试可能存在的在冲动冒险性、自我情绪性和简单化倾向三个方面的问题。

活动课程一　相识你我他

1. 活动目的

被试间及被试与辅导者建立初步的信任关系,交代活动的目、达成活动契约。

2. 活动内容

(1)热身游戏"信任圈"。

(2)建立团体目标,制定团体规则。

---

① Tangney J.P., Baumeister R.F. and Boone A.L., High self-control predicts good adjustment, less pathology, better grades, and interpersonal success[J]. Journal of Personality, Vol.72, 2004271-324.

事先准备画有大树的大彩纸一张,画笔若干。请被试在大树上补画一些叶子,将自己对团体的希望写在叶子上。譬如,希望自己在团体中是什么样子的,希望团体中的其他人如何对待自己等等。

讨论和制定团体规则,譬如"不随意打断他人的发言","对他人的发言不做道德性的评判","不认同也要尊重他人的观点","讨论过程中对事不对人"。

(3)学会倾听

引导被试学会如何认真倾听他人发言;向被试讲述倾听在与人交往沟通中的重要作用。

被试随机两人编成一个小组。将事先分别写有"A 任务"和"B 任务"的 A4 纸折叠好分别发给同一小组的两个被试。

A 任务:请你用三分钟时间认真给同组的另一个人讲一讲这几天或以前你经历过的最开心的一件事。

B 任务:对方的任务是给你讲述一件事。你的任务是在刚开始的时候认真听并观察对方的反应。约两分钟过后,你装作不再认真听他的讲述,譬如摆弄你手中的笔或作出其他动作,也可以打断他的话转移到其他的什么话题上去。做这些的时候,尽量自然些,不要让对方觉察到你是故意这么做的。在做这些干扰他讲述动作的时候,你再认真观察对方的反映。

任务完成,分享感受。

活动课程二　冲动是魔鬼

1. 活动目的

引导被试认识各种情绪及觉察自己的情绪特征,意识情绪自我调节的重要性。

2. 活动内容

(1)"抓手指"暖身活动

(2)情绪 ABC

请一位被试给大家读一个小故事:

　　王总一早起来,妻子就抱怨他不关心她,嫌他的领带打歪了,一通唠唠叨叨让王总心情烦躁,摔门而出。

　　面对带着微笑来请示工作的部门经理,王总依旧拉着张老长的脸。部门经理心情也变坏了,回到办公室就训斥自己的女职员办事不力。

　　女职员满腹怨气。中午吃饭时对餐厅饭菜挑三拣四,也不听服务员的解释,最后和服务员吵了起来。

　　餐厅老板一再向女职员道歉,一起不分青红皂白地把服务员一通臭骂。

　　服务员越想越生气。这时,餐厅老板的小狗对着他叫了一声。服务员想:连你也欺负我;抬脚踢了小狗一个跟头。

小狗跑出餐厅,看到对面走来一个妇人,就猛地咬了一口以泄愤怒。

那妇人痛得大叫一声。此人不是别人,正是公司王总的妻子……

鼓励被试分享自己听完故事后的感受;引导被试讨论如何以合理认知方式减少消极情绪。

给被试发放自我检视材料:

[材料一]在监舍走廊,感觉一个和自己擦身而过的同改瞪了自己一眼。

a.哼! 欠抽是吧?

b.这种人,少理他。

c.他是不是遇到什么烦心事了?

[材料二]队前讲评时,受到民警的批评。

a.没希望了,还有那么长的刑期,我可怎么过?

b.民警就会捡软的捏。

c.哼! 当着这么多人的面让我下不了台。

d.尽管方式生硬,民警也是为我好。

依次(讨论完一个才讨论另一个材料)引导被试讨论,看看不同的想法会引发什么样的情绪或行为。在被试分享自己想法时,只要想法积极,辅导者都要立即给予正面强化。

活动课程三　做事三思

1. 活动目的

教给被试一些具体的、系列性的提高自控能力的方法与技能。

2. 活动内容

(1)解开千千结

被试站成一个面向圆心的圈,然后伸出右手,抓住对面另一个人的手,再伸出左手,抓住另一个人的手。注意,不能抓自己身边人的手,也不能两只手同时抓住另一个人的两只手。这样,大家手抓手就形成了一个复杂的"结"。

辅导者要求被试在不松手的情况下,采取跨、绕、转等办法把这个"结"解开。如果尝试五分钟左右"结"还没有解开,辅导者就可以允许某两只相邻的手断开一次,但须马上再次拉到一起。

"结"解开,游戏结束。辅导者引导被试进行讨论:

一开始面对这个"结"的时候,你有什么想法?

在现实生活中,你是否与周围的人也有结下过"结"? 你是怎样来面对人际交往中的这些"结"的?

在游戏中,当你作出很大努力都没有把"结"解开时,有什么样的感受? 想到过放弃吗?

在现实生活中,当你和其他人产生冲突或者是冷战很久都没有缓和的迹象时,你曾经有过什么样的念头?

通过大家的共同努力,"结"最终被解开后,你感觉和其他人的关系有没有发生什么微妙的变化?

(2)角色扮演

根据被试在分享"解开千千结"游戏体验时讨论的人际矛盾问题,选取其中最具普遍性的冲突情形,请两位被试来进行表演。大家一起讨论角色扮演表演中主人公面对冲突时的可取之处和不合理之处,并说明原因。

活动课程四　和睦相处

1. 活动目的

引导被试在发生冲突的时候使用非攻击性的方式进行解决,而不是持续的误解、对抗。

2. 活动内容

(1)以图片、视频形式演示两次世界大战的残酷性。之后,将被试依其意愿尽量平均地分作两组,辩论战争的利弊。

辅导者小结:暴力酿成大祸。

(2)角色扮演:沟通　无限美好

［角色扮演素材一］

学员甲倒热水时,不小心溅出几滴烫到了学员乙,学员甲忙放下水壶向学员乙道歉……

［角色扮演素材二］

号长向民警报告:每次轮到学员丙打扫监舍卫生时,他总是不认真,应付了事。实际情况是,学员丙向来不"靠近"号长,号长借机报复。民警找学员丙谈话,批评学员丙……

辅导者在总结时注意说明:

①别人也不是故意的,再说已经真诚的道歉了,谁还好意思得理不让人?

②如果学会设身处地地站在别人的角度体会对方的情绪,那么很多看起来很麻烦的事也会迎刃而解。

③引导被试体验并学习进行渐进性肌肉放松技术。

活动课程五　做情绪的主人

1. 活动目的

让被试了解消极情绪产生的原因以及循环过程;引导被试为学会阻止矛盾激化的有

效应对行为,以一种可控的、尊重他人的方式适时适度地表达不满。

2. 活动内容

(1)引导被试回忆自己曾经产生愤怒的过程。

向被试解释愤怒产生的两个步骤:经历痛苦的体验(生理的或心理的)——促发愤怒(扳机想法:将自己的痛苦归结为他人的过错)以排解情绪

(2)鼓励被试讨论愤怒的循环过程:愤怒——扳机想法——更愤怒。

引导被试讨论愤怒发泄的结果,纠正他们的错误观念,强调:发泄只能加剧而不是消除愤怒;愤怒是一种情绪,而暴力攻击是一种行为,两者虽有联系但可独立发生。

(3)引导被试学习应对愤怒情境的技能,包括攻击性肌肉放松,针对性呼吸放松以及引导表象(guided imagery)来减少愤怒唤醒。

(4)让被试分别确定低、中、高三种愤怒场景;以角色扮演两人一组演练三种场景的应对技巧,分享自己的体验。

活动课程六 坚持就是胜利

1. 活动目的

引导被试领悟坚持的意义、树立坚持的意识,教会被试强化自己意志的技巧。

2. 活动内容

(1)被试讲述自己参加活动后最近一周应用学习内容的经历和体验。

(2)被试分享、讨论"我的困难事"。

活动课程七 阳光总在风雨后

1. 活动目的

回顾总结团体训练活动的收获,巩固成果;鼓励被试满怀信心地走向人生的新起点。

2. 活动内容

(1)"我本好人"小游戏;

(2)被试间"优点轰炸";

(3)被试相互赠送贺卡表达"美好心愿"。

三、实验结论及讨论

(一)实验结论

1. 定量分析

鉴于这样或那样的原因,对于实验组与对照组的被试既不能做到随机抽取也不能进行科学配对。所以,笔者采用了实验组和对照组前后测的不等组实验设计。为避免混杂因素(诸如入监时间、原判刑期、文化程度、犯罪类型等)对实验结果的潜在影响,统计方法则采用协方差分析(analysis of covariance)。

表 8-6　自我控制各维度及总分协方差分析结果

		Sum of Squares	Mean Square	F	Sig.
冲动冒险性	协变量	1.281	1.281	2.654	.112
	组别	2.753	2.753	5.906	.025
自我情绪性	协变量	.936	.936	2.367	.145
	组别	.047	.047	.109	.774
简单化倾向	协变量	.026	.026	.174	.682
	组别	.752	.752	5.533	.029
总分	协变量	3.965	3.965	2.736	.117
	组别	7.340	7.340	5.028	.036

上表 8-6 数据反映了团体活动结束后自我控制量表中三个纬度及总分的协方差分析结果。"自我情绪性"与"简单化倾向"维度的协变量均未出现显著性差异(.112、.682),表明"冲动冒险性"、"简单化倾向"与总分的差异并非由分组而起。在"冲动冒险性"、"简单化倾向"、总分三个项目中,组别差异均达到了显著性差异(.025、.029、.036),可以得出结论:干预实验于服刑人员自我控制改善效果明显;团体心理训练于服刑人员暴力行为改善具有一定可行性和实效性。

2. 主观反馈报告

(1)被试日记即时跟踪

在每次团体辅导活动结束后,被试被建议以日记的形式把自己参加活动的感受写出来。这有如下益处:①被试可以把辅导内容重新思考一遍,有助于巩固辅导效果;②为那些拙于口头表达的被试提供一个与辅导者交流的"渠道";③通过对他们日记的反馈,可让以被试感受到自己在被关注,激发积极参与活动的热情;④辅导者能够及时了解活动进展中可能出现的问题,以便进行针对性调整。

被试在日记中认为自己的收获颇多。

第一阶段(第一单元):心情得到放松,为结识新朋友而高兴

压抑、焦虑,是在押服刑人员或多或少都存在的普遍心理现象。随着团体辅导活动的进行,被试在一些言行中反映出他们情绪的放松与缓解;与此同时,被试们都认为增加了自己与其他服刑人员的相互了解。

被试 3:这次活动中,我仿佛回到了童年,好像到了幼儿园同伙伴玩游戏的时候,我长久以来的压抑心情得到了放松。

被试 4:我进入监狱心情就紧张了起来,每天要劳动学习。……今天活动非常好,因为它使我们的心情放松了许多。

被试 7:感受到了快乐的气息,我神经放松了不少。

被试 9：监狱一直都是队列训练和生产劳动。这次的活动让我轻松了很多，忘掉了痛苦和麻烦。而且，在活动中让我结实（结识）了新朋友。

第二阶段（第二至第五单元）：自我控制方面得到提升

在"冲动冒险性"方面，被试的变化一方面表现在对冲动冒险危害性和利弊的辩证思考，另一方面表现为对控制冲动冒险方法的掌握，如事先思考法、转移法、深呼吸法等。

被试 1：为了一些不值得的小事没有意义，只为眼前的一些想法、感受去冒险，确实不值得……即使你不顾自己也应顾及一下自己的家人、朋友的感受，现在很多人因为寻找刺激而挺身冒险，大脑有问题了……

被试 7：在这次活动中，学到了以后无论做什么事都要冷静，想想做完后后果会是什么，是好是坏，这样以后遇到事情就有分寸的去对待每一个（件）事情，就不会发生不良后果。

被试 11：无论做什么事都要冷静地思考一下，不能冲动行事，考虑一下这件事对自己的利弊，如果冲动行事的后果会怎样？……当心情不太好的时候，我可以让自己想一些自己高兴的事或想象这件事根本没有发生。

在"自我情绪性"方面，被试表现出可以站在别人的立场上考虑问题，能够注意到别人的感受；在发生矛盾冲突的时候，学会用交流沟通去解决或表示以后要学着用沟通这种平和的方式去解决问题，而不是以前的暴力方式。

被试 2：一句简单的"对不起，我错了"，就解决了我和别人的争吵。以前和别人有矛盾就算是自己错了也不会和别人说对不起。

被试 8：不沟通，误会越来越麻烦。

被试 12：人冲动的时候不要去打架，可以用一种平和的心态去解决问题，所以我也会那样去做的。

在"简单化倾向"方面，被试在认识和行为上都有改变与体现，尤其在行为方面。由于在训练中着重强调了坚持和毅力这方面的内容，被试在生活中容易实践，他们也更容易把所学到的知识应用到实践生活中。

被试 5：这次活动给了我很大的教训，我知道我以前总是做事做一半就不想干了。所以后悔也晚了，这次活动让我有了改变的想法，我想只要去努力，肯定会做好的。

被试 6：只要坚持做一件事，就会有所收获的，在这方面我会努力去做的。

(二)被试的半结构化访谈

团体训练结束后,为更好地评估整个团体训练的效果,笔者对被试(一位被试由于特殊情况,没能参加访谈)进行了面对面的跟踪访谈。下面是笔者从访谈记录中选出的一些富有代表性的内容。

被试 2:收获不小,放松一下心情,玩得很开心。通过这样的活动,自己增多了与别人的交往,也学会了尊重、帮助别人。

被试 3:我不像以前那样做什么事都不想后果了,我的控制能力提高了。

被试 6:学到了一些为人处事的方法,不能再跟以前一样遇事特别冲动。遇事要冷静,想想后果不要冲动。

被试 7:做事要多考虑,看有没有别的办法去解决,不能只图一时痛快就大打出手,伤人伤己。

被试 8:学会了换位思考,不能和他吵。

被试 11:脾气小了很多,别人跟我吵架我能控制住自己不动手。

最让笔者感到欣慰的是,有一位被试在被其他服刑人员推搡滋事的情况下,并没有反击。虽然他解决问题的方式依然偏向消极——恼怒地问"我怎么着你了?"至少,他没有直接拳脚相向,采取了相对忍让的方式来解决问题。值得注意的是,该被试的罪行是故意杀人,他在与人发生争执的情况下,按捺不住愤怒,一时冲动捅了对方六刀造成对方死亡。这对该被试来说应该算是不小的变化了。

参考文献
REFERENCE

一、中文著作类:

1. 蔡德辉,杨士隆,主编.青少年暴力行为:原因、类型与对策[M].台北:五南图书出版股份有限公司,2002.

2. 蔡墩铭.矫治心理学[M].台北:正中书局,1989.

3. 曹广健.服刑人员团体心理辅导策略[M].北京:中国财政经济出版社,2013.

4. 车文博.人本主义心理学[M].杭州:浙江教育出版社,2003.

5. 陈立成.罪犯心理障碍:识别与处置[M].北京:群众出版社,2008.

6. 陈向明.质的研究方法与社会科学研究[M].北京:教育科学出版社,2000.

7. 陈兴良.刑法哲学[M].北京:中国政法大学出版社,2004.

8. 狄小华.冲突、协调和秩序:罪犯非正式群体与监狱行刑研究[M].北京:群众出版社,2001.

9. 郭明.中国监狱学史纲[M].北京:中国方正出版社,2005.

10. 郭明.监狱的隐喻:来自铁窗内的人生故事[M].上海:学林出版社,2010.

11. 何为民.罪犯改造心理学[M].北京:法律出版社,2002.

12. 黄兴瑞.人身危险性的评估与控制[M].北京:群众出版社,2004.

13. 金鉴,主编.监狱学总论[M].北京:法律出版社,1997.

14. 金生鈜.规训与教化[M].北京:教育科学出版社,2004.

15. 金盛华.社会心理学[M].北京:高等教育出版社,2005.

16. 李全军,等.监狱突发事件应急处置[M].石家庄:河北人民出版社,2010.

17. 李唯.社会发展心理学[M].上海:上海教育出版社,2006.

18. 林茂荣,杨士隆,著.犯罪矫正原理与实务[M].台北:五南图书出版有限公司,1993.

19. 刘北成.福柯思想肖像[M].上海:上海人民出版社,2001.

20. 邱兴隆.关于惩罚的哲学:刑罚根据论[M].北京:法律出版社,2000.

21. 邵雷.中英监狱管理交流手册[M].长春:吉林人民出版社,2014.

22. 邵名正,等.罪犯论[M].北京:中国政法大学出版社,1989.

23. 时蓉华.现代社会心理学[M].上海:华东师范大学出版社,1989.

24. 宋胜尊.罪犯心理评估:理论　方法　工具[M].北京:群众出版社,2005.

25. 孙平.监狱亚文化[M].北京:社会科学文献出版社,2013.

26. 唐凯麟.伦理学[M].北京:高等教育出版社,2001.

27. 王泰.狱政管理学[M].北京:法律出版社,1999.

28. 王学泰.监狱琐记[M].北京:生活·读书·新知三联书店,2013.

29. 王志亮.外国监狱囚犯暴乱及对策研究[M].桂林:广西师范大学出版社,2009.

30. 吴宗宪.西方犯罪学[M].北京:法律出版社,1999.

31. 吴宗宪.罪犯改造论:罪犯改造的犯因性差异理论初探[M].北京:中国人民公安大学出版社,2008.

32. 夏宗素.矫正教育学[M].北京:法律出版社,2002.

33. 杨善华.当代西方社会学理论[M].北京:北京大学出版社,1999.

34. 杨士隆.犯罪心理学[M].台北:台湾五南图书出版公司,2002.

35. 杨彦平.社会适应心理学[M].上海:上海社会科学院出版社,2010.

36. 于爱荣.监狱制度论[M].南京:江苏人民出版社,2010.

37. 翟中东.刑罚问题的社会学思考:方法及应用[M].北京:法律出版社,2010.

38. 翟中东.刑法中的人格问题研究[M].北京:中国法制出版社,2003.

39. 张建秋.个别谈话:沟通心灵的艺术[M].北京:法律出版社,2014.

40. 章恩友.罪犯心理矫治[M].北京:中国民主法制出版社,2007.

41. 章志光.社会心理学[M].北京:人民教育出版社,2008.

42. 中华人民共和国司法部.中国监狱史料汇编[M].北京:群众出版社,1988.

二、中文译著类:

1.[德]黑格尔,著.精神现象学[M].贺麟,王玖兴,译.北京:商务印书馆,2009.

2.[德]伽达默尔,著.真理与方法[M].洪汉鼎,译.上海:上海译文出版社,1999.

3.[法]米歇尔·福柯,著.必须保卫社会[M].钱翰,译.上海:上海人民出版社,1999.

4.[法]涂尔干,著.社会分工论[M].渠敬东,译.北京:生活·读书·新知三联书店,2000.

5.[美]巴坎,著.犯罪学:社会学的理解[M].秦晨,等,译.上海:上海人民出版社,2010.

6.[美]马尔库塞,著.单向度的人:发达工业社会意识形态研究[M].刘继,译.上海:上海译文出版社,2006.

7.[美]萨瑟兰,克雷西,卢肯比尔,著.犯罪学原理[M].吴宗宪,等,译.北京:中国人民公安大学出版社,2009.

   8.［英］安东尼·吉登斯,著.社会的构成:结构化理论大纲[M].李康.李猛译.北京:生活·读书·新知三联书店,1998.

   9.［英］布莱克本,著.犯罪行为心理学:理论、研究和实践[M].吴宗宪,等,译.北京:中国轻工业出版社,2000.

   10.［英］戴维·伯姆,著.论对话[M].［英］李·尼科,编.王松涛,译.北京:教育科学出版社,2004.

   11.［英］洛克,著.人类理解论[M].关文远,译.北京:商务印书馆,1983.

   12.［奥］弗兰克,著.追寻生命的意义[M].何忠强,杨凤池,译.北京:新华出版社,2003.

   13.［澳］达顿,著.中国的规制与惩罚:从父权本位到人民本位[M].郝方昉,崔洁,译.北京:清华大学出版社,2009.

   14.［澳］弗朗茨·M.乌克提茨,著.恶为什么这么吸引我们[M].万怡,王莺,译.北京:社会科学文献出版社,2001.

   15.［德］黑格尔,著.法哲学原理[M].范扬,等,译.北京:商务印书馆,1961.

   16.［德］霍克海默,著.批判理论[M].李小兵,译.重庆:重庆出版社,1990.

   17.［德］科塞,著.社会冲突的功能[M].孙立平,译.北京:华夏出版社,1989.

   18.［德］尼采,著.权利意志[M].孙周兴,译.北京:商务印书馆,2008.

   19.［德］尼采,著.偶像的黄昏[M].周国平,译.长沙:湖南人民出版社,1987.

   20.［俄］尼古拉·别尔嘉耶夫,著.论人的奴役与自由[M].张百春,译.北京:中国城市出版社,2002.

   21.［法］阿尔贝特·史怀泽,著.敬畏生命[M].陈泽环,译.上海:上海社会科学院出版社,1992.

   22.［法］福柯,著.规训与惩罚:监狱的诞生[M].刘北成,杨远婴,译.北京:生活·读书·新知三联书店,1999.

   23.［法］福柯,著.必须保卫社会[M].钱翰,译.上海:上海人民出版社,2010.

   24.［法］卢梭,著.爱弥尔[M].彭正梅,译.上海:上海人民出版社,2007.

   25.［法］卢梭,著.社会契约论[M].施新州,编译.北京:北京出版社,2007.

   26.［法］孟德斯鸠,著.论法的精神[M].申林,编译.北京:华夏出版社,2007.

   27.［法］米歇尔·福柯,著.性经验史[M].佘碧平,译.上海:上海人民出版社,2005.

   28.［法］米歇尔·克罗齐埃,著.科层现象[M].刘汉全,译.上海:上海人民出版社,2002.

   29.［法］涂尔干,著.社会学研究方法论[M].胡伟,译.北京:华夏出版社,1988.

   30.［荷］冯克,著.近代中国的犯罪、惩罚与监狱[M].徐有威,译.南京:江苏人民出版社,2008.

31.[美]埃里希·弗络姆,著.生命之爱[M].王大鹏,译.北京:国际文化出版社,2001.

32.[美]班杜拉,著.思想和行动的社会基础:社会认知论[M].林颖,等,译.上海华东师范大学出版社,2001.

33.[美]戴维·波普诺,著.社会学[M].李强,等,译.北京:中国人民大学出版社,1999.

34.[美]道格拉斯·肯里克,史蒂文·纽伯格,罗伯特·西奥迪尼,著.自我·群体·社会:进入西奥迪尼的社会心理学课堂[M].谢晓非,刘慧敏,胡天翊,等,译.北京:中国人民大学出版社,2011.

35.[美]狄恩·普鲁特,金盛熙,著.社会冲突:升级、僵局及解决[M].王凡妹,译.北京:人民邮电出版社,2013.

36.[美]凯西·卡麦兹,著.建构扎根理论:质性研究实践指南[M].边国英,译.重庆:重庆大学出版社,2011.

37.[美]劳伦斯·莱尚,著.战争心理学[M].林克,译.北京:中国人民大学出版社,2001.

38.[美]列奥·施特劳斯,著.霍布斯的政治哲学[M].申彤,译.南京:译林出版社,2001.

39.[美]卢森堡,著.非暴力沟通[M].阮胤华,译.北京:华夏出版社,2013.

40.[美]罗洛·梅,著.权力与无知:寻求暴力的根源[M].郭本禹,方红,译.北京:中国人民大学出版社,2013.

41.[美]玛格丽特·波洛玛,著.当代社会学理论[M].孙立平,译.北京:华夏出版社,1989.

42.[美]迈克尔·赫·斯通,著.剖析恶魔[M].晏向阳,译.南京:译林出版社,2011.

43.[美]乔.H.特纳,著.社会学理论的结构[M].吴曲辉,等,译.杭州:浙江人民出版社,1987.

44.[美]乔纳森.H.特纳,著.现代西方社会学理论[M].范达伟,译.天津:天津人民出版社,1988.

45.[美]乔治·里茨尔,著.社会的麦当劳化:对变化中的当代社会生活特征的研究[M].顾建光,译.上海:上海译文出版社,1999.

46.[美]约翰·密尔,著.论自由[M].崇华,译.北京:商务印书馆,1982.

47.[美]朱迪斯·巴特勒,著.权力的精神生活:服从的理论[M].张生,译.南京:江苏人民出版社,2008.

48.[苏]В.К.兹维尔布利,Н.Ф.库兹涅佐佳娃,Г.М.明科夫斯基,著.犯罪学[M].曾庆敏,等,译.北京:群众出版社,1986.

49.[意]切萨雷·龙勃罗梭,著.犯罪人论[M].黄风,译.北京:北京大学出版社,2011.

50.[英]安东尼·吉登斯,著.社会学方法的新规则:一种对解释社会学的建设性批判

［M］.田佑中,译.北京:社会科学文献出版社,2003.

51.［英］休谟,著.人性论［M］.关文运,译.北京:商务印书馆,1997.

三、外文译著类:

1. A. Bandura., Aggression : A social learning Analysis ［M］. New York：Prentice Hall，1973.

2. Anthony Giddens，Central Problems in Social Theory：Action，Structure and Contradiction in Social Analysis［M］. Berkeley：University of California Press，1979.

3. Beck A.T.，Prisoners of Hate：The cognitive basis of anger，hostility，and violence［M］. New York：Harper Collins Publishers，1999.

4. Bolger K.，Collins C.，Darcy J. and Garbarno J.，Evaluation of a violence prevention program for children［M］. NY：Family Life Development Cenrer,1998.

5. Bolton R.，People Skills：How to Assert Yourself，Listen to Others and Resolve Conflicts［M］. Brookvale，NSW,1987.

6. Bright Charles.，The Powers that Punish：Prison and the Politics in the Era of the "Big House"［M］. AnnArbor Mich：The University of Michigan Press，1996.

7. G. Rusche and O. Kirchheimer.，Punishment and Social Structure［M］. New York：Russel and Russel，1967.

8. Gresham M. Sykes.，The Society of Captives：A study of a Maximum Security Prison ［M］. Princeton University Press，1958.

9. Hans Toch，Violent Men：An Inquiry into the Psychology of Violence ［M］. Chcage：Aldine，1969

10. Hermann Mannheim.，Comparative Criminology : A Text Book ［M］. London：Routlege & Paul，1965.

11. Howard P.，Clark D. and Garnham N.，An Evaluation of the Offender ［M］. London：National Offender Management Service，2006.

12. Ira J. Silverman and Manuel Vega，Corrections：A contemporary view［M］. Minneapolis/Saint Paul：West Publishing Company，1996.

13. Lavinia Johnson.，"Correctional food service［A］. Peter M. Carlson and Judith Simon Garrett，Prison and jail administration：practice and theory［C］.Gaithersburg，Maryland：Aspen Publishers，1999.

14. Michel Foucault.，Power/knowledge：Selected Interviews and Other Writings 1972—1977 ［M］. New York：Pantheom Books，1980.

15. Michel Foucault.，The History of Sexuality：An Introduction ［M］. New York：Random House，1978.

16. Michel Foucault., The History of Sexuality：The Will to Knowledge[M]. London：Penguin Books，1990

17. Moutiuk L.，Smiley & Blanchette K.，Intensive programming for violent offenders：A comparative investigation[M]. Correctional Research Development. Service of Canada，1992.

18. Robert A. Baron & Deborah R. Richardson.，Human aggression [M]. New York：Plenum Publishing，1994.

19. Sarnoff A. Mednick，The causes of crime：New biological approaches[M]. New York：Cambridge University Press，1987.

四、中文论文类：

1. 狄小华.罪犯心理的危险性评估[J].河南司法警官职业学院学报,2004.

2. 段海军.追寻生命的意义：积极心理学视野下的乐观主义价值[J].心理科学探新,2011.

3. 洪芳,骆宏.国内心理干预效果评估现状分析[J].浙江理工大学学报,2009.

4. 廖凤池.攻击行为的衡量方法与辅导策略：认知行为人倾向[J].测验与辅导,1996.

5. 皮艺军.监狱的悖论与行刑个别化[J].江苏警视,2005.

6. 任全钧.监狱暴行之跨层次分析[J].犯罪与刑事司法研究,2006.

7. 童团结.狱内袭警的分析与应对[J].犯罪与改造研究,2008.

8. 王春海,等.狱内矛盾化解机制建设研究[J].犯罪与改造研究,2015.

9. 杨林.监狱袭警事件调查分析与对策研究[J].犯罪与改造研究,2006.

10. 叶茂林,彭运石.内隐社会认知视野中的攻击性[J].心理学探新,2004.

11. 张建秋.不对称和谐：论"特定权力关系下"和谐监狱之构建[J].犯罪与改造研究,2006.

12. 张灵聪.自我控制的一种机制：平衡需求[J].漳州师范学院学报（哲学社会科学版）,2001.

五、外文论文类：

1. Berkowitz, L. The frustration-aggression hypothesis：An examination and reformulation [J]. Psychological Bulletin. Vol.106,1989.

2. Catherine R. South and Jan Wood，Bullying in prisons ：the importance of perceived social statue, prisonizition and moral disengagement[J]. Aggressive Behavior. Vol.32, 2006.

3. Crick N.R. and Dodge K.A.，A review and reformulation of social information processing mechanisms in children's social adjustment[J]. Psychological Bulletin. Vol.

115，1994.

4. Hindelang M.J., Gottfredson M.R. and Garofalo J., Victims of Personal Crime：An Empirical Foundation for a Theory of Personal Victimization[J]. Vol.1，The international of the addictions.，1978.

5. Paterline B.A. and Petersen D.M.，Structural and social psychological determinants of prisonization[J]. Journal of Criminal Justice. Vol.106，1999.

6. Randy Martin and Sherwood Zimmerman.，A typology of the causes of prison riots and an analytical extension to the 1986 West Virginia riot[J]. Justice Quarterty，Vol.7，1990.

7. Stanger R. ，Egocentrism，ethnocentrism，and altrocentrism：factors in individual and intergroup violence[J]. International Journal of Intercultural Relations. Vol.1，1977.

8. Tedeschi J.T.，Smith R.B. and Brown R.C.，A Re-Interpretation of Research on Aggression[J]. Psychological Bulletin. Vol.89，1974.

9. Zillmann D.，Catcher A. H. and Milarsky B.，Excitation transfer from physical exercise to subsequent aggressive behavior[J]. Experimental Social sychology. Vol.8，1972.

10. Giroux H.A.，Theories of reproduction and resistance in the new sociology of education：A critical analysis[J]. Harvard Educational Review，Vol.53，1983.

11. Koop C.B.，Antecedents of self - regulation：A developmental perspective[J]. Developmental Psychology，Vol.18，1982.

12. R. Desroches，Anomie，two theories of prison riots[J]. Canadian Journal of Criminology，Vol.2，1983.

13. Vernon Fox，Why Prisoners Riot[J]. Federal Probation. Vol.35，1971.

14. White J.W. and J.A. Humphrey.，Women's aggression in heterosexual conflicts [J]. Aggressive Behavior. Vol.62，1994.

后记

POSTSCRIPT

静夜掩卷，顾影自怜。

看着案头的书稿清样，想到近十年埋首伏案、咬文嚼字的成果将展现于世，兴奋、担忧、羞怯、妄幻等百味杂陈的心情一并涌来。也许因为她不再只是一本客观的著作，同时还是一部穿梭着历练与体验、凝聚着汗水和心血的作品罢。

认认真真做一项研究很难，近十年做一项研究并维持（没错，是"维持"而不是"坚持"）下来更难。狱内冲突的研究过程，是一个不断遭遇挑战、边学边做的探索过程。孤寂而执拗地奋进在不安生的路上，许多事情的实施难度远超预期。回想最初，我带着"舍我其谁"的心态进入调研现场。"舍我其谁"，未必需要多大的勇气。豪气与勇气当然可嘉，但这毕竟不能代表坚持与坚守。待到研究越来越深入，我也愈来愈意识到这无疑是一个雄心勃勃的目标——既在于自己学术知识之贫瘠，也在于课题研究与日常工作、照料家庭间关系之难以协调，更有"浮躁"之心态在时时作怪。

平心而论，我不勤奋，甚至慵懒。在意识到这项任务之艰巨复杂后，特别是在受制于这样或那样的条件时，我的热情减弱了。有一段时间，我甚至刻意回避那些堆满案头、零乱但来之不易的资料和数据。也是在那时，我对"鸡肋"有了深切的体会。

甚至，有过那么一两次，我有伏首痛哭的冲动。

将关于"鸡肋"的一大堆材料打包，搁置起来。试着踱着方步到九龙公园，试着背着手站在人堆里。

同学来电，问：在做什么呢？我答：在公园看人下棋呢。

同学又说了些什么，全然忘了，只记得放下电话，又有了想哭的冲动。

心总不甘，再次打开关于狱内冲突的一大堆材料，对自己说：鸡不下蛋，它憋啊！不写点东西，又能做些什么呢？相对而言，也只有低头想点什么埋头写点什么可以为自己左右。让我再试试吧——困难很多、力不从心，但可以向往啊！

当然，在与困难不屈不挠斗争的过程中，我也逐渐学会容忍，学会接受和享受不确定,学会寻找新的可能,体验到意外发现的惊喜。有时候,转瞬间,写作从自我观念的表达工具转变成混沌世界的认知途径。

最近的十年间,狱内冲突问题在我的脑袋里时而混沌时而清晰;基于研究目的我大量阅读,主要是监狱学以外的书籍。我向来认为,监狱学理论研究最好不要过于拘泥学科的界限,否则,就有可能给自己罩上一个套子周而复始地原地打转。阅读中有思想火花迸发的时候,我会把它记录下来;我会反复咀嚼,回到同一主题三四次,补充论据,丰富观点,有时,我也会推翻原有的想法。当彻底穷尽自己的实践(知识)积累时,我只能暂时搁笔,再回到周遭情境的观察、与朋友的讨论和海量书籍的阅读中去。

我既不是监狱学领域的专家教授,也不是知识的庸俗论者。本书是我就狱内冲突问题的一次尝试性解释——任何的解释都不是终极性的、绝对的,而是猜测性和相对的,受限于解释者的能力和喜好。我向读者呈现的这样一种思想活动的产物,它致力突破出于"实用价值"而被建构出来的观念限制,希望发掘个人的真实的东西。我认为,本书中真正有趣的东西是我们通常观念以外的东西——譬如对服刑人员劳动"异化"的阐述。对于抱有强烈形而上关注的人来说,书中的一些观点和分析显然可以够得上"离经叛道"。不过,这并没有什么要紧,因为理论需要实践的检验,但这只会导向对它的修订,而不是毁灭。

"倘要完全的书,天下可读的书怕要绝无;倘要完全的人,天下配活的人也就有限。"(《〈思想·山水·人物〉题记》)。援引鲁迅先生的这段名言,并非是替本书所留下的遗憾、缺点和不足的曲意辩解,只是希望博识者对本书多一些包容。至于那些讥嘲的人,就如福柯所指示的,我始终报以默默的充满理解的微笑。

封面上的署名显示我是本书的唯一作者,本书的大部分写作及构思也确是由我独立完成。因此,如果说本书有任何的疏漏或是错误,账自然要算在我的头上。同时,本书挟带了太多人的悉心牵挂与无私帮扶。如果没有他们,本书实际上不可能完成。借此机会,我很乐意向他们表达真挚的谢意。

浙江司法警官学院为我提供了作为"访问学者"在"刑事司法研究中心"研修的机会。在浙江警院访学期间,我暂时抛开繁杂的日常事务,研究进展迅速。

闽南师范大学单联娟老师、乔红芳老师,为我出入闽南师大图书馆检索资料提供方便,不辞劳苦;远在德国的耿彩云同学复印并花费昂贵运费远渡重洋给我寄来若干无法通过网络检索的珍贵文献;复旦大学管理学院的于保平博士借访学之机,帮我查阅、核实国外资料;厦门大学台湾研究院的云栖研究员,帮我查找台湾地区的相关典籍。

在全书统稿过程中,得到中央司法警官学院翟中东教授、浙江警院刑事文化研究中心郭明教授和江苏省监狱管理局狱情总站张建秋研究员的无私帮助。根据他们的意见和建议,我对书稿进行了全面的修订。

撰写本书的艰难与孤独，由于多位好友的陪伴而得以减轻，他们或与我讨论本书的一些主题，或阅读我写好的一些章节，或二者兼而有之。应当特别提及中央司法警官学院乔香兰教授、福建省漳州监狱张斌政委、福建省警训总队刘芳副总队长和学术带头人郑祥学长。

还有在此不能一一列举姓名的我的同事，他们的洞见、智慧、热情和纯粹的创造力为我揭开了狱内冲突的其他维度；我时不时出现，占用他们的时间提出一个个这样或那样的问题。我的同事一直都是（在本书中，也一如既往地是）我学习的最为丰富的资源。

必须要说，没有福建省监狱工作协会的邬国梁会长、杨永明秘书长和厦门大学出版社邓臻编辑的大力支持，此书说不定挣脱不了"胎死腹中"的命运。

我的研究受益于大量学术资料和专家观点，虽然我也竭尽所能地在注释或是参考文献中予以反映，但是由于写作时间跨度太大，有些参考文献未能一一列出；有些参考文献虽有注明出处，但难免有所错漏。谨向引文作者和广大读者鞠躬致歉。

为支持我的研究，我的妻子杨月珠女士以宽容的胸怀扶持我前行。她不但过多地承担了本应由我承担的家庭责任，让我得以"一心只读圣贤书"，而且对本书的观点、成果，她还至少负有部分责任。

感谢我的父母，他们不但生我养我，还教会我尊重知识、同情弱者。

2017 年 6 月